教育学原理

靳淑梅 许红花 编著

图书在版编目(CIP)数据

教育学原理 / 靳淑梅, 许红花编著. —北京：北京大学出版社, 2020.9
21世纪教师教育系列教材
ISBN 978-7-301-31531-6

Ⅰ.①教… Ⅱ.①靳…②许… Ⅲ.①教育学－师范大学－教材 Ⅳ.①G40

中国版本图书馆CIP数据核字（2020）第149711号

书　　　名	教育学原理 JIAOYUXUE YUANLI
著作责任者	靳淑梅　许红花　编著
责 任 编 辑	刘清愔　张亚如
标 准 书 号	ISBN 978-7-301-31531-6
出 版 发 行	北京大学出版社
地　　　址	北京市海淀区成府路205号　100871
网　　　址	http://www.pup.cn　　新浪微博：@北京大学出版社
微信公众号	通识书苑（微信号：sartspku）
电 子 信 箱	zyl@pup.pku.edu.cn
电　　　话	邮购部 010-62752015　发行部 010-62750672　编辑部 010-62750539
印 刷 者	天津和萱印刷有限公司
经 销 者	新华书店
	787毫米×1092毫米　16开本　17.75印张　352千字 2020年9月第1版　2023年6月第2次印刷
定　　　价	55.00元

未经许可，不得以任何方式复制或抄袭本书之部分或全部内容。
版权所有，侵权必究
举报电话：010-62752024　电子信箱：fd@pup.pku.edu.cn
图书如有印装质量问题，请与出版部联系，电话：010-62756370

编委会名单

主　编：靳淑梅

副主编：许红花

编　委：金海英　秦也雯　周成海
　　　　朴成日　金香兰　崔成学

作者介绍

靳淑梅，毕业于东北师范大学，教育学博士，宿迁学院教授，延边大学兼职教授，博士生导师，获省级教学名师、宝钢优秀教师、全国教育硕士优秀指导教师等荣誉称号。主要研究领域为德育、教师教育与国际比较教育等。主持全国教育科学规划与省教育厅等课题20余项，获国家级基础教育教学成果二等奖、省高等教育教学成果一等奖等诸多奖项，主持和参编多部教师教育类教材。

前　言

一、编写背景

"教育学原理"是教师教育专业学生必修课，为师范生践行"为谁培养人、培养怎样的人、怎样培养人"提供理论基础与实践指导，是后继所有教师教育类课程与师范生见习、研习与实习的基础课，是师范生养成科学教育观、学生观与教师观、开启教师职业规划的入门课程。2017年，国家启动了师范专业认证工作，并且颁布了《普通高等学校师范类专业认证实施办法（暂行）》，对人才培养目标提出了"学生中心、产出导向、持续改进"的理念，提供了师范院校教师教育改革的突破口。同时，师范专业认证也对教师教育专业学生的教师资格"国考"学习质量提出了更高的要求，"教育学原理"是《教育学类教学质量国家标准》中规定的一门基础课程，又是教师资格"国考"的主要内容，但课程内容多，课时少、教学组织形式大多是大班额授课，学习效果难以实现课程应用之价值。教育数字化时代的到来，如何迎接人工智能给教育领域带来的发展契机与挑战，满足师范专业认证"一践行三学会"要求，提高师范生教师资格"国考"学习质量等问题亟待解决。在国家建设一流课程契机下，编写组精练整合课程体系，将课程目标与师范专业认证标准紧密结合，符合师范专业认证的人才培养要求；将课程内容体系建设与教学方法的改革紧密结合，提升一流课程建设质量。将课程内容与教师资格证"国考"内容紧密结合，提高教师资格"国考"学习效果；将理论与基础教育改革热难点紧密结合，涵养师范生关注、关心基础教育发展的教育情怀与使命，坚定成为"四有"好老师的理想与信念。

二、编写思路

本教材按照师范专业认证"一践行三学会"的毕业要求，依据师范专业认证提出的"学生中心、产出导向、持续改进"的理念，按照理论+实践模块设计教材。首先，通过学习教育与教育学的发展历程，师范生能够认识教育的本质、了解教育的功能。其次，本教材讲解教育功能发挥作用的机制，即教育活动需要有基本的构成要素、教育目的指引、教育制度和课程等实现教育目的的保障。师范生在掌握这些基本理论及其逻辑关系的基础上，可以进一步聚焦学校内部的教育活动，即教学与德育。再次，为了增强学习效果，本教材在相关章节提供案例，师范生通过学习所提供的案例，能够结合自身经验理解教育教学理论，有助于师范生从感性到理性的学习与思考。最后，本教材的体系与内容编排有利于培养师范生批判思维能力与解决实际问题的能力，使他们能够结合自己所任教学科，遵循教育规律开展教育教学工作，提高教育教学效果。

三、编写特色与价值

1. 教材内容对接基础教育改革前沿问题。以基础教育领域最新政策文件为指导，养成师范生专业情意、专业知识与专业能力，实现"践行师德、学会教学、学会育人、学会发展——践行三学会"的师范专业认证要求。

2. 课程思政元素贯穿教材内容。教育学原理课程是高校实施课程思政的重要载体。教材内容展现了历史发展过程中著名教育家的教育情怀，使师范生认识到教育对于社会发展的重要意义，认识到教育不能游荡于体制之外，认知教师肩负的育人重任。

3. 教材内容选取与教学方法改革紧密结合，体现"一流"课程建设"两性一度"标准。教材相关章节附有教育改革热难点案例分析，有利于引发学生认知冲突，关注基础教育一线改革，开展课堂师生间、生生间的深入思考与研讨，提高学生学习兴趣与研讨能力，培养学生教育情怀。

4. 教材内容精练，全面覆盖考点。教材内容，重点与考点清晰，紧扣教师资格证"国考"中的"综合素质"与"教育知识与能力"两个科目的考点。相关考点都附有真题与答案，帮助学生熟悉教师资格证考试内容，以及考点分布、考试题型与答题规范等。

四、教材使用建议

适用于32～48学时的课程，可以实施小组合作学习，帮助师范生学会讨论案例，培养批判性和创造性思维，形成创新意识。合作学习可以培养他们的团队精神，为从教后开展团队合作奠定基础。编写组录制的在线课程在智慧树平台面向所有学习者开放，在线学习平台包括视频资源、试题库资源、国家最新教育改革政策与教育热难点问题在线研讨问答等。在线课程学习网址：教育学原理 https://onlineweb.zhihuishu.com/onlineMuster/teacherIndex

本教材的出版，得到了辽宁师范大学周成海教授、湖南师范大学朴成日教授以及北华大学秦也雯老师的大力支持，各位老师在繁忙的工作之余为本教材的编写提供了帮助，在此表示感谢！在此一并向参与本教材编写工作的延边大学崔成学老师、许红花老师、金海英老师表示感谢！

编者

2023年6月

目 录

第一章 教育学概述 1
  第一节 教育学的研究对象及任务 1
  第二节 教育学的发展 5

第二章 教育的起源与发展 19
  第一节 教育的含义 19
  第二节 教育的构成要素及其之间关系 22
  第三节 教育的属性 24
  第四节 教育的起源、形态及其发展历程 28

第三章 教育与社会发展 46
  第一节 影响教育的社会因素 46
  第二节 教育的功能 52
  第三节 教育与现代社会的发展 61

第四章 教育与人的发展 69
  第一节 人的发展的概述 69
  第二节 影响人的身心发展的因素 76
  第三节 教育在人的发展中的地位和作用 88

第五章 学生与教师 92
  第一节 学　生 92
  第二节 教　师 100
  第二节 教师的权利与义务 112
  第四节 师生关系 116

第六章　教育目的 122
第一节　教育目的概述 122
第二节　教育目的价值取向 131
第三节　我国的教育方针及教育目的 135

第七章　教育制度 148
第一节　教育制度的概述 148
第二节　教育制度的历史发展 154
第三节　义务教育制度 166

第八章　课　程 171
第一节　课程与课程流派 171
第二节　课程类型与课程开发 180
第三节　中国基础教育课程改革 189

第九章　教　学 200
第一节　教学的概念、意义和任务 200
第二节　教学的规律与原则 207
第三节　教学的基本环节 218
第四节　教学方法 224
第五节　教学组织形式 234

第十章　德　育 239
第一节　学生品德心理与发展 239
第二节　皮亚杰和柯尔伯格的道德发展理论 243
第三节　德育目标与内容 249
第四节　德育过程与原则 252
第五节　德育途径与方法 259

第一章　教育学概述

学习目标

1. 阐释教育学的内涵，熟悉中外教育学概念的发展历程。
2. 列举教育学的研究对象与基本任务，感悟学习教育学对教师的意义。
3. 掌握教育学的发展阶段，列举各阶段的特点、代表人物、代表著作及主要教育思想。

学习导引

本章主要由两大部分构成，一是教育学的研究对象及任务，二是教育学的发展。教育学的研究对象及任务部分主要沿着教育学的概念、教育学的研究对象和教育学的基本任务进行讲解；教育学的发展部分，从萌芽阶段、创立阶段到发展阶段依次展开，侧重讲解各个阶段的教育思想，最后介绍各个阶段的主要代表人物及其主要思想。

第一节　教育学的研究对象及任务

一、教育学的概念

每一门学科都有自己的研究对象，以及特定的研究内容。那么，什么是教育学的研究对象呢？为了弄清这一问题，首先要弄清楚什么是教育学。

1. 国外的教育学概念

（1）希腊语的"教育学"

从词源上看，教育学（Pedagogy）一词是从古希腊语 παιδαγωγος 派生而来的，即"儿童"（παιδος）和"引导"（αγωγος）二词的组合，意为"教仆"。古希腊把照料、陪送奴隶主子女上学的奴隶称为教仆。

（2）斯拉夫语的"教育学"

世界上最早给教育学的内涵以确切表达的应是捷克教育家夸美纽斯。他在 1632 年出版的《大教学论》开篇写道："《大教学论》阐明把一切事物教给一切人类的全部艺术……"[①]

苏联教育家皮斯库诺夫认为，教育学是关于专门组织的、有目的的和系统的培养人的

[①] 夸美纽斯. 大教学论 [M]. 傅任敢, 译. 北京：教育科学出版社，1999.

活动的科学，关于教育、教养和教学的内容、方式和方法的科学。

（3）德语的"教育学"

德语的"教育学"一词基本继承希腊语中"教育学"的内涵和名称。德国教育家赫尔巴特认为，教育学作为一门科学，是以实践哲学和心理学为基础的，前者表明教育的目的，后者表明教育的途径、手段与障碍。赫尔巴特还十分明确地指出，教育学是教育者自身所需要的一门科学，但教育者还应当掌握传授知识的科学。

（4）英语的"教育学"

在英语国家，指示"教育学"的词已经由过去使用的"Pedagogy"转向"Education"，教育（Education）和教育学（Pedagogy）几乎成为同义词。不过，在欧洲这两个词仍区别使用：Education 理解为"对儿童的培养过程"，Pedagogy 理解为"研究教育儿童的学问"。

（5）法语的"教育学"

法国学者贝斯特援引马里翁的定义，认为教育学既是教育的科学，又是教育的艺术。但是，法语通常不允许一个词既表示一种艺术，又表示一种与艺术相对应的科学，必须在两者之中做出选择。因此，他直接把教育学定义为教育的科学。为什么教育学是一门科学而不是一门艺术？因为教育学的本质中更多的是理论分析，而不是活动过程本身，教育学是通过理论分析来发现、评价和协调教育过程。

（6）日本的"教育学"

日本学者田浦武雄认为，对教育进行学术性研究并综合成一个理论体系，就是教育学。尽管教育学一词的使用方式并不一致，但总的来说，多数人倾向于把它作为对教育的学术性研究的总称。而且，"只要称得上教育学，就不是简单的有关教育的议论或常识，而必然具有某种理论体系"[①]。

2. 中国的教育学概念

什么是教育学？国内比较有代表性的教育学著作都做了界定。

① 教育学是研究教育现象和教育问题，揭示教育规律的科学。

② 教育学研究的对象是以教育事实为基础的、教育中的一般问题。教育学是研究教育中的一般问题的科学。

③ 教育学是整个教育科学体系的一个组成部分。教育学所研究的是关于教育的本质、目的、制度、内容、组织和方法，以及教育者和受教育者的活动和他们之间的相互关系等问题。

在中国，对教育学研究对象的论述虽有所不同，但根本观点基本一致，大都认为：教育学是研究人类教育现象及其一般规律的科学。也就是说，教育学主要研究教育现象、揭示教育规律，这个观点得到了学界的基本认同。

---

① 金哲华，朴泰铢. 教育学原理 [M]. 北京：科学出版社，2011.

教育学是一门关于教育的科学。教育是培养人的一种社会活动，因而教育学是关于如何培养人的一门科学。

二、教育学的研究对象

教育学是以教育现象或教育问题为研究对象的科学，教育学的研究对象就是教育问题。教育问题来源于教育理论和教育实践，是人们根据大量教育现象提出来的，作为认识和研究对象的课题。所谓教育问题，是指反映到人们头脑中的、需要探明和解决的教育实际矛盾和理论疑难。概括起来，教育问题可以划分为"常识问题和未决问题""'大'问题和'小'问题""表象问题和实质问题"。教育学通过研究这些问题和相关现象，揭示教育背后存在的客观规律，以作为教育者进行教育的依据和指南。教育问题是推动教育学发展的内在动力。

1. 常识问题和未决问题

根据研究价值的有无，教育问题分为常识问题和未决问题。常识问题是前人已经探明和解决了的教育问题，不需要进行研究，不具有研究价值。未决问题是需要进一步探明和解决的教育问题。

未决问题一般表现为两种类型：一是老问题新含义，比如"教师素质""义务教育"问题。虽然过去研究和解决过有关问题，但不同的时代有不同的要求，在新时代，研究者们仍需探明和解决诸如"如何提高教师素质""如何促进义务教育均衡发展"等问题；二是新问题新含义，如在当今知识经济时代"教育怎样信息化""怎样构建终身教育体系"，等等。

2. "大"问题和"小"问题

根据问题涉及范围的大小，教育问题又可划分为"大"问题和"小"问题。

"大"问题，即宏观问题，是在一定的时空里，涉及教育的全部或主要方面的各种因素的疑难问题，如"国际基础教育课程改革的趋势是什么""当代中国基础教育改革的状况如何""怎样推进基础教育的均衡发展""怎样加快发展农村教育""怎样进行教育评价""怎样设计有效的教学""怎样加快教育信息化"，等等。

"小"问题，即微观问题，聚焦于教育某方面的一两个因素的实质或二者关系的矛盾和疑难，如"怎样认识学生的主体性""怎样构建民主和谐的师生关系""怎样进行学生学业评价""有效实施综合实践课程改革的关键是什么""怎样进行课堂管理"，等等。

3. 表象问题和实质问题

根据问题探明深度的不同，教育问题可分为表象问题和实质问题。

表象问题就是教育活动的表面特征及其外在关系中存在的矛盾和疑难问题的反映，是教育中个别的、特殊的和具体的问题，如"城乡接合部小学生厌学状况是怎样的""城乡接合部小学教师素养有何差异""校长应具备什么素质""语文课堂教学中小学生注意力的影响因素有哪些"，等等。

实质问题则是教育内在的特性及其内部关系的矛盾和疑难的反映，是教学中普遍的、一般的和抽象的问题，如"现代条件下教师的角色及其关系是什么""现代教学环境设计的基本原理是什么"，等等。

从表象问题到实质问题，既是人们的认识发展的基本方式，也是深化教育研究的基本要求。发现、提出和解决表象问题是必要的，但是教育理论工作者和教育实践工作者必须在表象问题的基础上，通过专门学习，提高理论素养，深入挖掘、发现、提出、解决实质问题。

三、教育学的基本任务

教育学的研究任务就是阐明教育的基础知识和基本理论，揭示教育的基本规律，为教育理论工作者和实践工作者提供理论支撑，为培养符合社会需要的教育人才服务。"教育学"作为师范生以及中小学教师继续教育的一门必修课程，其基本任务在于以下几点。

1. 发展教育理论

教育理论是人们在长期教育实践过程中总结、归纳、抽象、概括而形成的理性认识，是对教育实践经验的升华，是教育活动中内在的、本质的、必然的联系，潜藏在教育现象背后。教育学在产生和发展的过程中，其自身理论也不断改造和创新，不断发展和完善，不断保持生命力。当前我国的基础教育课程改革正在进行中，教育学的重要使命在于为基础教育改革和发展提供先进的理论指导，为中小学的课程改革服务。人民教师在自身的教育实践中积累的教育经验，是教育理论发展的最直接的源泉，教师必须重视运用教育理论指导教育实践，在教育改革实践中探索、发现新的教学方法，总结、发展教育理论。

2. 解释教育问题

作为未来教师，为了提高工作自觉性、避免盲目性、落实我国的教育方针、培养更多更好的社会主义建设人才，必须掌握教育的基本理论，按照教育规律和青少年身心发展规律设计教育活动，调整和控制教育行为，科学解释和解决教育问题。

教育学的使命在于为教育工作者提供解释教育问题的视角。作为一名中小学教师，要想正确解释教育活动中遇到的各种问题，就得知道从哪些方面考察问题，从何处入手，怎样抓住关键问题，从而做出正确的判断，而这些都离不开教育理论的指导。在课程改革中，教育学解释教育问题的任务更加明确，因为教师有责任解释新的观念和教育工作的行动意图。

3. 改造教育实践

教育学是一门应用性很强的科学，教育学对教育问题进行科学解释的目的不仅是促进教育学专业学生在教师教育方面知识的增长，更在于改造教育实践。

这种改造教育实践的任务主要体现在：启发教育学专业学生，即未来的教育工作者和实践者的工作自觉，使他们养成正确的教育态度，培养他们坚定的教育信念，提高他们的反思能力。

在实践中，教师教育教学活动的开展与优化需要教育理论指导，例如对于如何进行教学设计、怎样引导学生自主学习等问题，教育学能够提供解决的策略，可以为提高教育教学活动的质量与水平提供思路与理论指导。与此同时，教育学为保障教育教学活动的开展提供理论建议，这一功能在于研究教与学活动之外的领域，从教与学活动的外围因素入手，探讨、提供保障教与学活动顺利开展及不断提升水平的方法与举措。值得重视的是，教育学可以提高教育实践者的反思能力。当前的课程改革倡导教师的"反思教学"，就是教师自觉地把自己的课堂教学实践作为认识对象进行全面而深入的思考和总结，它是一种教师提高自身业务能力、改进教学实践的学习方式。教师不断对自己的教育实践深入反思，积极探索与解决教育实践中的一系列问题，有利于教师进一步充实自己，优化教学，并使自己逐渐成长为一名称职的人类灵魂工程师。

4. 提高教师素质

长期以来，有些中小学教师不将教育学视为一门学问，不重视教育学的学习与研究，对从事教育科研不感兴趣，只满足于"教书匠"的角色，错误地认为学不学教育学对于自己的教学没有多大影响，照样可以成为好教师，因而在教育教学实践中忽视教育理论研究，仅仅把自己看成是知识的传授者。

但实际上，教师应重视对教育理论的学习与研究，提高自身的学术素养，增强自身的本领。教师从事教育学的学习和研究就意味着其能构建知识、创新知识，而不是一味地被动接受专家的指导、迷信专家的权威。如此一来，教师不仅能有力、迅速地推进教育改革，而且能使自身的工作获得生命力与尊严，彻底改变"教书匠"的职业形象，全面提高自身的素质。

第二节　教育学的发展

教育学的发展，根据其研究方法、理论的成熟水平，可以分为三大阶段：萌芽阶段、创立阶段、发展阶段。

一、教育学的萌芽阶段

1. 教育学萌芽阶段的特点

萌芽阶段的教育学还没有被从哲学、伦理学、政治学中划分出来，成为一门独立的学科，只表现为许多零星的教育思想和教育观点，缺乏理论上的思考和经验上的总结。此阶段的教育学的主要特点可以概括为：①以习俗的认识为主；②以机械的类比、比喻、语言等方式为主；③将有关教育的论述包含于哲学或道德论述之中。

教育学的萌芽阶段的特点是：教育成为人类独立的社会活动之后，伴随教育实践的不断发展和教育经验的日益增多，一些哲学家、思想家开始对教育实践经验进行总结和概括，对教育问题进行研究，并在他们的政治学、哲学等著作中有了对教育问题的论述和说明。这是一个漫长的历史阶段：在欧洲，是从公元前5世纪到公元16世纪，即从古希腊时期到资产阶级革命之前；在中国，是从公元前6世纪到公元19世纪末，即从春秋战国到清朝末年。

中国古代的孔子、孟子、荀子、朱子，西方古代的柏拉图、亚里士多德、昆体良等人，他们在阐述各种社会现象的同时，也阐述了教育现象；他们在提出其哲学、政治学观点的同时，也提出了一些教育观点。限于当时的历史条件和认识水平，具有一定理论体系的教育学是不可能出现的。

2. 萌芽阶段中国的教育思想

（1）《学记》

《学记》是中国古代典章制度专著——《礼记》中的一篇，写作于战国末期。据郭沫若考证，《学记》的作者为孟子的学生乐正克，《学记》是中国古代乃至世界上最早的教育专著，比外国最早的教育专著、古罗马教育家昆体良所写的《论演说家的教育》早问世三百多年。

《学记》是我国先秦儒家教育思想和教育经验的高度概括，全书只有1229个字，比较全面地论述了教育的作用、目的、制度、教学原则与方法，以及教师的地位、作用、师生关系等，其内容具体如下。

① 阐述了教育的重要性和目的。"建国君民，教学为先"，意指教育为治国安民的第一要务；"君子欲化民成俗，其必由学乎"，指教育的目的是教化民众，形成良好的社会风俗。

② 论述了国家的教育制度。《学记》提出"家有塾，党有庠，术有序，国有学"，按行政区域和级别设置学校的设想。《学记》把大学教育的年限定为初级（小成）和高级（大成）两个阶段，初级分四个阶段，学习年限为七年，而高级学习年限为两年，一共九年。大学的教育进程是："比年入学，中年考校。一年视离经辨志；三年视敬业乐群；五年视博习亲师；七年视论学取友，谓之小成。九年知类通达，强立而不反，谓之大成。夫然后足以化民易俗，近者说服，而远者怀之，此大学之道也。"

③ 概括了一系列教学原则，如教学相长、豫时孙摩、长善救失、启发诱导、藏息相辅等著名教学原则与方法。

④ 突出、提高教师的地位，提出师道尊严的思想。《学记》提出："凡学之道，严师为难。师严然后道尊，道尊然后民知敬学。"这是尊师的思想，尊重老师才能尊重知识，才能使社会形成重视学问的风气，同时也确立了我国教育尊师重道、师道尊严的优良传统。

（2）孔子

孔子是中国古代伟大的教育家和教育思想家，他的教育思想集中反映在《论语》一书中。他很注重对人后天的教育工作，主张"有教无类"，认为教育目的是把人培养成"贤人"和"君子"。他继承西周"六艺"教育传统，教学纲领可以总结为"博学于文，约之以礼"，教学基本科目是"礼、乐、射、御、书、数"，教学思想和教学方法强调"学而知之"，强调学习与思考相结合（"学而不思则罔，思而不学则殆"），重视"因材施教"，基本方法是启发诱导（"不愤不启，不悱不发"）。

（3）墨子

墨子的教育思想注重文史知识的掌握和逻辑思维能力的培养，还注重实用技术的传习。墨子认为获得知识的途径主要有"亲知""闻知"和"说知"三种，其中"说知"是依靠推理的方法来追求理性知识。

3. 萌芽阶段西方的教育思想

（1）苏格拉底

苏格拉底以其雄辩和与青年智者的问答著称。这种问答分为三步：第一步称为苏格拉底讽刺，他认为这是使人变得聪明的一个必要的步骤，因为除非一个人很谦逊，"自知其无知"，否则他不可能学到真知；第二步称为定义，在问答中经过反复诘难和归纳，从而得出明确的定义和概念；第三步称为助产术，引导学生自己进行思索，自己得出结论。

（2）柏拉图

柏拉图的教育思想集中体现在他的代表作《理想国》中，柏拉图认为教育的最高目标是培养哲学家兼政治家，教育的最终目的是促使"灵魂转向"；他认为女子应当和男子享受同样的教育，从事同样的职业；他重视早期教育，是"寓学习于游戏"的最早提倡者。

（3）亚里士多德

亚里士多德是古希腊百科全书式的哲学家，他秉承了柏拉图的理性学说，认为追求理性就是追求美德，就是教育的最高目的。亚里士多德的教育观体现在他的著作《政治学》中。他认为，"教育事业应该是公共的，而不是私人的"，教育应该是城邦的，每一个公民都属于城邦，都应受同样的教育。但他所指的"每一个公民"不包括奴隶。此外，亚里士多德在历史上首次提出了"教育遵循自然"的原则，他注意到了儿童心理发展的自然特点，主张按照儿童心理发展的规律对儿童进行分阶段教育，这也成为后来教育中强调注重人的发展的思想渊源。

（4）昆体良

古代西方最早的教育理论著作是昆体良的《雄辩术原理》（又称《论演说家的教育》或《论演说家的培养》）。在这一著作中，昆体良将学习过程概括为"模仿—理论—练习"三阶段。

> **历年真题**
>
> 1. 在人类历史上，最早专门论述教育问题的著作是（ ）。
>   A.《学记》   B.《论语》
>   C.《论演说家的教育》   D.《理想国》
>   【答案】A。
>
> 2. 世界上最早专门论述教育、教学问题的著作是（ ）。
>   A.《论语》   B.《大学》   C.《学记》   D.《孟子》
>   【答案】C。
>
> 3. 我国先秦时期，主张"有教无类"，倡导"因材施教"的教育家是（ ）。
>   A. 孔子   B. 孟子   C. 荀子   D. 庄子
>   【答案】A。
>
> 4. 孔子曰："上好礼，则民莫敢不敬。上好义，则民莫敢不服。上好信，则民莫敢不用情。夫如是，则四方之民襁负其子而至矣！焉用稼？"这段话表明孔子的施教内容（ ）。
>   A. 具有灵活性   B. 脱离社会生产   C. 具有全面性   D. 结合社会生产
>   【答案】B。解析：孔子这句话的意思是：在上位者只要重视礼，老百姓就不敢不敬畏；在上位者只要重视义，老百姓就不敢不服从；在上位者只要重视信，老百姓就不敢不用真心实情来对待你。如果能够做到这样，四方的老百姓都会背负着儿女前来投奔，哪里还用得着自己亲自种庄稼呢？这体现了儒家的仁政思想及统治者施以恩惠、采取有利于取得民心的政治方略。题干中的礼、义、信等均指统治阶级思想道德建设的内容，忽视了与生产劳动的结合。
>
> 5. 国外最早的教育学著作是（ ）。
>   A.《理想国》   B.《政治学原理》
>   C.《论雄辩家》   D.《论演说家的教育》
>   【答案】D。

二、教育学独立学科的发展阶段

17世纪以后，教育学的发展进入了一个新的阶段，逐渐成为一门独立的学科。

1. 创立阶段的特点

① 对象方面：教育问题已经成为一个专门的研究领域。

② 概念方面：形成了专门的教育概念或概念体系。

③ 方法方面：有了科学的研究方法。

④ 结果方面：出现了系统的教育学著作。

⑤ 组织方面：产生了专门的教育研究机构。

2. 创立阶段的教育思想

（1）培根

英国的哲学家和自然科学家培根，首次把教育学作为一门独立学科提了出来，与其他学科并列，为教育学的独立做出了重要贡献。

（2）夸美纽斯

捷克的民主主义教育家夸美纽斯在人类教育史上享有崇高的地位。

1632年，夸美纽斯发表《大教学论》。该书由"总论""体育""教学论""德育论""学制系统及课程论""实现教育改革计划的呼吁"六篇组成，为近代教育学体系建立了基本框架。夸美纽斯的主要教育思想有以下几个方面。

① 关于教育的目的与作用。夸美纽斯反对以宗教作为唯一的教育目的，提出教育不但要为来世的永生做准备，更要为现世的幸福做准备，通过教育使人认识和研究世界上的一切事物，培养和发展他们的各种能力、德行和信仰，以享受现世的幸福，并为永生做好准备。

夸美纽斯高度评价教育的作用。首先，他把教育看作是改造社会、建设国家的手段。其次，他认为人都是具有天赋的，而人的天赋的发展，关键在于教育。秉承人文主义的思想，阐述了人人都有接受教育的可能性，以及人人都应当接受教育。

② 从"泛智教育"主张出发，提出普及教育思想。他强调"把一切事物教给一切人"，即把一切知识教给一切人，让男女儿童都受教育。

③ 教育的自然适应性原则。教育的自然适应性原则包括两方面重要内容：其一，教育要遵循教育"秩序"（教育规律）；其二，教育要适应人的自然本性和年龄特征。由于自然分为春、夏、秋、冬四季，人的身心发展也应有自己的"春夏秋冬"。他认为一个人的生理的成长可持续到25岁，可以按每6年为一个阶段分成四个时期：婴儿期、儿童期、少年期、青年期，提出"教育要适应自然"的年龄分期主张。

④ 提出建立全国统一学制。根据自然的四季和教育的年龄分期，学校组织便分为相应四个阶段，不同的发展阶段应该有四种不同的学校与此相对应：每个家庭有母育学校；每个村落有国语学校；每个城市有高等学校；每个国家（或省）有大学。

⑤ 系统地论述了班级授课制。

⑥ 系统地论证了一系列教学原则，特别是三个影响较大的教学原则：直观性原则、巩固性原则、循序渐进（系统性）原则。

夸美纽斯的《大教学论》是教育史上的里程碑。它比较完整地、系统地总结和论述了教育的基本理论问题，而且有一些是首创：首次系统地论述了一系列重要的教学原则，首次系统论述了学前教育，首次试图在西方建立分科教学理论，首次系统地总结了班级授课制。此外，夸美纽斯还提出了自然适应性原则，试图建立统一的学制，系统地论述了教育管理等，为教育学科的形成与发展、教育理论的研究和探索、教育近代化做出了重大贡献。他使教育学成为一门独立的学科，推进了教育的国家化、世俗化、普及化，被誉为

"教育史上的哥白尼"和"现代教育之父"。一般认为，夸美纽斯的《大教学论》是教育学成为一门独立学科的开始。

（3）卢梭

卢梭是法国著名的启蒙思想家，也是西方历史上最有影响的作家之一。《爱弥儿》一书反映了卢梭的自然主义教育思想。卢梭的自然教育的主要思想观点有以下几点。

① 自然教育的基本含义。卢梭认为，自然状态下的自然人，具有自由、平等、善良（自爱和博爱）的天性。文明开化和城市文明使人产生贪婪、罪恶，充满世俗偏见和谬误，使人天赋良心泯灭，在封建专制阶段达到不平等和罪恶的顶点。要铲除不平等，社会和个人都要返归自然。只有"归于自然"的教育，才能使人保持善良的天性。

自然教育的基本含义，即在自然的状态下进行教育，培养具有自然天性的人。"归于自然"，遵从天性，就是卢梭开创新自然教育的教育目的和根本原则。

② 自然教育的培养目标。自然教育的最终目标就是培养社会状态下的"自然人"。自然人相对于专制国家公民来说是独立自主、自由平等、道德高尚、能力和智力极高的人。

③ 自然教育的方法原则。遵循儿童自然本性，发展儿童自由个性，是卢梭自然教育和自由教育的理论核心。卢梭认为，自然教育必须通过自由的教育去完成。

首先，应当正确地看待儿童。卢梭认为儿童有自己的思想和感情，不能将儿童与成人一样对待。应当把成人看作成人，把孩子看作孩子。其次，给儿童以充分的自由。自由是"天赋人权"的第一项权利。卢梭反对压制儿童自由，向儿童强制灌输，用残酷纪律约束他们，摧残儿童的天性，主张要按儿童的自然本性，给儿童以自由。在卢梭的自由教育中，儿童是教育的中心、学习的主人，教师只是儿童发展的帮助者和指导者，因此，教育的中心从教师转向儿童，从课堂转向活动，从书本转向经验。

④ 自然教育的实施方法。卢梭主张教育要遵循人的成长的自然进程，即教育要适应儿童的年龄特征。卢梭在《爱弥儿》中，将教育分为婴儿期（出生—2岁）、儿童期（2—12岁）、青年期（12—15岁）和青春期（15岁—成年）四个阶段，分别实施身体保健、感官训练、智育和劳动教育、道德教育等。卢梭认为，15岁以前，人在乡村已经受到了良好的自然教育，已经能够抵制城市社会的不良影响。15岁就可以回到城市，体验人间疾苦、社会罪恶，从而激发善良的感情、培养善良的判断、发展善良的意志。

以卢梭为代表的自然主义教育理论在教育史上具有划时代的伟大意义。卢梭从自由、平等、博爱的思想出发，设想培养"理想王国"的"自由新人"，对法国大革命起到重要的启蒙作用，为教育心理学化和近现代教育理论的发展都做出了重要的贡献。卢梭的儿童观被后来许多著名教育家践行，促进了教育理论与实践的科学化，也为后人革新教育提供了思想指导。

（4）康德

教育学作为一门课程在大学里讲授，最早始于康德。他于1776年在德国的柯尼斯堡大学的哲学讲座中讲授教育学。他力图通过教育实现他的哲学理想，改造社会。他认为，人的所有自然禀赋都有待发展，"人是唯一需要教育的动物"，教育的根本任务在于充分发展人的自然禀赋，使人人都成自身，成为本来的自我，都得到自我完善。

（5）裴斯泰洛齐

瑞士教育家裴斯泰洛齐的教育代表作是《林哈德和葛笃德》《葛笃德怎样教育他的子女》。他根据教育适应自然的原则和要素教育理论，研究了小学各科教学法，奠定了小学各科教学法的基础，被称为"教育史上小学各科教学法奠基人"。

他的主要思想成就可以概括为以下四点：第一，他倡导自然主义教育。第二，他最早提出"教育心理学化"的主张。"教育心理学化"的含义，首先是就教育目的或结果的意义而言，要求教育教学应使人固有的、内在的能力得到培养和发展；其次是就教育教学的活动或过程的意义而言，要求教育教学应与儿童心理发展的特点和规律协调一致，使儿童在获取知识、发展智力和道德情感等诸多方面都处于自然主动的地位。第三，他提倡情感教育，爱的教育。第四，他是西方教育史上第一位将"教育与生产劳动相结合"这一思想付诸实践的教育家。

（6）洛克

英国哲学家洛克的《教育漫话》主要思想可以概括为两点：第一，提出"白板说"，认为人的心灵如同白板，观念和知识都来自后天，并且得出结论，天赋的智力人人平等，人类之所以千差万别，是由于教育之故；第二，主张绅士教育，绅士教育应当把德行教育放在首位，主张绅士教育应在家庭实施。

①关于教育的作用。洛克从唯物主义的经验论出发，极为重视教育在人的发展中的作用，把儿童的天性比作没有痕迹的白板，可以任人随意地去"涂写"。洛克主张教育万能论，认为人之所以或好或坏，或有用或无用，十分之九都是教育决定的。人类之所以千差万别，便是由于教育之故。

②关于教育目的。洛克的教育目的是培养绅士。绅士需要的是事业家的知识，合乎他的地位的举止，同时要能按照自己的身份，使自己成为国内著名的和有益于国家的一个人物。绅士必须是身体健康、有德行、有用、能干的人，具有道德、智慧、礼仪和学问四种品质。

③关于教育内容。在论述教育的内容是，洛克第一次对德、智、体做了明确区分。

洛克是教育史上第一个特别重视体育的人。他在《教育漫话》的开篇写道："健全的心智寓于健康的身体"[①]，这是对于人世幸福的一种简单而充分的描绘。

德育是洛克教育理论体系中的重要内容，他反对惩罚的德育方法。洛克的《教育漫话》反映了一种世俗的现实主义教育思想，在近代西方教育理论的形成与发展中占有重要地位。它对于形成17～19世纪英国具有特色的传统教育模式，例如新兴私立中学、公学等产生重要的影响。从教育思想的历史发展来看，以洛克为主要代表的绅士教育思想是

---

① 约翰·洛克. 教育漫话 [M]. 石家庄：河北人民出版社，1998.

18世纪法国唯物主义教育思想、自然主义教育思想和德国理性主义教育思想的重要源泉之一,也是教育学形成时期的重要理论之一。

(7)赫尔巴特

1806年,赫尔巴特《普通教育学》的出版标志着规范教育学的建立,赫尔巴特也被誉为"现代教育学之父"。赫尔巴特的教育思想对19世纪以后的教育实践和教育思想产生了很大影响,被看作是传统教育学的代表。赫尔巴特的教育思想主张集中体现在《普通教育学》中,大致有以下内容。

① 教育思想的理论基础

赫尔巴特教育理论具有双重理论基础,即伦理学和心理学。赫尔巴特认为,教育学作为一门科学,是以伦理学和心理学为基础的,前者指明目的,后者指出途径、手段和障碍。赫尔巴特试图在伦理学的基础上建立教育目的论,在心理学的基础上建立教育方法论,于是在二者基础上,赫尔巴特提出了完整的教育理论。

② 论教育目的

赫尔巴特把儿童教育分为管理、教学和训育(道德教育)三个部分。训育是赫尔巴特教育理论中最重要的内容。他认为教育的唯一工作是道德教育,道德是人类的最高目的,也是教育的最高目的。所以,教育的目的就是培养德行。具体地说,就是要养成内心自由、完善、仁慈、正义和公平等五种道德观念。

③ "教育性教学"原则

赫尔巴特认为,没有"无教学的教育",更没有"无教育的教学",也就是说,一方面,道德教育离不开教学,教学是实施道德教育的基本途径;另一方面,教学中必然渗透着对学生进行道德教育,不对学生进行道德教育的教学是不存在的。因而要求,在对学生进行知识教育的同时,要重视对学生进行道德教育。阐明教育与教学、知识教学与道德教育的关系。教育性教学原则,是教学的重要原则。

④ 课程理论

第一,兴趣、经验与课程。赫尔巴特课程理论的基本主张是:课程内容的选择必须与儿童的经验和兴趣相一致。赫尔巴特把儿童兴趣划分为经验的兴趣和同情的兴趣两大类,每类兴趣又各分为三种兴趣。根据兴趣的划分,赫尔巴特对课程内容进行了相应的划分。

第二,统觉与课程。统觉理论是赫尔巴特课程理论的又一重要基础。根据统觉原理,新的观念和知识是以原有的观念和知识为背景和基础产生的,这必然要求课程的安排应使儿童不断从熟悉的材料逐渐过渡出新的学习材料。统觉原理强调保持课程教学的逻辑结构和知识的系统性。

第三,儿童发展与课程。赫尔巴特依据基于文化纪元理论的儿童发展理论,深入探讨儿童年龄分期,进而提出了课程的程序:婴儿期以养护课程加强感官训练,发展感受性;幼儿期以《荷马史诗》发展想象力;童年期和青年期以数学、历史课程发展理性。

⑤教学理论

第一，教学心理化。赫尔巴特的教学心理化主要探讨统觉、兴趣和注意等心理学问题。统觉即把新观念吸收、融合、同化到原有观念并在意识中形成观念体系的过程，也就是在记忆和理解的基础上形成新的表象的过程。赫尔巴特认为教学必须激发学生的兴趣，兴趣是获得新知识、形成新观念的基础和动力。赫尔巴特重视注意与统觉之间的联系，并把注意分为随意注意和不随意注意，再把不随意注意分为原始注意和统觉注意。

第二，教学进程理论。赫尔巴特认为统觉过程的完成大体上具有三个环节：感官的刺激、新旧观念的分析与联合、统觉团的形成，与此相对应，教学进程有三种教学方法相联系：提示的教学（直观教学）、分析教学和综合教学。

第三，教学阶段理论。赫尔巴特把任何兴趣分为四个阶段：注意、期待、探究、行动。赫尔巴特指出，儿童的思维状态有两种：专心（钻研）和审思（理解）。在此基础上，赫尔巴特把教学过程分为明了、联想、系统、方法四个阶段。教学过程通过静态、动态的"钻研"和静态、动态的"理解"两个环节得以实现。教学方法分别采用叙述、分析、综合和应用。赫尔巴特的教学阶段理论对探讨教学过程中学生掌握知识的基本程序，以及各阶段的特点和任务、应采取的教学方法等具有重要的启示作用。

三、教育学多样化的发展阶段

19世纪末20世纪初以来，教育学呈现多元化发展态势，出现实验教育学、文化教育学、实用主义教育学、马克思主义教育学、批判教育学等。随着各国教育实践的不断发展和来自教育学内部的批判，由赫尔巴特创立的教育学得到了迅速的发展，同时涌现出许多新的教育流派和教育思潮，以及重要的教育学著作。

1. 西方教育现代化进程中教育理论的发展

在西方教育现代化初期，早期教育科学运动和实验主义教育思潮、欧洲新教育运动和自由主义教育思潮、美国进步主义教育运动和实用主义教育思潮纷纷出现。

西方教育现代化从教育科学化开始起步。早期教育科学运动是以教育实验（儿童研究）和教育调查为基本方法，使教育向实证的方向发展。实验主义教育的代表人物有德国的赖伊和梅伊曼，他们创立了实验教育学。1901年，梅伊曼首先将实验教育思想称为"实验教育学"。后来，赖伊出版了《实验教育学》，这是第一本系统论述实验教育学的性质、目标、体系和方法的专门著作。实验教育学是作为赫尔巴特传统教育学的对立物出现的，它的一个显著特点就是运用自然科学范式、实验方法和技术研究教育现象，以数理统计和心理测量等学科的研究成果作为教育统计和测量的基础，从而为教育实验提供科学的手段和方法，形成科学的教育实验模式。实验教育学对教育理论和实践的发展产生了深远的影响，成为19世纪末20世纪初教育学多元化进程中的一种崭新的教育理论流派。

在欧洲新教育运动中，继英国的雷迪创立新型学校（学习与活动相结合），欧洲兴起

"新学校运动",蒙台梭利、爱伦·凯、德可乐利、凯兴斯坦纳等人也创办了新式学校,继承了卢梭的自然主义教育思想,提出了对儿童实施自由教育的自由主义教育思想。

在美国进步主义教育运动中兴起实用主义教育思潮。1916年,美国著名的实用主义哲学家、教育家杜威出版了《民主主义与教育》。在《民主主义与教育》中,杜威阐述其实用主义教育思想,具体内容如下。

① 关于教育的本质。杜威提出三个核心命题:教育即生长,教育即生活,教育即经验的不断改造。

② 关于教育目的。杜威认为教育即生长(儿童的兴趣、本能和需要的生长),教育目的即教育过程本身,除此之外,教育没有其他目的,提出"教育无目的论"。

③ 关于课程与教材。杜威认为课程是学校环境的基本要素,它必须集中体现教育的目标,为教育目的服务。首先,课程设置应遵循经验的原则,要以儿童兴趣和活动为中心,设置兴趣课程和活动课程,保证儿童经验的不断生长。其次,课程还应遵循社会的原则,让儿童了解工业的原理和价值,使儿童自由发挥智慧,养成结合生活的习惯,形成对社会的基本态度。杜威主张"教材心理化",反对把事先编好的教材作为教育的重要内容,主张以儿童的直接经验为教育的起点,强调对直接经验进行组织、抽象和概括。但这始终是杜威无法解决的大难题。

④ 关于教学方法论。一是强调从儿童本性发展需要出发,主张从经验中学习,反对传统的知识教学;二是主张差异教学;三是主张启发式教学。教学应注重使学生掌握发现式的学习方法,强调教师的指导作用。

杜威将以赫尔巴特为代表的教育理论和主张称为"传统教育",而把自己为代表的教育理论和主张称为"现代教育"。杜威认为传统教育是"教师中心""书本中心""课堂中心",压抑儿童的个性,脱离学生生活实际。他主张尊重儿童个性,从儿童的兴趣和需要出发,让儿童在实际生活中学习,树立"儿童中心""经验中心""活动中心",即以"现代教育三中心",反对"传统教育三中心",提出"教育即生长""教育即生活""学校即社会""从'做'中'学'"等实用主义教育主张,构成了实用主义教育思想的完整体系,使他成为现代教育派的代表。

杜威的实用主义教育思想开启了20世纪以来教育流派的纷争,深刻地影响了整个20世纪的世界教育,对当今"以人为本"教育理念、创新教育的形成与发展、教育思想观念的更新等无疑具有重要的启示作用。

> **历年真题**
>
> 1. 西方教育史上,提出"泛智教育"和普及初等教育的主张,并对班级授课制作出系统述的教育著作是(   )。
>   A. 柏拉图的《理想国》　　　　　　　B. 昆体良的《论演说家的培养》
>   C. 夸美纽斯的《大教学论》　　　　　D. 赫尔巴特的《普通教育学》

【答案】C。

2. 捷克教育家夸美纽斯高度评价了教师的作用，他把教师赞誉为（ ）。
   A. 燃烧的蜡烛 B. 心灵的建筑师
   C. 太阳底下最光辉的职业 D. 辛勤的园丁
   【答案】C。

3. 最早在大学里讲授教育学的学者是（ ）。
   A. 梅伊曼 B. 赫尔巴特 C. 洛克 D. 康德
   【答案】D。

4. 在教育史上，提出著名的"白板说"和完整的绅士教育理论的学者是（ ）。
   A. 夸美纽斯 B. 洛克 C. 裴斯泰洛齐 D. 赫尔巴特
   【答案】B。解析：夸美纽斯提出"泛智教育"、班级授课制；裴斯泰洛齐提出"教育心理学化"的理论；赫尔巴特提出"教育性教学"原则；洛克提出"白板说"和绅士教育。

5. 明确提出"教学永远具有教育性"的教育家是（ ）。
   A. 夸美纽斯 B. 赫尔巴特 C. 杜威 D. 赞可夫
   【答案】B。解析：赫尔巴特在西方教育史上第一次明确提出"教育性教学"的原则。

6. 以美国教育家杜威为代表的现代教育派倡导的三中心是（ ）。
   A. 儿童、教材、活动 B. 教师、活动、经验
   C. 儿童、活动、经验 D. 教师、经验、教材
   【答案】C。解析：杜威提出了"现代教育三中心"，是现代教育的代表人物。"现代教育三中心"包括"儿童中心""经验中心""活动中心"。

2. 马克思主义教育学的形成与发展

苏联的一批教育家运用马克思主义世界观和方法论阐述教育问题，逐渐形成了社会主义教育理论，以下为代表人物、著作及主要观点。

①克鲁普斯卡娅著有《国民教育与民主主义》，她是最早以马克思主义为基础，探讨教育问题的教育家。

②凯洛夫主编的《教育学》，被公认为世界上第一部马克思主义的教育学著作。该书以马克思列宁主义为指导，总结当时苏联社会主义学校的教育经验，并吸收历史上进步教育家的思想，对教育基本原理、教学论、德育论、学校管理四个方面进行了全面的论述，成为社会主义国家培养人民教师的基本教材，为教育学科学化发展做出历史性贡献。总结苏联20世纪二三十年代教育正、反两方面经验教训，论述"让儿童全面发展"的教育目的，对中华人民共和国成立初期的教育有着广泛影响。

③马卡连柯，在十月革命胜利后写作了《教育诗》《论共产主义教育》，创办"工学团"，对流浪儿童和少年违法者进行了成功的教育改造工作。他在其教育文艺名著《教育诗》中总结了"工学团"的教育经验。他以共产主义思想为指导，重点总结了集体主义教育、劳动教育和纪律教育的实践经验，提出"平行教育"原则。其中，集体主义教育是他教育体系的基础和核心，也是他教育理论最有特色的方面。"平行教育"原则长期以来一直是中国德育借鉴的重要原则。

④中国的杨贤江以李浩吾为化名，编写了《新教育大纲》，这是我国第一部以马克思主义为指导的教育学著作，论述了教育与政治、经济的关系，批判"教育清高说""教育神圣说""教育独立说"等观点。他认为要改变当时不合理的社会制度，只有进行革命。在革命中，教育应当作为武器之一；革命胜利后，教育便应当促进社会主义建设。这一根本观点对教育理论发展具有全面的指导意义。

3. 现代教育理论的发展

①苏联教育家赞可夫著有《教学与发展》，他的理论核心是"以最好的教学效果使学生达到最理想的发展水平"，提出了发展性教学理论，其有五条教学原则，即高难度、高速度、以理论知识为主导、理解学习过程、使所有学生（包括"差生"）都得到一般发展的原则。

②美国教育家布鲁纳著有《教学过程》，强调学科结构，提出了结构主义教学理论，强调使学生学习一门学科的基本结构；倡导发现教学法，主张培养学生的直觉思维、科学兴趣和创造力。

③德国教育心理学家瓦根舍因著有《范例教学原理》，创立了范例教学法。所谓范例教学法是指教师在教学中选择真正基础的、本质的知识作为教学内容，通过"范例"内容的讲授，使学生能够举一反三，掌握同一类知识的规律。运用此法的目的不在于让学生背诵知识，而是促使学生独立学习，使学生能将所学的知识迁移到其他方面，进一步发展所学，改变学生的思维方法和行为方式。

④瑞士教育家皮亚杰的《教育科学与儿童心理学》由两篇文章构成，论述了人的智力发展阶段，强调活动的动作教学方法，认为教学的主要目的是发展学生的智力。

⑤苏联教育家苏霍姆林斯基在《给教师的一百条建议》《把整个心灵献给孩子》《帕夫雷什中学》等著作中，系统地论述了他的全面和谐的教育思想，其理论被称为"活的教育学"。

⑥美国心理学家、教育家布鲁姆著有《教育目标分类学》等著作，把教学目标分为认知、情感和动作技能三大领域，以教育目标为导向，以教育评价为调控手段，提出了"掌握学习理论"，该理论认为教学应该以"掌握学习"为指导思想，该思想具体指：只要提供最佳的教学并给以足够的时间，多数学习者能获得优良的学习成绩。

历年真题

1. 苏联十月革命胜利后，专门从事流浪犯罪儿童教育，著有《教育诗》《论共产主义教育》的教育家是（　　）。
   A. 克鲁普斯卡娅　　　　　　　　B. 加里宁
   C. 马卡连柯　　　　　　　　　　D. 凯洛夫
   【答案】C。

2. 苏联凯洛夫主编的，力图以马克思主义为指导，系统研究教育问题，总结苏联20世纪二三十年代教育正、反两方面经验教训，并对我国有着广泛影响的教育专著是（　　）。
   A.《普通教育学》　　　　　　　B.《大教学论》
   C.《民主主义与教育》　　　　　D.《教育学》
   【答案】D。解析：本题考查对著名教育家及其教育学代表作的掌握。其中，《普通教育学》的作者为赫尔巴特；《大教学论》的作者为夸美纽斯；《民主主义与教育》的作者为杜威；《教育学》的作者为凯洛夫，该著作是公认的世界上第一部马克思主义的教育学著作。

3. 在教学理论著述中，强调学科的基本结构要与儿童认知结构相适应，重视学生能力培养，主张发现学习的专著是（　　）。
   A.《普通教育学》　　　　　　　B.《大教学论》
   C.《教学过程》　　　　　　　　D.《教学过程最优化》
   【答案】C。解析：美国教育学家布鲁纳所著的《教学过程》，强调学科结构，提出结构主义教学理论，倡导发现教学法，主张培养学生的直觉思维、科学兴趣和创造力。《大教学论》是夸美纽斯的代表作，它的出版标志着教育学作为一门学科正式成立。《普通教育学》是赫尔巴特的代表作，它的出版标志着规范教育学的建立。《教学过程最优化》的作者是巴班斯基。

4. 在教育目标的分类中，美国教育心理学家布鲁姆就学生学习结果划分的三大领域是（　　）
   A. 知识、技能和技巧　　　　　　B. 知识、理解和应用技能
   C. 认知、情感和动作技能　　　　D. 认知、应用和评价技能
   【答案】C。

本章小结

教育是一种培养人的社会活动，因而教育学是研究如何培养人的一门科学。教育学是研究教育现象、揭示教育规律的一门科学。作为一门学科，教育学的产生与发展经历了萌芽阶段、独立学科发展阶段和多样化发展阶段。萌芽阶段的主要代表著作有中国古代的

《论语》《学记》,其中《学记》被认为是世界上最早的专门论述教育的著作,比西方最早的论述教育的著作,即昆体良的《论演说家的培养》早了大约300年。该阶段关于教育问题的论述都是和政治伦理问题结合在一起。

夸美纽斯的《大教学论》标志着教育学成为独立学科。在独立学科形成阶段,有很多研究教育问题的经典著作,如,卢梭的《爱弥儿》、洛克的《教育漫话》、赫尔巴特的《普通教育学》等。赫尔巴特的《普通教育学》是第一部科学、规范的教育专著。1776年,德国著名哲学家康德在柯尼斯堡大学开始讲授教育学,这是教育学被列入大学课程的开端。

在教育学多样化发展阶段,出现了实验教育学、实用主义教育学、马克思主义教育学等学派。其中,实用主义教育学代表人物杜威是现代教育学派的先驱。

思考题

1. 简述教育学的基本任务。
2. 简述学习教育学的意义。
3. 教育学作为一门学科,其发展经历了哪几个阶段?
4. 阐述教育学发展过程中主要的代表人物、代表著作及其主要观点。

第二章 教育的起源与发展

> **学习目标**
> 1. 解释理解教育的概念，分析教育的三个基本要素及它们之间的关系。
> 2. 阐释教育的本质属性与教育的社会属性，能够辨析关于教育起源的不同观点。
> 3. 理解教育的形态，熟悉学校教育的产生与发展。
> 4. 列举教育的各个不同发展阶段的特征，能够分析信息社会的教育特征。

> **学习导引**
> 研究教育科学，首先就是揭示教育的含义和特质，即要弄清楚教育是什么，是由哪些基本要素构成的，具有怎样的基本特点；其次，了解教育活动是如何发生的，历史上都经历了哪些不同的阶段，各阶段的教育具有哪些特征等。

第一节 教育的含义

教育是人类特有的一种社会现象。自从人类社会出现教育这一现象以来，人们便有意识地对教育现象进行了许多有益的探索、解释和说明，对后世的教育发展产生了重要影响。由于东西方文明有着各自的渊源和表现方式，因而其各自的教育概念又呈现出不同的特点。

一、中国的教育概念的由来

教育，从字源上看，在我国最早出现于甲骨文中，"教"在甲骨文中为 🖹 。"教"字的左上角是组成八卦的长短横，因《易经》对八卦的论述带有权威性，这里借来代表经典。左下角是小孩学习的形象。"教"字的左半边示意孩子在经典的规范下言行，右边像有人在旁执鞭，示意孩子的言行不得越轨，否则会遭到惩罚。

"育"在甲骨文中为 🖹 ，右半边是古文的"女"字，左边形似母腹中倒立的孩子。"育"字本义是妇女生育子女。

在我国，一般认为教育概念最早见于《孟子·尽心上》中的"得天下英才而教育之，三乐也"一句。但这两个字在当时不是一个固定搭配的词。思想家和普通百姓在论及教育问题时，大都使用的是"教"与"学"这两个词。而且，两者比较起来，又以"学"为多。中国古代的教育思想也是集中体现在人们有关"学"的论述上，如《学记》《大学》《进学解》《劝学篇》。因此，我们这里把"教"与"学"的词源看作是中国文化背景下的"教育"的词源。①

古代对"教育"进行解释的代表性的文献有《学记》和《说文解字》等。被誉为中国第一部教育专著的《学记》对"教"的解释是："教也者，长善而救其失者也。"东汉时期的经学家、文字学家许慎所著的《说文解字》对"教育"的解释较为完整："教，上所施，下所效也"；"育，养子使作善也"。从词源上看，"教育"一词的基本含义是：受教育者在教育者的示范、鞭策下学习、觉悟和发展，强调的是"外铄"。

在进入20世纪之后，现代意义上的"教育"一词才被广泛使用。19世纪末20世纪初，在连续不断的社会危机、民族危机的压力下，清政府不得不广开民智，兴学育人，培养经世致用的新型人才。甲午战争之后，去日本留学的一些人就开始翻译日文教育学书籍。由于日文中有"教育"和"教育学"等词，故翻译过来的有关"兴学"的活动和理论就被称为"教育"和"教育学"。在学术界的影响下，朝廷大臣呈递的奏折中也渐渐出现了"学"与"教育"互用，"兴学"与"普及教育"并提的情况，但一开始还是以"学"为主，如整个教育事业被称为"学务"，国家教育机关被称为"学部"，下设"劝学司""劝学所"，学部中有"学臣"，劝学所中有"劝学员"等。1906年，学部才奏请颁布了"教育宗旨"。民国之后，正式改"学部"为"教育部"。此后，"教育"一词就取代传统的"教"与"学"，成为我国教育学的一个基本概念。这是我国教育现代化和传统教育学范式现代转换的一个语言学标志。②

二、西方的教育概念的由来

在西方，"教育"一词在英、法文中均为"education"（西班牙文中为"educatión"），都由拉丁文中的"educare"一词转化而来。词首"e"原意为"出"，词干"ducare"意为"引"，含义为"引出"，强调"内发"，意为将人身上固有的德性、理性等品质通过一定的手段由内而外地引导出来。

西方近代教育家对"教育"这一概念有多种多样的解释。法国思想家、哲学家和思想家卢梭认为，教育赋予我们在出生时所缺乏的一切和我们作为人所需要的一切。德国思想家康德认为，人只有依靠教育才能成人，人完全是教育的结果。瑞士教育理论家和教育实践家裴斯泰洛齐认为，教育就是依照自然的法制，发展儿童道德、智慧和身体各方面的能力。③

---

① 全国十二所重点师范大学. 教育学基础 [M]. 北京：教育科学出版社，2002.
② 同上.
③ 张焕庭. 西方资产阶级教育论著选 [M]. 北京：人民教育出版社，1979.

上述各种有关教育概念的表述虽然存在着差异，但它们都具有一个十分明确的共同点，即它们都是把教育视为培养人的活动，是促进人的身心发展的活动。这种共同的认识，准确地反映了古今中外一切教育所具有的共同属性：只要社会存在，教育作为培养人的属性是不会改变和消失的。

另外，通过对比中国和西方"教育"一词的由来可以看出，中国的教育历来强调自上而下、由外而内的传递，"外铄"的传统根深蒂固，而西方的教育则注重由内而外的引导，强调教育是一种顺其自然的活动，属于典型的内发论，由此形成了中西方在教育，特别是教育教学方法方面的显著差异。

三、教育的概念

教育是一种有目的地培养人的社会活动，产生于人类的生产劳动，是传承社会文化、传递生产经验和社会生活经验的基本途径。

教育有广义和狭义之分。从广义上说，凡是增进人的知识和技能、发展人的智力与体力、影响人的思想观念的活动，都可以称为教育，包括社会教育、学校教育和家庭教育。狭义的教育则指以影响人的身心发展为直接目标的社会活动，主要指学校教育，是教育者根据一定的社会要求，有目的、有计划、有组织地通过学校教育，对受教育者的身心施加影响，促使他们朝着期望的方向发展的活动。学校教育由专职人员和专门的教育机构承担。

链接阅读

古今中外教育家们对于教育的定义

关于教育，古今中外众多的教育家从不同角度给出了各自不同的解释。我国的《学记》是世界上最早专门论述教育教学问题的著作，书中曾这样给"教育"下定义：教也者，长善而救其失者也。而《中庸》中有："修道之谓教。"《荀子》中有："以善先人者谓之教。"在汉语中，最早把"教"与"育"连起来使用的人是孟子，他提出了："得天下英才而教育之，三乐也。"许慎在《说文解字》中这样解释"教育"："教，上所施，下所效也；育，养子使作善也。"

在西方，也同样有许多思想家和教育家对"教育"做过界定。柏拉图认为，教育在于使个人身心得到圆满发展。捷克教育家夸美纽斯认为，教育是生活的预备。英国著名教育家斯宾塞与夸美纽斯基本持有同样的看法，认为如何经营完美的生活是教育应该教导的一件大事。而在杜威看来，教育不是生活的准备，教育本身就是生活：教育即生长、教育即生活、教育即经验的不断改造。瑞士教育家裴斯泰洛齐认为，教育在于依照自然法则发展儿童道德、智慧和身体等各方面的能力。

> **历年真题**
>
> 在近代教育史上，反对思辨，主张用实证方法研究知识价值，提出教育的任务是教导人们为完美生活做准备的教育家是（　　）。
> A. 夸美纽斯　　　　B. 赫尔巴特　　　　C. 斯宾塞　　　　D. 卢梭
> 【答案】C。

第二节　教育的构成要素及其之间关系

教育者、受教育者、教育影响是构成教育活动的基本要素。因本书有专门章节阐述教师与学生，所以本节对教育者和受教育者仅做简要介绍。

一、教育者

教育者就是从事教育活动的人。由于"教育"的各种不同定义，人们对教育者的外延的理解也不相同。如果将"教育"理解为一切能够增进人的知识和技能、发展人的智力与体力、影响人的思想观念的活动，那么任何人都是教育者，因为人在日常生产和生活中总会通过各种途径对他人的态度、知识、技能及思想品德产生影响。在这个意义上，我们可以说父母是教育者，也可以说新闻记者是教育者，甚至可以说政治家是教育者。如果将"教育"理解为"学校教育"，那么"教育者"主要就是指"教师"，因为只有教师才是专门从事学校教育工作的人。学校教师是教育的主体，是最直接的教育者，在教育活动中起主导作用。

二、受教育者

受教育者是指在各种教育活动中学习的人，既包括在各级各类学校中学习的儿童、少年和青年，也包括在各种形式的成人教育中的学生。受教育者是教育的对象，是学习的主体。

教育活动是使受教育者将一定的外在的教育内容和活动方式内化为自己的智慧、才能、思想、观点和品质的过程，如果没有受教育者积极参加、发挥主观能动性，教育活动是不会获得好的效果的。随着受教育者知识和能力的增长，受教育者的主观能动性在教育活动中表现得更为明显、起的作用更大，他们可以在更大程度上主动自觉地汲取知识和修养自身品德。

三、教育影响

教育影响是教育实践活动的手段，是把教育者和受教育者联系起来的纽带，主要包括教育内容、教育方法、教育技术、教育情境。教育影响是教育活动的中介。

1. 教育内容

教育内容是教师和学生作用的对象和客体，它是经过课程设置和编制而具体化了的知识、技能、思想观念、行为习惯，是教师活动、研究的主要对象之一，是学生活动所作用的全部对象。

教育内容随着社会的变迁发生着变化。在原始社会，学校还没有产生，当时的成年人在生活过程中，给儿童传授生产经验和群居生活共同遵守的风俗习惯，这是最早的教育内容。随着社会的发展，文字的创造，学校的产生，教育内容不断丰富，并形成了体系。到了现代，人们创造出了把教育内容及其形式和实施统一起来的课程。教育内容的具体化，在不同国家有不同的表现形式。在我国此前比较长的时期里，以"教学计划""教学大纲"和"教材"等文件来具体化教育内容；现在随着课程改革的发展，改为以"课程计划""课程标准"和"教学材料"来具体化教育内容。也就是说，在今天，教育内容直观地表现为以"课程标准""教学材料"等所承载的人类文化知识，它自身具有特点。

2. 教育方法

教育方法是影响教育效果的关键。教育方法是师生在教学活动中为了有效地完成一定的教学任务而采用的方式与手段的总称。它既包括教师的"教法"，也包括学生在教师指导下的"学法"，是教师行为方式与学生学习方式的有效组合。

3. 教育技术

教育技术主要指的是在教学活动中应用的教学媒体的硬件和软件，分为物化形态和智能形态两大类。物化形态的技术指的是凝固和体现在有形的物体中的科学知识，智能形态的技术指的是那些以抽象形式表现出来、以功能形式作用于教育实践的科学知识。美国的弗雷德·珀西瓦尔和亨利·埃林顿在《教育技术手册》一书中把教育技术分为更加具体的不可分割的三个部分：一是硬件，指技术设备和相应的教学系统；二是软件，指由硬件实施而设计的教材；三是潜件，指理论构想和相关学科的研究成果。

美国教育传播与技术协会（AECT）1994年对教育技术的新定义为："教育技术是对学习过程和学习资源进行设计、开发、运用、管理和评价的理论与实践。"明确概括了教育技术的研究对象是学习过程和学习资源。

教育所依赖的技术手段经历了三个阶段的变迁：第一阶段依赖于口授或演示来传递文化，因而文化的保存在很大程度上受人的生存过程的影响；第二阶段依赖于文字和系统的教育来传递文化，这为文化的大量积累提供了可能；第三阶段依赖于高科技途径来传递和保存文化，教育的重心转移到了帮助人们学会学习。

4. 教育情境

广义的教育情境可以理解为教学活动的场景，包括物理环境和心理环境两大范畴。狭义的教育情境是指教师为了支持学生的学习，根据教学目标和教学内容有目的地创设的教学环境，是教学中的认知逻辑、情感、行为、社会和发展历程等方面背景的综合体，具有文化属性。

教育情境是教学活动系统的内在组成部分，不仅是物理的、现实的，又是心理的、人工的，是一种通过选择、创造来构建的微环境。它是知识获得、理解及应用的文化背景的缩影，其中含有社会性的人际交往和协商，也包括相应的活动背景。学生所要学习的知识不但存在于其中，而且得以在其中应用。

教育情境不仅能够激发和促进学生的情感活动，还可以激发和促进他们的认知活动和实践活动；能够提供丰富的学习素材，有效地改善教与学。

四、教育要素之间的关系

教育者、受教育者、教育影响这三个基本要素既相互独立，又相互联系，共同构成了一个完整的实践活动系统。教育者是受教育者和教育影响之间的纽带，受教育者是教育者选择和施加教育影响的对象，教育影响是教育者对受教育者作用的桥梁，是教育实践活动的工具，是教育者和受教育者相互作用的中介。没有教育者，教育活动就不可能展开，学习者也不可能得到有效的指导；没有学习者，教育活动就失去了对象，无的放矢；没有教育影响，教育活动就成了无米之炊、无源之水，再好的教育意图、再正确的发展目标，也都无法实现。因此，教育是由上述三个基本要素构成的一种社会实践活动系统，是上述三个基本要素的有机结合。各个要素本身的变化，必然导致教育系统状况的改变。不同教育要素的变化及其组合，最终形成了多样的教育形态，担负起促使个体社会化和社会个性化的神圣职责。

> **历年真题**
>
> 一般来讲，教育的基本要素包括教育者、受教育者和（　　）三个方面。
> A. 教育现象　　　　B. 教育影响　　　　C. 教育实践　　　　D. 教育理论
> 【答案】B。

第三节　教育的属性

教育的属性是指教育的具体性质与关系，它包含教育的本质属性与教育的社会属性两个方面。

一、教育的本质属性

所谓教育的本质属性，简单来说就是教育的本质，也就是教育是什么的问题。有时候我们也把教育本质称为教育的质的规定性。在分析教育本质问题时，必须首先确定教育的范围和本质的含义，这样才能避免一些不必要的争执，使论者有共同的论域。我们在这里讨论的教育是"教育一般"，它的外延是古今中外、现在未来、各级各类的教育，而非某一国家、某一种形式或某一阶段的教育。我们这里讨论的本质是指事物的根本性质。一个事物的根本性质，对于该事物来说，就是它的特殊本质；对于其与其他事物的关系来说，就是其与其他事物的本质区别。基于此，我们认为教育是一种有目的地培养人的社会活动，这是教育区别于其他事物现象的根本特征，是教育的本质属性，即教育的本质。它有以下四方面的特点。

1. 教育是一种培养人的活动

教育是一种培养人的活动，这就把教育活动和其他社会活动区分开来了。换句话说，只有培养人的活动才是教育。人类从事着方方面面社会活动，有从事物质产品生产的工业、农业、建筑、冶金、医药、水产、林业等，有进行精神产品生产的文学、艺术、科学、宗教等。教育活动是培养人的活动，是以人为直接对象的社会活动，它不同于其他以物质产品或精神产品的生产为直接对象的社会生产活动。所以，工厂里从事手机生产的工人，工地上修房子的师傅，田野里收割水稻的农民等，他们从事的活动都不能称作教育，因为他们的劳动对象不是人。同时，教育与医疗活动、社会服务活动等其他以人为直接对象的活动还有区别。教育是以培养人为目标的，而医疗活动是以保护人的身心健康、抵御疾病对人的身心危害为目标的，社会服务活动是以满足人的各种需要为目标的。只有以培养人为目标的活动才是教育。

2. 教育是一种有目的性、意识性、自觉性的活动

教育是一种有目的性、意识性、自觉性的活动。只有那些伴随人类主观意识存在、有目的性的活动才能称为教育，比如上课的时候大家集中注意力听课，这就带有极强的目的性，是典型的教育。而那些没有伴随人的主观意识、没有目的的活动，就不能称之为教育，比如初生婴儿吸奶，这是人的一种先天的本能，婴儿在这个过程中没有发挥意识参与，就不能称为教育。

3. 教育是人类社会所独有的社会活动

教育是人类社会所独有的社会活动，只有人类才有教育，动物界是没有教育的。所谓动物的"教育"和"教学"完全是一种基于生存本能的自发行为，而不是后天的习得行为。它的产生与动物的生理需求直接相关，其内容也紧紧围绕生存本能。无论是鸟会飞、鸭游水，还是捕捉猎物、求偶炫耀等，都是建立在本能基础上的，而非教育的结果。人类的教育活动与动物相比，最大的差别在其社会性上。人的教育需要不是直接产生于生物本能，而是产生于社会延续与发展的需要。教育一开始就是一种为了社会的活动。所以，教师在课堂里教学生掌握知识是教育，但狮子妈妈教小狮子捕猎就不是教育，因为它是动物界的本能活动，不属于人类的社会活动，所以不能称为教育。

4. 教育活动存在着教育三要素之间的相互影响

构成教育的基本要素包括教育者、受教育者和教育影响。作为构成教育活动的诸要素并不是孤立存在着的,而是在教育实践活动中相互影响、相互制约的。所以,我们说学生自学不属于教育活动,因为自学中不存在教育者与受教育者的相互影响,只有教育诸要素之间相互影响的活动才是教育。

> **历年真题**

1. 下列现象中,不属于教育现象的是( )。
   A. 妈妈教孩子洗衣服　　　　　　B. 初生婴儿吸奶
   C. 成人学开车　　　　　　　　　D. 木匠教徒弟手艺
   E. 家长批评孩子　　　　　　　　F. 感受美好的自然环境
   G. 参观画展　　　　　　　　　　H. 杂技团的小狗学算术
   I. 偶尔碰到仙人掌知道扎手
   【答案】BHI。

2. 教育活动与其他社会活动最根本的区别在于( )。
   A. 是否有目的地培养人　　　　　B. 是否促进人的发展
   C. 是否促进社会发展　　　　　　D. 是否具有组织性和系统性
   【答案】A。解析:教育是一种有目的地培养人的活动,这是教育区别于其他事物现象的根本特征,是教育的质的规定性。

3. 人类的教育活动与动物的所谓"教育"活动存在本质区别。它主要表现为人类的教育具有( )。
   A. 延续性　　　B. 模仿性　　　C. 社会性　　　D. 永恒性
   【答案】C。

4. 辨析题:动物界也存在教育。
   【参考答案】此观点是错误的。教育是一种有目的地培养人的活动,这是教育区别于其他事物的根本特征,是教育的质的规定性。由此可知,教育是人类所独有的社会现象,教育是有意识、有目的、自觉地对受教育者进行培养的过程。动物界所谓的"教育现象"只是动物的一种生存本能,不具备社会性,不符合教育的本质,所以动物界不存在教育。

5. 辨析题:学生自学属于教育。
   【参考答案】此观点是错误的。教育活动存在着教育者、受教育者以及教育影响三要素之间的相互影响。所以学生自己去自学不属于教育,因为学生自学只有受教育者这一个方面的要素。

6. 辨析题:凡是能影响人的身心发展的活动都是教育。
   【参考答案】这种说法是错误的。教育是一种有目的地培养人的社会活动,这是教育区别于其他事物现象的根本特征,是教育的本质属性。它要解决的特殊矛盾是受教育者个体与社会之间的矛盾。这也是教育的质的规定性。如果失去了这一质的规定性，那就不能称之为教育。影响人的发展的活动可能是有目的的，也可能是自发的，只有有目的地培养人才是教育。因此，题干的说法是不正确的。

二、教育的社会属性

教育的社会属性也可以理解为教育的社会特征。一般来说，教育的社会属性包含三个方面，分别是永恒性、历史性、相对独立性。

1. 教育具有永恒性

教育具有永恒性。所谓永恒，就是一直存在的意思。教育是人类所特有的活动，所以教育的永恒性就意味着教育和人类一直共存亡。人类产生后，教育也就产生了；只要人类不灭亡，教育也就不会消失。

2. 教育具有历史性

教育具有历史性。所谓历史性，就是指教育在一个历史发展的阶段里有这个阶段的独特特征，而到了下一个历史阶段就有了另外一个特征。在不同的历史发展阶段，教育的特点是不一样的。比如，在先秦时代，中国教育的最大特征是私学盛行，出现了百家争鸣的局面，过了这个阶段，这种形式在其他任何历史时期就都没有了。再比如，中国宋朝书院盛行，北宋有闻名天下的四大书院。虽然书院诞生于唐朝，在宋朝之后也还有书院，但这些阶段的书院都比不上宋朝繁盛局面的书院。这两个例子都是历史性的体现。

3. 教育具有相对独立性

教育受一定的政治经济等因素的制约，但教育作为一种培养人的社会活动，又具有相对独立性。教育的相对独立性主要表现在以下三个方面。

第一，教育具有继承性。教育不能脱离社会物质条件而凭空产生，但同时又是从以往教育发展而来的，与以往的教育有渊源。正因为教育具有这种继承性，在处于同样的政治经济制度和生产力发展水平的国家，也会有不同特色的教育；不同民族的教育也会表现出不同的传统和特点。

第二，教育受其他社会意识形态的影响。教育虽然受政治经济制度与生产力发展水平制约，但同时又和上层建筑中其他的意识形态（主要表现为政治思想、道德观念、哲学思想，以及宗教、文学、艺术、法律等方面）发生密切的联系，受这些意识形态的影响，这一特征主要表现在教育观点和教育内容上。

第三，教育与社会政治经济发展不平衡。这种不平衡主要表现为两方面：一是教育落后于一定的政治经济发展水平，这时教育对政治经济发展起着阻碍作用；二是教育超前于一定的政治经济发展水平，这时教育对新的政治经济起着催生作用，比如在第二次世界大战中日本战败，国民经济崩溃，战后日本确立了优先发展教育的战略，从而极大促进了战后日本经济的复苏与崛起。

历年真题

1. 教育是人类社会特有的现象,任何社会进步与个人发展都离不开教育。这表明教育具有（　　）。
   A. 永恒性　　　　B. 依附性　　　　C. 时代性　　　　D. 独立性
   【答案】A。

2. 否定教育自身的发展规律,割裂教育的历史传承,把教育完全作为政治、经济的附庸。这样的观念违背了教育的哪一特性?（　　）
   A. 生产性　　　　B. 永恒性　　　　C. 相对独立性　　　　D. 工具性
   【答案】C。解析:教育受一定社会的政治经济等因素的制约,但教育作为一种培养人的社会活动,又具有相对独立性。教育的相对独立性主要表现在三个方面:第一,教育具有继承性;第二,教育要受其他社会意识形态的影响;第三,教育与社会政治经济发展不平衡。因此,题干的说法违背了教育的相对独立性。

3. 提出教育具有相对独立性,主要是强调教育（　　）。
   A. 可以超越社会历史而存在　　　　B. 不受生产发展制约
   C. 对政治经济有促进作用　　　　D. 有自身的特点和规律
   【答案】D。

4. 【多选题】教育的社会属性是（　　）。
   A. 发展性　　　　B. 历史性　　　　C. 永恒性　　　　D. 相对独立性
   【答案】BCD。

5. 【辨析题】因为教育受社会发展制约,为此,教育不可能超前发展。
   【答案】错误。解析:教育具有相对独立性,具有与政治经济发展的不平衡性。有时候能超前发展,有时候落后发展。

第四节　教育的起源、形态及其发展历程

教育学作为研究教育现象及其规律的一门科学,要科学、透彻地阐明有关教育的一系列问题,就必须对教育产生的源流脉络有个清晰的了解和把握。列宁认为,为了解决社会科学问题,为了用科学眼光观察这个问题,最可靠、最必需、最重要的就是不要忘记基本的历史联系,考察每个问题都要看某种现象在历史上怎样产生,在发展中经过了哪些主要阶段,并根据它的这种发展去考察这一事物现在是怎样的。同理,要解决好有关教育现象及其规律方面的若干问题,也有必要对教育的产生和发展情况做一次历史考察。

一、教育的起源

任何事物都有其自身发生、发展的过程，教育也不例外。它有自己的起源、发展和未来。教育的起源问题既是教育史研究中的一个重要问题，也是教育学研究中的一个重要问题。对这个问题的深入研究具有极其重要的学术价值，因此，千百年来其一直成为人们研究教育的起始点，并形成了各种不同的观点和主张。

1. 神话起源论

神话起源论是人类关于教育起源的最古老的观点，所有的宗教都持这种观点。这种观点认为，教育与其他万事万物一样，都是由人格化的神（上帝或天）所创造的，教育的目的就是体现神或天的意志，使人皈依于神或顺从于天。这种观点是根本错误的，是非科学的。之所以如此，主要是因为人类当时在自身起源问题上认识水平存在局限，从而不能正确提出和认识教育的起源问题。

2. 生物起源论

生物起源论者认为，人类教育发源于动物界中各类动物的生存本能活动。主张生物起源的代表人物有利托尔诺、沛西·能等。

法国社会学家利托尔诺在其所著《动物界的教育》一书中认为，教育是一种生物现象，教育起源于一般的生物活动。他认为动物，尤其是略为高等的动物，完全同人一样，生来就有一种由遗传而得到的潜在的教育。他根据对各种动物生活的观察，认为在动物世界里存在着各种禽类的示范与学习。他甚至指出，在脊椎动物中，人们已经可以确认存在着有意识的教育，如小鸡、狗、猴等。利托尔诺由这些观察坚定地得出结论："从观察得到的，互相有联系的许多事实已无可争辩地向我证实：兽类教育和人类教育在根本上有同样的基础；由人强加的人为的教育，可以动摇甚至改变动物的、被称为本能的倾向，并反复教它们具有一些新的倾向；为取得这一结果，通常只要让年幼动物反复地练习并恰当地利用奖励就够了。由此不难看出，人类教育的进行与动物的教育差别不大，在低等人种中进行的教育，与许多动物对其孩子进行的教育甚至相差无几。"[1]

利托尔诺从生物学的观点出发，把动物界生存竞争和天性本能看成是教育的基础。按照他的看法，动物是基于生存与繁衍的天性本能而产生了把"经验""技巧"传给小动物的行为的，这种行为便是教育的最初形式与发端。

英国教育家沛西·能于1923年在不列颠协会教育科学大会上的主席演说词《人民的教育》中指出："教育从它的起源来说是一个生物学的过程，不仅一切人类社会有教育，不管这个社会如何原始，甚至在高等动物中也有低级形式的教育。我之所以把教育称为生物学的过程，意思就是说，教育是与种族需要、种族生活相应的、天生的，而不是获得的表现形式；教育既无须周密的考虑使它产生，也无须科学予以指导，它是扎根于本能的不

---

[1] 朴泰洙，金哲华. 教育学原理[M]. 北京：科学出版社，2011.

可避免的行为。"[①]

教育的生物起源论的基本错误是混淆了动物的本能活动与人类社会教育活动的界限。生物起源论者把教育的起源归之于动物的本能行为，归之于天生的、像动物本能那样原本具有的生物行为，教育过程即按生物学规律进行的本能过程，这就完全否认了人与动物的区别，否认了教育的社会性。

3. 心理起源论

心理起源论者认为教育起源于儿童对成人无意识的模仿。

心理起源论的主要代表人物是美国教育家孟禄。孟禄在其所著《教育史教科书》中，从心理学的观点出发，根据原始社会没有学校、没有教师、没有教材的史实，判定教育应起源于儿童对成人无意识的模仿。他在其著作《教育史教科书》中提到，原始社会的教育普遍采用的方法是简单的无意识的模仿。在这种原始共同体中，儿童对年长成员的无意识模仿就是最初的教育的发展。

教育的心理起源论者避免了生物起源论的错误，提出模仿是教育起源的新说，有其合理的一面。模仿作为一种心理现象，以及一种学习方式，可被视为教育的诸种途径之一。但孟禄的错误在于他把全部教育都归之于无意识状态下产生的模仿行为，不懂得人之所以成为人是有意识的本质规定，不懂得人的一切活动都是在意识支配下产生的目的性行为，因而，他的这种观点仍然是错误的。

教育的生物起源论和心理起源论从不同角度揭示了教育的起源，但二者的共同缺陷是否认了教育的社会属性，否认了教育是一种自觉的、有意识的活动，把动物本能和儿童无意识的模仿同有意识的教育混为一谈，因而都是不正确的。

历年真题

美国学者孟禄根据原始社会没有学校、没有教师、没有教材的史实，断言教育起源于儿童对成人的无意识的模仿。这种观点被称为（　　）。

A. 交往起源论　　　　B. 生物起源论　　　　C. 心理起源论　　　　D. 劳动起源论

【答案】C。

---

4. 劳动起源论

劳动起源论的代表人物主要是米丁斯基、凯洛夫等苏联教育史学家和教育学家。劳动起源论者在批判生物起源论和心理起源论的基础上，运用恩格斯在《劳动在从猿到人转变过程中的作用》中阐述人和人类社会起源的观点，从恩格斯的"劳动在一定意义上创造了人类本身"这一基本命题出发，推断出教育起源于劳动，起源于劳动过程中社会生产需要

[①] 沛西·能.教育原理[M].王承绪，赵瑞瑛，译.北京：人民教育出版社，2005.

和人的发展需要的辩证统一。①

　　首先，人类的教育是伴随人类社会的产生而一同产生的，推动人类教育起源的直接动因是劳动过程中人们传递生产经验和生活经验的实际社会需要。传递社会生产与生活经验的教育对当时的人类之所以必要，是因为当人类祖先已经开始制造劳动工具，尽管工具极为简单粗糙，经验也极为有限，但要把这点滴经验和制造方法传递给集体成员和后代，也需要年长者对年轻一代进行指点和传授。否则，制造和使用工具的经验和方法不久即会消失，人类又回到不会制造工具的状态中去。劳动从一开始就是一个复杂的过程，干什么、怎么干、用什么工具，以及在什么时间、什么场所等，都要求参与劳动的成员知晓才能进行。为此，掌握必要的有关知识是进行劳动的前提。劳动活动从一开始就产生了实施教育的必要。劳动从开始时就不是人与人之间互不相干的活动，而是一种社会性的活动，需要互相帮助、共同协作，行动要符合集体的利益和要求。这些合作和尊重集体利益的社会性要求不是天赋的，而是通过教育培养来的。所以，有了劳动、有了人类社会及其社会生活中的各种规则和要求，就得有教育。劳动从一开始就是一种有意识、有计划、有创造的活动，是对环境的一种改造，而不是盲目的发现和适应。这一点正是人与动物的根本区别。人由古猿的无意识状态发展到猿人的有意识状态，是进行教育的一项最基本条件。与此同时，伴随劳动产生的语言，可使经验积累和传递借助于第二信号系统去完成。语言使进行教育的另一个基本条件也已具备，故进行教育成为可能。据人类学学者的报告，在原始社会，儿童自幼就会受到父辈经验的陶冶。成年人在制造器具时、在设陷阱捕兽时、在养护动物时、在播种收割时，儿童观察并充当帮手，积累制造工具、狩猎捕鱼、种植采集、畜养、筑房等知识和经验，慢慢变成独立的劳动者。不仅如此，成年人应从孩提时起，就对儿童进行社会方面的训练，以使他们适应社会生活，如互助互援、服从禁忌、遵守部落习惯风俗、个人的责任和义务等，以使他们能够适应所处的社会和自然环境。

　　其次，教育也起源于人自身发展的需要。根据唯物主义观点，历史中的决定性因素，归根结底是直接生活的生产和再生产。但是，生产本身又有两种。一方面是生活资料即食物、衣服、住房以及为此所必需的工具的生产；另一方面是人类自身的生产，即种的繁衍。人类自身的生产，一方面需要以物质资料的生产为基础才能使人类自身得以生活下去和繁衍开来，因此，生产经验的传授与学习是第一位的；但另一方面，儿童出生来到人类世界，他们最早接触的是社会环境，而后才会接触生产斗争，如果不经历人类社会有意识、有目的的教育过程，如果没有年长者对他们的传授和影响，他们就不可能具有社会性个人的本质规定，就难以适应人类社会特有的正常生活，人类世代积累起来的经验、知识、技能、生活规范等精神文明就会因此而终止。此外，人的成长是一个过程。儿童从出生到成为一个具有劳动能力的社会成员，至少要经历十几年的时间。在此期间，儿童从成

---

① 中公教育教师资格考试研究院.教育知识与能力（中学）[M].北京：世界图书出版公司北京公司，2012.

人那里得到的知识、经验、技能、社会规范等，虽从最终目标看是为了将来从事社会的物质生产劳动，在宏观上是促进了社会生活的延续和发展，适应了社会方面的需要，但从直接结果看，则是发展了儿童的身心，使其实现精神成长，在微观上促使其远离动物界，趋于社会化与文明化。

基于此，我们认为，教育的起源就不仅有与其他社会现象的共同之处，即随着人类社会的出现而出现，出于人类谋求社会生活的需要而发展，而且有其自身的独有特质，即教育也起源于个体发展的需要，是人的社会需要和人的自身发展需要的辩证统一。在成为具有劳动能力的社会成员之前，儿童首先面临的是社会环境，后来才是自然环境。这时儿童的主要任务是学习社会的礼仪规范，掌握各种生产知识经验，发展他们运用这些经验的能力和本领。他们跟随着家庭、公社、部落中的年长者和有经验的人，在他们的示范和口授之下学习打猎、捕鱼、准备食物、建筑房屋、宗教信仰、语言、艺术及原始的种种习俗等适应社会、适应自然、维护群体关系所必需的内容。儿童在其发展过程中学习了祖先缔造的文化，掌握了各种生产经验。他们学习使用他们周围的物质，运用学习得来的各种生产方法，一步步走向社会。在他们的经验中，社会需要逐渐占据主导地位；在他们的思想中，社会规范逐渐成为主导内容；在他们的道德中，社会道德逐渐成为主导观念。他们学会了语言、学会了生产、学会了处理人与人之间的关系。直到此时，他们才完成从重视个体的身心发展转向服务于社会需要的劳动"战场"。此后，满足社会生活需要与实现个体身心的发展需要便密切地交织在一起，始终同步进行。所以说，教育是起源于人的社会需要和自身发展需要的辩证统一。

5. 交往起源论

交往起源论者认为，教育起源于人类的交往活动。该学说的主要代表人物是叶澜等人，在其著作《教育学原理》一书中写道：教育起源于人类的交往活动而不是生产劳动，尽管人类社会最初的交往活动是在劳动中进行的，但我们依然不认为生产劳动是教育的形态起源。交往起源论者认为教育关系是人与人之间的关系，而劳动中的关系是人与物之间的关系。所以，劳动不是教育的形态起源，教育的形态只能起源于人与人之间的交往。[①]

二、教育的形态

教育的形态是指由教育者、受教育者和教育影响这三个要素构成的教育系统在不同时空背景下所表现出来的不同实体形式。根据不同的标准，可以划分出不同的教育形态。从目前教育学的研究来看，划分教育形态的标准大致有三个：一是教育系统自身的标准，二是教育系统所赖以运行的场所或空间标准，三是教育系统所赖以运行的时间标准。从教育系统自身的标准出发，可以将教育形态划分为"非制度化的教育"与"制度化的教育"；

---

① 叶澜.教育学原理[M].北京：人民教育出版社，2007.

从教育系统所赖以运行的空间标准出发,可以将教育形态划分为"家庭教育""学校教育"与"社会教育";从教育系统赖以运行的时间标准以及建立于其上的产业技术和社会形态,我们可以将教育形态划分为"农业社会的教育""工业社会的教育"与"信息社会的教育"。[①] 下面,我们来分别阐述和比较这些教育形态的关键特征。

1. 非制度化的教育与制度化的教育

根据教育系统自身形式化的程度,可以将教育形态划分为非制度化的教育与制度化的教育两种类型。非制度化的教育是指那些没有能够形成相对独立的教育形式的教育。这种教育是与生产或生活高度一体化的,没有从日常的生产或生活中分离出来成为一种相对独立的社会机构及其制度化行为。人类学校产生以前的教育就属于这种非制度化的教育。就是在人类的学校已经形成一个高度复杂网络的今天,非制度化的教育也仍然存在,只是它在个体发展和整个教育系统中所占的地位和所起的作用已经非常有限了。制度化的教育是从非制度化的教育中演化而来,是指由专门的教育人员、机构及其运行制度所构成的教育形态。制度化教育是人类教育的高级形态。它的出现是人类教育文明的一大进步,也极大地推动了人类总体文明的进步。今天所谈论的种种"教育"和"教育改革",基本上指的就是这种制度化的教育。

2. 家庭教育、学校教育与社会教育

从教育系统赖以运行的空间特性看,可以将教育形态划分为家庭教育、学校教育与社会教育三种类型。

(1)家庭教育

家庭教育是指父母或其他年长者在家庭生活中对其下一代和其他家庭成员所进行的教育。家庭教育也有广义和狭义之分。广义的家庭教育,主要是指一个人在一生中接受的来自家庭其他成员的有目的、有意识的影响。狭义的家庭教育是指一个人从出生到成年之前,由父母或家庭里其他长者对其所施加的有意识的教育。

作为一个基本的社会单位,家庭教育一直是学校教育的重要补充,承担着大量的教育任务。家庭教育具有以下特点:其一,家庭教育是人生开始的第一篇章,是个体社会化的最初摇篮;其二,家庭教育是一种寓于日常生活中的养育,在内容上具有零散性,在方式方法上往往表现出一种随意性;其三,家庭教育具有先导性、感染性、权威性、灵活性、针对性和终身性等特点。

(2)学校教育

一般来说,学校教育是一个与家庭教育、社会教育相对应的概念,它是人一生中所受教育的最重要的组成部分,明确的目的性、计划性和组织性是其基本特征。学校教育出现于奴隶社会,它产生以来就在整个教育体系中居于核心地位。学校是教育制度化的必然结

---

① 全国十二所重点师范大学.教育学基础[M].北京:教育科学出版社,2002.

果，或者说，学校教育是制度保障下的一种教育，是有特定组织规则的教育。

学校教育有三个特点：其一，目的明确，无论是教学还是其他教育活动都有明确的教育目的；其二，组织严密，学校教育由受过专门训练的教师承担教育任务，学生相对稳定，具有较为严密的教育工作计划和较为完善的学校教育制度；其三，环境优越，学校是专门的教育场所，具有比较齐全的教学设备、图书资料和活动场所。

（3）社会教育

社会教育也有广义和狭义之分。广义的社会教育与广义的教育非常接近，用以指称有意识地培养人，有益于人的身心发展的各种社会活动。狭义的社会教育用以指称学校和家庭之外社会文化机构以及有关的社会团体或组织对社会成员所进行的教育，它是现代社会教育体系中不可忽略的部分。

社会教育的特点主要表现在以下四个方面：其一，补偿性，社会教育直接面向全社会，以社会政治、经济和文化为背景，比学校教育、家庭教育具有更广阔的活动空间，影响面更广，是对学校和家庭教育的补充；其二，开放性与群众性，社会教育可以面对不同年龄、不同身份、不同地位的受教育者，可以满足成年人继续学习的要求；其三，灵活性与多样性，社会教育没有制度化学校教育的严格约束性，在教育的内容、方法和形式上具有一定的灵活性与多样性；其四，融合性与社会性。

（4）三种教育形态的功能整合

家庭教育、社会教育、学校教育有着各自的目的、地位、作用和特点，同时它们也各自有着自身难以克服的局限性。这就需要三者之间相互配合、协调一致，实现三种教育力量的整合，提高教育的整体效益。三种教育力量的整合，有利于教育在时空上的相互衔接，有利于教育在方向上的高度一致，有利于加强各种教育的互补作用，实现教育的整体效应。

> **链接阅读**
>
> **联合国教科文组织论社会教育**
>
> "教育已不再是某些杰出人才的特权或某一种特定年龄的规定活动；教育正在日益向着包括整个社会和个人终身的方向发展。""未来的教育必须成为一个协调的整体，在这个整体内社会的一切部门都从结构上统一起来。这种教育将是普遍的和继续的。"[①]

---

① 联合国教科文组织国际教育发展委员会.学会生存——教育世界的今天和明天[M].北京：教育科学出版社，1989.

3. 农业社会的教育、工业社会的教育与信息社会的教育

关于这三种教育形态及其特征，我们会在下文中详细分析。这里主要想指出，首先，这三种教育形态的产生与社会形态的变迁有着密切的联系，是适应不同的生产力发展阶段以及建立于其上的经济形态和生产关系变革的结果。因此，要把握这三种教育形态的特征，首先就要把握它们所处时代的生产力、经济形态以及上层建筑的特征。要理解这三种教育形态的前后更迭，首先就要理解其背后的社会变迁。其次，农业社会的教育不等于"农业教育"，工业社会的教育不等于"工业教育"，信息社会的教育也不等于"信息教育"。"××社会的教育"是指基本的教育形态，而"××教育"是指专门的教育类型。最后，"××教育"都是建立在"××社会的教育"基础上的，因而在教育目的、内容、方法、管理等各个方面，后者总是包含着对前者的批判、修正和重构，彼此之间有一种历史的连续性。

> **历年真题**
>
> 一般认为，家庭教育、学校教育和（　　）是当代教育最为典型的三种形式。
> A. 政治教育　　　B. 文化教育　　　C. 社会教育　　　D. 终身教育
> 【答案】C。

三、教育的发展历程

教育的历史发展是教育史学科的基本内容。之所以要简述教育的历史发展过程，目的主要是从教育与社会的联系中，洞察社会发展对教育发展的影响和制约，洞察教育发展的时代特点和变化，为阐明教育的基本规律奠定基础。

美国人类学家摩尔根在《古代社会》中把人类历史的发展分为蒙昧、野蛮、文明三个时代。文明时代包括奴隶社会、封建社会和资本主义社会三个历史发展阶段。现在有的学者把文明时代又分为农业社会、工业社会和信息社会三个历史发展阶段。历史证明，从远古的蛮荒时代到科学技术高度发达的当代社会，教育发生了一系列的变化。各个不同历史发展阶段的教育，由于各自的社会生产方式不同，有其各自的特点。

1. 原始社会的教育

自人类诞生到原始社会末期，人类大约经历了上百万年的漫长历史时期。考古发掘和一些相关的传说等表明，原始社会的生产力水平低下，人类依靠采集植物的果实或者猎食一些小动物来满足生存需要，人类虽然能够制造并使用工具，但工具的作用仅限于采集和狩猎活动。人类按照一定的血缘关系结成氏族和部落，没有国家，人与人之间平等相处，共同劳动，共享劳动成果，没有明显的分工。由于文字尚未出现，语言是当时人类的基本交流手段，与此相应，原始社会的教育主要表现出如下一些特征。

（1）附属性

在原始社会，教育没有从社会生产和社会生活中完全分化出来，而是与社会生产和社会生活融为一体的，过什么样的生活，就受什么样的教育，教育直接为社会生产和生活服务。多数的教育活动分散进行，没有专门从事教育的人员和相对固定的教育对象，没有专门的教育场所和固定的教育内容，教育活动基本上是由有生产生活经验的成年人对年轻一代进行生产生活经验的传授。因此，教育活动是社会生产和生活过程的副产品。

（2）原始性

原始社会时期教育的主要目的是培养合格的氏族成员，使年轻一代能够适应社会生产和生活的需要。教育内容着重对体力、顽强性和生产劳动的技能，以及与自然斗争的经验、风俗礼仪、宗教仪式等方面的训练，智力开发只是教育实践的副产品，并没有为施教者所自觉意识。教育的方法和手段相对单一，多是利用示范和模仿来进行生产生活经验的传递。

（3）平等性

在原始社会中，同一部落群体中的每个成员受到的教育基本相同。教育作为人生过程所必需的活动，每个人都有同等的权利来接受教育。男女教育虽然有所不同，但也只是基于男女在生理、体质方面的差异，让他们从事不同性质的劳动，从而接受不同的教育。如男性侧重于狩猎、耕作和放牧，女性侧重于采集、种植和家务，他们分别在相应的劳动中接受一定的教育。

2. 农业社会的教育

农业社会是指以农耕文明和农业经济为主的社会形态，它基本上涵盖了传统社会阶段划分中的奴隶社会和封建社会两个阶段。农业社会标志着人类文明时代的开端，同过去相比，它发生了许多根本的变化。在经济生活方面，随着金属工具的应用，劳动效率提高，物质财富有了相应的积累，剩余产品越来越多，生产资料的私人占有成为普遍现象，同时，农业生产逐渐取代了原始的狩猎和采集，占据了人类生产活动的主导地位。政治生活方面，社会阶层开始分化，出现了统治者和被统治者，国家开始形成。文化生活方面，文字作为记录人类生产生活经验的重要载体得以发明并被广泛使用，人类对自然界和人类自身的认识能力和认识程度也有了很大提升，但知识主要掌握在少数人手里。农业社会的教育包括奴隶社会教育和封建社会教育两个阶段。

（1）奴隶社会教育

① 中国

早在 4000 多年前的夏代，我国就出现了学校教育。根据《礼记》记载，我国的夏、商、西周出现"庠""序""校"等施教机构；教育内容为"六艺"，即礼、乐、射、御、书、数；教育的目的是让奴隶主阶级的子弟学习礼仪及治人之术，西周时期出现了"学在官府""政教合一"的现象。

② 西方

古希腊教育以斯巴达和雅典两个城邦为代表。斯巴达是古希腊最大的农业国，9000户奴隶主统治着 25 万余奴隶，残酷的剥削和压迫经常引发奴隶暴动，斯巴达奴隶主为了维持统治，特别重视军事镇压。因此，斯巴达教育的唯一目的就是培养体格强壮的军人和武士。学习内容主要是赛跑、跳跃、角力、掷铁饼、投标枪，称为"五项竞技"。雅典是一个商业、手工业、航海业发达的城邦国家，实施民主政治。雅典教育的目的是使其子弟具有从事商业和政治活动的综合能力，成为有文化修养和多种才能的政治家和商人。学习内容主要为读、写、算、音乐、文学、政治、哲学等。培养全面、和谐发展的人，是雅典教育的显著特点。

古印度宗教权威至高无上，教育控制在婆罗门教和佛教手中，教育的特点主要表现为宗教教育盛行。婆罗门教教育的主要内容是经典的《吠陀》，教育的主要活动是背诵经典和钻研经义；佛教比较关心大众，教育面向群众，形成了寺院学府的特色。

古代埃及设置最多的是文士学校。"学为文士"成为一般奴隶主阶级追求的目标。文士精通文字，能写善书，执掌治事权限，比较受尊重。"以僧为师，以吏为师"是古埃及教育最典型的特征。

> **历年真题**
> 古希腊斯巴达的教育目的是培养（　　）。
> A. 演说家　　　　B. 智者　　　　C. 军人和武士　　　　D. 全面和谐发展的人
> 【答案】C。

（2）封建社会教育

① 中国

春秋战国时期，官学衰微，私学大兴，儒、墨两家的私学成为当时的显学。春秋战国时期的私学发展是我国教育史、文化史上的一个重要里程碑，形成了"百家争鸣"的盛况。汉朝时期，汉武帝采纳了董仲舒提出的"罢黜百家，独尊儒术"的建议，实行了思想专制的文化教育政策和"察举制"的选官制度，对后世产生了深远的影响。隋唐以后，科举制度的盛行使得政治、思想、教育的联系更加制度化，表面上看来，读书人通过平等竞争可以达到"学而优则仕"的目的，但实际上，遴选官员仍被豪门贵族垄断，以维护特权政治。宋代以后，程朱理学成为国学，儒家经典被缩减为"四书""五经"，特别是"四书"——《大学》《论语》《孟子》《中庸》被作为教学的基本教材以及科举考试的内容。明代以后，八股文被规定为科举考试的固定格式。清代末年，清政府废科举，兴学堂。

② 西方

西方封建社会出现了两种类型的教育：教会学校和骑士学校。

教会学校的目的是培养教士和僧侣，教育内容是经过宗教加工的"七艺"（三科：文法、修辞、辩证法；四学：算术、几何、天文、音乐）。

骑士学校的目的是培养皇室之外的贵族子弟，使其成为保护封建主利益的武士，教育内容除了通俗的教义外，很少习文，而以"骑士七技"（骑马、游泳、投枪、击剑、打猎、下棋、吟诗）为主。

（3）农业社会的教育的特征

东西方的教育虽然在具体内容和形式上存在许多差异，但都反映了社会发展水平的基本特征，这些特征在教育上具体表现为以下形式。

首先，学校出现并成为重要的、基本的教育形式。

学校的出现，意味着教育活动的专门化。据史料记载，世界上最早的学校出现在公元前2500年左右的古代埃及。欧洲最早的学校大约出现在公元前8世纪至公元前7世纪的雅典。我国的夏朝也有学校这种教育机构。教育的产生反映了人类社会生产生活的需要，学校的出现则反映了教育发展的需要。学校在农业社会的初期产生，有其必要性，更有其必然性。

学校产生的必要性在于以下两点。

①学校有助于提高教育活动的效率，有助于生产经验和文化知识的传递。

②学校是统治人才的摇篮，是培养社会精英的机构，统治者必然会不断强化这种教育形式。

学校产生的必然性在于以下三点。

①社会生产力的发展使一部分人能够脱离直接的生产劳动，专门从事脑力劳动，同时，随着社会分工的不断细化，需要对不同的社会群体进行相应的教育。

②"体脑分工"使有闲阶层有充足的时间专门从事文化教育活动，出现了专门的教育者和受教育者。

③文字的出现为人类知识、经验的保存和传递提供了独特的物化形式，极大地拓展了文化财富积累的可能性，使通过语言文字进行教育、教学成为文化传递的基本方式。

其次，学校教育有着显著的等级性。

在农业社会，教育本身是统治阶层的一种统治工具，因而教育的等级性特征非常突出。教育成为贵族阶层的特权，奴隶或者平民子女根本没有或很少有受教育的机会，表现为以下几点。

①统治阶层掌握着学校的领导权，只有统治阶层及其子女才能入学接受良好的教育。在我国古代，"学在官府、学术官守"的事实清楚地表明了教育的等级性特征，虽然此后"学术下移"，出现私学，如孔子创办的私学以大量的平民为教育对象，但是官办学校仍主要为官僚阶层所垄断。唐代更是明文规定各级各类学校招生的身份标准，将教育的等级性以法令的形式加以制度化。古代希腊、罗马的教育也是如此。

②学校教育局限于培养统治人才，是一种精英教育。我国古代的教育理想是"修身、齐家、治国、平天下"，强调"建国君民、教学为先"。唐代以后，由于科举制度同学校教育有机地结合在一起，"学而优则仕"开始成为读书人追求的终极目标。

③教育内容脱离社会生产实践，"统治之术"充斥在课堂教学之中。我国古代的教育内容先后有"六艺"（礼、乐、射、御、书、数）和"四书""五经"，尊孔读经一直到民国时期还大有市场。西方传统的教育内容则是从"四艺"（算术、几何、天文、音乐理论）发展到"七艺"（文法、修辞、辩证法、算术、几何、天文、音乐理论），教育内容服从于教育目的的倾向显而易见。

再次，学校教育内容趋于分化和知识化。

农业社会的学校，教育内容不再被笼统地教给学生，而是分门别类地提供给受教育者。我国古代的"六艺"和西方的"七艺"，都反映了教育内容的分化状况。在教育内容分化的同时，学科内容逐渐知识化和系统化，学生主要学习各学科知识。如初等教育阶段是"读、写、算"训练，而中世纪大学则以神学、法学、医学和文科等为主来培养专门人才。应该看到，这个时期的教育内容主要是以人文学科知识为主，科学还尚未成为学校教育的主要内容。与之相对应，这个时期的教学方法相对单一，主要以背诵、记忆为主，体罚及其他惩戒行为十分盛行。

最后，学校教育制度出现并不断发展，但尚未成型。

教育是一个同人的发展不断适应的过程，随着各种形式的学校不断出现，学校教育制度也逐步建立。世界第一部教育专著《学记》记载：古之教者，家有塾，党有庠，术有序，国有学。这里以托古的方式提出了我国从地方到中央按行政建制设立学校的构想。到唐代更是建立了较完备的学校教育制度。在西方，从柏拉图到卢梭，无数教育家都根据当时的教育状况设计过相应的教育体系，如捷克教育家夸美纽斯提出了"母语学校、国语学校、拉丁语学校、大学"这种前后相继的教育机构体系。同时，中世纪的西欧出现了以萨勒诺大学、波伦那大学、巴黎大学等为代表的早期大学，这是现代高等教育的开端。当然，农业社会形态下的教育制度还很不完善，特别是各种教育机构都具有相当大的独立性，相互之间缺乏必要的联系。

> 历年真题

1. 学校产生于（　）。
　　A.原始社会　　　B.奴隶社会　　　C.封建社会　　　D.资本主义社会
　　【答案】B。
2. 学校教育与生产劳动相脱离始于（　）。
　　A.原始社会　　　B.奴隶社会　　　C.封建社会　　　D.工业社会
　　【答案】B。解析：原始社会没有学校教育，教育的主要特点是与生产劳动相结合，

> 因此首先排除 A。奴隶社会和封建社会都属于农业社会的教育，都存在教育与生产劳动相脱离的情况，因为奴隶社会早于封建社会，故选择 B。

3. 工业社会的教育

工业社会的成型，以机器大工业生产的广泛应用为标志。相对于落后、闭塞的农业社会，工业社会有了长足的发展。在经济方面，随着工业革命的深入展开，机器大生产逐步取代了传统的农牧业和手工制造业而占据了社会生产的主导地位，生产效率得到极大提高。同时，蒸汽机、轮船的发明和应用，改变了人们的生活方式和生存状态，极大地促进了人类物质生活水平的提高。在政治方面，建立了一个个民族国家，西方各主要国家纷纷通过革命手段或立宪进程，由封建君主制政权过渡到了资产阶级民主制国家，公民的概念和观念日益为社会所认可并接受，民主、平等、人权等逐步成为社会的主流价值观，国家逐步控制教育主导权。在科学文化方面，科学技术取得了飞速的发展，并且在人们的日常生活以及工农业生产中得到广泛的应用。与此相应，人类的文化产品空前丰富，并且成为教育的主要内容。在这样的社会背景下，工业社会的教育表现出以下特征。

（1）多元化的教育目的

农业社会的教育单纯地以培养统治人才为目标，入学受教育是脑力劳动者的事，与体力劳动者基本无关。到了工业时代，由于各个国家不仅要加强政治领导人物的教育和培养，而且将培养国民、培养适应工农业生产需要的劳动者作为教育的首要任务，由此人们赋予教育以更多的使命，体现了教育与社会生产劳动的重新融合。

（2）普及性的义务教育

义务教育，又称国民教育，是一个国家由政府强制其未成年国民所接受的教育。义务教育最早出现于17世纪的德国魏玛公国。16世纪中期，德国以马丁·路德为代表的一批宗教改革人士从宗教斗争与政治斗争的现实需要出发，热心提倡义务教育。他们认为，只有受过教育才能阅读《圣经》，才能同上帝对话。然而，义务教育的真正普及是在工业革命以后，特别是随着一个个新兴资产阶级民族国家的建立，迫切需要培养国民对于国家和民族的认同感，需要国民接受一定的教育以适应选举权利的扩大，这样，国民教育的任务就落在了学校教育上，于是各国纷纷通过立法的手段来普及初等教育。应该说，政治发展的需要是义务教育真正得到落实的根本原因。当然，机器大工业生产的普遍化要求工人具有初步的文化知识和必要的技能，科学技术的发展和社会经济实力的增强为教育的发展提供了物质基础和条件，教育理论和实践的发展为义务教育的普及做好了准备等，这些也都有力地促进了义务教育的普及和发展。各个国家基本上都由较少年限的义务教育逐步过渡到较高年限的义务教育，如英国1880年的教育法案规定，实施义务教育的年龄范围为5—10岁；1899年的教育法案则将实施义务教育的年龄上限提高到12岁。

（3）系统的学校教育制度

工业社会的学校教育制度虽然建立在农业社会学校教育制度的基础上，但是，与以前相比，这个时期的教育制度已经有了很大不同。工业社会的学制在分级上更加细致、在分类上更多样，在总体上更注意联系，因此显得更为丰富、清晰与系统。具体表现在以下几个方面。

①学前教育机构出现。早期有影响的幼儿学校由英国的空想社会主义者罗伯特·欧文于1802年在苏格兰纽兰纳克创办。欧文创办幼儿学校一方面是因为公社成员都要参加生产，孩子需要有人照顾，另一方面是因为他认为培养纯洁的人必须从幼儿时期开始。接着，德国教育家福禄培尔将这种学前教育机构命名为"幼儿园"。此后，在一批教育家们的努力下，到19世纪后半期，幼儿园逐步推广到欧洲各国，学前教育开始成为整个教育系统的一个重要组成部分。

②初等教育作为义务教育逐步得到普及。如英国，1870年的小学生人数约为120万人，经过英国政府连续颁布的几个教育法案的推动下，到1900年增加到了约600万人。

③中学教育大发展。教育体系的发展进程大致循着两条路线前进：一是自下而上，由初等教育逐渐提高到高等教育；二是自上而下，出于对高等级人才的需求而致力于发展高等教育，进而逐渐下移。这两种发展道路都使中学教育处于一个相对尴尬的位置。随着教育体系的发展，作为整个教育链条中间一环的中学阶段也出现了一些新的变化，不仅表现为中学数量的增加，而且表现为中学性质和种类的多样化，特别是在传统文科中学的基础上，实科中学应运而生。

④职业技术学校广泛开设。随着机器大工业的飞速发展，传统的学徒制的劳动力培养方式已经越来越不能适应社会经济发展的需要。1747年，德国柏林创办了"经济、数学实科学校"，首开在行会外由学校开展中等技术教育的先例。19世纪开始出现了不同类型的徒工训练学校，到1825年，德国的普鲁士境内已有20所地方工业学校。工业化的进程要求学校大规模地培养各级专家、技术人员、管理者和大量的熟练工人。这样，学校教育不再是"阳春白雪"的贵族训练营，而是成为工业化和经济发展所必需的人力资源库。

⑤高等教育成型。西方的大学出现于中世纪，但真正的发展还是在工业革命以后。一方面，中学教育的发展为高等教育提供了充足的生源；另一方面，知识的不断分化和产业需求的发展也促进了高等教育自身在组织和内容上的发展。

⑥成人教育受到重视。成人教育是以成年人为教育对象的教育形式，尽管以成人为主要对象的教育形式有着悠久的历史，但是有组织的成人教育产生于近代工业社会。一是由于工业革命和生产方式的改变，使读、写、算技能在人们的生产和生活中发挥了更为重要的作用，越来越多的人需要通过成人教育培养相应的技能；二是由于工业革命为人们提供了更多的教育机会。所以，在工业革命以后，有组织的成人教育便首先在欧美一些国家产

生并发展起来。之后，成人教育的形式和层次也日益多样化，并得到了各国政府的支持和资助。

（4）丰富的教育内容

由于科学研究与实验的不断深化，人们对于科学知识的认识程度也逐步加深。英国学者斯宾塞曾专门撰文呼吁：什么知识最有价值，一致的答案就是科学。进入工业社会以来，普通学校普遍缩减了传统的以人文学科为主的教育内容，增加了自然科学和实用科学的知识，以适应培养劳动者的教育需求。

19世纪末的西方，普通学校一方面压缩了宗教和古代语学科，另一方面增设了诸如本国现代语和外国语、公民与道德、历史和地理以及自然、数学、物理、化学、生理等新学科，从而逐渐确立起了自然科学知识在课程体系中的地位，反映了教育走向世俗化、国家化的要求。

在中国，随着19世纪中叶国门的洞开，洋枪、洋炮、轮船制造以及外语翻译等新兴领域的人才成为急需。这样，由传统农业社会开始缓慢迈向工业化道路的中国也不得不在教育内容上做出一系列的变革，如减少读经科目，增加实学内容，开设专门学校乃至废除科举考试，这些都反映了工业社会在教育上的必然要求。

（5）多样化的教育组织形式和教学方法

在农业社会，由于教育只是少部分人的专有权利，教师面对的常常是几个或是十几个学生，因而教育的组织形式和教育方法都比较简单。但到工业社会时，这种状况有了根本改变。由于初等教育的普及和教育规模的扩大，班级授课制成为各学校普遍采用的教学组织形式，甚至还出现了为缓解教师不足而兴起的"导生制学校"，即由年龄较大的学生教授年龄较小的学生的一种教学组织形式。

与此同时，由于教育内容方面的变化，传统以记忆、背诵为主的注入式教学方法已经不能满足新的时代要求，自然科学知识要求采用直观讲解、实验分析等方式进行教学。到20世纪中叶，电化教学技术开始在教育领域得到广泛的应用，进一步促进了教育的发展。

冷战时期，人类社会出现了两个大的社会阵营，即资本主义阵营和社会主义阵营。社会主义的教育除上述一般特征外，还具有如下特征。

第一，社会主义教育是为维护劳动人民自身的利益和促进社会进步与发展服务的，教育目的在于培养社会主义事业的建设者和接班人。

第二，教育权为广大劳动人民所掌握。

第三，注重教育与生产劳动相结合。

4. 信息社会的教育

信息社会又可以称为"后工业社会""知识社会"等，是由一些社会学家、未来学家在20世纪60年代以后提出的一种新的社会范畴。与工业社会相比，信息社会仍然是一种在形成中的社会，而不是一个已经基本成型的社会，因此具有一种过渡性质。但是，近半个世纪的社会发展已经使得信息社会的轮廓初见端倪。在经济方面，尽管工业生产依然在国民经济中占据重要地位，但是信息社会的知识、信息和人才在经济增长中的地位明显提高，新产品的研究和开发成为主导产业发展的根本力量，智力资本逐步为当今世界所认同。跨国企业、全球生产成为这个时期经济生活的基本特征。同时，经济发展所带来的环境危机也日益引起全球的关注。政治上，国际间的交往与合作日益密切，开始由冷战过渡到以美国为代表的单边主义与大多数国家主张的多极化社会相冲突的历史时期。一方面国内政治的民主化程度不断增强，另一方面国际政治领域的强权政治日渐突出。在文化生活方面，人们所能接触到的文化资源日益丰富，形式日趋多样，内容日渐多元。与此相适应，信息社会的教育表现出如下特征。

（1）教育的人性化

工业社会对教育有着极大的需求，它既推动了教育的发展，也给教育造成了许多问题。教育是培养人的社会事业，但是，教育高度发达和多元时代带给人们的恰恰是前所未有的精神迷茫和内在心理紧张，"人"的问题日渐突出。人们开始不断反思以工业化为主体的现代化给教育带来的种种消极影响，这样，扭转学校工厂化、课堂车间化的现象逐步成为当前教育界的共识，教育的人性化也成为共同的追求。教育的人性化首先表现为教育目的的人性化，信息社会所要培养的是人，是一个个具体的、活生生的人，然后才是公民，是各种专门人才，是社会各阶层、各行业的从业人员。其次，教育的人性化必然要求从教育内容到教育方法乃至教育制度都要体现以人为本的精神。于是，以人的成长为核心构建课程、科学与人文并重的教育理念反映在各国课程标准之中，人本主义的教学理论为教育界所推崇，小班化教学实践在许多国家和地区得到推广与应用，教育管理则围绕着保障人的基本权利的实现进行改革与调整。

（2）教育的现代化

每一个时代的教育状况都是这一时代社会现状在教育上的体现，教育的现代化同样是现代社会政治、经济、文化等方面的变革在教育上的综合反映，从这个意义上说，教育的现代化体现了教育的与时俱进，而这一点在信息社会表现得尤为突出。信息社会中，教育的现代化主要表现为以下几个方面：① 教育同社会生产的联系空前紧密，社会生产的各环节及其要素都出现在教育过程中，教育在社会生产中发挥的作用越来越大；② 科学技术成果在教育中得到越来越广泛和普遍的应用，教育内容、教育方法和教育手段的现代化程度越来越高；③ 教育理论研究与教育实践之间相互融合的程度不断加深，一方面教育理论的研究成果迅速地在教育实践中得到应用，另一方面教育实践的发展变化也能迅速引起教育理论界的关注；④ 远程教育，特别是网络教育的兴起和发展给传统的教育形式带来了革命性的变化，人们开始重新审视教师、课堂和学校。

（3）教育的全民化

全民教育是当前教育界的一种重要思潮，体现了信息社会在教育方面对人的要求。全民教育就是教育对象的全民化，意味着教育必须向所有人平等地开放，必须承认人人都有接受教育的权利并且必须接受一定程度的教育。全民教育是针对 20 世纪 80 年代以来发达国家和发展中国家共同面临的教育状况恶化的背景而提出的，它要求将教育作为人生发展的一项必需条件来看待，呼吁世界各国政府、有关组织和个人行动起来，共同解决影响人们接受教育的问题，以便使任何社会中的任何个人有能力并有责任去尊重其共同的文化和精神遗产，促进对其他人的教育，推进社会正义事业，加强环境保护，在支持人们普遍接受的人道主义价值观念和人权的同时包容与自己不同的社会、政治和宗教制度，为使这个相互依存的世界和平与团结而努力。这是全民教育的使命。

以 1990 年 3 月世界全民教育大会的召开以及《世界全民教育宣言》的发表为标志，世界迎来了一个全民教育时代。许多国家采取各种措施来应对全民教育的需求，如普及入学机会并促进平等，使基础教育重在知识的实际获得，扩大基础教育的范围，开辟利用多种教育途径，使学习者从所受教育中获益等。全民教育旨在满足人的基本学习需要，所谓"基本学习需要"，包括为生存下去，为发展自己的智力，为有尊严地生活和工作，为改善自己的生活质量，为做出有见识的决策，为继续学习所必备的基本学习手段（如扫盲、演算和解题）和基本学习内容（如知识、价值观念和态度）。就当前来说，这些需要是最为基本的。

（4）教育的终身化

终身教育是在成人教育的基础上发展而来，到 20 世纪 60 年代发展成为一种国际性的教育思潮。所谓终身教育，是指人在一生的各个阶段都需要接受一定的教育和培训。它在时间上贯穿人的一生，在空间上打通了学校与社会、家庭的分隔。1970 年保罗·朗格朗出版的《终身教育导论》一书和联合国教科文组织分别于 1972 年、1996 年发表的《学会生存》和《教育——财富蕴藏其中》两份报告，对世界各国终身教育事业的发展有着重要的影响。目前，终身教育在实践方面的进展主要体现在：① 政府通过立法或行政手段，确立终身教育的地位，着力建设学习型社会；② 在发达国家主要以职业技能的培训为主；③ 在发展中国家以扫除青壮年文盲和普及义务教育为主。

终身教育从理论到实践的发展，对于学校教育特别是基础教育的改革和发展有着重要意义。基础教育作为终身教育的基础环节，旨在为人的一生发展打下坚实的基础，它不仅要使人们掌握扎实的知识，而且要具备继续学习的能力，全面提高自身的综合素质。只有这样，才能不断学习、持续发展。学校教育要努力适应终身教育时代的要求。

（5）教育的国际化

信息社会，由于通信技术手段的日益便捷、全球性的问题日益显著、国际间的交往日益密切，教育的国际化也成为教育发展的必然要求。第二次世界大战结束以后，教育的国际化趋势日益明显，程度不断加深。教育的国际化主要表现为以下四个方面：① 国际性的教育组织的出现及其行动纲领的颁布，如联合国教科文组织及其所属的国际教育局以及

《学会生存》《世界全民教育宣言》报告等；②国家层面的教育交流与合作，如互相派遣教师和留学生、互相承认学历和学分等；③不同国家校际的交流合作，如华东师范大学同巴黎高等师范学校联合培养研究生的项目；④教育内容中增加国际理解，实施双语教学等。当然，教育的国际化不等于教育的一致化，事实上，面对教育国际化的挑战，各国也均在努力建立和发展适合本国国情与文化传统的教育体制，致力于保存和发展本国、本民族的文化遗产，不断加强教育的本土化。

（6）教育的多元化

教育的多元化是世界物质生活和精神生活多元化在教育上的反映。具体表现为培养目标的多元化、办学形式的多元化、管理模式的多元化、教学内容的多元化、评价标准的多元化等。

本章小结

教育是增进人的知识和技能、发展人的智力与体力、影响人的思想观念的活动。教育者、受教育者、教育影响是构成教育活动的基本要素。有目的地培养人的社会活动，是教育的本质。教育有以下四方面的特点：教育是一种培养人的活动；教育是一种有目的性、意识性、自觉性的活动；教育是人类社会所独有的社会活动；教育活动存在着教育三要素之间的相互影响。教育起源于人的社会需要和自身发展需要的辩证统一。从教育系统赖以运行的空间特性来看，可以将教育形态划分为家庭教育、学校教育与社会教育三种类型。从教育系统赖以运行的时间标准以及建立于其上的产业技术和社会形态来看，可以将教育形态划分为农业社会的教育、工业社会的教育与信息社会的教育，它们彼此之间既有历史的继承性，又有各自不同的特征。信息社会的教育表现出如下特征：教育的人性化、现代化、全民化、终身化、国际化、多元化。

思考题

1. 关于教育的起源有哪些不同观点？
2. 简述教育具有的本质属性。
3. 工业社会的教育具有哪些特征？
4. 信息社会的教育具有哪些特征？

第三章 教育与社会发展

学习目标

1. 阐释影响教育的主要社会因素，能够结合主要社会因素分析教育发展现状。
2. 列举教育功能的结构，能够阐述教育的社会功能与本体功能的表现。
3. 解释教育与社会的可持续发展关系以及教育现代化。
4. 能够分析在现代社会发展中教育功能的拓展表现，认同教育优先发展的意义。

学习导引

本章主要由三大部分构成：一是影响教育的社会因素，二是教育的功能，三是教育与现代社会发展的关系。关于教育的社会因素部分主要沿着对社会构成要素的理解出发，明确影响教育的社会因素有哪些；关于教育的功能部分主要侧重讲解教育对培养人与对主要社会领域的具体功能；关于教育与现代社会发展的关系部分主要介绍现代社会的特性和发展趋势、教育所面临的各种挑战，以及社会变革中教育功能的拓展。

第一节 影响教育的社会因素

一、社会的构成要素

教育的对象是人，人是构成社会的最小单位。社会，即人与人形成的关系总和。教育也是社会活动，是不断生成的社会系统。教育与社会有着不可分割的联系。为了更好地理清教育与社会发展的关系，首先要明确社会的基本构成要素。社会是由环境、人口和生产方式等要素构成的。[①]

第一，环境要素。环境包括自然环境与人文环境。自然环境为人类提供了生命活动的场所，为人类的幸福生活提供了可能。自然界为人类提供生产物质资料的原材料。人类的一切社会活动都离不开自然。人文环境是人与人关系的反映，是社会共同体中人们普遍接受的态度、观念与信仰等，是为人提供精神活动的重要场域。

第二，人口要素。人是社会的主体，因此，人口便是社会形成的物质基础。人口的数量和质量，以及增长的速度和密集程度都对社会发展起着重要的加速和延缓作用。

第三，生产方式要素。生产方式是指社会物质资料的生产过程，是社会发展和生产的

---

① 柳海民. 教育学概论 [M]. 北京：北京师范大学出版社，2015.

最后决定力量，对社会发展起决定作用。生产方式包括生产力和生产关系。生产力和生产关系的矛盾运动是社会经济发展的根本动力。物质资料的生产是人类赖以生存的基础。生产方式不仅在物质生活等条件中起决定作用，决定着社会的物质生产过程和人与人之间的物质关系，还决定着社会的精神文化和人与人之间的思想关系，以及整个社会生活的性质、面貌和发展变化。

教育是一种社会活动和不断生成的社会系统，研究教育与环境、人口、生产力和生产关系之间的关系，也就是研究教育与社会发展关系问题的前提。

二、影响教育发展的主要社会因素

1. 生产力发展水平因素

生产力是整个社会存在和发展的决定性力量，它推动和制约着整个社会的发展，相应的，也必然影响教育的发展。

（1）生产力发展水平影响教育目的的确定

教育的根本任务是培养人，培养出一定社会所需要的人，这就受到生产力发展水平的制约。人才的素质必须要符合社会要求，教育目的的确立必须要依据生产力的发展水平。

（2）生产力发展水平制约着课程设置和教学内容选择

生产力的发展使课程设置和教学内容不断调整与更新，课程门类由少到多，教学内容进一步丰富和深化。同时，生产力发展水平制约教学内容的选择。随着生产力的发展，人才培养也有了新的要求。学校的物资设备、教学实验仪器、学校组织管理所使用的某些工具和技术，都是一定的生产工具和科学技术在教育领域的应用。例如，理化实验和多媒体教学等教学手段，都与生产力水平的不断提高有关。

（3）生产力发展水平决定教育的规模和速度

生产力发展水平对教育的发展规模和速度有着直接和决定性的作用。办教育需要一定的人力和物力，如办多少学校，学校的规模多大，学生学习年限多长，办学经费多少等，都必须有一定的物质条件作为保障。没有相应的物质条件，教育无从谈起。因此，一方面，生产力的发展为教育提供了物质条件和基础；另一方面，当教育发展超越了生产力的承受能力，占用过多的资金和人力时，社会必将对其进行调整，以使教育的发展适应生产力发展的水平。

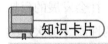

世界教育发展历程

第一次工业革命后，普及初等教育的要求被提出；第二次工业革命后，普及初级中等教育的要求被提出；第三次工业革命后，普及高级中等教育的要求被提出；信息革命后，高等教育大众化的要求被提出。

（4）生产力发展水平制约着学校结构

学校结构是指各级各类学校的比例关系和衔接关系。生产力的发展引起了经济结构的变化，要求学校结构与之相适应，以满足生产力发展对不同数量、不同层次、不同类型人才的需求。在现代社会，基础教育的普及、义务教育年限的延长、职业技术教育的大力发展、高等教育的大众化趋势都是由生产力发展需要所决定的。

（5）生产力发展水平制约着教学方法、手段和组织形式

在古代社会，由于生产力低下，学校采取个别教学的组织形式，教学方法是口耳相传。随着生产力的发展出现了班级授课制，而当今，多媒体技术、信息技术成为重要的教学手段。

2. 政治经济制度因素

教育与政治经济制度是相互制约的关系。一定的政治经济制度决定着教育，而教育又对社会政治经济制度产生一定的积极影响和作用。政治经济制度决定教育的性质，即政治经济制度决定着教育的思想政治方向和为谁服务的问题。

（1）政治经济制度决定教育目的的性质

占统治地位的阶级总是要控制教育目的的制定，使教育目的符合统治阶级的要求，为统治阶级培养人才。在一定社会，培养具有什么政治方向、思想观念的人，是由一定社会的政治经济制度决定的。

（2）政治经济制度决定教育领导权和教育权

在人类社会中，谁掌握了生产资料，谁掌握了政权，谁就支配着精神生产的资料，掌握着教育的领导权。在阶级社会中，统治阶级总是利用它的政权力量来颁布教育的方针、路线和政策；制定教育的目标和制度，规定教育的内容，派遣和任免教育行政人员和教师；控制教育的经费，决定教育发展的规模与速度；按照思想政治要求去影响和控制受教育者，如审定课程计划、教学指导纲要、教材内容，以及各种教育参考书、音视频资料，以决定教育工作的发展方向。他们通过这些手段，把教育权掌握在自己手里。

（3）政治经济制度制约受教育权

个人有没有受教育权、接受什么样的教育是由社会政治经济制度决定的。在阶级社会中，不存在"超阶级""超政治"的教育。在一个社会里，让哪些人受教育、受什么程度的教育、达到什么样的教育结果，都是由社会的政治经济制度决定的。在社会主义社会，新的社会关系理应使每个社会成员都拥有经济政治上的平等地位。因此，社会发展的目标是使每个社会成员享有同等的受教育的权利和机会，即每个人接受教育的性质、层次和类型不是由其家庭的经济政治背景决定的，而是取决于个人的理想、抱负、知识基础，以及个人的智力和能力。

（4）政治经济制度制约教育内容、教育结构和教育管理体制

经济政治制度决定教育目的和教育性质，进而也决定教育内容的选择，尤其是思想道

德的内容与选择。为了实现不同的教育目的，不同社会经济政治条件下的教育有着不同的教育内容，尤其是社会科学方面的内容。特定社会的教育结构也是由该社会的社会结构、经济结构决定的。教育的管理体制更直接受制于社会的经济政治制度，如实行中央集权的国家，在教育管理体制上多强调集中统一；实行地方分权的国家，在教育管理体制上也多强调地方自主。

可见，教育的性质、宗旨，领导权与受教育权，乃至教育的内容、结构与管理体制都是受社会的经济政治制度所制约的。即使在标榜民主的资本主义社会里也概莫能外。《美国教育基础——社会展望》一书指出："显然，任何起如此重大作用的社会事业是不会被允许在某一政体下任意游荡的。"① 这不仅是因为作为社会机构的学校要使青少年的思想、行为符合社会的价值观、规范与习俗，而且这一社会化过程中的一种形式就是政治化，所以，任何一级政府的教育都不会是超越政治以外的活动。

> **历年真题**
>
> 1. 决定着教育领导权和受教育权的主要因素是（ ）。
>   A. 社会生产力和科学技术发展水平　　B. 社会人口数量和结构
>   C. 社会文化传统　　　　　　　　　　D. 社会政治经济制度
>   【答案】D。解析：社会政治经济制度决定着教育目的的性质、教育领导权，并且制约受教育权和教育内容、结构、管理体制。
> 2. 决定教育性质的根本因素是（ ）。
>   A. 生产力　　　B. 文化　　　C. 政治经济制度　　　D. 科学技术
>   【答案】C。解析：政治经济制度是决定教育性质的根本因素。

3. 文化因素

教育与文化是相互依存、相互制约的。从广义上说，教育是文化的一部分，受到文化中其他因素的影响，同时也对整个文化起着保存、传承、改造、创新的作用。任何文化特性或形态，如果没有教育，就难以延续。

（1）文化影响教育目的的确立

教育目的的确立，除了取决于生产力发展水平和社会政治经济制度以外，还受文化的影响。例如，我国古代社会的主流文化是以儒学为核心的伦理型文化，反映在人才培养上，强调教育目的是"在明明德，在亲民，在止于至善"。

（2）文化影响教育内容的选择

教育内容就是人类在长期的历史发展过程中所积淀下来的文化，包括不同时期的文化

---

① 理查德·D. 范斯科德，等著. 美国教育基础——社会展望 [M]. 北京师范大学外国教育研究所，译，北京：教育科学出版社，1984.

和不同国家与民族的文化。基于此，不同国家或民族有着不同的教育内容选择。

（3）文化影响教育教学方法的使用

不同文化影响着人们对知识及其来源的认识，影响着人们对师生关系的认识，由此决定了人们对教育教学方法的不同应用。

4. 人口因素

（1）人口数量影响教育的规模、结构和质量

一定的人口数量及增长率影响着教育事业发展的规模和速度。人口增长率过高会使教育经费和师资质量的平均水平降低，学龄人数增长使得班级人数增加，影响教育质量。人口增长还制约和影响着教育发展战略目标的实现和战略重点的选择。

（2）人口质量影响教育质量

人口质量是指人口的身体素质、文化修养和道德水平。人口质量对教育质量的影响表现为直接和间接两个方面：直接影响是指入学者已有的水平对教育质量的影响；间接影响指年长一代的人口质量影响新生一代的人口质量，从而影响以新生一代为对象的学校的教育质量。

（3）人口结构影响教育结构

人口结构包括人口的自然结构和社会结构。自然结构指人口的年龄、性别等，社会结构指人口的阶级、文化、职业、地域、民族等。

第一，人口年龄构成制约各级教育的发展规模与进程，影响教育的宏观决策和战略决策。人口年龄构成影响各级各类学校在教育结构中的比例。

第二，人口的社会结构对教育的影响则非常显著。在阶级社会里，人口的阶级构成直接影响着受教育权的分配。

第三，人口就业结构制约学校教育结构。所谓就业结构是指劳动力在国民经济各部门中就业人员的比例。教育结构指各级各类学校、各种专业教育的构成。近年来，人口就业结构的变化表现为向服务业转移、向智力劳动转移、向高新技术转移。

第四，人口地域分布制约学校布局。一般说来，人口分布合理的地区，教育相应地也比较发达；人口密度稀疏的地区，常常出现学校布局不够合理的情况，进而影响教育经费的充分使用，影响教育效率的提高。

（4）人口流动对教育提出挑战

人口流动种类：一是城乡之间的流动；二是国内贫困地区与国内经济发达地区之间的流动；三是欠发达国家与发达国家之间的流动。

随着我国现代化、城市化进程的日益加快，劳动力资源在全国范围内配置，社会流动加速，农业人口向城市迁移流动成为历史的必然。然而，流动人口的科技文化素质普遍偏低，使他们在选择职业、参与社会生活等方面都面临着诸多障碍，由此对农村教育的发展提出了严峻的挑战。

流动人口子女教育面临的问题，首先是入学难，近半数适龄儿童不能及时入学，超龄上学现象比较严重；其次是流动儿童失学率较高；再次是不在学儿童，即"童工"问题比较突出；最后是由于环境转换与城乡文化差异导致的流动儿童心理问题加剧。这些问题如果不能很好地化解、引导和调适，将会有更多的"问题少年"产生。

5. 自然环境因素

自然环境也是影响教育发展的一个重要因素。自然环境包括地理、气候和各种自然资源等人类生存和发展所依赖的自然条件的总和。良好的自然环境成为加速教育发展的基础和前提，反之，恶劣的自然环境则会阻碍和制约教育发展。这也意味着教育同样受到生态平衡规律的制约。自然环境差，容易导致疾病流行，学校的正常教学秩序必然受到影响，进而导致教育质量下降，教育发展受到限制。因此，自然环境的状况影响并制约着教育发展的规模、速度和质量。

6. 网络媒介因素

21世纪是信息社会，信息社会的到来也意味着网络时代的开始。网络媒介间接地对教育产生了深远的影响，使教育发生了根本变革。

（1）网络媒介影响着教育者的教育观念和教育能力

网络媒介会影响教育者对教育内容、教育方法的选择和对教育工具的使用，以及他们对教育规律的认识。在传统时期，人的一生分为两个阶段，前一阶段用于接受教育，后一阶段将已学知识用于工作。联合国教科文组织在《学会生存》报告中指出：信息社会，如果教育想一劳永逸地培养一定规格的青年，这是不可能的了……教育正在日益向着包括整个社会和个人终身的方向发展。这里提到现代教育的两大观念：终身学习和学习化社会，在网络媒介时代，二者都将成为现实。

（2）网络媒介影响着教育对象

一方面，网络媒介的发展使教育对象的身心发展规律日渐凸显，这就要求教育活动更加遵循这种规律，并使学习者拓展自己的学习力；另一方面，网络媒介的发展能够使教育对象的视野和实践经验得以扩大。网络媒介时代的到来为教育对象的主体成长提供了土壤，教育对象的自主参与成为网络媒介教学的基本学习形式，这种学习形式将使教育对象由被动地接收信息转变为主动地获取信息。在通过网络媒介学习的过程中，教育对象有更大的学习自由度，有更大的自由活动空间，师生之间、生生之间的交流空间也变得越来越大。

第二节 教育的功能

一、教育的功能介绍

1. 教育功能的类型

教育功能是教育活动和系统对个体发展和社会发展所产生的各种影响和作用。教育功能包括以下几方面。

（1）个体发展功能和社会发展功能

按教育功能作用的对象划分，可以把教育的功能分为个体发展功能和社会发展功能。教育的个体发展功能指教育对个体发展的影响和作用。它由教育活动的内部结构特征所决定，发生于教育活动内部，也称为教育的本体功能。教育的社会发展功能指教育对社会发展的影响和作用。教育作为社会结构的子系统，通过对人的培养影响社会的发展。现代教育的社会功能包括：人口功能、经济功能、政治功能、文化功能、科技功能等。教育的社会功能是教育的本体功能在社会结构中的衍生，是教育的派生功能。

（2）正向功能与负向功能

按教育作用的性质划分，可以把教育的功能分为正向功能（积极功能）与负向功能（消极功能）。教育的正向功能指教育有助于社会进步和个体发展的积极影响和作用。教育的育人功能、经济功能、政治功能、文化功能等往往就是指教育的积极功能。教育的负向功能指教育阻碍社会进步和个体发展的消极影响和作用。教育的负向功能是由于教育与政治、经济发展不相适应，或者教育者的价值观念与思维方式不正确、教育内部结构不合理等因素导致的，使教育在不同程度上对社会和人的发展起阻碍作用。

（3）显性功能与隐性功能

按教育功能呈现的形式划分，可以把教育的功能分为显性功能与隐性功能。教育的显性功能指教育活动依照教育目的，在实际运行中所出现的与之相吻合的结果，其表现为促进人的全面和谐发展、促进社会进步等。显性功能的主要标志是计划性。教育的隐性功能指伴随显性功能出现的非预期性的功能。显性功能与隐性功能的区分是相对的，一旦潜在的隐性功能被有意识地开发、利用，就可能转变成显性功能。

2. 教育功能的异化与回归

教育功能的异化，是指教育活动放弃自己直接的、基本的育人功能，或是用间接的衍生功能来排挤或替代育人功能，二者都会阻碍教育功能的整体发挥，从根本上破坏教育事业的运行和发展。

第一，我国学前教育功能的异化主要表现为本体功能的异化和间接衍生出的经济功能的异化。"不要让孩子输在起跑线上"这个口号就是学前教育功能异化的产物。而今，市场经济社会的竞争观左右着家长的竞争意识，使家长热切期待子女成龙成凤。"不要让孩子输在起跑线上"成为一些教育机构的广告语，进而在教育市场大肆敛财，完全扭曲了学前教育的经济功能。

第二，我国中小学教育功能的异化主要表现为筛选考试功能的异化，致使学校教育陷入了应试教育的泥潭。

学校进行的人才选拔是一种竞争性的人才选拔，它不仅具有社会认可的权威性，而且具有层层淘汰的严格性。但是，长期以来我国的中小学教育陷入应试教育的泥潭，将应试教育与教育的选拔功能直接等同起来，使得学校、家长和学生均踏上了"考试地狱"的不归路，这是现代教育功能异化的直接表现。为深入贯彻党的十九大和十九届五中全会精神，切实提升学校育人水平，教育回归育人本体功能，2021年中共中央办公厅 国务院办公厅印发《关于进一步减轻义务教育阶段学生作业负担和校外培训负担的意见》（简称"双减"），持续规范校外培训（包括线上培训和线下培训），强化学校教育主阵地作用。构建教育良好生态，遵循教育规律。为更好实施"双减"政策，同年教育部办公厅发布《关于加强义务教育学校考试管理的通知》，作业布置更加科学合理，保障学生休息权利，有效缓解家长焦虑情绪，促进学生全面发展、健康成长。学生学习更好回归校园，学校教育教学质量和服务水平进一步提升。（中华人民共和国教育部，http://www.moe.gov.cn/jyb_xxgk/moe_1777/moe_1778/202107/t20210724_546576.html）

第三，我国高等教育功能的异化主要表现为"人的工具化"，通识教育的缺失致使大学生成为"失去灵魂的现代人"。

我国著名高等教育学家潘懋元先生认为，高等教育的基本功能是文化选择与创造。然而，长期以来我国的高等教育却越来越关注知识的教育、技能的教育、职业与专业的教育，即我们的高等教育越来越注重形式上的"成才"教育，而非实质上的"成人"教育。我国当代高等教育的功能异化逐步导致"人的工具化"，而且这种态势在继续恶化。在这种教育理念和人才培养模式之下的学生越来越成为"失去灵魂的现代人"，因而，才有了"钱学森之问"的教育难题。

二、教育的本体功能

第一，加速年轻一代身心发展与社会化的进程——"具体个人"的培养。

培养人是教育的最基本职能，也是教育的特质所在。教育区别于其他社会活动形式，自始至终保持着培养人的职责，保持着社会上其他任何活动形式所不具备的，通过学校班级及其他形式履行知识传授、技能培养、体质增强、品德提升的职能。

今天的学校教育不再仅仅是培养少数"尖子学生"的考选机构，而是全面致力于为每个学生的个体发展奠定终身的基础。这不仅是教育由精英向大众的转换，而且体现了教育观念和行动中'具体个人'意识的诞生，对每一个人的幸福人生与生命价值的关爱。只有在这样认识教育对象和目标时，教育才可能成为促进每个具体个人成长的力量，成为活生生的具体个人生命历程中的有机构成。教育对人的培养，结果是试图使人成为社会需要的人，即通过教育，加速实现人的社会化，实现由生物个体向社会实体的转变。这一过程由教育来完成，是人由自然人转变成为社会人的最有效的形式。

第二，实现人类精神文明的承传与创造——"社会遗传"。

人类在长期的社会实践中，创造了两种财富：一种是物质财富，即人类创造的物质产品；另一种是精神财富，是指人们从事智力活动所取得的成就。两种社会财富之所以能够保存，并世代相传，继续发展，不是依靠人的生物遗传，而是依靠教育将这些人类认识的成果传递给新的一代，这就是所谓的"社会遗传"。人类实现这种"文化遗传"的方式很多，但最基本、最有效的方式是教育。在现代社会，教育不仅承担着人类精神文明的传承功能，更重要的特征表现在教育自身也创造着新文化价值与精神文明。中共中央、国务院《关于深化教育改革全面推进素质教育的决定》中指出："实施素质教育，就是全面贯彻党的教育方针，以提高国民素质为根本宗旨，以培养学生的创新精神和实践能力为重点，造就'有理想、有道德、有文化、有纪律'的、德智体美等全面发展的社会主义事业建设者和接班人。"而今，创新已经成为我国社会发展与教育改革的主旋律，它不仅实现了个人的提升、进步与超越，更是民族、国家发展进步的根本前提。

教育所要实现的"社会遗传"绝不仅仅是被动的、单向度的文化传承，更包含着对本国传统文化的改造与超越，对外国优秀文化的借鉴与吸收。因此，"继承与发展""改革与创新"就成为教育的"社会遗传"功能的应有之义。

第三，协调人类知识经验的选择与人才选拔的关系——科学性筛选。

教育为培养人才而进行的人类精神文明的传递与继承不是自发进行的，而是经过严格、科学的选择完成的。人类在社会实践中所积累起来的浩如烟海的知识经验分为直接经验与间接经验。自从学校诞生，有了专门的教学活动后，能够进入学校教学过程的人类经验是经过严格选择的少量经验，相比于人类的知识总体而言，不过是沧海一粟。然而，这些知识经验具有典型性、代表性、基础性、有限性等特点。而进行人才选拔也是学校选择功能的一个重要体现。现代社会对人才的遴选主要通过选拔性考试。

三、教育的社会功能

1. 教育的人口功能

教育的人口功能是教育对人口再生产的作用，主要表现在以下几个方面。

（1）教育是使人口结构趋向合理化的手段之一

教育可以改善人口结构，包括人口的自然结构和社会结构。人口的自然结构指人口的性别结构和男女结构等方面比例的自然平衡。人口的社会结构指人口阶级、文化、职业、地域、民族等方面的比例。教育有助于改变人口的性别结构，可以改变人口的文化结构和就业结构，有助于人口城乡结构的改变，有利于人口的流动，从而使人口结构趋于合理化。

（2）教育可以改善人口质量，提高民族素质

人口质量通常是指包含人口身体素质、科学文化素质和思想道德水平的人的综合素质发展水平。教育能够促进人的德智体美全面发展，而这直接影响人口的质量，首先表现在对青年一代的培养，其次还表现在对成年人的继续教育上。

（3）教育可以控制人口数量

一个国家全体国民受教育程度的高低与人口出生率的高低成反比。其原因有三，其一是随着人们受教育程度的提高，传统的"多子多福""重男轻女"的生育观和家庭观发生变化，尤其年青一代思想有了明显的变化，越来越重视子女的质量而不是数量；其二是教育程度普遍提高，育龄妇女拥有更多的就业机会和就业需求，减少了生养子女的时间和精力，这就使人们更加选择优生优育；其三，教育事业的发展刺激了家庭对教育的需求，而家庭教育需求的提高增加了抚养儿童的费用，这就能起到控制生育率的作用。

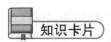 知识卡片

老龄化社会带来的问题

根据联合国提出的标准，一个国家65岁和65岁以上人口的比重超过7%，就意味着进入了老龄化社会。2011年中国社会科学院完成的一项研究报告指出：中国老龄化速度已逼近世界之首。未来中国人口政策将面临两难选择：放松人口控制会使人口增长出现反弹，继续控制人口将会加剧人口老龄化的规模和速度。研究报告显示，在未来二三十年间，中国65岁以上老年人所占总人口比例，将从现在的7.5%增长到14%。而根据联合国估算数据，如果目前人口发展趋势不变，到2040年，中国60岁以上人口的数量将占总人口的28%，远高于目前的11%。

2. 教育的经济功能

教育可以通过实现劳动力和科学技术的生产、通过创新科学技术，促进生产力的发展，从而推动社会经济的进步。生产力的发展推动和制约着教育的发展，而教育也对社会生产力具有巨大的反作用。

（1）通过再生产劳动力和提高劳动者素质，教育促进经济发展

劳动力的质量和数量是生产力发展的重要条件，教育承担着再生产劳动力的重任，能够把潜在的劳动力变为现实的劳动力，今天的教育决定着明天的科学文化和经济发展水平。通过教育，人们可以掌握一定的知识、生产经验和劳动技能，教育再生产劳动力具体体现在：教育使潜在的生产力转化为现实的生产力；教育可以提高劳动力的质量和素质，使其成为专门的和发达的劳动力；教育可以改变劳动力的形态，把简单劳动力训练成复杂劳动力；教育可以使劳动力得到全面发展。

> **历年真题**
>
> 1. 马克思认为，复杂劳动等于倍加的简单劳动。这主要说明教育具有哪种功能？（ ）。
>   A. 经济功能　　　B. 政治功能　　　C. 文化功能　　　D. 人口功能
>   【答案】A。解析：复杂劳动之所以等于倍加的简单劳动，是教育和训练的结果。教育之所以能促进经济增长，带来社会经济效益，其直接的原因就在于教育可以生产和提高劳动者的劳动能力，可以把简单劳动变为复杂劳动，从而创造更多的价值。
> 2. 教育能够把潜在的劳动力转化为现实的劳动力，这体现了教育的（ ）。
>   A. 经济功能　　　B. 育人功能　　　C. 政治功能　　　D. 文化功能
>   【答案】A。解析：教育对经济的功能体现在教育能再生产劳动力，即把潜在的劳动力转化为现实的劳动力。

（2）教育再生产科学知识，并将其转化为生产力

教育是实现科学知识再生产的重要手段，教育可以高效地扩大科学知识的再生产，使原来为少数人所掌握的科学知识，在较短的时间内为更多的人所掌握，使科学知识得到普及，先进的生产经验得到推广，从而提高劳动生产效率，促进生产力的发展。

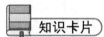

人力资本理论

20世纪60年代，美国经济学家舒尔茨提出人力资本理论。

人力资本理论的核心概念是人力资本。人力资本指的是人所拥有的诸如知识、技能及其他类似的可以影响从事生产性工作的能力，它是资本的形态，是人未来薪水和报酬的源泉；它是人的资本形态，它体现在人的身上，属于人的一部分。

舒尔茨通过教育资本储藏量的分析方法，推算教育对国民收入增长的贡献。通过计算美国1957年比1929年增加的教育投资总额，舒尔茨推算出教育水平对国民经济增长的贡献是33%。

> **历年真题**
>
> 在当代，教育被人们视为一种投资，一种人力资本，这是因为教育具有（ ）。
> A. 政治功能　　　B. 经济功能　　　C. 文化功能　　　D. 人口功能
> 【答案】B。解析：教育的经济功能表现为教育是劳动力再生产的手段，也是生产新的科学知识和技术的手段。人力资本体现了教育使潜在的生产力转化为现实的生产力这一经济功能。

（3）教育是经济发展的重要因素

在传统的观念中，教育是一种纯粹的消费事业，但随着思想水平的提高，人们逐渐认

识到教育的经济功能。在现代化生产中，单纯靠增加劳动力数量、延长劳动力时间和增加劳动强度不能够有效地推动经济发展。美国经济学家舒尔茨尤其重视教育投资的作用，认为教育不但是一种消费活动，也是一种投资活动。教育投资是人力资本的核心，是一种可以带来丰富利润的生产性投资。

基于以上教育对经济发展的各种作用，我国政府相应提出了"优先发展教育"和"科教兴国"战略，以充分发挥教育在现代社会发展中的经济功能。

3. 教育的政治功能

教育由一定的政治经济制度所决定，但是，教育对政治经济制度也有积极的反作用力，不仅为政治经济制度培养所需人才，也能够促进政治经济制度的发展。

（1）教育培养合格的公民和各种政治人才

教育主要通过培养人才作用于政治。人才是任何一种政治制度得以实现、巩固和发展的根本保证。而想要最快、最有效地培养高层次人才，绝大部分要依靠学校教育，教育能够培养大批领导和管理人才，从而直接服务于政治制度的发展。

（2）教育通过传播思想、形成舆论影响政治

教育能够形成影响政治经济制度的舆论力量。教育宣传一定的政治观点、理论、方针、路线，造成舆论。一方面，学校是知识分子和青年学子聚集的地方，各种师生活动能够学习、研究和宣传进步的、符合时代发展的政治观点和政治变革，从而扩大其影响；同时，学校也能够很好抵制消极腐败的社会政治理论和观点，不让其扩散和蔓延。另一方面，学校对社会政治决策具有一定的咨询作用，高等教育在这一方面的功能尤为显著。

（3）对公民进行政治教育而推进社会民主化是学校教育的责任

教育通过使人社会化，而使其政治化。民主政治是政治现代化的重要表现，这必然要求民主教育的配合。所谓民主教育指的是教育实现普及化、民主化和法制化。现代教育通过民主教育传递民主政治，从而推进民主政治。

历年真题

辨析题：教育可以改变政治经济制度的发展方向。

【参考答案】此观点是错误的。本题考查的是教育与政治经济制度的关系。首先，政治经济制度对教育具有制约作用，它决定着教育目的的性质、教育的领导权、受教育的权利、部分教育内容。其次，教育对政治经济制度具有影响作用，但不能改变政治经济制度的发展方向。

4. 教育的文化功能

教育有促进文化发展的功能。

（1）教育具有筛选、整理、传递和保存文化的功能

教育通过培养人来传承文化，为特定的社会服务，实现个体的社会化，这就决定了

教育的内容必须按照社会的要求和人的身心发展规律来选择，从而实现对文化的筛选、整理、传递、保存。

（2）教育具有传播和交流文化的功能

教育通过传播文化，使不同国家和民族的文化相互交流、交融，促进文化的优化和发展。国际性的文化交流使各个民族的文化相互补充，使得各民族文化精华汇合、交融起来，逐渐形成全人类共同的文化财富，这是民族文化融入全球文明的进程。

（3）教育具有选择和提升文化的功能

文化选择，是对某种、某部分文化的吸收和舍弃。教育对文化的选择意味着价值的取舍和认知意向的改变，并且是为了文化自身的发展与进步。

（4）教育具有更新和创造文化的功能

教育对于文化的更新与创造体现在以下三方面：①教育为文化的更新与发展提供大量具有创造活力的人才；②教育选择文化，并将选择后的文化确定为教育内容，使得文化更具有生命力；③教育带来文化交流，使原生文化在与多元文化交融后，激发出文化创新的生机和活力。

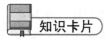

1. 教育可以"简化"文化，吸取其基本内容；教育可以"净化"文化，清除其不良因素。这体现了教育对文化具有（　　）。

   A. 选择功能　　　　B. 发展功能　　　　C. 传递功能　　　　D. 保护功能

   【答案】A。

2. 简答题：简述教育的文化功能。

   【参考答案】答案应包含以下4个要点：

   （1）教育具有筛选、整理、传递和保存文化的功能；

   （2）教育具有传播和交流文化的功能；

   （3）教育具有选择和提升文化的功能；

   （4）教育具有更新和创造文化的功能。

知识卡片

教育与文化关系的特殊性

1. 文化本身是一种教育力量

作为一种教育力量，文化主要体现在两个方面：一是特定时空中的文化构成了文化环境、文化氛围，对生存于其中的人产生着潜移默化的影响，发挥着强大的教育作用；二是特定社会的文化以不同的方式影响着学校文化、班级文化和课堂文化，对教育活动起着无形又强大的影响作用。

> 2. 教育本身是一种特殊的文化现象
> 教育具有双重文化属性：一方面，它是传递和深化文化的手段，这使它与文化构成内容与形式产生关系；另一方面，它的实践者及实践本身又体现着文化的特质，如思想观念、价值倾向和行为方式，这使它成为文化本体。

（5）教育具有对科学技术的传播功能

首先，教育通过不断更新和调整教育内容的方式，将新的科学技术知识传播给下一代，今天的科技成果便是明天的"教材"。其次，教育具有使科技尽快被一线建设者所接受，使新兴科技尽快能够转化为生产力的功能。例如，1988年国家教育委员会实施的"燎原计划"促进了科技"星火计划"和农业"丰收计划"的实现，这便是教育这一功能的集中体现。再次，教育能够为国家物质文明建设和精神文明建设提供高科技成果。正所谓"科教兴国"，教育担负着为国家培养具有创造性思维和科技创新能力的人才的重大责任，科学技术的创新需要人才创新，而人才创新只能靠教育完成。

（6）学校文化的功能

学校文化是指学校全体成员或部分成员习得且共同具有的思想观念和行为方式。学校文化的核心是学校各群体所具有的思想观念和行为方式，其中最具决定性作用的是思想观念，特别是价值观念，其是人们为了保证学校中教育活动顺利进行而创立和形成的一种特有的文化形态。按照不同的层次和标准，学校文化可以再细分为学校物质文化、学校精神文化（观念文化）、学校组织和制度文化（规范文化）等。

学校物质文化是校园文化的空间物态形式，是学校精神文化的物质载体。学校物质文化有两种：一是学校环境文化，包括校园的总体结构和布局、校园绿化和美化，具有教育含义的教育和教学场所，以及校园环境卫生，等等；二是设施文化，包括教学仪器、图书、实验设备、办公设备和后勤保障设施等。学校精神文化是校园文化的核心。它包括办学宗旨、教育理念、共同愿望、道德观念、共有价值观、校风、班风、教风、学风、校旗、校歌、校徽、校报等。学校组织和制度文化则主要指保证学校运行的组织形态、规章制度和角色规范。它包括教育方针政策、学校规章制度、管理体制、道德规范、行为准则、行为取向、典礼仪式、节日活动、公共关系、文化传播等。

四、教育的社会功能与教育的相对独立性

教育为适应社会的生存与发展而产生、发展，受社会发展的制约，具有对社会的依赖性，这是一个方面；另一方面，教育又是一种主体性的实践活动，在能动地反作用于社会发展的过程中，具有主体自身的价值取向与行为选择，由此来实现教育的社会功能，并表现出自身的相对独立性。教育的社会功能与教育的相对独立性是一致的。可以说，教育的社会功能是教育的相对独立性的依据和主要体现。如果教育没有自己特有的社会功能，便不可能发展成为社会的一个重要的子系统，它既与社会有内在的联系，又具有相对的独立

性。所谓教育的相对独立性，是指作为社会子系统的教育，对社会的能动作用具有自身的特点和规律性，它的发展也有其连续性和继承性。这主要表现为下述方面。

1. 教育是培养人的活动，主要通过所培养的人作用于社会

教育，尤其是学校教育，不同于生产、经济与政治的特点就在于：它是一种有意识地影响人、培育人、塑造人的社会活动。它主要通过照管、引导和促进年轻一代的身心发展，包括他们的社会化、德智体美等方面的发展，使他们成长为社会活动的积极参与者和继承人，以保证并促进社会的生存、延续与发展。总之，通过培养人来适应并推进社会向前发展是教育特有的重要社会功能。这一社会功能将随着社会的加速发展，个人的能动性、创造性的递增而迅速增强。我们必须坚持并弘扬教育这一特性，以便有效地促进现代社会的发展。如果离开了这一特点，急功近利地推行教育为生产服务或为政治服务，那就可能排斥或削弱教育的培养人的主要特点和社会功能，危及社会所需要的各种人才的数量与质量，严重影响社会的发展变革。

2. 教育具有自身的活动特点、规律与原理

教育是培养人的活动，而人具有天赋的能动性、可塑性和创造潜能等特点，具有特殊的身心发展和成熟的规律。教育、教学及其相关活动，不仅必须认识、遵循和创造性地运用这些基本特点与规律，而且应当重视和遵循前人在这方面总结的科学理论和宝贵经验，诸如因材施教、循序渐进、启发诱导、教学相长、尊师爱生等原则，才能便捷地达到前人已达到的水平，并在此基础上继续发展、前进，才能卓有成效地培养人才。如果忽视教育的特点、规律与原理，企图用经济、政治的规律、原理简单地取而代之，则会造成对教育工作的严重干扰或破坏，反而降低了教育的效率与水平，影响了人才质量，带来无法弥补的后果。

3. 教育具有自身发展的传统与连续性

由于教育有自身的特点、规律与特有的社会功能，它一经产生、发展便将形成和强化其相对独立性：包括形成由教育者、受教育者、教育内容及方法组成的特定教育结构；形成有一定教育理念、师生关系、文化内容与方法组合的活动模式；逐步建立形式化、班级化、制度化、系统化的教育组织形式；逐步构建不断分化与综合的学科课程，以及按专业、系、院、校运行的学科规则和专职业规范等方面整合的教育系统。这是教育发展积累的珍贵智慧、资源和财富，它具有发展的连续性、继承性和惯性。因此，我们无论是办学校、发展教育事业，或进行教育改革，都要重视与借鉴教育的历史经验，都应在原有的基础上积极改进、稳步向前，切不可无视教育的相对独立性，轻率地否定教育的连续性而另搞一套，否则，不可避免地会给教育带来一定的紊乱，甚至出现教育质量严重下滑，教育改革或发展大起大落的状况。

由于教育具有上述的相对独立性，我们在分析研究教育问题时，不能单就生产力的发展水平、经济与科技的发展水平、政治制度与文化的状况来考察教育；还应当重视教育的相对独立性，注重发挥教育特有的社会功能，注意遵循教育自身的规律性和发展的连续性。一方面，那种不顾教育的相对独立性，甚至视学校教育为政治、经济的附庸，在教育工作中任意将教育、教学活动机械地从属于政治、经济活动，或依政治、经济上的惯常做法简单取代教育特有的做法，轻率地否定教育的特点、规律的行为，都是有损于教育工作的，也是不利于政治、经济与文化的发展的，应当认真预防和纠正。但另一方面，我们也不能把教育的相对独立性，理解为绝对独立性。因为，教育归根结底是受生产力发展水平和政治经济制度的性质决定的，受民族文化的发展状况与需求制约的，也就是说，教育的社会制约性仍是其根本的特性。每一时代的教育应当从以往的教育中继承什么，应当在哪些方面改革和发展，也是与这一时代的生产力发展水平、政治经济制度状况和民族文化发展状况相适应的。生产力的发展、政治经济制度的变革、文化的演进，迟早会引发和推进教育的变革与发展。如果把教育的相对独立性当作绝对的独立性，就会使教育走向"超经济""超政治""超文化"的错误道路，丧失教育发展的社会基础和动力。

第三节 教育与现代社会的发展

一、现代社会的特点

1. 现代化与后现代化的互动

现代化是指一个社会基于既有传统，全面变革，广泛吸收外来文化，发展现代文明的过程。① 现代化并没有明确的时间范围，它是一个过程，包含经济、政治、人在内的社会方方面面。人的观念的现代化是社会现代化的前提和核心。教育是使人现代化的根本途径。现代社会需要基于教育传统，积极地吸收国外优秀教育成果，创造适应大工业生产和社会化生活方式的教育现代化，包括观念现代化、制度现代化和物质现代化。

后现代主义对应于现代化的概念，起源于西方发达国家。"后现代"是指第二次世界大战以后出现的后工业社会或信息社会，后现代主义是这一社会状态中出现的一种文化思潮。后现代是后现代主义产生的时代土壤，后现代主义是后现代社会的文化表征。后现代主义深刻地抨击了现代性、现代化，向工业社会和科学技术理性提出了挑战。后现代主义教育学的基本主张有：解构"逻各斯（Logos：理性）中心主义"，反对教育及其研究中的本质主义；反对教育中的"理性总体化"；关注学生个体，反对主体性教育观；以相对主义代替教育中的基础主义，提倡建构主义；用不确定性教育研究取向和微观叙事代替教育研究中的"元话语"。②

2. 全球化与本土化并存

全球化是指一个由更加一体化的世界经济、信息通信技术、国际知识网络、英语，以

---

① 柳海民. 教育学概论 [M]. 北京：北京师范大学出版社，2015.
② 同上。

及学术机构控制之外的其他力量共同塑造的现实。全球化，就是指人类不断地跨越空间障碍及制度、文化等社会障碍，在全球范围内逐步实现物质和信息的充分沟通，不断取得共识，不断采取共同行动的过程。各国之间的合作与开放程度不断加强、竞争不断激化是全球化最显著的特征。全球化时代，教育更加关注人类共生问题，如和平、环境、道德等，也致力于帮助人们去认识和解决这些问题，进而形成全球性的教育论题，如教育市场化、课程改革、全民教育、妇女教育、教育的可选择性与公正性等。

本土化是指基于当地的历史文化及文化背景，吸收、内化外来文化的过程。正如佛教传入中国，融汇儒家"仁爱"与道家"无为"思想，逐渐发展为中国本土的佛教。本土化是一个主动吸收外来文化的外铄过程。

教育国际化和教育本土化的诠释众说纷纭，归纳起来，教育国际化是指某一国家的教育坚持对外开放，与其他国家交流与合作，使本国的教育与世界接轨；而教育本土化是指某一国家在借鉴国外教育理论和实践时，从本国国情出发，很好地结合国外教育经验和本国教育实践，服务于本国教育改革与发展的过程。因此我们不能教条地追求全球化，也不能一味强调本国和本民族的文化认同和功能观，造成狭隘的民族主义。如何超越本土化和全球化的简单的二元对立思维方式，以一种更加科学的态度来看待世界及我国所面临的严峻问题是关键。

3. 可持续发展受到的挑战

可持续发展，或永续发展，是指在保护环境的条件下既满足当代人的需求，又不损害后代人的需求的社会发展模式。其目标是试图通过经济、社会、资源和环境保护协调发展，以自然资源的可持续利用和良好生态环境为基础，谋求社会的全面进步。这是一种新的发展观，为社会的发展指明了方向，是对人类以牺牲后代人的资源和生态环境为代价获取的高速经济发展及其所带来的物质财富剧增的反思。社会的可持续发展需要教育的支撑，教育的可持续发展为社会可持续发展提供了可能性。可持续发展的教育能够进一步促进人的全面发展、能够进一步促进教育自身的变革、能够进一步促进文化的建设、能够进一步促进社会整体的进步。

二、现代社会发展中教育的挑战与任务

1. 教育所面临的挑战

我国正处在从教育大国迈向教育强国的历史转折期，建设教育强国和人力资源强国是摆在我们面前的重大任务。这就需要我们面对和突破各种挑战。

（1）双重压力：提高质量和提高普及程度

加强内涵建设、提高教育质量是近年来教育领域的重要话题。究其原因，首先是教育自身发展的必然要求。前一阶段教育规模急剧扩张，教育资源以前所未有的速度得到补充和加强，但是资源扩张的速度跟不上规模扩张的速度，尤其是对优质资源、优秀教师资源

的补充，以及对大大滞后于规模的扩张的加强。其次是经济社会发展对人才的新要求。我们今天培养的是全球化背景下参与世界强国建设、承担大国责任的新一代中国国民，培养的是具有创新、创优、创业能力的建设者，这是社会进步提出的新要求。再次是人民群众对教育的新期待。人民群众物质文化需求有了新的发展，希望接受优质教育，这也与独生子女政策有关。

但在提高教育质量的同时，不应该忽视依然存在的提高普及程度的任务和压力。经济社会发展需要培养更多高素质建设者。教育强国的基础是办学规模和普及水平。拥有人才的数量和培养人才的能力是人力资源强国的主要内涵。一个国家的教育强不强，首先还是得看普及水平和国民受教育程度。在教育普及水平与人才资源的规模上，我们与发达国家之间的差距仍然很大，缩小差距的任务仍然很重。

（2）两大不足：经费投入和制度供给

满足人民群众的教育需求和办人民满意的教育是当前教育发展的重要课题。前一个阶段我们主要解决"有学上"的问题。今天教育普及到这样一个水平，上学难的问题已经基本解决，问题是上好学校难，接受优质教育困难。让群众上好学校是我们现在要解决的新的重大课题。面对这样的课题，教育面临着经费投入和制度供给两大不足。近年来随着经济的发展，国家对教育的投入大幅度增长，但是教育事业发展迅速，教育成本不断提高，与投入不足之间的矛盾仍然很突出。科学合理的制度是保障和支持教育事业健康发展的基础，也是高水平教育的标志。一个国家和地区教育水平高不高，要看教育制度完善不完善、合理不合理、执行的水平高不高。我们现在一方面是无章可循，很多是有观念、有理念、有要求，但是没有制度；另一方面是有些制度陈旧、混乱，比如评价制度，很多评价制度繁杂琐屑，政出多门，互相抵触、矛盾，最后使得学校、教师无所适从。

（3）两大难题：促进均衡与创优树特色

统筹城乡发展，教育面对着促进均衡与创优树特色两大难题。

科学发展观要求统筹，尤其要统筹城乡发展。但是，我们既要促进均衡，也要创优树特色。21世纪初提出的最重要、最值得关注的教育理念是促进教育均衡发展、实现教育公平的思想，该理念是运用中国特色社会主义理论尤其是科学发展观指导教育工作的具体体现，是在直面与破解中国教育发展不全面、不均衡问题的实践中产生的，已成为我们普遍认同、积极实践的教育思想。发展不全面、不均衡的问题反映在校际差距、地区间差距，尤其反映在城乡之间的差距上。中国长期形成的城乡二元结构使城乡教育水平差距巨大，而城乡经济社会发展的不平衡仍然有扩大的趋势。所以，下一个阶段教育改革发展的重大课题，实际上是解决城乡教育差距问题。提高教育质量和水平、扩大优质教育资源需要一批办学水平高、教育质量高的学校发挥示范、带头作用。教育本来就是最富创造性的实践，建设教育强国迫切需要一些地区、一大批学校率先创优树特色。但是在促进均衡、实现公平的呼声骤起的情况下，为避免流于单调和平庸，鼓励和支持一些地区、一批学校率先发展和创优树特色,我们在观念上和政策上都缺乏应有的准备。

(4) 双重任务:完善教育体系和建立终身教育制度

构建学习型社会是完成任务的途径。如今,由于社会竞争激烈,人们的学习需求非常强烈,而且是多样化的,应该说是发展终身教育体系最有利的时机。但从实际状况来看,终身教育体系建设存在着"四低":组织程度低、规划水平低、投入强度低、体制建设水平低。总体看,终身教育体系仍处于边缘状态。教育强国,不仅是国民教育体系强,而且终身教育体系也要强。

2. 新的社会发展时期教育的任务

(1) 教育需要全面发展

全面发展教育指为使受教育者多方面得到发展而实施的多种素质培养的教育活动的总称,是由多种相互联系而又各具特点的教育所组成。人的全面发展要依赖于全面发展教育。全面发展教育的构成要素包括德、智、体、美等方面,这是培养人全面发展的教育内容。马克思主义提出现代社会生产力的高速发展和社会的全面进步是需要培养全面发展的人的根本原因。我们应该通过从现代科技迅猛发展的实际中把握教育现代化,来预测未来的教育结果。为此,教育需要不断创新,"面向世界,面向现代化,面向未来""与时俱进"。

(2) 教育需要协调发展

尊重和遵循教育规律是教育协调发展的关键。几乎所有教育的不正常偏离,都因违背了教育规律。在任何时候,必须以教育规律来规范和约束教育行为。首先,通过摆正各类教育的地位、发挥各类教育应有的功能,来推进教育的协调发展。如职业教育和普通教育的协调发展,农村教育和城镇教育的协调发展等。其次,教育是一项最重要的民生工程,其投入和产出并不等同。教育事业不可浮躁,应该把教育看作一项长远投资,看作是未来发展的奠基工程,这才是教育真正实现协调发展的路径。

(3) 教育需要可持续发展

教育自身的可持续发展是使教育能够促进社会可持续发展的前提。人的可持续发展是教育可持续发展的基本内涵,既保证经济的可持续发展,又促进人的可持续发展的唯一途径便是把人作为发展的目标,把人作为发展的最终受益者,突出以人为本。教育既要适应社会的需要,又要超越现实而具有超前意识和前瞻性。不仅要考虑当前发展,还要考虑下一代,正所谓百年大计,教育为本,我们应以设计百年的心态,为通过教育的可持续发展获得社会的可持续发展而努力。

三、现代社会发展中教育功能的拓展

1. 现代化与后现代互动中的教育功能

人类文明的第一次浪潮是历时千年的农业革命,第二次浪潮是至今不过三百多年的工业文明,第三次浪潮是被丹尼尔·贝尔称为"后工业社会"的当下。阿尔文·托夫勒曾对人类文明进程的经典描述如下。

（1）人力资本：教育经济功能的表现形态

在后工业社会，教育是形成人力资本与知识资本的关键因素，因而，在人力资本主导的模式中，教育成为社会经济增长的主要来源。人力资本理论是经济学家在对现代经济"增长剩余"问题的研究中提出的，认为人力资本是经济长期增长的主要源泉和决定性因素。伴随着市场体制与知识经济的确立，教育也日益彰显出其产业属性，教育正担负着为企业、国家和社会提供人力资本的功能，而教育场域逐渐转为人力资本开发的场域。

（2）生态文明：当代教育功能的重要内容

人类生态文明包括自然生态和社会生态，是一种超越工业文明的新的文明形态，其主体特征表现在：首先是实现人与自然环境的和谐相处，以协调开发自然与保护自然的生态平衡为发展的基本前提；其次是实现人类物质文明与精神文明的共同繁荣和进步；再次是实现人类文明的可持续进步、发展和完善，以人类的自我解放为终极目标。生态文明社会的建立是通过教育改革与发展而实现的，而教育的生态功能集中表现在环境教育、人口教育等方面。

（3）网络媒介：教育功能的拓展形式

著名传播学家马歇尔·麦克卢汉认为，媒介是人脑的延伸。不同于传统的媒介，网络媒介致力于扩大使用者的智力，而非其体力。在教育改革中，教学的理论基础、教学模式、课程形式和师生关系等都受网络媒介的影响。信息技术与教育教学的整合日益凸显，为实现学生主体价值和人格，以及培养创新人才的现代教育价值取向的实现和教育改革提供了进一步的可能。网络媒介教育在促进人际关系交流、学习质量提升和学习型社会形成等方面发挥了越来越重要的作用和职能，成为教育功能的重要拓展形式。

2. 全球化与本土化互动视角下的教育功能拓展

（1）教育变革需要抵御全球化风险

全球化是一种时代变革趋势，积极和消极影响并存。教育要认清全球化进程产生的消极影响和风险：首先是要以批判的眼光重新看待西方的教育学，克服抄袭多于创造甚至全盘抄袭的弊端；其次是要认识到全球教育规范或标准的相对性，在这一前提下寻求教育多元发展的框架。

（2）开展国际理解和全球意识教育

政治上，霸权主义始终在国际社会中扮演着反和平的角色，意识形态的霸权表现为"怨恨"与"对抗"。教育要成为有助于社会公正、和平、人权、民主和共同参与的力量。文化上，表现为"西方中心主义"，"排斥"与"消融"困难群体及其文化。全球化视野中的中国教育，应加强国际理解和全球意识，从而打破国界，开展广泛的国际交流与合作。

3. 新时代教育的社会功能发挥

（1）现实主义取向

全球化背景下，我们只有抛弃所谓门派之争，站在现实主义的道路上，才能真正认清中国教育的现实问题，从现实主义的角度来研究对策和办法。不论中国传统的、西方传统的、西方现代的教育都是我们解决中国教育现代化问题的"他者"，是能够借鉴的个案和参照系。中国自身的教育问题虽然一方面依赖于"他者的目光"，但同时也是构成"他者的目光"的现实基础，并决定着这种"目光"的特征。这里"他者的目光"是由中国文化的特性决定的，它镶嵌在中国自身历史发展、文化建构的逻辑和情境之中。

（2）追求优质教育

2004年，联合国教科文组织提出了"优质教育"的理念，指出："对于那些以数字的评价为政绩考核依据的国家或地区，决策者不关注教育发展的质量，因此，提出优质教育不仅针对学校教育，也针对家庭教育与社会教育，更重要的是针对决策者，通过决策的科学性来保障教育的优质发展。教育必须做到公正、包容并适合当地的需要。"[①]《国家中长期教育改革和发展规划纲要（2010—2020年）》在"战略目标"中明确提出："提供更加丰富的优质教育。教育质量整体提升，教育现代化水平明显提高。优质教育资源总量不断扩大，更好满足人民群众接受高质量教育的需求。"在我国当前的教育改革与实践形势下，需要优质教育。

① 优质教育更具发展性

优质教育不仅能够提高学生现实的知识水平与人格素养，还为其终身发展服务，这是教育功能的重要转向，使学生从"有学上"到"上好学"再到"用得上"。这反映了衡量教育质量的最高标准是学生的持续成长和终身发展。升学率、就业率固然重要，但基于这些我们必须要培养全面发展的人，关注学生本身的发展。

② 优质教育更具持续性

优质教育应该是长期坚持的发展目标，并且有足够的机制来保障这个目标的持续实现，必须要在坚持、坚守中可持续发展。优质教育的理想是符合社会发展和教育发展基本规律的，但必须经历各种检验才能持续发展。追求优质已成为教育不可动摇的共识。

③ 优质教育更公正、公平

在社会转型期，社会阶层进一步分化并逐渐稳定，社会的多元与断裂并存。在这种社会背景下产生了一批需要教育扶贫的贫困群体。教育扶贫成为新时期教育改革的价值导向，通过学校制度创新与教育政策调整，让普通民众和农村偏远地区的儿童能够接受优质教育，这是逐步实现教育公正与公平的重要内容。

---

① 联合国教科文组织. 全民教育：提高教育质量势在必行——全民教育全球检测报告[M]. 北京：中国对外翻译出版公司，2005.

④优质教育更具社会主义核心价值观

党的十八大提出培育和践行社会主义核心价值观的根本任务，强调要倡导富强、民主、文明、和谐，倡导自由、平等、公正、法治，倡导爱国、敬业、诚信、友善。学校教育是弘扬与重塑民族优秀传统文化、构建社会主义核心价值观的重要途径和手段。这也集中体现和发挥了教育的文化传承与文化创新功能。

本章小结

教育与社会有着不可分割的联系。生产力是整个社会存在和发展中的决定性力量，它推动和制约着整个社会的发展，相应也必然影响教育的发展。生产力发展水平影响教育目的的确定，制约着课程设置和教学内容选择，决定教育的规模和速度，制约着学校结构，制约着教学方法、手段和组织形式。政治经济制度决定教育的性质。政治经济制度还决定教育目的的性质、教育领导权和教育权，制约受教育权、教育内容、教育结构和教育管理体制。教育是文化的一部分，受到文化中其他因素的影响。文化影响教育目的的确立、教育内容的选择、教学方法的使用。人口数量影响教育的规模、结构和质量，人口质量影响教育质量，人口结构影响教育结构，人口流动对教育提出挑战。自然环境也是影响教育发展的一个重要因素。网络媒介间接对教育产生了深远的影响，影响着教育者的教育观念和教育能力，也影响着教育对象。教育功能是教育活动和系统对个体发展和社会发展所产生的各种影响和作用。教育本体功能表现在："具体个人"的培养；"社会遗传"；科学性筛选。教育的社会功能包括人口功能、经济功能、政治功能、文化功能。教育为适应社会的生存与发展而产生、发展，受社会发展的制约，具有对社会的依存性。教育也是一种主体性的实践活动，能动地反作用于社会发展，即教育功能，同时也具有相对独立性。现代社会的教育面临新的挑战，具有全面、协调、可持续发展的任务。

思考题

1. 教育功能的类型有哪些？
2. 简述教育功能的异化和回归。
3. 教育有哪些社会功能？
4. 在现代社会发展中，教育面临哪些挑战与任务？
5. 教育在现代社会发展中怎样完成功能拓展？
6. 材料分析题：

在阶级社会里，无论哪个时代哪个国家，掌握政权的阶级总是利用手中的权力掌握教育权，利用占统治地位的思想道德培养新一代统治者。现代社会，要使社会政治实现民主化，国家在重大决策中实现科学化，必须培养出具有高水平文化素养和政治素养的人才。对于统治阶级来说，提高本阶级执政者的文化素养和政治觉悟，是提高本阶级领导水平，使本阶级制定的方针、政策得以贯彻的重要保证。而学校教育对于培养政治人才具有权威重要的作用。

请联系实际分析以上资料阐明了教育的哪项功能？作为一名教师，在教学工作中可以通过哪些途径发挥教育的这一功能？

第四章 教育与人的发展

学习目标

1. 解释人的发展的含义及其本质。
2. 列举人的身心发展的规律与特点,并能够根据身心发展规律特点选择适合的教育原则。
2. 解释影响个体身心发展的因素及其作用,能够分析影响学生发展的各个因素。
3. 阐释教育与学校教育在人身心发展中的主导作用,形成学校教育回归育人本体功能的紧迫感与使命感。

学习导引

本章主要由三大部分构成:一是人的发展的概述,二是影响人身心发展的因素及其教育意义,三是教育对人发展的作用。人的发展部分主要讲解人的特性、本质和人发展的基本内涵及规律;影响人的身心发展的因素及其教育意义部分,主要介绍影响人发展的因素、这些因素与教育的关系;教育对人身心发展的主导作用部分,主要从教育应适应人的身心发展规律、同时要促进人身心发展两大方面来讲解。

第一节 人的发展的概述

一、人的特性与本质

教育的对象是人,教育是培养人的社会实践活动,这是由人的特殊性和本质所决定的。研究人、了解人,从而发现人发展的客观规律是有效教育人的前提。自古以来,众多学者都从人的特殊性出发定义人的概念。亚里士多德说过"人是逻各斯的动物""人是政治的动物",普罗泰戈拉认为"人是万物的尺度",狄德罗认为"人的一半是天使,另一半是野兽",他们都从不同的视角阐释了人的特殊性。马克思说过,人和动物的根本区别是人能够制造和使用工具,从而马克思定义"人是劳动的产物",而后来我国当代的哲学家邓晓芒基于马克思的观点提出了"人是制造、使用和携带工具的动物"。那么,人到底有哪些特性和本质呢?

1. 人的特性

人的特性主要指人作为生物体有别于普通生物体的、唯独具备的特殊性。从生物学意义上来看，人是一种高级动物，与动物有着共性，又具有高于动物的特性；从精神层面上来看，人具有灵魂；从文化人类学角度来看，人是能够使用语言、具有复杂社会组织与科技发展的生物。中国古代对人的定义是：有历史典籍，能够把历史典籍当作镜子以省的动物。

第一，自然性。人作为动物中的一类，无法去掉作为动物一面的自然属性，这是人性发展的自然基础和最一般的部分。人的自然性表现在基本的食欲、性欲和自我保存本能。这一部分是人与动物共性的部分，但即使是关于本能，人也有特殊性，因为人的自然性中融合着社会和文化的因素，在其非理性的本能中融合着人所独有的理性能力。正如马克思所说，人是在长期的劳动过程中产生了与动物的根本区别，即人能够制造和使用工具进行生产劳动。

第二，社会性。首先体现在人类共生关系中的相互依存性。人从出生的那一刻就自然处于一种社会关系之中，这意味着人需要社会化，脱离了社会的个体是无法生存的。其次是人际关系中的社会交往性。有了交往才有认识、了解、比较、评价，才有人自身的不断进步和发展，因此交往是人求得自身发展与完善的必要过程。再次是人伦关系中的道德性。道德性是人在一切社会关系中，遵守某种行为规范的倾向性，标准有善恶、真假、美丑等。人能够在这些道德标准中进行价值判断，努力使自己的行为具有道德性。

第三，精神性。人有着动物所不具备的意识、思维、想象、目的性等精神属性。首先，人的精神活动具有能动性和创造性。能动性表现在人对外部世界反映出的目的性、主动性和选择性。人总是积极地改造客观环境，使其能够更好地为人服务。创造性表现在人具有创造和超越现实的能力。人能够通过各种想象和智慧创造出现实中不曾存在过的物品。其次，人的精神活动的重要特征是自我意识。人不仅能够认识外部客体，还能够认识自我本身，能够看清自己和他人、和世界的关系。由此出发，人就开始了从自在向自为，从本能向自由自觉发展的过程，从而开始了自我控制、自我教育和自我完善的可能。最后，价值定向性也是人精神活动的重要特征。人的活动，无论是认识还是实践，都是追求价值、实现价值的过程。这为主题活动提出了指向性，影响着主体对客体的选择。人的全部激情、意向和活动过程，无不服从经过选择了的价值目标。

2. 人的本质

本质指事物本身所固有的根本属性，故人的本质指人所固有的根本属性，即人性。关于人性本源之说自古以来有性善论、性恶论、白板说等不同的主张和观点。孟子主张人性本善，不学而能的"良知""良能"是一切美德的开端，教育的任务只是"求其放心"，恢复人的先天的本性。荀子主张人性本恶，人之所以能改恶从善，是积学而成、后天努力的结果。告子则主张人性无分善恶，强调人的自然属性。扬雄认为人之性有善有恶，善或恶的关键在于学习。董仲舒、韩愈等主张"性三品说"，把人性分为三等，说明人的善恶根源于性，表现于情。[①]

在西方先后出现过以文艺复兴时期的人文主义者、18世纪法国唯物主义哲学家和19世纪德国哲学家费尔巴哈等为代表的自然人性观，他们都把人性归结为人的自然属性，认为教育就是保护人的自然潜能之自由、自发的发展。欧洲中世纪时，人性问题上占支配地位的是宗教神学的超自然人性观，认为教育的任务就是控制人的情欲，依靠上帝的启示启发人的理性。19世纪德国古典哲学家康德和黑格尔虽然指出人的本质应是人的社会性，但他们所说的社会性依然是从先验的理性原则或绝对理念出发的。

马克思主义的人性学说认为，人的本质属性主要不是人的自然属性，而是人的社会属性。不能离开一定的社会关系来谈人的本质，人在一定的社会关系中制造生产工具和从事生产劳动，因此，一般来说人的本质属性如马克思所说是一切社会关系的总和。在阶级社会中，阶级关系在各种社会关系中占有主导的地位，故人性带有阶级性。马克思主义的人性学说奠定了社会主义教育理论的基础。所谓人是社会关系的总和表现在：首先，人的个体活动总是受社会关系的制约，社会发展有继承性；其次，人的个体活动本质上是社会的；再次，人的现实本质取决于人的社会属性而不是自然属性；最后，社会发展的具体形式化使得人的本质也必然具有一定的社会形式，阶级社会中人的阶级性正是这一具体表现。

因此，人的本质不可能只靠人的一种特性去完成，而应是各种人的特性综合体现的结果。首先，人既有自然性又有社会性，人是这两种属性的高度统一的产物。其次，人具有自觉的能动性，可以自发地参与和进行活动，同时也能够接受来自外界的改造，由此，人既是社会和社会关系的主体和承担者，也是创造者。人是能动和受动高度统一的产物。再次，作为人类共同体的一员，每个人都有共有特性，如语言、情感等均属这一范畴。但是受遗传、环境等各种因素的影响，作为个体的人具有较大差异，这种差异体现为个体的个性。因此，人是共性与个性高度统一的产物。

二、人的发展的特点与规律

1. 人的发展的特点

所谓人的发展包括人的身体发展和心理发展，即人的身心发展。人的身心发展是指作为复杂完整的个体在从生命开始到成年期间所发生的积极变化，是个体在身心诸方面及整体结构与特征方面的连续不断的变化过程。

人的发展包括以下两个方面。

一是身体的发展，也称为生理的发展。人身体的发展包括机体的正常发育和体质的增强两个方面。机体的正常发育包括身体各个器官、各个系统的健康成长，它是个体体质增强的条件和主要内容；而体质的增强又有助于机体的正常发育。二者相互促进，相互联系，在实际活动中融为一体。

[①] 顾明远.教育大辞典[M].上海：上海教育出版社，1991.

二是心理的发展，指人的精神方面的发展，包括认知和意向两个方面的发展。认知的发展指感知、记忆、思维等方面的发展；意向的发展指需要、兴趣、情感、意志等方面的发展。人的生理发展和心理发展是紧密相连的，生理发展是心理发展的物质基础，心理发展也影响着生理发展。

（1）人的发展的阶段与各阶段特征

人的发展是一个分阶段的连续过程，前后相邻的阶段是有规律地更替的。人在不同的阶段表现出不同的特征，也面临着不同的发展任务。人的发展的阶段大致分为婴儿期、幼儿期、儿童期、少年期、青年期、成年期和老年期。其中青年期及之前阶段的未成年期是人发展最迅猛、变化最凸显的时期。

婴儿期：1~3岁，这一时期是人发展最为迅速的时期，是生长发育最旺盛的阶段。孩子身体发展由近端向远端延伸，运动发展从独坐、爬行到行走；感知觉发展从嗅觉、味觉、视觉、听觉发展到产生深度意识；意识发展，开始确立物体永恒概念；语言发展从一个词汇到二三个词汇的短语；社交方面对父母有依附感。

幼儿期：3~6岁，这一时期是人智力发展迅速的时期，孩子的特殊才能开始表现出来，也是个性、品质开始形成的时期。孩子加速长高，掌握基本身体活动技巧，形成穿衣、进食等基本自理能力，游戏欲望高涨，语言水平提高；认知水平上升，从感觉运动阶段到前运算阶段；自我专注、自我坚持变强；社交范围从父母扩大到同龄伙伴。幼儿期孩子个性的形成是以后个性发展的重要基础。

儿童期：6~12岁，孩子的身体平稳发育成长，运动能力趋向协调平衡；认识结构重新组合；社交意识更新，集体归属意识加强；是非判断能力开始提高。

青春期：12~24岁，前半段为12~15岁，即青少年阶段、少年期，又称"危险期"或"心理断乳期"，这一时期是人第二次迅猛发展时期。青春期的孩子身体离成熟定型仅一步之遥，思维从具体感知到逻辑运算；社交走向更大空间；自我意识加强开始具有独立自主的萌芽；情绪方面则常常处在兴奋与沮丧、激情与默然、似懂与非懂交织的状态。

（2）青春期的发展变化

青春期是指由儿童逐渐发育成为成年人的过渡时期。青春期是人的一生中最为关键的发展阶段，也是继婴儿期后，人生第二个生长发育的高峰期。在这一时期，孩子的身体将会发生显著的变化，主要表现在以下三个方面。

① 孩子身体形态的发育

身体形态是指身体及其各部分的状态。形态的发育是指身体及其各部分的生长和发育情况，包括身高、体重等方面，这是人生理发展的重要指标之一。

到初中阶段，学生的身体形态发育剧变；身体各部分迅速变化，但发育不均衡。主要表现在以下几个方面。第一，骨骼的发育最快，但身体各部分发育不平衡。两腿比躯干长得快，因而初中生大多是瘦长型的体型。肌肉的生长略迟于骨骼，因而容易肌肉酸痛、耐力不足。班主任在组织实践活动时就要注意这些特点，以免出现伤亡事故。第二，脊柱、胸廓、骨盆和四肢的骨化均未完成，骨骼含钙质较少，比较柔软、富有弹性、容易弯曲。第三，身高与体重发育快。平均每年身高增加 7~10 厘米，体重增加 3.6 公斤。对此，班主任要及时提醒学生注意增加营养。第四，第二性征出现。第二性征是指青春期男女在性激素的刺激下所表现出来的身体内外的一系列变化，是青春期性发育的外部表现。男孩表现为皮肤粗糙、皮下脂肪少、喉结突起、声音变粗、阴毛和腋毛先后出现等。女孩表现为皮肤细腻、皮下脂肪丰富、乳房隆起、声调变高、月经来潮等。对此，班主任要及时以主题班会等形式对初中生进行性教育。

进入高中后，男女生身高的增长趋于稳定。体重的增长反映在身体内脏的增大、肌肉的生长，以及骨骼的增长和变粗。高中生的体型已经比例协调，第二性征发育完成，男女生在体型上的差异最终定型。

②身体机能的发展

身体机能是人体呼吸、循环、消化、代谢、免疫、神经、内分泌、运动和生殖器官系统的功能。

初中生各种生理机能迅速增强，逐渐接近成人。主要表现在以下几个方面。第一，呼吸系统的发育。12 岁前后是学生肺发育的飞跃期，肺活量增长显著，接近成人水平，并表现出男女的性别差异。第二，循环系统的发育。初中生的心脏发育很快，已接近成人，脉搏一般为 80 次每分钟，稍快于成人；血压为 90~110 毫米汞柱/60~75 毫米汞柱；血管的增长速度比心脏容积的增长速度稍慢。由于一些系统供血不足，初中生常常感到头晕。第三，神经系统的发育。初中阶段，人的脑细胞结构和机能逐渐完善、趋于成熟。表现为学生的脑重量在 12 岁时已达 1400 克，达到成人的平均脑重量；脑体积在 12 岁时已经接近成人的脑体积；大脑皮层的沟回组织已经完善分明，神经元也已完善化、复杂化，传递信息的神经纤维已经完成，内抑制机能也已发育成熟，当然完全成熟要到 20~25 岁以后。初中生大脑的基本成熟一方面为他们较为繁重的学习劳动奠定了生理基础，另一方面表明大脑的机能并不十分完善，兴奋和抑制过程还很不稳定，兴奋性较高。因此，初中生不仅容易疲劳而且极易冲动。

高中阶段后期，学生的心脏重量接近成人水平，心脏收缩能力提高，心血管功能不断增强，心率逐步下降，胸围、胸腔扩大，肺活量到 14 岁时急速发展，19 岁时可达到成人水平；骨骼生长趋缓，肌肉纤维的生长由纵向为主转为横向为主，肌肉纤维横断面增大，肌肉体积增加，弹性增强。高中生的神经系统发育基本完成，大脑的容量与重量增长不显著，大脑的结构与成人大致相等，功能接近，智力水平接近成人状态。专家认为，脑和神经系统要到 20~25 岁以后才完全成熟，所以在这个阶段要特别加强脑机能的开发和锻炼。

（3）性器官日趋成熟

到了初中阶段，学生的生长激素和性激素急剧增加，促进了性机能的发展和性成熟的到来。性机能基本健全的标志是女子的月经初潮和男子的首次遗精。我国女性月经初潮平均年龄是十三四岁，男孩首次遗精的平均年龄是十四五岁，性成熟是青少年长大成人的一个标志，也是引起初中生普遍产生成熟感的一个重要来源。

到了高中阶段，学生的性激素增多，性腺发育成熟，具有同成人一样的性征；性机能成熟，已具有了生育能力。高中女生性器官发育处在直线上升的后期，一般到18岁时，女生性机能已基本成熟；高中男生性器官发育滞后女生约一年，但到18岁时性器官及其机能也接近成人水平。

2. 人的身心发展的规律与特点

从形式上看，人的发展的规律性主要表现为人的发展的顺序性、阶段性、稳定性、不均衡性、阶段性、个别差异性和整体性（互补性）。这些规律性具有重要的教育学意义，是教育工作必须遵循的规律性。

（1）顺序性

人的发展具有一定的方向性和先后顺序，既不能逾越，也不会逆向发展。如个体动作的发展，就遵循自上而下、由躯体中心向外围、从粗动作向细动作的发展规律性。这些规律性可概括为：动作发展的头尾律、近远律和大小律，体现在每个孩子身上。此外，孩子体内各大系统成熟的顺序是：神经系统、运动系统、生殖系统。大脑各区成熟的顺序是：枕叶、颞叶、顶叶、额叶。脑细胞发育的顺序是：轴突、树突、轴突的髓鞘化。就心理而言，孩子的发展总是从无意注意到有意注意，从机械记忆到意义记忆，从具体形象思维到抽象逻辑思维，从喜怒哀乐等一般情绪发展到道德感、理智感、美感等高级情感。人的发展的顺序性决定了教育活动必须根据身心发展的特点循序渐进地促进学生的发展。

（2）阶段性

人的发展变化既体现出量的积累，又表现出质的飞跃。当某些代表"新质"要素的量积累到一定程度时，就会导致质的飞跃，即表现为发展的阶段性。可以根据不同的标准对人生发展过程进行不同的阶段划分，弗洛伊德的性心理发展阶段理论、皮亚杰的认知发展阶段理论、埃里克森的社会性发展阶段理论都是根据不同标准提出并产生了重要影响的阶段理论。从总体上看，个体在发展的不同阶段，会表现出不同的年龄特征及主要矛盾，面临着不同的发展任务。当然，不同的发展阶段之间是相互关联的，上一阶段影响着下一阶段的发展，所以人生的每一阶段对于人的发展来说，不仅具有本阶段的意义，而且还具有人生全程的意义。人的发展的阶段性要求教育要从学生的实际出发，尊重不同年龄阶段学生的特点，并根据这些特点提出不同的发展任务，采用不同的教育内容和方法，进行有针对性的教育。

（3）稳定性

一般来说，在基本相同的社会和教育条件下，正常人的身心发展的年龄阶段、年龄特征，以及发展顺序、速度和水平等大体相同，具有一定的稳定性。但是随着社会和教育条件的改变，同一年龄阶段的人的身心发展是有差异的，其发展速度和水平又是可变的。身心发展的可变性对青春期学生来讲即是可塑性。就目前看来，我国青少年无论在发展的速度上还是在发展的水平上，都大大超过了改革开放前的同龄人。身心发展的稳定性和可变性都是相对的。随着各种条件的改变，身心发展在一定程度上的某些变化是有一定限度的，绝不会因社会环境和教育条件的改变而打破原有的发展顺序，也不会跳过某个发展阶段。

身心发展的年龄特征的相对稳定性，决定了教育内容和要求的相对稳定性。教育内容的选择和要求的提出，必须以学生相对稳定的生理、心理特征为依据，这样才能避免教育、教学工作的主观性和随意性，增强教育、教学工作的计划性和稳定性，促使学生循序渐进地发展。但是又不能固守僵化教条的教育、教学模式，而应适应学生身心发展可变性的需要，有效地利用他们发展的可能性，调动他们发展的主观能动性，不断改革陈腐的教育、教学内容，逐步深化教育、教学要求，这样，学生的素质才能"芝麻开花节节高"。

（4）不均衡性

人的发展并不总是按相同的速度直线前进的，不同系统的发展速度、起始时间、达到的成熟水平是不同的；同一机能系统特性在发展的不同时期（年龄阶段）有不同的发展速率。从总体发展来看，幼儿期出现第一个加速发展期，然后是童年期保持平稳发展，到了青春发育期又出现第二个加速发展期，然后再是平稳地发展，到了老年期则开始出现下降。人发展的不平衡性要求教育要掌握和利用人的发展的成熟机制，抓住发展的关键期，不失时机地采取有效措施，促进学生健康地发展。

（5）个别差异性

尽管正常人的发展要经历一些共同的基本阶段，但个体差异仍然非常明显，每个人的发展优势（方向）、发展速度、高度（达到的水平）往往是千差万别的。例如，有的人观察能力强，有的人记忆力好；有的人爱动，有的人喜静；有的人善于理性思维，有的人长于形象思维；有的人早慧，有的人则大器晚成。正是这些差别，构成了多姿多彩的人类世界。人的发展的个别差异性要求教育者必须深入了解学生，针对学生不同的发展水平，以及不同的兴趣、爱好和特长因材施教，引导学生扬长避短、发展个性，促进学生自由地发展。

（6）整体性（互补性）

教育的对象是一个个活生生的、整体的人，既具有生物性和社会性，还表现出个体的独特性。不从整体上把握教育对象的特征，就无法教育人。因此，研究人的内在各方面因素的相互关系以及由此而形成的人的整体性特征，是教育学的特殊任务之一。事实上，人的生理、心理和社会性等方面的发展是密切地联系在一起的，并在人的发展过程中相互作用，使人的发展表现出明显的整体性。虽然人的生理、心理和社会性等方面的发展都有各自的规律和特点，但这些规律和特点不能代替人的发展的整体性。"整体大于它的各部分总和"，这是现代整体观念的核心。根据系统理论，整体的人绝不是其各个方面的简单相加，而是内部具有一定的秩序和结构。整体中每一方面的变化，必然引起其他方面以至人的整体发生变化；反过来，人的整体变化也必然要影响各个方面的变化。正是由于内部存在着一定的秩序和结构，人的整体发展总是呈现出其各个方面相对独立发展时所不具有的一些性质和功能。人的发展的整体性要求教育者要把学生看作复杂的整体，促进学生在体、智、德、美等方面全面和谐地发展，把学生培养成为完整和完善的人。

历年真题

1. 人的身心发展有不同的阶段，"心理断乳期"一般发生在（　　）。
   A. 幼儿阶段　　　　B. 青少年阶段　　　C. 成年阶段　　　　D. 老年阶段
   【答案】B。解析：青少年阶段，即少年期，又称为"危险期"或"心理断乳期"。

2. 对童年期的学生，在教学内容上应多讲一些比较具体的知识和浅显的道理；在教学方法上，多采用直观教具。这体现了教育要适应儿童身心发展的（　　）特点。
   A. 稳定性　　　　　B. 阶段性　　　　　C. 不平衡性　　　　D. 个别差异性
   【答案】B。解析：人的发展是一个分阶段的连续过程，前后相邻的阶段是有规律地更替的。人在不同的阶段表现出不同的特征，也面临着不同的发展任务，所以教学内容也不一样。

3. 当代教育家苏霍姆林斯基在他曾担任校长的帕夫雷什中学创立了几十个课外兴趣小组供学生选择。这反映了教育必须适应发展的（　　）特点。
   A. 顺序性　　　　　B. 稳定性　　　　　C. 可变性　　　　　D. 个别差异性
   【答案】D。解析：不同的学生各有其特点。设置供学生选择的兴趣小组正是遵循了学生的个别差异性规律。

第二节　影响人的身心发展的因素

人的发展取决于多种因素，是诸种因素相互作用与建构而形成的结果。人们对这些因素有不同划分，对其在人的发展中的作用也有不同的认识和评价。下面，我们将从遗传、环境、教育和个体的能动性等方面对影响人的发展的基本因素进行探讨。

一、影响人的发展的因素与特点

1. 遗传对人的发展的作用

（1）遗传素质为人的身心发展提供了必要的生物前提和潜在可能性

遗传是指人从上代继承下来的生理解剖上的特点，如机体的结构、形态、感官和神经系统的特点及本能、天赋倾向等。这些遗传的生理特点，也叫遗传素质，是人的发展的自然的或生理的前提条件。如果没有这些生理条件，人的发展就无法实现。一个生下来就无大脑的畸形儿没有思维的器官，无法学习语言和科学文化知识，也就不可能获得人的发展。人的大脑为人的心理发展提供了物质和生理的前提条件，在后天的环境和教育的影响下，人可以学习极为复杂的文化知识和科学技术，发展自身的智慧与能力，进行发明与创造，这是其他动物所不能做到的。

遗传素质为人的发展提供了巨大的生理潜能，这主要体现为它的可塑性。组成人脑的主要功能细胞是神经细胞，人脑神经系统的神经细胞约为上百亿个。据估计，脑中的每一个神经细胞有1000～10000个突触，可以接受来自其他神经细胞的信息。因此，脑中的每一个神经细胞都是一个或多个复杂的相互交织的神经网络的一部分。可想而知，人脑中可以形成无数的神经网络，因此人能够应付各种变化的环境。神经网络是可以改变的，而且变数极多，人脑的可塑性正是由神经网络的性能决定的。

（2）遗传素质的成熟程度制约着人的发展过程及其阶段

遗传素质本身有一个发展与成熟的过程，主要表现为人的身体的各种器官的形态、结构及其机能的发展变化与完善。遗传素质的成熟程度，为人在一定年龄阶段的身心特点的出现提供了可能，制约着人的发展的年龄特征。例如，人们常说："三翻、六坐、八爬叉，十个月会喊大大"。这反映了人的遗传素质的发展过程。如果让6个月的婴儿学走路，不但是徒劳的，而且是无益的。同理，让4岁的儿童学高等数学，也是难以成功的。只有当人体具有了一定的生理条件，人学习一定的知识技能才拥有了可能。据研究，人的思维发展与脑的重量发展是密切相关的，人脑平均重量发展的趋势是：新生儿的大脑约为390克，8～9个月乳儿的大脑约为660克，2～3岁婴儿的大脑约为990～1011克，6～7岁幼儿的大脑约为1280克，9岁儿童的大脑约为1350克，12～13岁少年儿童的大脑平均重量已和成人差不多了，即达到约1400克。所以小学入学的年龄定为6周岁是比较合适的。

（3）遗传素质的差异性对人的发展有一定影响

人的遗传素质的差异不仅表现在体态和感觉器官的功能上，也表现在神经活动的类型上。在医院婴儿室里，你可以看到，出生几天后的婴儿，就有不同的表现，有的比较安静、容易入睡，有的则手脚乱动、大哭大喊。一两岁的婴儿在对外界事物反应的快慢、情感表现的强弱和是否容易转移等方面，也存在着差异，这都与神经活动的类型密切有关。近年来，遗传学领域也有了迅速的发展，关于遗传基因的研究表明，遗传素质的差异，对于人的发展有很大的影响。例如，姚明的女儿可培养成为篮球运动员，她在遗传方面具有物质基础。一个在禀赋的某些方面比一般人优异的人，如果后天努力并得到适宜的培养，就可以在某些方面比一般人发展得快一些、高一些。遗传素质提供了人身心发展的物质基础和前提条件，这也是倡导优生优育的原因。

（4）遗传素质具有可塑性

随着环境、教育和实践活动的作用，人的遗传素质会逐渐地发生变化，这就说明了遗传素质具有可塑性。就遗传基因来说，在基因组中的DNA决定了个体在生理上、结构上和行为上的潜在性能,但并非所有的潜在性能都必定可以在那个正在发育着的个体中获得实现。人的生活经验证明,长期进行某一方面的训练,就可以使脑的某一方面反应能力提高,如印染技工可以比一般人具有更强的颜色鉴别能力,酿酒老工人具有较敏锐的鉴别酒质的能力。人的遗传素质发展的过程,也因人的生活条件的不同而有变化,如今日的青少年与旧中国的青少年相比,平均身高、体重都有所增加,性成熟期提前,智力的发展也有所提前与增强。

遗传素质为人的发展提供了生理上的可能性,但人成长为什么样的人,并不完全取决于人的遗传素质。历史上曾有过"生而知之"的"天才论",或"性也者,与生俱生也……上焉者,善焉而已矣;中焉者,可导而上下也;下焉者,恶焉而已矣"等"先天决定论"的说法,将人的知识才能和道德品质的好坏,说成是遗传决定的。这些说法都是不科学的。美国心理学家桑代克认为,人性有种原本趋向,通过"多中择一"反应形成一切行为和道德品格,这一切是受精卵的遗传基因决定的。依照这种观点,不论后天的生活条件如何变化,社会制度怎样不同,教育上采取什么措施,都改变不了遗传基因所决定的方向,培养不出新的个性。这种观点,否认了社会生活条件和教育的作用,显然也是错误的。

> **知识卡片**
>
> 日本教育家岸根卓郎在其所著《我的教育论:真·善·美的三位一体化教育》一书中写道:依据人种的差异,人类被创造为左脑发达的左脑型西方人和右脑发达的右脑型东方人。所以,西方人应该……通过左脑教育发展物质文明;东方人应该……通过右脑教育发展精神文明……只有日本人是在左脑和右脑都具有回路的左右脑型人种。因此……日本人必须活用其特性(适于同时认识物质世界和精神世界的大脑),通过左右脑融合教育,融合西方物质文明和东方精神文明,发挥东西方文明桥梁作用。
>
> 我们不曾对这里所说的人种特性做过考证,但可以表明遗传提供了人发展的物质基础和前提条件。

2. 环境对人的发展的作用

(1) 环境是人的发展的外部条件

遗传素质是人的发展的生理前提,但也只是为人的发展提供了先天可能性,要把这种发展的可能性转化为发展的现实性,还有赖于后天生活中的环境影响。环境是人的发展的现实根基与资源。环境泛指个体生存于其中,在个体的活动交往中,与个体相互作用并影响个体发展的外部世界。人的生存与发展环境十分复杂,根据其性质可以把它分为自然环境与社会环境两大类。人作为生物,必然要生活在适当的自然环境里,迄今为止,地球上的自然环境大都经过人的劳动改造,已成为人化自然,适合于人的生长生活；但是，作为社会的人的发展，是在人类世界中实现的，包括人类社会所创造的物质文明，制度文明，组织文明（包括家庭、社团、社区等），精神文明（包括文化、科学、艺术等）。

对于儿童的发展来说，环境主要指的是前人的历史活动所创造的个体生活和活动于其中的、与人相互作用的、对人的发展产生影响的那一部分外在世界。这个环境包括自然环境，但主要是社会环境，是前人以自己的劳动和活动为后代所设置的生活环境，包括：同儿童生活发生联系的个人与群体，儿童的人际交往与沟通，儿童参与的活动和事件，儿童生活中所接触、运用、适应的人造器物、行为规则、传统习俗、科学文化、媒体信息等。婴儿从呱呱坠地时起，就一直受到环境的各种影响。在环境的影响下，儿童身心得到发展，获得一定的生活经验、知识和语言能力，形成各种思想意识和行为习惯。在不同历史时期、不同地域、不同民族、不同社会阶级与阶层中生活的人，他们的思想意识、道德品质、知识才能和行为习惯都有明显的差别，每个人的思想、品行、才能与习性都会打上历史、地域、民族文化和社会阶级与阶层的烙印。一个人的身心能否得到发展、发展到什么程度，都与他所处的社会环境分不开，社会环境是儿童得以发展的现实条件和现实源泉，对人的发展起着重要的不可替代的作用。

没有社会环境影响，作为生物的人不可能获得社会发展。如人们曾多次发现的"狼孩"，据媒体报道，2007年在俄罗斯卡卢加州一个偏远的狼群经常出没的森林里发现一个男孩，男孩的生活习性与狼相似，他移动时腿部呈半弯曲状，有着非常坚硬而锋利的牙齿，他的指甲长得非常像狼爪。医生们认为，他的实际年龄可能超过10岁，似乎有很高的智商，只是不会讲俄语或者其他的人类语言。警方人员给他取名"利奥哈"，可当别人叫他时他却没有任何反应。给他衣服时，他迅速弹跳起来冲入走廊，闯进他的房间，吃食物如一只动物那样狼吞虎咽。在医院仅仅待了24小时，他利用他的"野外技能"躲开医院的监控逃走了。又如23岁的乌克兰女孩奥克萨·马来亚，从3岁起便与狗相依为命，8岁时才被人发现，她几乎不能讲话，行为举止与狗无异。她在一家诊所生活了15年，仍然缺少社会生存技能，很难走出诊所开始新的生活。

这类事例说明，从小离开人类社会，依靠动物、与动物为伍成长的儿童不可能获得人的社会发展。还有一种情况，有的人虽然生活在社会中，但被别人实行了"环境剥夺"，也同样失去了人的社会发展。据传，19世纪初，德国巴登大公国王子卡斯巴·豪瑟出生后，争夺王位的宫廷阴谋家将他同普通的婴儿对换，3~4岁时，豪瑟王子被关进黑暗的低小的地牢里，他可以找到面包和水，但从未见过人，直到他17岁时才被放出来。经检查，他身高只有144厘米，膝盖已变形，走路如同婴儿学步，目光呆滞，怕光，暗视觉特别敏锐，黑夜能看到180步以外的马匹，听觉、嗅觉比较灵敏，但不会谈话，智力如同幼儿。他22岁时，遇刺身亡。经解剖发现，他的大脑特别小，甚至没有覆盖住小脑。

这些事实充分说明，人的身心发展是受后天环境影响和制约的，遗传素质仅仅为人的发展提供生理基础和发展的可能性。没有进入人类所创造的文明生活，没有后天的社会文化的滋养，人就不可能从自然人成长为所处时代的社会人。

儿童发展的环境是儿童个体所生存和活动于其中的，经过一代一代的前人以自己的劳动和活动所创造的环境，主要表现为社会生活环境，是儿童得以发展的现实条件。随着人类社会的进化和发展，尤其是生产能力的迅速发展，每一时代的人都越来越注意为后代的成长创设一种文明、优越而丰富的生活，从而使得每一时代的新人们都生活在一个超出现实社会平均水平的社会和文化环境之中，并在这个改进了的环境中发展出更加优良的素质。这正是人类不断进化的重要条件。

（2）环境具有给定性，也具有选择性

环境的给定性指的是由自然、历史，由前人、他人为儿童个体所创设的环境，它对于儿童来说是客观的、先在的、给定的。儿童个体生来便不能选择父母、兄妹、家庭、民族，总是生活在一定的群体、社会、地域、国家、阶级和阶层中，他必须继承以往的历史所创造的生活资料、生产资料、生产关系、社会关系、社会制度、语言文字、科学技术、意识形态、文化传统、教育模式、生活方式、思维方式、行为方式等。而且成年人也刻意地组织和指导儿童的生活，影响儿童的发展。环境对于个人有先在性、给定性的一面，对于儿童来说尤其是这样。婴儿出生在一定社会及家庭环境，便是人的未完成性的一次质的给定，但这并不意味着环境和人的命运已经被确定了，环境与人都还会继续发生变化。例如，一个出生于2020年的中国婴儿，他所处的客观环境是：亚洲东方的亚热带（热带）地区；21世纪的人类社会，全球化、信息化的水平越来越高；中国的改革开放和社会主义现代化建设取得了巨大的成绩，同时即将全面建成小康社会；九年义务教育完全普及，职业技术教育快速发展，高等教育趋向大众化，等等。该年出生的任何一个中国婴儿，都处于这样的一个大致相同的环境里，当然，各个儿童的家庭环境、社区环境和个人的社会关系又有千差万别，而这些环境仍在继续发生变化，特别是还可能发生不以儿童的意志为转移的重大的社会事件或家庭问题，这些都会深刻影响他们的思想情感、价值观念、生活方式，甚至改变他们一生的命运。在这个意义上讲，儿童只能在先在的、既成的、给定的环境中生活，无法抗拒或摆脱环境的影响与限制，只能不断适应环境，并从中获得自身的生存与发展。

但是，环境的给定性并不意味着人的发展、人的命运已经被确定了、注定了。人的发展还有非常广阔的机遇，还有很多的可能性与不确定性。尽管外在的客观环境对人的发展具有重大影响，可是环境是一个非常丰富、复杂而变动不居的条件，包括促成或阻碍、刺激或抑制生物活动的各种条件。此外，环境对人的发展所起作用的性质和力度也因人而异，因为人是具有能动性的主体，即使是新生儿，也会本能地通过哭闹来影响、调动母亲和其他亲人的关注，以改善他们的生活处境；随着年龄和经验的增长，人的能动性、自主性、选择性、创造性在逐步增长，其对环境的反作用，以及人与环境相互作用的活动也在逐步增强，这也就是说主体对环境的能动性、选择性在逐步增强。因此，为人的发展提供各种繁多条件的环境，在人的发展过程中究竟能起多大程度的作用，能起什么性质的作用，在很大程度上取决于个人对待环境的态度。对某种环境抱有消极态度的人，不能关注、了解环境，就不能利用环境，环境便成为其发展的一种限制；而对某种环境抱有积极态度的人，则能对环境产生极大的兴趣，了解和利用环境，激发、锻炼和促进自身各方面的发展与提高，环境就为其发展提供了多种可能。

对环境概念的理解不能一般化、抽象化、静态化，应该深入、具体而动态地分析，应当把环境与人的生活和活动联系起来理解。因为，环境对不同的人会产生不同的效果。有的人在逆境中奋起，有的人在逆境中消沉；有的人在顺境中如鱼得水，有的人在顺境中却虚度光阴。同样的环境对有的人是障碍和限制，而对另一些人则是发展的希望和可能。如杜威所指：环境、"生活条件"这些词，不仅表示围绕个体的周围事物，还表示周围事物和个体自己的主动趋势的特殊的连续性……一个人的活动跟着事物而变异，这些东西便是他的真环境。在社会生活中，时有这种情况：一个画家家庭出身的孩子，尽管他常看到父亲作画，但由于他对涂鸦与绘画不关注、不喜欢，画家的艺术创作及其有关资源便不能够与他互动，不能够成为他关注的生活条件与真环境，不能够积极地促进其发展；若强迫他学画，甚至可能适得其反，阻碍其个性的发展。还有一种情况，尽管有的事物不在个体的周围，与个体距离甚远，但由于个体对它产生了浓厚兴趣，它便成为个体经常互动的对象，构成了个体的真环境的一部分，有力地促进其在这方面知识、能力与专长的发展。正如杜威指出的那样，他的望远镜是他最亲密的"环境"。作为一个文物工作者，他的环境包括他所关心的人类生活远古时代以及他借以和那个时代建立联系的遗迹、铭刻等。

（3）环境对人的发展的作用离不开人对环境的能动活动

环境的给定性离不开主体的选择性，环境的给定性不但不会限制人的选择性，而且正因为有了环境的给定性，反而能激发人的能动性、创造性。当然，给定的环境条件也不是一成不变的，二者的相互作用蕴涵着人的多种多样的发展可能性。人一生的道路总是沿着给定性和选择性、不确定性和确定性的轨迹前行的。例如，小林以当地第一名的成绩考入北京某重点高校，通过大学的学习他本应该成为对国家和社会发展有用的人才。但是入学后，他沉迷于电子游戏，没有专注于学习，多门课程不及格，情绪也一落千丈，变得郁郁寡欢，更无心学习，也无法处理好与同学的人际关系，多次要求退学。我们周围也有许多人，所处的环境恶劣，但面对环境，选择了乐观、坚强、奋进，一样获得了非凡的成就。"人不能选择环境，但可以选择对待环境的态度"，正是反映了环境的给定性与选择性。

总体上看，环境对人的影响具有给定性、复杂性、丰富性、发展性、多变性，它提供给每一个人的发展的条件、资源、刺激和机遇是各不相同的，人对环境影响做出的选择和反应也是各有差异，于是形成了千差万别的个体生活和富有个性特色的个体发展状况。社会的发展是逐步加速的，特别是在现代社会，由于市场经济、人际交往、科学文化、信息技术等方面的大发展，人的生存环境有了根本性的变化，使得环境对人的影响更加复杂多样而变动不居。但是，由于人的能动性随着年龄的增长和经验的增强，环境对人的影响随着人的发展而相对削弱。如幼儿期和童年期，环境的影响相对较大；当人的自我意识得到较高的发展时，环境的影响就相对减弱，性质也由限制逐渐转向更有效地利用。此外，环境影响还随个体活动能力的大小而变化。人在幼儿期和童年期的活动能力不强，活动范围不大，影响环境的能力不强；到了青壮年时期，人变得经验丰富、视野开阔、兴趣广泛、精力充沛，活动的范围大大拓宽，影响和改变环境的能力大大提高，人与环境的互动程度也愈加提高，不仅推动了环境的改善，而且促进了自身的发展。

人不仅能够适应环境而生活，而且能够选择、改造环境以求自身的发展，进而还能够有意识地选择、利用环境的条件与资源。为年轻一代获得更好的发展而有计划地、连续地组织起来的环境影响就是教育，所以，教育也是一种环境影响，只不过是为培养人，而有意识地组织起来的旨在更有效地促进人的发展的环境影响。杜威指出，有意识的教育就是创造一种特别选择的环境。这种选择所根据的材料和方法都特别能朝着令人满意的方向来促进人的生长。广义的环境对人的影响是自发的、无意识的；而教育作为狭义的环境，对人的影响是有目的、有计划的，是专门组织起来培养人的活动。

现代教育具有更为周密而远大的目的，它的重要任务之一，即利用前人所创造的生活条件和资源，继续更新社会现实的生活环境，使人与社会均获得更好的发展。尽管环境对人的发展具有重要的影响，但它并不能简单地决定人的发展。环境决定论者把人看成环境的消极、被动的产物，片面夸大环境对个体发展的作用。例如，中国古代的思想家墨子认为，人的发展犹如白布放进染缸，"染于苍则苍，染于黄则黄，所入者变，其色亦变"。荀子也有类似的观点，他说："蓬生麻中，不扶自直；白沙在涅，与之俱黑。"西方行为主义心理学家提出的刺激—反应学说，认为人的发展就是环境刺激的结果，有什么样的刺激就会有什么样的反应，完全无视人的自身条件。人不同于动物，人是具有能动性的主体，环境的影响不可能不通过人的选择和认同而起作用，只有被人认同和接受的刺激，才能真正成为人的发展的影响因素。所以，应当反对过分夸大环境作用的"环境决定论"，应该正确地认识环境在人的发展中的作用及其限度。

3. 能动性对人的发展的作用

（1）能动性是在人的活动中产生和表现出来的

关于个体的能动性在人的发展中的作用，前面已经提及，此段继续探讨。人的能动性是在人的活动中、社会生活中产生的，并通过人的活动表现出来的。在人的社会生活与活动过程中，为了解决生活、生存和发展的需要，人始终是作为活动的主体而存在的。人不仅是认识和改造客观世界的主体，同时也是认识和改造自身的主体，并在认识和改造客观世界和自身的过程中表现出能动性的。马克思曾经说过，环境的改变和人的活动或自我改变的一致，只能被看作是并合理地理解为革命的实践。离开人的活动，遗传素质和环境所赋予的一切发展条件，都不可能成为人的发展的现实。所以，从将个体发展的各种可能性变为现实这一意义上来说，人的活动、社会实践是人的发展的决定性因素。人的活动是社会及其全部价值存在与发展的本源，是人的生命以及人个性的发展与形成的源泉。

教育学离开了活动，就不可能解决任何一项教育、教学、发展的任务。学生的主体活动既是学生存在和发展的方式，又是教育的重要基础。离开了学生的主体活动，学生的发展将失去基础，教育就不能成功。苏联著名心理学家鲁宾斯坦指出，教育者或教师企图不通过儿童自己的活动去掌识知识、培养品德，而将知识、品德要求强加到儿童身上。任何这样的企图只会破坏儿童健康的智力发展和精神发展的基础，破坏培养他们个性品质的基础。瑞士儿童心理学家皮亚杰也指出，在教育活动中，儿童具有自己的真实的活动，如果不真正利用这种活动并扩展它，教育就不能成功。可见，教育必须通过引领和组织学生的主体活动来促进学生的身心与个性的发展。

（2）能动性是人的发展的内在动力

人是社会历史活动的主体，人在社会实践的基础上逐步形成了特有的能动性。人的能动性包括两方面内容：一是人们在社会实践的基础上能动地认识世界，二是在认识的指导下通过实践能动地改造世界。光有认识，不把认识变为改造世界的行动，人的能动作用无从表现；没有认识指导下的实践是盲目的，也难以达到改造世界的目的。只有把对世界的认识和改造活动结合起来，才能充分表现出人之特有的能动性。

人不仅是社会历史活动的主体，而且是自身发展的主体。人在自身的发展过程中也会表现出人所特有的能动性。在学生那里，这种能动性主要表现为他们在活动和交往的基础上能动地进行自我认识、自我建构和自我创造。能动性的表现形式多种多样：心理发展的内部矛盾的形成、开展和转化，心理文化素质结构诸要素的相互作用，知识的事实理解与价值体验，思维的建构与反思，意义接受、问题探究与认识图式的同化顺应，经验的改造改组，知识和活动（交往）方式的内化，学习中的兴趣与努力关系的调节，等等。

人的能动性不仅影响人对环境的选择，而且影响人对环境的加工。皮亚杰的发生认识论对此做了科学的说明。根据皮亚杰的研究，不同年龄阶段的儿童具有不同的认知结构。外界刺激的输入必须通过儿童内部已有的认知结构的过滤，并以改变了的形式被儿童吸收和同化，或者儿童改变自己的认知结构来顺应外部刺激。儿童正是在这种同化与顺应的过程中实现自身的认知发展的。根据皮亚杰的研究，儿童的学习过程不是一个消极被动接受的过程，而是一个积极主动建构的过程。

学生的发展和教育过程在很大程度上是使学生掌握社会生产经验和社会生活经验的过

程，是把社会的精神财富转化为自身财富的过程。这种转化过程不像用镜子来反映事物，它要求学生必须有自身的能动性。从直接意义上来说，如果学生没有学习的要求，厌恶学习，懒于思考，心不在焉，缺乏学习的动力，教师所讲的东西是不会变成精神财富的。在环境条件大致相同的班级教学的课堂里，每个学生对教学的态度、学习的状况也是各式各样的。根据美国教育心理学家莫里斯·比格的研究，外部环境的东西如不被个人注意并相互作用，就无法影响个人的心理和行为；一旦被个人注意并与个人发生相互作用，就会构成他个人的生活空间，影响其心理和行为。在生活空间里，一个人和他的心理环境是相互作用的，而且是相辅相成的。每个人的需要不同，对外部环境的关心、了解和相互作用不同，其生活空间也各异，进而导致每个人的心理和行为各不相同，甚至差异巨大。如在同一课堂中，有的学生在专心听讲，教师的讲授和师生之间的教学活动构成了他的生活空间，他专心致志于教学活动，对教室内外的其他事物均不在意；有的学生身虽在教室中，心里却想着教学活动以外的事情，或关注窗外悦耳的鸟鸣，或想着下课后的欢快活动，教师的讲解、演示则处于他的生活空间之外，他对眼前的课堂教学则可谓是"视而不见，听而不闻"。在同样的环境和教育条件下，每个学生发展的特点和成就，主要取决于他自身的态度，取决于他在学习、劳动和科研活动中所采用的方法和付出的精力，取决于他的能动性的发挥状况。

（3）能动性影响人的自我设计和自我奋斗

人在发展过程中，自我意识和自我控制能力也在发展，因而个体也就能够逐步有目的地、自觉地影响自身的发展。人不仅能把握自己与外部世界的关系，而且能把自身的发展当作自己认识的对象和自觉实践的对象，人能进行自我设计和自我奋斗。只有达到了这一水平，人才在完全意义上成为自我发展的主体。这是一个自我超越的过程。

人的自我设计和自我奋斗主要表现在两个方面：一方面是在认识自己与周围环境现实关系的前提下，不断地为自己的发展创造条件，而不是消极地期待客观条件的成熟；另一方面是勾勒自己未来的前景，选择自己的发展目标，策划实现该目标的行动，并坚持践行，在践行中不断反思与调整个人的奋斗目标、策略和行为，不断克服困难和干扰，以实现自我发展。

人在发展过程中的自我设计和自我奋斗，实际上是人在理智地复现以往的已有自我、调控今日的现实自我、筹划未来的理想自我，并在这个过程中不断增强"自我塑造"的动力与能力。它把个体发展的过去、现在、未来在意识中联结起来，不仅使人的已有发展水平影响今后的发展方向和程度，而且使自觉意识到的未来的自我发展目标支配今日的行为。前者是过去的发展参与到现在的发展，后者是未来可能的发展意向参与到现在的发展。这样，自我的过去与未来便在当下的自我奋斗的活动中汇合了。正是在这个意义上，我们高度评价人的能动性在人的发展中的作用，它赋予了人在一定条件下主宰自己命运的可能。人不仅是遗传和环境相互作用的产物，人也是自我选择与自我建构的产物。随着人的自我意识的提高和社会经验的丰富，人的主观能动性将逐渐增强，其在人的发展中的作用也越来越大。我国古代教育家孔子在总结自己的人生经验时曾指出：吾十有五而志于学，三十而立，四十而不惑，五十而知天命，六十而耳顺，七十而从心所欲，不逾矩。其实，这是一个具有自我意识的人通过学习、奋进与不断提高，最终达到自觉、自由境界的发展过程的高度概括。

4. 教育对人的发展的作用

从广义上说，教育是社会环境的一部分，但它是社会环境中特殊的一部分，教育在人的发展过程中起着重大作用。特别是学校教育对人的发展具有重大作用。这里探讨的主要是学校教育对人的发展，特别是对年轻一代的发展的主导作用。

（1）学校教育具有明确的目的性和方向性

学校教育是专门培养人的活动。它能根据一定社会政治经济和生产力发展的需要，按照一定的方向，选择适当的内容，采取有效的方法，利用集中的时间，对人进行系统的教育和训练，使人获得比较系统的文化科学知识和技能，形成一定的世界观和道德品质。

（2）学校教育具有较强的计划性和系统性

学校教育是在各种严格的规章制度的制约下进行的。这些规章制度可以保证教学的良好秩序，把人的发展所需要的一切时间和空间全部纳入可控的程序之内，保证教学得以顺利、有节奏地进行。同时，学校教育又具有系统的学习内容。这些内容既考虑了社会政治经济对人才规格的需要，又考虑了知识的逻辑顺序和学生的年龄特点与接受能力。这样就保证了人才培养的高质量与高效率。

（3）学校教育还具有高度的组织性

学校教育主要是通过专门的教育机关——学校来进行的。学校是按照一定的教育目的组织起来的，有比较完整的组织机构，又有经过教育和训练的专职教育工作者，把受教育者按照一定的教育要求组织在专门的教育过程中进行教育和训练，因而，它对年轻一代身心发展的影响和作用，就比其他任何社会生活条件都大得多、有效得多。

（4）学校教育可控制和利用各种环境因素对人的自发影响

学校教育限制和排除一切不良环境因素的干扰，利用和发挥一切积极因素的作用，以确保个体发展的方向；根据儿童的遗传素质，有意识地发挥他的长处，弥补他的短处，使先天的遗传素质向有利于儿童成长的方向发展。

但是教育的主导作用并不是万能的，教育既不能超越它所依存的社会条件，凌驾于社会之上去发挥它的主导作用，也不能违背儿童身心发展的客观规律任意决定人的发展。

二、影响人的发展因素的理论

上述因素各具特点与作用，都是人的发展所不可或缺的必要因素，但任何一个因素均非人的发展的充分的决定性因素，我们不可以片面夸大某个因素的作用。如历史上曾出现过的"遗传决定论"或"环境决定论",否定其他因素的作用,与客观规律相悖,必然会对人的发展造成严重的危害。我们应当认识到,在人的发展过程中,上述四种因素,既相互区别、各具特点,又相互作用、相互依存。必须依据人的发展的具体条件与需要,充分利用和发挥四者的作用,使其在每个人的发展中不断得到优化,从而使个人不断获得最佳的发展。

1. 内发论（遗传决定论）

内发论强调遗传在人的发展中的决定作用,认为人的身心发展的力量主要源于人自身的内在需要,身心发展顺序也是由身心成熟机制决定的。孟子主张"性善论",提出:"仁义礼智,非由外铄我也,我固有之也"。弗洛伊德认为,人的性本能是最基本的自然本能,是推动人的发展的根本动因。美国当代生物学家威尔逊把"基因复制"看作是决定人的一切行为的本质力量。格赛尔提出"成熟势力说",认为成熟机制对人的发展起决定作用,并通过双生子爬梯实验来证明他的观点。

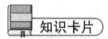

双生子爬梯实验

被试是一对出生46周的同卵双生子A和B。格赛尔先让A每天进行10分钟的爬梯训练,B则不进行此种训练。6周后,A爬5级梯只需26秒,而B却需45秒。从第7周开始,格赛尔对B连续进行两周爬梯训练,结果B反而超过了A,只要10秒钟就爬上了5级梯。格赛尔据此提出了个体发展是由成熟因素决定的理论。

2. 外铄论（环境决定论）

外铄论认为人的发展主要依靠外在力量,诸如环境的刺激和要求、他人的影响和学校的教育等。荀子提出:人之性恶,其善者伪也,即人性趋向于邪恶。人们善良的行为是后天作为的结果。"化性而起伪",用礼、义、法度等去引导人的自然本性,即改造人的本性,使之树立道德观念。洛克提出"白板说",而华生认为:给我一打健康的婴儿,不管他们祖先的状况如何,我可以任意把他们培养成从领袖到小偷等各种类型的人;斯金纳继承华生的观点,认为人的行为乃至复杂的人格都可以通过外在的强化或惩罚手段来加以塑造、改变、控制或矫正。

3. 多因素论

辩证唯物主义认为,人的发展是个体的内在因素（如先天遗传的素质、机体成熟的机制）与外部环境（外在刺激的强度、社会发展的水平、个体的文化背景等）在个体活动中相互作用的结果。人是能动的实践主体,没有个体的积极参与,个体的发展是不能实现的;在主客观条件大致相似的情况下,人的个体能动性发挥的程度,对人的发展有着决定性的意义。

历年真题

1. "唯上智与下愚不移""生而知之"等反映了影响人的发展因素的哪一理论？（　）
   A. 环境决定论　　　B. 遗传决定论　　　C. 教育万能论　　　D. 儿童学理论
   【答案】B。解析："唯上智与下愚不移""生而知之"强调遗传等内部因素对人的发展的影响，属于遗传决定论，又称内发论。

2. 在外部条件大致相同的课堂教学中，每个学生学习的需要和动机不同，对教学的态度和行为也各式各样，这反映了下列哪种因素对学生身心发展的影响？（　）
   A. 遗传素质　　　B. 家庭背景　　　C. 社会环境　　　D. 个体能动性
   【答案】D。解析：学习需要和动机属于个体能动性的体现。

3. 辨析题：遗传素质具有可塑性。
   【参考答案】这种说法是正确的。遗传素质是指通过某种遗传物质所传递的、父母和种系发展过程中所形成的人的一些解剖生理特点。遗传素质是人的身心发展的必要物质前提，为人的身心发展提供了可能性，遗传素质的发展过程制约着年轻一代身心发展的年龄特征。随着环境、教育和实践活动的作用，人的遗传素质也会逐渐地发生变化，即遗传素质是具有可塑性的。一个神经活动属于强而平衡、灵活的人，在不良的环境和教育下，也可以变成类似神经活动弱而不平衡、不灵活的人；一个在遗传素质上神经活动属于强而不平衡、不灵活的人，在良好的教育下，也可以变成很有涵养、很守纪律的人。

4. 如果让6个月婴儿走路，不但徒劳而且无益。同理，让4岁的儿童学高等数学，也难以成功。这说明（　）。
   A. 遗传素质的成熟程度制约着人的发展过程及其阶段
   B. 遗传素质的差异性对人的发展有一定影响
   C. 遗传素质具有可塑性
   D. 遗传素质决定了人发展的最终结果
   【答案】A。解析：遗传素质的发展过程和成熟程度制约着个体发展的过程和阶段。遗传素质的发展表现在人的身体的各种器官的构造和机能的发展变化上，只有当身体的发展具有了一定的条件，才能为学习一定的知识技能提供可能。因此，题干中表述的6个月或4岁的孩子，遗传素质发展未能达到学习较高难度的任务的程度。

5. 辨析题：遗传素质决定能力发展的水平。
   【参考答案】这种观点是错误的。影响能力发展的因素有遗传素质、早期经验、教育与教学、社会实践和主观努力等。在这几个因素中，遗传因素是能力形成和发展的自然前提和物质基础，但并不能由此而得出能力由遗传决定的结论。第一，先天素质本身就不完全是通过遗传获得的，有些是因胎儿期受到母体环境的各种变异的影响。第二，先天素质只能为能力提供形成与发展的可能性，并不能决定能力的发

> 展方向。第三，同样的先天素质可能发展出多种不同的能力，而良好的先天素质如果没有受到良好的培养和训练，能力也不可能得到应有的发展。

第三节 教育在人的发展中的地位和作用

在影响人发展的诸因素中，教育，特别是学校教育是起主导作用的因素。因此，教育对人的发展具有不可替代的重要意义。而人的发展是有规律的，教育只有遵循人的发展规律，才能达到既定目的，发挥主导作用。人的身心发展规律具体体现在人的身心发展特点上。教育必须遵循人的身心发展规律，即对人的教育影响同人的身心发展特点相适应。

一、教育要适应人的发展，也要促进人的发展

人的身心发展是内因与外因的统一。教育要遵循人的发展的内外因统一的规律，正确对待内外因相互作用的关系。教育首先要了解教育对象的生理发展特点和学习程度，然后根据其身心发展特点，充分调动教育对象的主观能动性，使之积极接受教育影响。

人的身心发展是量变与质变的统一。量变即渐变，质变即突变。所以，人的身心发展又是渐变与突变的统一。教育必须紧紧把握教育对象身心发展的量变与质变关系，从渐变过程中抓住突变机遇，充分利用发展的"最佳期"，适时促进人的身心发展。

人的发展是有年龄阶段的，不同年龄阶段的人的身心发展具有不同特点。教育要注意年龄阶段差别，面对不同年龄阶段的学生，应采用不同的教育方法和手段进行教育。年龄特点不仅有阶段性，而且具有顺序性。人的身心发展是一个连续不断的过程，是一个从较低水平向较高水平连续有序地发展的过程。因此，教育应该由浅入深、循序渐进地进行。无论是知识的掌握和道德水平的发展，还是身体的发育，都应注意系统性和连贯性，防止"揠苗助长"。

人的发展由于自身的生长特点、生存环境及教育背景的不同，具有个体差异性。教育必须根据个体差异性"因材施教"，针对其发展的个别差异"长善救失"，有的放矢地进行教育。

人的发展的各个方面也是完整的统一。要使每个人都成为完整的社会人，就必须坚持"全面教育"，促进教育对象身心的全面发展，使每个人都成为全面发展的社会成员。人的身心发展是有规律的，教育要适应人的身心发展特点并对其进行影响，这是教育的总体规律之一。教育目的和任务的贯彻、教育过程的组织、教育内容的安排、教育方法手段的选择、教育组织形式的规划、教育环境的建设等，都应与人的身心发展相适应，这也是对教育的总体要求。

教育要同人的身心发展水平相适应，这是客观规律。教育活动不能背离这一规律。但

是，我们对"适应"不能片面理解为消极地"顺应"，而应是积极地"推动"。教育的积极适应表现在对人的发展的前导性上。在人的身心发展水平和状态基础上，教育要适当地走在发展前面，这是教育同人的身心发展相适应的积极含义。

苏联心理学家维果茨基针对儿童心理发展研究提出了"最近发展区"理论。他在研究中发现儿童发展有两种水平：第一种是儿童现有的发展水平，即"由一定的已经完成的儿童的系统的结果而形成的儿童心理机能的发展水平"；第二种是发展的可能水平，即"在有指导的情况下借成人的帮助所达到的解决问题的水平"。在这两种水平之间的区域就是所说的"最近发展区"。维果茨基认为，第一种水平表明儿童发展的今天，而"最近发展区"则标志着儿童身心发展的明天。他由此得出结论：教学如果是以已经完成的发展系统为目标，从儿童的一般发展的角度看来，这种教学是没有积极作用的，它不会促进发展而是充当发展的"尾巴"。只有那种走在发展前面的教学才是良好的教学。

维果茨基"最新发展区"理论的意义在于，他强调教育不只适应于儿童心理和智力发展的现有状态，它还应对儿童的身心发展具有较大的促进与发展作用。人的智力、体力和道德品质的发展都有"最近发展区"。真正能促进人身心发展的教育，绝不能仅着眼于人已经达到的发展水平，而是要了解"最近发展区"，把着眼点移到"最近发展区"上。教育对人的发展要有前导性，要在可能的范围内，以超前的眼光看待学生现有的发展，这才是教育对人的发展的积极适应。

但是，我们也不能因此而一概否定教育对人的发展的同步和滞后作用。维果茨基的"只有那种走在前面的教学才是良好的教学"的结论，只对"新质"的发展有意义。因为教育和教学都不仅要促进人的"新质"的发展，而且也要巩固和加深已形成的"旧质"。对刚形成的新质和已形成的旧质的巩固都是教育和教学的任务，因此，教育与人发展的同步和滞后也是不能全都否定的，然而对于人的新的发展来说，教育则必须走在发展的前面。

二、学校教育的主导作用与特殊功能

1. 学校教育在人的身心发展中起主导作用

（1）学校教育规定人的发展方向

学校教育是有目的、有计划、有组织地培养人的活动，它规定着人的发展方向。学校教育是根据社会的要求，按照一定的目标，选择合适的内容，采取有效的方法，利用集中的时间，有计划地、系统地对学生进行各种科学文化知识和思想品德教育，对人进行系统的培养。

（2）学校教育具有较高的有效性

学校教育是通过受过专门训练的教师来进行的，相对而言效果较好。教师不仅精通自己所教的学科，而且熟悉个体心理，懂得采取恰当的方法，根据学生的实际情况进行教学，因而能够有效地培养学生，达到预期的效果。

（3）学校教育控制和协调影响学生发展的各种因素

学校教育能够排除和控制一些不良因素的影响，给人以更多正面的教育，使人按照一定的思想方向发展。

（4）学校教育比较全面、系统和深刻地影响人

学校教育，是根据一定的社会要求，按照一定的目的，选择适当的教育内容，对人进行一定的思想品德教育。而环境中其他方面的影响，往往是自发的、偶然的、片段的，是不能与学校教育相比拟的，不如学校教育能全面、系统和深刻地影响人。

2. 学校教育对人的发展的特殊功能

（1）规范性功能

学校教育按社会对人的基本要求，对人的发展的方向与方面做出社会性规范。其中，对人的要求或期望包含健康状况、思想道德、知识能力等多方面。学校根据这些要求，针对不同年龄、不同专门人才的培养要求而做相应的调整，并有意识地以教育目的的形式去规范学校的其他工作，通过各种教育活动促使学生达到规范的要求。

（2）加速人的发展的功能

学校教育是目标明确、时间相对集中、有专人指导并进行专门组织的教育活动，此外，学校教育使个体处在一定的学习群体中，每个学生的发展水平有差异，这也有助于加速学生个人的发展。

（3）即时与延时功能

学校教育，尤其是基础教育，对人发展的影响具有即时和延时的价值。学校教育的内容大部分具有普遍性和基础性，即使是专门学校的教育内容，也属该领域普遍和基础的部分，对人今后的进一步学习具有长远的价值。此外，学校教育提高了人的需求水平、自我意识和自我教育的能力，这对人的发展来说，更具有长远的意义。

（4）开发人的特殊才能和发展个性的功能

在特殊才能开发方面，普通学校教育内容的多面性和在同一学生集体中学生间表现出的差异性，有助于学生个人特殊才能的表现与发挥。在个性发展方面，学校教师和领导有教育学和心理学方面的知识素养，这有助于他们发现学生的个性，并尊重和注意学生个性的健康发展。同时，学生在集体中的生活也有助于他们从其他人身上吸取优点，丰富自己的个性。

> **历年真题**
>
> 在影响人的身心发展的诸因素中，教育，尤其是学校教育在人的身心发展中起（　　）。
> A. 决定作用　　　　B. 动力作用　　　　C. 主导作用　　　　D. 基础作用
> 【答案】C。

本章小结

本章主要讲解教育与人的发展的关系。人的发展包括两个方面：身体的发展与心理的发展。人的发展具有顺序性、阶段性、稳定性、不均衡性、个别差异性和整体性等规律，这些规律性具有重要的教育学意义，是教育工作必须遵循的。学界一般主要从遗传、环境、人的能动性和教育等方面分析影响人的身心发展的基本因素。首先，遗传素质为人的身心发展提供了必要的生物前提和潜在可能性，其生理成熟程度制约着人的身心发展的过程及其阶段，其差异性对人的发展有一定影响，并且具有可塑性。其次，环境提供了人的发展的外部条件，环境具有给定性，也具有选择性，环境对人发展的影响离不开人对环境的能动性。再次，能动性是人发展的内在动力，影响人的自我设计和自我奋斗。最后，教育作为社会环境中的特殊一部分，在人的发展过程中起着重大作用，特别是学校教育对年轻一代的发展起主导作用，具有明确的目的性和方向性、较强的计划性和系统性，还具有高度的组织性，可控制和利用各种环境因素对人产生自发影响。上述因素都是人的发展所不可或缺的，但不可以片面夸大某个因素的作用。

思考题

1. 阐述中学生身心发展的特点。
2. 论述影响人的身心发展的因素及各因素在人的身心发展中的作用。
3. 为什么学校教育在人的身心发展中具有主导作用？
4. 材料分析题：

尼克·胡哲，澳大利亚演讲家，金融理财和地产学士，出版自传式图书《人生不设限》《坚强站立：你能战胜欺凌》，做客香港凤凰卫视电视谈话节目《鲁豫有约》。他天生没有四肢，只在左侧臀部以下位置有一个带着两个脚趾的小"脚"。但在父母帮助与鼓励下，经过长期训练与学习，他可以打字、取物、踢球、打高尔夫、冲浪。通过学校老师的帮助，他从17岁起开始演讲，向人们介绍自己不屈服于命运的经历，迄今已到过35个国家和地区。

请结合材料分析影响胡哲成长与成功的主要因素及各因素之间的关系。

第五章　学生与教师

学习目标

1. 阐释学生的本质、特点和教师的劳动特点，奠定教师职业认同，形成使命感。
2. 熟悉学生与教师的权利与义务，能够分析教师侵权违法行为的具体表现与法律责任。
3. 列举教师应具备的素养，分析教师职业专业化发展阶段，能够规划自己的职业生涯。
4. 阐释良好师生关系的含义与重要意义，并能够结合实际，运用构建良好师生关系的策略。
5. 能够列举并结合实际分析新课改背景下的学生观与教师观主要特点。

学习导引

本章首先讲解关于学生的基本知识，主要介绍学生的本质属性与特点、学生的权利与义务；其次讲解关于教师的基本知识，主要介绍教师的劳动特点与职业角色、教师专业素养构成及培养、教师专业发展的阶段、师生关系等知识；最后讲解新课改背景下的新型学生观、教师观、教育观和教学观。

第一节　学　生

一、学生的本质属性

1. 学生是具有发展潜能和发展需要的人

学生是人，这是毋庸置疑的，但在现实情境中，却往往出现视学生为"小大人"、抓住学生错误不放、忽略学生成长需要等错误做法，这无疑否定了学生的本质属性。学生是发展中的人包含以下几点含义。①

（1）学生是具有能动性和思想情感的个体，具有独特的创造性

学生是能动的主体。学生有自身的动力机能，能通过对外界的摄取活动维持和发展，学生有自己的物质和精神需要，表现出主观能动性，有自己的兴趣、爱好和独立意志。在教育过程中，学生不是被动地等着被塑造，而是主动积极地汲取知识经验，发挥自己的主体地位，这与以往赫尔巴特所代表的"教师中心"理念，古代所提倡的"师道尊严"观点

---

① 华东师范大学教育学编写组. 基于教师资格考试的教育学 [M]. 上海：华东师范大学出版社，2016.

有显著的差别。

学生有独立人格与独特价值，学生具有自己的思想感情，因此教育影响的不仅是知识与技能，还有情感态度与价值观。在教育过程中，教师不能只把学生当作认知对象，更要与他们建立情感联系，重视学生的人格尊严，尊重学生的需要和愿望，正视学生的创造价值。

（2）学生是具有发展的可能性和发展需要的人

学生是发展中的人，学生的发展具有可塑性、依附性、向师性的特点。学生在中小学阶段，身心发展迅速，具有极大的可塑性。这一阶段他们的思维由具体的直观形象思维发展到抽象思维，心理由依赖到矛盾再到逐渐独立，由不成熟走向成熟、不稳定走向稳定，有很大的依附性，可以说这是他们人生的关键阶段。学生具有巨大的潜能，所以作为教育者，应该看见他们的可能性、可塑性，引导他们积极正视错误、及时纠正错误，为他们树立榜样、以身作则，重视他们的向师性特点，多鼓励、进行正面教育，用积极、良好的教育影响他们的身心发展。

学生是具有发展需要的人。学生发展的可能性、可塑性转变为现实性，需要学生通过自身发展的需要与个体积极的实践活动实现。人是自然性与社会性的统一，教育促进学生的社会化是将客观现实要求转化为学生内在发展动力的过程。学校作为促进个体发展的特殊环境，犹如一个微型社会，不断地从方方面面对学生提出要求，从而激发学生将动机转化为发展需要，无论从身心发展还是社会性发展方面都对学生有极大的影响。

2. 学生是教育的对象，也是自我教育的主体

学生是教育的对象，学生是自我教育和发展的主体，学生是学习与发展的主体。学生是以学习为主要任务的人，但学生的学习具有特殊性，主要表现为以下几点。

（1）学生以学习为主要任务

学生的主要职能就是学习，这是区别于社会上其他人的特点，也决定了学生在社会结构中的地位和参与社会生活的方式。这个职能赋予了学生认真接受教育、不断发展自身的社会责任感。以学习为主是学生本质的规定性。

（2）学生在教师指导下学习

在教师的指导下学习也是学生学习区别于其他社会成员的特点之一。教师能更专业地提升学生学习效果，为学生学习活动提供可能。因为学生有其自身的可塑性、依附性和向师性，教师在学生心目中具有权威性，这是教师工作的重要条件。这就更需要教师能够尊重学生，在充分调动学生主动性、积极性的基础上发挥自己的权威主导作用，促进学生发展。但如果滥用权威，则会阻碍学生发展。

（3）学生参加的是一种规范化的学习

学校教育有目的、有计划、有组织地对学生身心进行全面影响，这是由教育制度和学校各项规章制度规定的。师生间存在着制度化的关系，各自都负有权利与义务，以及法律上的责任。

二、学生的社会地位

长期以来，学生的独立人格和社会地位常常被忽视，在社会上处于从属和依附的地位。在我国，因为传统的"师道尊严"观念根深蒂固，以学生为主体的观念，很难落到实处。学生难以摆脱对父母的依附和对老师的服从，社会上对青少年儿童在社会中的地位和合法权利尚缺乏正确的认识。要改变这种状况，从观念上，要正确认识学生的身份和法律地位，树立现代学生观；从制度上，要充分认识法律规定的学生的权利与义务，尊重学生权利，确定适合的学生管理制度，科学教育和管理学生。①

1989 年 11 月，第 44 届联合国大会第 25 号决议通过《儿童权利公约》，从此，儿童社会权利主体地位得以维护。《儿童权利公约》的基本原则是：儿童利益最佳原则、尊重儿童尊严原则、尊重儿童观点与意见原则、无歧视原则。

学生的身份是由其在社会关系中所扮演的角色的地位决定的。在教育领域，中小学生的身份在我国公布实施的《中华人民共和国宪法》《中华人民共和国未成年人保护法》《中华人民共和国教育法》《中华人民共和国义务教育法》《中华人民共和国教师法》等法律中被确定为三个层次：学生是国家公民，中小学生是国家和社会未成年公民，中小学生是接受教育的未成年公民。因此，对中小学生身份的全面表述是：中小学生是在国家法律认可的各级各类中等或初等学校或教育机构中接受教育的未成年公民。

身份的确定有利于中小学生法律地位的确立。法律地位是由双方主体在法律关系中所享有的权利和履行的义务决定的。《中华人民共和国教育法》第九条规定："中华人民共和国公民有受教育的权利和义务。公民不分民族、种族、性别、职业、财产状况、宗教信仰等，依法享有平等的受教育机会。"在教育领域，作为未成年公民，在与学校、教师或行政机关形成的关系中，中小学生享有未成年公民所享有的一切权利，如身心健康权、隐私权、受教育权等，并受到学校的特殊保护；中小学生享有受教育的平等权、公正评价权、物质帮助权等。学校、教师或行政机关不能因为教育职能的履行而侵害学生的权利。当然，在教育过程中，学校、教师和教育行政机关有权教育和管理学生，学生负有接受教育和管理的义务。《中华人民共和国未成年人保护法》第二条规定："本法所称未成年人是指未满十八周岁的公民。"处在 7～18 周岁之间的学生，属于未成年人，但他们是法律关系中的主体，具有公民资格，并具有法律法规的基本权利和义务，他们同样有着对自由、安全、平等的追求，同样享有人格尊严，有权要求他人的尊重，有生存的权利，有权利获得个人生活的空间。

---

① 朱家存，王守恒，周兴国. 教育学 [M]. 北京：高等教育出版社，2010.

三、学生的权利与义务

学生处于弱势地位，特别是在中小学阶段，他们个体生理、心理发育的重要时期。保护学生权利是使其身心健康发展的基本条件，是实现教育目标的基本要求。学生是享有权利的主体，也在一系列法律法规规定下承担相应义务。

1. 学生的基本权利

（1）人身权

人身权包括：身心健康权（作业量适宜，必须保证体育锻炼，定期组织学生进行身体检查、做好疾病预防工作，组织有利于学生身心发展、不妨害学生人身安全的社会活动）；人身自由权（不得对学生关禁闭、随意搜查）；人格尊严权（不得谩骂、体罚、侮辱学生，例如不能起外号）；隐私权（不得私拆学生信件、偷看学生日记、张榜公布学生成绩）；名誉权和荣誉权（不得歪曲、诽谤、诋毁和非法剥夺学生积极评价和称号，不得随意剥夺和侵占学生劳动成果）。

（2）受教育权

受教育权包括：受完法定教育年限权（例如有一个初中学校在考试结束后把排名靠后的学生开除，就明显侵犯了学生受完法定教育年限权）；学习权（例如老师不能因为孩子调皮、迟到，让其去教室外罚站）；公正评价权（例如学生对成绩有异议可以复查）。

2. 学生的教育权利

根据《中华人民共和国教育法》第四十三条规定，学生享有下列基本权利。

（1）参加教育教学计划安排的各种活动，使用教育教学设施、设备、图书资料。

该项权利简称"参加教育教学活动权"。这是学生最基本的权利，是保障学生参加学习、接受教育、享有实质性受教育权的前提和基础，也是学生受教育权的具体体现。

（2）按照国家有关规定获得奖学金、贷学金、助学金。

该项权利体现了国家对于为学生提供完成学业的物质保障的重视，是学生的一项实质性权利。

（3）在学业成绩和品行上获得公正评价，完成规定的学业后获得相应的学业证书、学位证书。

该项权利简称"获得公正评价权"。

（4）对学校给予的处分不服向有关部门提出申诉，对学校、教师侵犯其人身权、财产权等合法权益，提出申诉或者依法提起诉讼。

该项权利指出，学生可以提出申诉、提起诉讼。

（5）法律、法规规定的其他权利。

该项权利简称"法定的其他权利"。

3. 学生权利保护的内容及其义务主体

（1）学生权利保护的内容

①学生的人身权。人身权是公民享有的最基本权利。人身权可以分为人格权和身份权两种。人格权包括生命权、身体权、健康权等。生命权是以生命安全为内容的、他人不得非法干涉的权利。身体权是指自然人保持其身体组织完整，支配其肢体、器官和其他身体组织并保护自己的身体不受他人违法侵犯的权利。健康权则以身体的内部机能和外部的完整性为主要内容。此外，还有肖像权、隐私权等。

②学生的发展权。发展权是指公民通过受教育过程充分实现自身完善发展的权利。

③学生的受教育权。受教育权是一项基本人权，是公民所享的并由国家保障实现的接受教育的权利，是宪法赋予的一项基本权利，也是公民享受其他文化教育的前提和基础，主要包括：受教育平等，保障义务教育，对特殊群体受教育权利的保护，对残疾人的受教育权利的保护，对子女受教育权利的保护，对经济贫困学生受教育权利的保护，对违法犯罪的未成年人受教育权利的保护。

> **历年真题**
>
> 教师未经学生同意，按照考分高低排列名次，张榜公布，或让学生分发试卷，即侵犯学生的（ ）。
>
> A.隐私权　　　　B.名誉权　　　　C.受教育权　　　　D.人身自由权
>
> 【答案】A。

（2）学生权利保护的义务主体

学生权利受以下几个方面主体的保护。

第一，家庭保护，其责任主要包括：监护人的监护职责和抚养义务，尊重未成年人的受教育权；通过家庭教育，正确引导和教育未成年人，预防未成年人的不良行为等。

第二，学校保护，其责任主要包括：保护未成年人的受教育权，保护未成年人的人身安全和健康，保护未成年人的人格尊严，专门对有严重不良行为的未成年人的教育等。

第三，社会保护，其责任主要包括：建立和改善适合未成年人的场所和设施，严禁未成年人进入不利于其健康成长的场所，保护未成年人的隐私权，保护未成年人身心健康和安全，保护未成年人的发展权等。

第四，司法保护，对违法犯罪的未成年人实行教育、感化、挽救的方针，坚持以教育为主、惩罚为辅的原则。司法保护的主要内容包括：办理未成年人犯罪案件过程中对未成年人的保护，对审前羁押及服刑的未成年人与成年人分别关押和看管，办理成年人案件中涉及未成年人合法权益的保护，对违法犯罪的未成年人在复学、升学、就业等方面不得歧视。

4. 学生的义务

《中华人民共和国教育法》第四十四条规定学生应履行的义务有：遵守法律、法规；遵守学生行为规范，尊敬师长，养成良好的思想品德和行为习惯；努力学习，完成规定的学习任务；遵守所在学校或者其他教育机构的管理制度。

四、新课程改革背景下的学生观

1. "以人为本"的学生观

"以人为本"的教育理念是教育发展的本质要求，也是科学发展观在教育中的体现。"以人为本"的教育理念要求教育要以满足人的需要为本，要以促进人的全面发展为本，要以关注人的个性发展为本，要以促进人的持续发展为本。

（1）"以人为本"的教育内涵

"以人为本"是科学发展观的核心，"以学生为本"是"以人为本"的教育延展。"以人为本"思想贯彻在教育活动中，就是"以学生为本"，因为教育活动的对象是学生，学生是独立的个人。"以人为本"作为教育活动中的一种学生观，可以从三个维度去理解：首先，坚持"以人为本"，必须面向全体学生；其次，坚持"以人为本"，必须以学生作为教育活动的出发点；最后，坚持"以人为本"，必须以促进学生全面发展为目标。

（2）"以人为本"的学生观内涵

学生观是指教育者对学生在教育教学活动中的性质、地位、特征和具体实践活动的基本看法与认识。学生观在具体的教育实践活动中支配着教育者的行为，决定着教育者与受教育者之间的关系（师生关系），教育者的教育活动是在一定的思想认识基础之上展开的，而这种思想认识的核心就是学生观，换句话讲，有什么样的学生观就会有什么样的师生关系，教育者会依据已有的学生观来开展教育工作，并产生相应的教育结果。科学合理的学生观有助于建立和谐的良性师生关系，有助于开展教学实践，自然也就会取得理想的教育效果。

①学生是具有独立意义的主体

"以人为本"的学生观要求把学生置于教育活动的主体地位，注重学生的主体性需求，关注学生的全面成长，把学生真正看作"人"来开展教育，尊重学生的自主意识，不以教师的个人意志去支配学生，按照学生的成长规律开展具体的教育教学活动。学生是具有独立意义的主体主要包括以下几点。第一，学生在教育活动中处于主体地位。素质教育强调学生在学习活动中是认识的主体、实践的主体和发展的主体，是学习的主人。第二，学生具有个体独立性，不以教师的意志为转移。学生作为个体，具有主观的意志，学生接受知识的过程并非简单地被动接受知识，而是经过自己的考量之后做出判断。第三，学生在教育活动中具有主体的需求与责权。学生的主体性的根源在于个体需求与责权的统一，学生作为独立的个体认识世界和改造世界，是认识的主体，因而，在教育教学活动中，学生具有学习的自主需求和动力，拥有享受相关需求的权利。

②学生是发展的人

学生的发展是指学生在遗传、环境和学校教育以及自我内部矛盾运动的相互作用下，身体和心理两个方面所发生的质、量、结构变化，是内外部因素综合作用的结果。学生作为发展的人，其发展的根本动力是身心发展的社会需要与个体现有发展水平之间的矛盾。学生作为发展的人具有如下特征：第一，学生的身心发展具有规律性，主要体现在不同阶段的学生具有不同的身心特征；第二，学生具有巨大的发展潜能，"以人为本"的学生观要求教师把学生看作是发展过程中的客观存在，用发展的眼光去看待学生，倡导对学生进行形成性评价。

③学生是独特的人

"以人为本"的学生观不仅要求将学生作为一个整体来全面看待，而且要关注学生的个体差异和个性化成长。"以人为本"的学生观，是面向全体学生的，更要关注每一个学生的发展，承认学生的个体差异性，满足学生的个性发展要求。学生是独特的人，具有个性，互相之间存在差异，这要求学校教育工作认识并做好以下几个方面。第一，人的全面发展是以承认学生差异和个性发展为基础的。人的全面发展不等于各个方面的平均化发展，教育活动涉及德、智、体、美、劳等诸多方面，人的全面发展思想，要求每个受教育者作为一个独立而完整的个体，各个方面都能够获得应有的发展，同时也要承认学生的各个方面发展水平具有一定差异性，不能用同样的标准去衡量各个方面的发展水平。第二，学生的个性与差异要求切实贯彻因材施教的教育理念。教育的生机和活力，就在于促进学生的个性健康发展。这也是学生自身发展的落脚点和最终体现。

2. 全面发展教育的实施——"以人为本"实现目标

坚持"以人为本"，必须以促进学生全面发展为目标。新课改的核心理念是"一切为了每一个学生的发展"。全面发展的教育由德育、智育、体育、美育和劳动技术教育构成，它们相互依存、相互促进、相互制约，构成了一个有机整体，共同促进人的全面发展。德育在全面发展教育中起到灵魂与统率作用，保证方向，保持动力；智育在全面发展教育中起着前提和支持的作用，教学是促进智育的主要途径；体育是全面发展教育的物质基础；美育在全面发展教育中起着动力作用；劳动技术教育可以综合德育、智育、体育和美育的作用。

3. 教育公正与学生个性潜能差异、个性发展的辩证统一关系

教育公正是"以人为本"的实现准则，其体现为教育机会均等，具体表现为：一是入学机会均等，二是教育过程中机会均等，三是教育结果机会均等。坚持教育公正，是"以人为本"对教育的本质要求，正确地对待所有的学生，促进所有学生的共同发展，并不是让所有学生步调一致，而是让每一个学生都能在自己发展潜能的基础上，个性得到充分发挥。因材施教是依据每个学生的发展特点和发展潜能，采用适宜的教育方法。在教育活动中，不因性别、民族、地域、家庭背景和学生个人身心发展情况而歧视学生，给所有学生提供同样的教育机会，这是教育公正的要求。

历年真题

材料分析题：

有一天，我请学生读课文，只有四名学生举手，我说："杨萌你读。"她大大方方地读起来，等她坐下，我说："还有谁愿意读？"一个举手的都没有了，是什么原因呢？课后，我就这一问题与学生聊起来。一位学生说："老师，您每堂课总是先提问杨萌，我们这些无名小卒没有她答得好，就不想回答了。"我恍然大悟，让杨萌先回答已经成了我的习惯。她的语文功底好，回答问题准确严密，简洁利落。下午，我组织了一次"为老师出主意"的班会。大家畅所欲言，我详细记录大家的想法，收获了好多方法，我还请大家通过打电话、发信息、发邮件等形式继续提建议。以后的课堂互动中，我鼓励学生积极回答问题，有的学生说话不流畅，我会引导他组织语言；有的学生不站起来回答，我就让他坐着说；有的学生内向、声音小，我就到他身边听清楚后复述给大家……后来我又尝试让学生参与组织教学，共同探索出了"辩论教学""说书教学""戏剧教学"等以前没有尝试过的形式。慢慢地，我的课堂再也不是一潭死水了。

结合材料，从学生观角度，评析"我"的教育行为。

【答案】材料中的"我"，作为老师，践行了"以人为本"的学生观，促进了班级每个学生的全面发展，是值得我们学习和借鉴的。"以人为本"的学生观具体有以下几点认识基础。

第一，学生是发展的人。学生具有巨大的发展潜能，教师要用发展的眼光看待学生。

材料中的"我"对待胆小的、内向的、说话不流畅的学生并没有直接放弃，而是以发展的眼光看待他们，相信他们能够变好，采取相应的教育措施，体现了这一学生观。

第二，学生个性潜能存在差异。每个学生跟其他人都是不一样的，教师在教育过程中应当针对学生的独特性、差异性进行教育。

材料中的"我"针对不同学生采取区别化的方式来进行教育，尊重了学生的独特性，体现了这一观点。

第三，学生是具有独立意义的人。学生是学习的主体。教师在教学过程中应当发挥学生的主观能动性，促使学生全面发展。

> 材料中的"我"尝试让学生参与教学，共同探索出了比较新颖的教学方式，体现了教师尊重学生的主人翁地位和学生的主体地位，符合新课改的学生观。教师在教育教学中应该始终树立"以人为本"的学生观，把学生看成是一个独立意义的人，以发展的眼光看待学生，尊重学生自身的独特性，促进学生的全面发展。

第二节 教 师

一、教师的职业性质与角色

1. 教师的概念与性质

教师是履行教育教学职责的专业人员，承担教书育人、培养社会主义事业建设者和接班人、提高民族素质的使命。

随着社会的变革和学校教育的不断发展，人们在不同历史时期对于教师的社会功能、素质要求、劳动特点和内容的认识，也在变化和发展。中国西周时实行政教合一，官师一体，官学中设有专职教育官；春秋战国时期私学兴起，教师多为各种学派的学者；秦朝主张禁私学，以法为教，以吏为师，推行吏师制度；汉代以后，历代封建王朝都在中央和地方设有官学，与私学并存，教师的基本职责均为"传道、授业、解惑"。西方古代社会的官学亦有官师。在僧院学校、教会学校多以僧侣、神父、牧师为师，民间教育以商员为师。进入现代社会以后，教育制度化，教育理论和实践日益丰富和发展，教育教学工作逐渐成为一种专门的、科学的职业，教师的社会功能日益显著。第二次世界大战后，教师的社会功能得以扩大，不仅要传授知识，还要培养和发展受教育者的智力和能力，对他们的学习和全面成长进行指导；同时教师还负有联络、辅导、咨询和服务社会团体、学生家庭成员的责任，成为促进社会民主化、平等化和教育社会化的积极力量，受到国家的承认和社会的尊重。

由此可见，教师是一种以教书育人为目的的专门职业，是促进个体社会化的职业；教师是专业人员，教师是教育者。

2. 教师的职业角色

"角色"一词原为戏剧用语，它是指演员在戏剧舞台上依据剧本所扮演的某一特定人物。1934年，美国社会心理学家米德将"角色"一词引入社会心理学，以说明个体在社会生活中的特定位置和与之相关联的行为，从而反映社会赋予个人的身份与责任。一般说来，社会往往赋予不同角色以不同的行为规范和行为模式，因此，角色实际上就是个体在特定社会关系中的身份以及由此而规定的行为规范和行为模式的总和。任何一个角色都有明显的社会规定性，个人承担或扮演一定的角色，就应对他人、集体、社会尽相应的义务和责任，并且同一个体在不同的社会关系、状态下，可能会充当不同角色。教师角色，是指处在教育系统中的教师所表现出来的由其特殊地位决定的符合社会对教师期望的行为模式。教师职业的最大特点在于其职业角色的多样化，教师的角色主要包括以下几种。

（1）传道者

教师负有国家和社会赋予的传递社会传统道德、价值观念的使命，因而教师的教育教学不具有随意性。道之所存，师之所存也。在现代社会，虽然道德观、价值观呈现出多元化特点，但教育、教师的道德观、价值观总是代表着居于社会主导地位的道德观、价值观，并且教师用这种观念引导学生。除了社会一般道德、价值观外，教师对学生的"做人之道""为业之道""治学之道"等也有引导和示范的责任。

（2）授业解惑者

教师是各行各业建设人才的培养者，他们在掌握人类经过长期的社会实践所获得的知识经验、技能的基础上，又对其进行加工整理，然后以有利于学生学习掌握的方式传授给学生，帮助他们在很短的时间内掌握这些知识，形成自己的知识结构和技能技巧。在当今社会，随着知识量的快速增长、社会人才观的转变，作为授业解惑者的教师角色被赋予了新的职责和称谓。教师应当承担起促进学生思维发展、创新能力提高和人格完善等的任务，为此主张教师应该由单一的知识传授者转变为学生学习的促进者，成为教学的设计者、学生学习的合作者等。

（3）管理者

教师是教育教学活动的组织者和管理者，教师对教育活动的管理包括确定目标、建立班集体、制定和贯彻规章制度、维持班级纪律、组织课堂活动、协调班级活动和人际关系等，并对教育教学活动进行控制、检查和评价。另外，现代学校管理理论还主张教师应成为学校全面管理的参与者，成为自我的管理者等。

（4）示范者

教师的言行是学生学习和模仿的榜样。夸美纽斯曾很好地揭示了这种角色特点，他认为教师职务是用自己的经验教育学生。学生具有向师性的特点，教师的言论和行动以及为人处世的态度，对学生具有潜移默化的作用。

（5）父母与朋友

教师往往被学生视为父母和朋友，尤其是低年级学生倾向于把教师看作是父母的化身，对教师的态度类似于对父母的态度；而高年级学生，往往视教师为朋友，希望得到教师在学习、生活、人生等方面的指导，同时也希望教师分享和分担自己的快乐与痛苦、幸福与忧愁。

（6）研究者

一方面，教师工作的对象是充满生命力的、千差万别的能动个体，传授的内容是不断发展变化的科学知识和人文知识，教育过程又是一个复杂的动态变化过程，这就决定了教师不能以一成不变的态度对待自己的工作，而是要以一种变化发展的观点、研究的态度对待自己的工作对象、工作内容和各种教育活动，不断学习新知识、新理论，不断反思自己的实践，不断发现新问题，使自己的工作适应不断变化的形势，并有所创新。另一方面，教师成为研究者也是教师专业化的内在要求。教师专业化的一个重要标志是专业自主性，要真正做到专业自主，教师就必须成为教学知识的生产者，而不仅仅是教学知识的消费者。教师获得教学知识的有效途径，除学习教育理论知识和不断实践总结经验以外，最重要的是进行教学研究。

《国家中长期教育改革和发展规划纲要（2010—2020年）》提出，为适应国家和社会发展需要，必须创新人才培养模式，遵循教育规律和人才成长规律，深化教育教学改革。教育教学改革的实施主体是教师，在新课改背景下，教师要帮助学生学会学习，激发学生的好奇心，这就要求教师更好地认识自身角色，主要做好以下几个转变：第一，从教师与学生的关系看，教师由知识的传授者转变为学生学习的引导者和学生发展的促进者；第二，从教学与研究的关系看，教师从课程的忠实执行者转变为课程的建设者和开发者；第三，从教学与课程的关系看，教师要从"教书匠"转变为教育教学的研究者和反思的实践者；第四，从学校与社区的关系看，教师要从学校的教师转变为社区型的开放的教师。与角色转变相适应的行为主要表现为：在师生关系上，强调尊重、赞赏，"为了每一位学生的发展"是新课程改革的核心；在教学上，强调帮助和引导；在自我成长上，强调反思；在与其他教育者的关系上，强调合作。

二、教师劳动的特点

教师的天职在于育人。教师劳动的对象是活生生的，具有思想感情，受自然的、社会的、历史的、现实的各方面影响的人。中小学生是正在成长发育中的青少年。所以，要求教师从事的一切教育活动都要有利于学生德、智、体、美、劳全面发展，要符合社会发展的规范要求。教师的劳动成果就是通过培养具有一定质量的学生来体现的。

1. 教师劳动的示范性和感染性

教师劳动的育人性决定了它的示范性和感染性。一方面，学生的向师性和模仿性决定了教师劳动的示范性。所谓学生的向师性，是指学生大都有尊重、崇敬教师，乐意接受教师教导的自然倾向，都希望得到教师的注意、关怀、鼓励和引导。这是学生的一个突出特点。教师的品德、知识、言谈举止和为人处世的态度，以及求知精神、思维方法，都可成为学生的榜样，为其所模仿。另一方面，教师以个人思想品德、学识和才能为基本手段，通过一定的内容和方式方法去教育、影响和感染学生，从而使学生身心发生预期的变化。

在教育过程中，教师劳动的主体与劳动的手段是融为一体的。所以，从一定意义上说，教师思想品德、科学文化素质的高低决定着教育质量的优劣。教师劳动的示范性要求，无论是思想品德的教育，还是科学、文化知识的传授，都要准确、规范，要处处事事"为人师表"。教师劳动的感染性要求教师要有威信，要有感召力，要有真挚的感情，在施以必要的说教的同时还要以感情影响和感染学生，使之能心悦诚服地遵循教导。这需要教师有坚强的毅力和对社会、对学生强烈的责任感。

2. 教师劳动的复杂性

教师的劳动是复杂劳动。教师劳动的复杂性是由教师劳动的目的、对象、劳动过程和劳动内容的特点决定的。首先，教师的劳动目的是培养全面发展的人，为此，教师不仅要向学生传授知识，培养其能力、发展其智力，还要对他们进行思想品德、体育健康、审美和劳动技术等方面的教育。这种综合的教育过程无疑是复杂的。

其次，教师职业对象具有多样性、复杂性特点。多样性主要体现为教育对象个性的多样性，以及学生文化基础、认知方式等的差异性、多样性。教师既要按照社会的基本要求面对学生群体施教，又要使教育深入到不同家庭、社会环境中的具有个性的每一个学生的特殊世界。教师既要面对学生群体，满足他们的基本要求，又要适应个别差异，因材施教，使每一个学生既符合社会的基本要求，又有个性地自我发展。因而，教师劳动时，虽有某些基本的模式和方法，但更多的则是因时、因地、因人而常有的一定的创新。另外，学生作为人，毫无疑问是最复杂、神秘的存在，几千年前，古希腊德尔斐神庙石碑上面所刻的"认识你自己"的任务，人类至今还远未完成，而人类的精神和心理世界无疑是这一难题的核心所在，但这又恰恰是"人类灵魂工程师们"的主战场，是要施加影响的目标所在。

再次，教师在劳动过程中会受到多种因素的影响。影响学生发展成长的因素和途径是复杂的、多样的。学生既接受教师的教育和影响，同时也受家庭、社会的各方面的影响。这种影响有时和教师的教育是一致的，可以起到深化和巩固的作用，有时又是不一致的甚至是相反的，这就减弱了教师劳动的效果，增加了教师劳动的难度。因此，教师不仅要坚持正面施教，还要做好排除干扰和抵制不良影响的工作，要做好家长、社会有关方面的工作。

3. 教师劳动的创造性

教师通过自觉的、有目的的活动培养学生，使其全面发展，适应社会需要。由于学生的个性，教师自身的个性，以及教学内容、客观条件的千差万别，教师的教育和教学工作的具体方式方法也是千变万化的。教育虽是科学，有一定的规律可循，但同时又是艺术，需要创造。这就要求教师要具有强烈的事业心，创造性地投入自己的劳动。不仅如此，还要注重培养学生的创造意识、创新思维方法和从事创造性活动的能力，即培养出创造型人才。这是时代和社会发展对教师提出的必然要求。

教师劳动的创造性一是表现在对不同的学生区别对待、因材施教上，教师不仅要针对学生集体的特点，而且要针对学生个体的特点进行教育，因材施教，使每一个学生都能在原有基础上得到全面发展。二是表现在对教学内容的处理加工和创新上，教师备课、上课，就是在深入钻研教材和了解学生的基础上对教学内容的再认识、再加工的过程，是一种创造性的劳动。三是表现在教育方式方法的因地制宜上。四是表现在教师的教育机智上，教育机智，就是一种对突发性教育情景做出迅速、恰当处理的随机应变的能力。教育工作没有一个绝对固定的程序和模式，教育情景是复杂的、难以控制的，教师对复杂教育情景的正确处理，就体现了教师劳动的创造性。五是表现在巧妙地运用校内外各种教育影响和因素上，要协调家庭、社会各方面关系，合力发挥教育作用。

4. 教师劳动的个体独立性和集体协同性

教师劳动是建立在集体协作基础上的个体脑力劳动。一方面，教师劳动的脑力性质，决定了他的个体形式。从教师的自我学习和积累，到备课、讲课、辅导、批改作业，以及找学生谈心、做思想工作，都是个体头脑内部的活动。即使是集体学习、备课，也要依赖于个体的理解和消化。由于教师劳动效果取决于各种因素，教师是否全心全意地搞好教学工作，尽心尽力地提高教育质量，在很大程度上依靠教师的个人自觉性和责任心，外界难以直接监督检查。另一方面，现代教育又是一种需要教师密切配合的集体协作劳动。教师劳动过程中对学生产生影响的是整个教师集体。要实现预期的人才培养目标，使学生的身心获得健康发展，整体素质得到全面提升，不是某一位教师独立的个体劳动能够完成的。这既是学校、教师集体劳动的结晶，又是家庭和社会影响的结果，是许多教育力量共同作用的结果。

5. 教师劳动的无私性

就知识传授而言，教师劳动实现知识的传递，倾囊相授是教师的美德，也是教师最大的精神安慰。教师期望的是自己的学生青出于蓝而胜于蓝。教师通过自己的劳动，把个人的知识、智慧、才能和美德变成学生的知识、智慧、才能和美德，把教师的贡献变成学生的贡献。教师向社会所做的贡献就是与这种无私性相连的。人们称誉教师为园丁、红烛、春蚕、人梯、人类灵魂的工程师，都是对教师劳动的无私性的高度称赞。教师用自己的心血浇注和培养出一代又一代新的人才，充分体现了他们为国家为人民服务的精神和为社会所做的贡献。

6. 教师劳动的长期性和间接性

教师劳动的长期性是由教育对象成长发展的长期性决定的。教师劳动的目的是培养合格的人才，而人才培养的周期较长，教育影响具有滞后的效果。教师要将一个一无所知的幼儿培养成具有科学文化知识、优秀的思想品德和健全体魄的合格人才，绝非一朝一夕就能办到，往往需要十几年甚至几十年的时间，即所谓"十年树木，百年树人"。

间接性指教师的劳动不直接创造物质财富,而是以学生为中介实现教师劳动的价值。教师的劳动并没有直接服务于社会,或直接对人类的物质产品做出贡献。教师劳动的结晶是学生,是学生的品德、学识和才能,教师是间接地通过学生走上社会后为社会创造物质和精神财富而产生价值的。

7. 教师劳动的延续性和广延性

延续性是指时间的连续性。学生作为教师的劳动对象,不是一天一换的,教师要连续地与学生发生关系,不断了解学生的过去与现状,预测学生的发展与未来,检验教育教学效果,获取教育教学反馈信息,准备新一轮的教育教学活动,因此,教师的劳动具有延续性。

广延性是指空间的广延性。教师没有严格界定的劳动场所。课堂内外、学校内外都可能成为教师劳动的空间。这个特点是由影响学生发展的因素的多样性决定的。学生的成长不仅受学校的影响,还受社会和家庭的影响。教师要走出校门,进行家访、街访,协调学校、社会、家庭的教育影响,以便形成教育合力,因此,教师不能只在课内、校内发挥其影响力。

【历年真题】

1. 优秀运动员的成功,往往要追溯到启蒙教练的培养。这说明教师劳动具有( )。
   A. 创造性　　　B. 长期性　　　C. 示范性　　　D. 复杂性
   【答案】B。解析:题目中的描述体现了教育的长期性。长期性是指人才培养的周期比较长,教育影响具有滞后的效果。因此优秀运动员的成功往往能追溯到启蒙教练的培养。

2. 法国文学家加缪获得诺贝尔文学奖后,第一时间给他的小学老师写了一封信表示感谢。这反映了教师劳动具有( )。
   A. 复杂性　　　B. 延续性　　　C. 创造性　　　D. 示范性
   【答案】B。

三、教师的专业素养

教师的专业素质是指教师为履行教师职责而必须具备的基本素质。教师专业素质的具体内容包括以下几个方面。

1. 专业理想

教师的专业理想是教师在对教育工作感受和理解的基础上所形成的关于教育本质、目的、价值等的理想和信念,如科教兴国的理想、让每个学生都成才和成人的理念等。它是教师在教育教学工作总的世界观和方法论,是教师专业行为的理性指点和专业自我的精神内核。教师的专业理想是教师对成为一个成熟的教育教学专业工作者的向往与追求，它为教师提供了奋斗的目标，是推动教师专业发展的巨大动力。具有专业理想的教师对教学工作会产生强烈的认同感和投入感，愿意献身于教育事业。具有专业理想的教师对教学工作抱有强烈的承诺，他们致力于改善教育素质以满足社会对教育专业的期望，努力提高专业技能和专业服务水准，努力维护专业的荣誉、团体、形象等。

2. 专业知识

教师的专业知识是教师职业区别于其他职业的理论体系与经验系统。概括地说，教师的专业知识包括两大类，即"所要教授的知识"和"如何教的知识"。美国教育家舒尔曼将教师知识分为七类，具体包括：学科内容知识（content knowledge），指教师所教授的学科课程的知识；一般教学法知识（general pedagogical knowledge），包括课堂管理和组织的一般性策略，以及课程的知识；学科教学知识（pedagogical content knowledge），包括学科知识和学生关于特定学科的前知识或已有知识；学生知识（knowledge of learners）；教育情境的知识，指学生的家庭、学校以及社会等环境对教学影响的知识，例如，在大都市学校教学与在乡下上课不同，这是因为学校团体或班级的运作、学区的行政与经费分配、社区具有的特点及文化背景等都存在差异；教育情境知识（knowledge of education context）；有关教学目标、目的和价值的知识（knowledge of aims, purpose, values）。

教师的专业知识拓展，包括以下三个方面。首先是量的拓展，即教师要不断地革新知识，补充知识，扩大自己的知识范围。其次是知识的质的深化，即从对知识的理解、掌握到批判，再到知识的创新。这体现了教师职业的学术性，教师能不能说自己的话，能不能在自己的教育教学领域有发言权，是体现教师专业化程度的标志之一。再次是知识结构的优化，以广泛的文化基础知识为背景，以精深的学科知识为主干，以相关学科知识为必要补充，以丰富的教育科学知识和现代科学知识为知识边界的复合性知识结构，是专业化教师追求的目标。当然，知识结构的优化过程还包括教师个体独到的感悟、体验和经验总结。

3. 专业能力

教师的专业能力就是教师的教育教学能力，是教师在教育教学活动中所形成的完成某项任务的能量和本领。教师的专业能力是教师综合素质最突出的外在表现，也是评价教师专业性的核心因素。教师的专业能力一般说来应包括以下几个方面：一是设计教学的能力，即教师在综合考虑教材、学生、教员、时间、教学手段等因素的基础上，对教学目标、内容、程序、方法等进行整体构思的能力；二是表达能力，包括语言表达、板书板画、运用多种教学手段演示等的能力；三是组织管理能力，如班级管理能力、课堂管理能力、课外学习管理能力等；四是交往能力，如理解他人的能力、沟通能力、协调人际关系能力等；五是教育教学机智，即教育教学过程中处理突发事件的能力；六是反思能力，即对自己的教育教学状况正确评价的能力；七是教育研究能力，即对学生、对教育教学实践和理论进行探索，发现问题，并试图解决问题的能力；八是创新能力，如创新教学思想、教学内容、教学方法、教学模式等的能力。

4. 职业道德

教师的职业道德是教师在教育活动中必须履行的行为规范和道德准则。从本质上讲，它是一定社会或阶级道德的一种具体、特殊的表现形式。教师的职业道德是人民教师的灵魂，是贯穿教育全过程的精神支柱。同时，对学生和社会也有巨大的激励、影响作用。[①] 加强教师职业理想和职业道德教育，将师德表现作为教师考核、聘任（聘用）和评价的首要内容。教育部2008年修订的《中小学教师职业道德规范》中规定师德具体包括以下几个方面。

① 爱国守法。热爱祖国，热爱人民，拥护中国共产党领导，拥护社会主义。全面贯彻国家教育方针，自觉遵守教育法律法规，依法履行教师职责权利。不得有违背党和国家方针政策的言行。

② 爱岗敬业。忠诚于人民的教育事业，志存高远，勤恳敬业，甘为人梯，乐于奉献。对工作高度负责，认真备课上课，认真批改作业，认真辅导学生。不得敷衍塞责。忠诚人民的教育事业是人民教师职业道德的核心和基本准则。教师的工作是一项十分复杂的工作，也是一种繁重的脑力劳动和体力劳动，任何一名合格的教师，他的劳动都很难与其报酬对等。因此，教师必须有很高的精神境界，对教育事业有执着的追求才能树立从事教育事业的光荣感和责任感，把自己毕生的精力献给人民的教育事业。失去这一思想基础，教师职业道德其他方面的素养将失去动力和意义。

③ 关爱学生。教师应关心爱护全体学生，尊重学生人格，平等公正对待学生。对学生严慈相济，做学生良师益友。保护学生安全，关心学生健康，维护学生权益。热爱学生是教师忠诚于人民教育事业的具体表现，又是教好学生的前提。没有真诚的爱，就没有真正的教育。热爱学生是进行教育的必要条件，只有这样才能达到"亲其师，则信其道"。热爱学生是为了更好地教学生。教师对学生的爱表现在热爱、尊重、信任与严格要求相结合上，严以爱为基础，爱以严为前提。

④ 教书育人。遵循教育规律，实施素质教育。循循善诱，诲人不倦，因材施教。培养学生良好品行，激发学生创新精神，促进学生全面发展。不以分数作为评价学生的唯一标准。

⑤ 为人师表。坚守高尚情操，知荣明耻，严于律己，以身作则。教师的劳动示范性很强，这个特点就决定了教师必须严于律己，以身作则，为人师表。教师要时时处处身体力行，在学生中树立良好的榜样，在各方面都应成为学生的楷模，这样才能达到"其身正，不令而行"的教育效果。在现代教育中，学校教育绝不可能由个别教师独立完成，而是由

---

① 杨芷英. 教师职业道德（新编版）[M]. 北京：高等教育出版社，2007.

多位教师互相配合、互相协作共同完成。教师的劳动是一种个别劳动和集体劳动相结合的劳动。因此，在教育、教学过程中，为了实现教育目的，教师就必须处理好与其他教师的关系，以及和集体之间的关系，团结协作，取长补短，互相配合。

⑥终身学习。崇尚科学精神，树立终身学习理念，拓宽知识视野，更新知识结构。潜心钻研业务，勇于探索创新，不断提高专业素养和教育教学水平。

四、教师专业发展

教师由一名新手发展成为专家型教师或教育家型教师的发展过程，包括两方面：一是教师自身的专业成长过程，教师通过自身反省和反思在专业知识与技能态度上实现个人成长；二是促使教师专业成长的过程，即外力促使教师提升的过程。

1. 教师专业化的内涵

（1）专业

专业（profession）一词最早是从拉丁语演化而来，原始的意思是公开地表达自己的观点或信仰。与之相对的是行业（trade），包含着中世纪手工业行会所保留的对其专门知识和技能的控制，只能传授给本门派的人的神秘色彩。德语中专业一词是 beruf，其含义是指具备学术的、自由的、文明的特征的社会职业。

专业是社会分工、职业分化的结果，是社会进步的标志。一种职业能否被社会认可为一门专业是有条件的。在国际教育界广泛运用的，是利伯曼定义的专业概念。他指出，所谓"专业"应当满足如下的基本条件：①范围明确，垄断地从事社会不可缺少的工作；②运用高度的理智性技术；③需要长期的专业教育；④从事者无论个人、集体均具有广泛的自律性；⑤专业的自律性范围内，直接负有做出判断、采取行为的责任；⑥非营利，以服务为动机；⑦形成了综合性的自治组织；⑧拥有应用方式具体化了的伦理纲领。

有研究者指出，专业性职业的核心特质主要包括以下三个方面：首先，有一套共享的专业知识或技术文化；其次，有一种专业自主权；最后，有一套专业伦理或服务理想。

（2）教师专业化

教师专业化是指教师职业达到一定的专业性职业标准，获得相应专业地位的过程。具体来说，教师专业化的基本含义包括以下五个方面。第一，学科专业化，教师专业应构建一套适应现实需要的教育教学知识和能力标准。第二，教育专业化，国家有教师教育的专门机构，能够提供高水平的专业教育。第三，管理专业化，国家有对教师资格和教师教育机构的认定制度和管理制度。第四，职业道德专业化，教师专业需要建立一套能够有效指导、规范和约束教师的专业伦理和道德规范。第五，教师个体的专业化，教师应能够运用专业知识、专业技能，自主有效地进行教育教学工作。在以上五个方面中，教师个体的专业化是关键，要实现教师个体专业化需按照教学专业的要求不断推进教师的专业发展。

教师个体专业化是一个持续不断的过程，是作为社会职业人的教师，从接受师范教育的学生，到初任教师，到有经验的教师，到实践教育家的持续过程；是教师作为专业人员，从专业思想到专业知识、专业能力、专业心理品质等方面由不成熟到比较成熟的发展过程，即由一个专业新手发展成为专家型教师的过程。一生为师并不意味着专业化程度很高。教师专业发展虽然与时间有关，但不仅是时间的自然延续，更是教师自身素质的提高和专业自我的形成，这样才能使教师最终成为教育世界的创造者。

2. 教师专业发展理论

（1）8阶段理论

美国学者费斯勒认为教师的专业化发展过程就是教师职业生涯，但是教师的职业生涯轨迹并非是一种直线式的阶段模式，而是可循环的生涯发展系统。费斯勒将其生涯发展模式分为8阶段：①职前准备阶段，是指在师资培养系统中的学生阶段，即师范生阶段；②引导阶段，是指新教师的适应阶段；③能力建立阶段，是指教师能力寻求教学技巧和教学能力的阶段；④热心与成长阶段，在这个阶段的教师都已具备极高的工作能力水准，但他们更进一步追求专业成长；⑤生涯挫折阶段，这个阶段教师的显著特征是对于教学工作怀有挫折感；⑥稳定和停滞阶段，此阶段的教师行动被动，只愿做分内的工作，要让他们参与教师专业成长的进修活动困难重重；⑦生涯低落阶段，这个阶段的教师即将离开专业生涯，大多数教师的心态比较平和；⑧生涯结束阶段，是指教师离开其工作生涯，同时也包括教师离职之后的其他工作或服务。[1]

（2）我国的5阶段理论

我国学者叶澜等人从"自我更新"取向角度对教师专业发展进行了深入研究，把这一过程分为以下5阶段。①"非关注"阶段，可从一个人正式接受教师教育一直追溯到他的孩提时代。在这一阶段，"专业发展"的主体是有从教意向者。但他们只是有从教的潜在可能，还根本谈不上什么专业发展，更谈不上专业发展意识问题，因此把这一阶段称为"非关注"阶段。②"虚拟关注"阶段，是职前接受教师教育阶段（包括实习期）。该阶段专业发展的主体的身份是学生，至多只是"准教师"。这使得他们所接触的中小学实际和教师生活带有某种虚拟性，他们会在虚拟的教学环境中获得某些经验，对教育理论及教师技能进行学习和训练，有了对自我专业发展反思的萌芽，从而为进入正式任职阶段打下良好的基础。③"生存关注"阶段，新任教师一般处于这一阶段，其特征表现为：在"现实的冲击"下，教师产生了强烈的自我专业发展的忧患意识，特别关注专业活动中的"生存"技能，专业发展集中在专业态度和动机方面。刚入职的新教师面临着一个全新的阶段，会遇到很多实际问题。这一时期是教师专业发展的一个关键期，不仅面临着由教育专业的学生向正式教师角色的转换，也是所学理论知识和具体教学实践的"磨合期"，其间需要教师在教学实践过程中对理论、实践及其关系进行反思，以克服对于教学实践的不适

---

[1] 袁振国. 当代教育学 [M]. 4版. 北京：教育科学出版社，2010.

应。④"任务关注"阶段。在度过了初任期之后,决定留任的教师逐渐步入"任务关注"阶段。这是教师专业结构诸方面稳定、持续发展的时期。教师随着教学基本"生存"知识、技能的掌握,自信心日益增强,由关注自我的生存转到更多地关注教学,由关注"我能行吗"转到关注"我怎样才能行"上来。但这一转向在很大程度上受到职业阶梯、他人评价等某些外在因素的制约。这同时也反映着自我专业发展意识的强度还较弱,发展尚不成熟。⑤"自我更新关注"阶段。处于该阶段的教师,其专业发展的动力转移到了专业发展自身,而不再受外部评价或职业升迁的牵制,直接以专业发展为指向。同时教师已经可以自觉依照教师发展的一般路线和自己目前的发展条件,有意识地自我规划,以谋求最大程度的自我发展。"自我更新关注"阶段的教师能认识到学生是学习的主人,把教学看作是帮助学生去理解、建构意义的过程,能够关注学生的整体发展。他们不但熟练掌握了大量的学科教学法知识,能得心应手地应用,而且积累了比较科学而丰富的个人实践知识。他们习惯于反思,习惯于提升自我的价值,追求卓越和专业成熟;他们能够保持一种开放的心态,接纳新的教育思想和观念,为我所用。也有一些教师期望以自己专业发展的经验来影响其他教师。[①]

(3) 3阶段理论

福勒和布朗根据教师的需要和不同时期所关注的焦点问题,把教师的专业发展划分为关注生存、关注情境和关注学生3个阶段。

① 关注生存(early concerns about survival)阶段。这是教师成长的起始阶段,处于这个阶段的一般是新手教师,他们非常关注自己的生存适应性。

② 关注情境(teaching situations concerns)阶段。当教师认为自己在新的教学岗位上已经站稳了脚跟后,会将注意力转移到提高教学工作的质量上来,如关注学生学习成绩的提高,关心班集体的建设,关注自己备课是否充分等。

③ 关注学生(concerns about students)阶段。在这一阶段,教师能考虑到学生的个别差异,认识到不同年龄阶段的学生存在不同的发展水平,具有不同的情感和社会需求,因此教师应该因材施教。可以说,能否自觉关注学生是衡量一个教师是否成熟的重要标志。

(4) 美国的5阶段理论

美国亚利桑那州立大学的伯利纳教授在对教师教学专长发展的研究中,受人工智能研究领域中"专家系统"的思路启发,在德雷福斯的职业专长发展5阶段理论的基础上,提出了教师教学专长发展的5阶段理论。

伯利纳认为,教师教学专长的发展可以划分为新手教师、熟练新手教师、胜任型教师、业务精干型教师和专家型教师五个阶段。所有教师都是从新手阶段起步的。随着知识和经验的积累,大约经过2~3年,新手教师逐渐发展成为熟练新手教师,其中大部分熟

---

① 叶澜,白益民,王枬. 教师角色与教师发展新探[M]. 北京:教育科学出版社,2001.

练新手教师经过教学实践和职业培训，在 3～4 年后成为胜任型教师，这是教师教学专长发展的基本目标。此后，大约需要 5 年的知识和经验积累，有相当一部分的教师会成为业务精干型教师，而一些业务精干型教师能够在以后的职业发展中成为专家型教师。伯利纳还在大量的定性与定量研究基础上，对教师教学专长不同发展阶段的特征进行了详细论述。

①新手教师，是经过系统的师范教育与学习，刚刚从事教学工作的教师。新手教师教学专长的特征主要表现在三个方面：第一，新手教师是理性化的，在分析和思考的基础上处理问题；第二，新手教师处理问题缺乏灵活性；第三，新手教师处理问题时，刻板地依赖特定的原则、规范和计划。在这个阶段，他们需要了解与教学有关的一些实际情况和具体的教学情境，对于他们来说，经验积累比学习书本知识更为重要。

②熟练新手教师，其特征主要表现在以下四个方面：第一，实践经验与书本知识逐渐整合，并逐步掌握了教学过程中的内在联系；第二，教学方法和策略方面的知识与经验有所提高，处理问题表现出一定的灵活性；第三，经验对教学行为的指导作用提高，但还不能够很好地区分教学情境中的重要信息和无关信息；第四，对自己的教学行为还缺乏一定的责任感。

③胜任型教师，其具有以下四个方面特征：第一，教学行为有明确的目的性；第二，能够区分出教学情境中的重要信息，并选择有效的方法或手段达到教学目标；第三，对自己的行为结果表现出更多的责任心，对于成功和失败表现出强烈的情绪情感反应；第四，教学行为还没有达到快捷性、流畅性、灵活性的程度。

④业务精干型教师，该阶段教师的最突出特征表现在以下三个方面。第一，具有较强的直觉判断能力。由于在长期的教学实践中积累了的经验，他们对教学中出现的与以往教学情境类似的情况能直觉地观察与判断，并做出相应的反应。第二，教学技能方面接近了认知自动化的水平。在教学活动中，业务精干型教师无须太多的努力便能对教学情境做出准确的判断和有效的处理，尽管如此，仍未达到完全的认知自动化水平。第三，教学行为已经达到了快捷、流畅和灵活的程度，这是他们在教学实践中积累了丰富知识和经验的结果。

⑤专家型教师。从新手教师到胜任型教师阶段，教师处理问题都是理性化的，业务精干型教师是直觉型的，而专家型教师处理问题则是非理性的。专家型教师对教学情境的观察与判断是直觉性的，不需要进行仔细的分析和思考，凭借他们的经验便能准确地发现问题，并采取适当的解决方法。他们对教学情境中的问题的解决不仅达到了快捷性、流畅性和灵活性的程度，而且已经达到了完全自动化的水平，在没有意外发生的情况下，不需要有意识的努力就可以处理遇到的各种教学问题。在一般情况下，他们很少表现出反省思维，只有当问题的结果与预期不一致，他们才会对问题进行反思和分析。在教学专长发展的过程中，只有业务精干型教师中的一部分能够发展成为专家型教师。

3.教师专业发展的途径

实现教师专业发展应遵循以下的途径。首先，终身学习是教师专业发展的前提和保证。其次，行动研究是教师专业发展的基本途径，是教师及研究者为弄清课堂上出现的问题实质，探索更先进的教学方案，采取调查和实验研究的方法，直接着眼于教学实践的改革。再次，教学反思是教师专业成长的必经之路，教师开展教学反思有几种方法：①写反思日记；②详细描述，描述教师相互观摩彼此的教学，详细描述所看到的情景，并对此进行讨论分析；③交流讨论，同伴互助，是教师专业成长的有效方法；④专业引领，是教师专业成长的重要条件；⑤课题研究，教师对教育教学过程中存在的问题进行研究，是教师专业成长的有效载体。

历年真题

一位新教师把自己工作的重点放在维系与领导、同事的关系上，他目前处于（　　）阶段。

A. 关注情景阶段　　B. 自我感受阶段　　C. 关注学生阶段　　D. 关注生存阶段

【答案】D。解析：本题考查教师专业发展阶段。关注生存阶段的教师非常关注自己的生存适应性。

第三节　教师的权利与义务

一、教师的权利

教育法律法规赋予法律关系主体的教师所享有的权益，分为教师的公民权和教师的职业权利。

1.教师作为一般公民的权利

教师作为一般公民所享有的权利，包括公民的政治权利、宗教信仰自由、社会经济权利、文化教育权利等。

2.教师作为专业人员的权利

教师作为专业人员享有以下权利。①进行教育教学活动，开展教育教学改革和实验的权利，简称"教育教学权"，是教师享有的最基本的权利。②从事科学研究，学术交流，参加专业的学术团体，在学校活动中发表意见的权利，简称"科学研究权"，是教师作为专业技术人员所享有的一项基本权利。③指导学生的学习和发展，评价学生的品德和学业成绩的权利，简称"管理学生权"，是与教师在教育教学过程中的主导地位相适应的一项特定权利。④教师有"指导学生的学习和发展，评价学生的品行和学业成绩"的权利。⑤"获取报酬待遇权"是教师的基本物质保障权利。《中华人民共和国教师法》第七条第四款规定，教师有"按时获取工资报酬，享受国家规定的福利待遇以及寒暑假期的带薪休假"的权利。⑥"民主管理权"是公民民主权利在教师特定职业下的具体化。《中华人民共和国教师法》第七条第五款规定，教师拥有"对学校教育教学、管理工作和教育行政部门的工作提出意见和建议，通过教职工代表大会或者其他形式，参与学校的民主管理"的权利。

《教师法》最新修订版全文已于2021年10月通过全国人民代表大会常务委员会审议。新《教师法》在原有基础上进行了全面的修订和完善，新增了关于乡村教师支持、教师职业生涯发展等重要内容，旨在加强国家对教育事业和教师群体的支持，提高教师职业化水平和社会地位。

历年真题

1. 李老师就校务公开问题向学校提建议，李老师的做法是（　　）。
   A. 行使教师权利　　B. 履行教师义务　　C. 影响学校的秩序　　D. 给学校出难题
   【答案】A。解析：教师具有民主管理权，有权通过教职工代表大会、工会或其他方式参与学校管理，民主讨论决定学校重大事项，维护教师的合法权益。

2. 学校派张老师参加省里组织的骨干教师培训，但按学校的相关规定，应扣除张老师500元的绩效工资。学校的这项规定（　　）。
   A. 节约了办学成本　　　　　　B. 加强了经费管理
   C. 体现了按劳取酬　　　　　　D. 侵犯了教师权利
   【答案】D。

二、教师的义务

教师的义务是指教育法律法规所规定的教师在教育活动中对其他法律关系主体承担的责任。教师的基本义务，一是作为公民应承担的义务，二是作为履行教育教学职责的专业人员应承担的义务。

1. 教师作为公民的基本义务

①维护国家统一和民族团结的义务。

②遵守宪法和法律的义务。

③维护国家安全、荣誉和利益的义务。

④保卫祖国和依法服兵役的义务。

⑤依法纳税的义务。

⑥其他方面的义务。包括：劳动的义务；受教育的义务；夫妻双方有义务实行计划生育，父母有义务抚养教育未成年子女，成年子女有义务赡养扶助父母。

2. 教师作为专业人员的基本义务

《中华人民共和国教师法》（以下简称《教师法》）中规定教师作为专业人员应履行如

下义务。

① 遵纪守法，为人师表，简称"遵纪守法义务"。《教师法》第八条第一款规定，教师应"遵守宪法、法律和职业道德，为人师表"。

② 教育教学义务（实行计划，完成使命），简称"教育教学义务"。贯彻国家的教育方针，遵守规章制度，执行学校的教学计划，履行教师聘约，完成教育教学工作任务。教育教学工作时教师的本职工作，也是教师的基本义务。《教师法》第八条第二款规定，教师应当"贯彻国家的教育方针，遵守规章制度，执行学校的教学计划，履行教师聘约，完成教育教学工作任务"。

③ 教书育人义务（思政教育，开展活动），也称"思想教育义务"，是对教师教育教学工作内容方面的全面规范。《教师法》第八条第三款规定，教师有"对学生进行宪法所确定的基本原则的教育和爱国主义、民族团结的教育、法制教育以及思想品德、文化、科学技术教育，组织、带领学生开展有益的社会活动"的义务。

④ 尊重学生人格义务（关心学生，助其成才），简称"尊重学生人格义务"。关心爱护全体学生，尊重学生人格，促进学生在品德、智力、体质等方面全面发展。人格尊严是宪法赋予公民的一项基本权利。《教师法》第八条第四款规定，教师应"关心爱护全体学生，尊重学生人格，促进学生在品德、智力、体质等方面全面发展"。

⑤ 保护学生合法权益义务（保护学生，防止伤害），简称"保护学生权益义务"。制止有害于学生的行为或者其他侵犯学生合法权益的行为，批评和抵制有害于学生健康成长的现象。保护学生的合法权益和身心健康成长，是全社会的共同责任，作为教师更负有此项义务。《教师法》第八条第五款规定，教师有"制止有害于学生的行为或者其他侵犯学生合法权益的行为，批评和抵制有害于学生健康成长的现象"的义务。

⑥ 提高业务水平义务（政治学习，提高业务水平），简称"提高自身水平义务"。《教师法》第八条第六款规定，教师有"不断提高思想政治觉悟和教育教学业务水平"的义务。

三、依法执教

所谓依法执教，是指教师在从事教育教学活动中，严格按照《中华人民共和国宪法》和教育有关法律、法规以及其他相关法律、法规，使自己的教育教学活动法制化和规范化。依法执教是依法治国方略在教育工作中的具体表现，是依法治教的重要内容，是人民教师之必需，是维护社会稳定和青少年合法权益的重要措施。教师依法执教，一是要知法懂法；二是要遵守教育法律法规；三是要依法进行教育教学活动，履行教师职责；四是要杜绝有悖党和国家方针政策的言行，坚决同违法行为做斗争。

1. 教师在履行职责过程中涉及的法律问题

（1）侵犯教师合法权益的行为及其法律责任

① 侮辱、殴打教师及其法律责任。《教师法》第三十五条规定："侮辱、殴打教师的，

根据不同情况，分别给予行政处分或者行政处罚；造成损害的，责令赔偿损失；情节严重，构成犯罪的，依法追究刑事责任。"对侮辱、殴打教师的，将根据不同的违法主体和情节（含后果）等，依法追究其法律责任。

②对教师进行打击报复及其法律责任。《教师法》第三十六条第一款规定："对依法提出申诉、控告、检举的教师进行打击报复的，由其所在单位或者上级机关责令改正；情节严重的，可以依据具体情况给予行政处分。""国家工作人员对教师打击报复构成犯罪的"，依照刑法的有关规定追究刑事责任。

③拖欠教师工资及其法律责任。《教师法》规定，教师有按时获取工资报酬的权利。《教师法》第三十八条第一款规定："地方人民政府对违反本法规定，拖欠教师工资或者侵犯教师其他合法权益的，应当责令其期限改正。"第三十八条第二款规定："违反国家财政制度、财务制度，挪用国家财政用于教育的经费，严重妨碍教育教学工作，拖欠教师工资，损害教师合法权益的，由上级机关责令限期归还被挪用的经费，并对直接责任人员给予行政处分；情节严重，构成犯罪的，依法追究刑事责任。"①

（2）教师的违法（侵权）行为及其法律责任

教师违法（侵权）行为的具体表现，主要包括：第一，故意不完成教育教学任务，给教育教学工作造成损失的；第二，体罚学生，经教育不改的；品行不良、侮辱学生、影响恶劣的；第三，教师违法（侵权）行为的处理。教师有上述三种违法行为之一，按现行教师管理权限，由学校或教育行政部门分别给予行政处分或解聘；教师有上述三种违法行为中的后两种行为，情节严重，构成犯罪，依法追究刑事责任；教师有上述违法行为之一，对学校和学生造成损失或损害的，还应当依照《中华人民共和国民法通则》的有关规定赔偿损失，消除影响，恢复名誉。可由学校或教育行政部门处理，也可由人民法院强制执行。

2. 教师预防违法行为的策略

教师要通过法制教育，学习法律知识，进一步增强教师的法律意识和法制观念；社会要加强教育立法，完善教育法规体系；学校要加强制度建设，强化学校科学管理，完善对教师的监督机制；重视对学生自我保护意识的培养。

历年真题

1. 教师赵某违反学校管理制度，被校长在全校师生会上点名批评，赵某的丈夫王某听后，不辨是非，在校长下班路上将其打成重伤，情节严重，依法应对王某追究（　　）。

　　A. 违宪责任　　　　B. 行政责任　　　　C. 刑事责任　　　　D. 一般责任

【答案】C。解析：《教师法》第二十五条规定："侮辱、殴打教师的，根据不同情

---

① 叶澜，白益民，王枬，等. 教师角色与教师发展新探[M]. 北京：教育科学出版社，2001.

况，分别给予行政处分或者行政处罚；造成损害的，责令赔偿损失；情节严重，构成犯罪的，依法追究刑事责任。"题干中王某的行为构成犯罪，应依法追究其刑事责任。

2. 教师法定的最基本权利是（　　）。
   A. 管理学生权　　　B. 进修培训权　　　C. 科学研究权　　　D. 教育教学权
   【答案】D。

3. 下列不属于教师的权利的是（　　）。
   A. 开展教育教学活动　　　　　　　B. 评定学生的品行和学业成绩
   C. 不断提高思想政治觉悟　　　　　D. 参加进修或者其他方式的培训
   【答案】C。解析：不断提高思想政治觉悟是教师应当履行的义务。

4. 教师王某在课堂上使用方言而不是普通话教学，王某的教学行为（　　）。
   A. 合法，只要课堂教学效果好，用哪种语言教学无所谓
   B. 合法，都是当地学生，用方言更易与学生交流
   C. 不合法，教师在教学过程中应使用全国通用的普通话
   D. 不合法，违反了教育应弘扬优秀文化传统的规则
   【答案】C。解析：普通话是教师的职业语言，而学校则是推广这种语言的主要阵地。在课堂上，使用普通话教学，是每个教师义不容辞的责任。

第四节　师生关系

教育活动是教师和学生的双边活动。在教师和学生之间存在着一定的内在的本质联系，即存在着一条贯穿于全部教育过程的基本教育规律。揭示和掌握这条规律，处理好师生关系，对于充分发挥教育在年轻一代发展中的作用，提高教育质量，培养合格人才，有着重大的意义。师生关系是教育过程中人与人关系中最基本的、最重要的方面。良好的师生关系是教育教学取得成功的必要保证。① 如果教师与学生在价值观念和行为模式上不协调，则会导致师生冲突，从而影响教育效率，降低教育质量。

一、师生关系的含义、功能及内容

1. 师生关系的含义

师生关系是指教师和学生在教育、教学活动中结成的相互关系，包括彼此所处的地位、作用和态度等。师生关系是教育活动过程中人与人关系中最基本、最重要的关系。

---

① 教师资格认定考试编写组. 教师资格认定及师范类毕业生上岗考试辅导教材：教育学 [M]. 北京：北京师范大学出版社，2008.

2. 师生关系的功能

教师是学校教育教学中最重要的资源，良好的师生关系对学生具有重要的教育作用，主要体现在以下几点。

① 教育功能。师生关系是教师和学生为实现一定的教育目的而结成的相互关系，其本身就孕育着一种教育任务。

② 激励功能。良好的师生关系对师生双方都会产生重要的激励作用。对于教师而言，在教育教学过程中，良好的师生关系能够使教师感到愉快，肯定自身工作的价值，从而激发教师的工作热情和积极性，增强教师的责任心，激励教师全身心投入到教育工作中去。

③ 社会功能。良好的师生关系传递着一种关怀、信任的心理氛围，对于学生今后更好地适应社会起着重要的作用。因此，建立良好的师生关系是教育教学活动顺利进行的保障，良好的师生关系是构建和谐校园的基础，良好的师生关系是实现教学相长的催化剂，良好的师生关系能够满足学生的多种需要。

3. 师生关系的内容

① 教学上的授受关系。从教育内容的角度说，教师是传授者，学生是接受者。学生主体地位的形成既是教育的目的，也是教育成功的条件。教师对学生的指导、引导的目的是促进学生的自主发展。

② 人格上的平等关系。学生作为一个独立的社会个体，在人格上与教师是平等的。真正民主的师生关系是一种朋友式的友好互助关系。

③ 社会道德上的相互促进关系。师生关系从本质上讲是教师与学生的人际关系。教师对学生的影响不仅体现在知识和智力上，而且体现在思想和人格上。

二、新型师生关系的基本特征

师生关系可以分为放任型、专制型和民主型。每一种师生关系都有其特征与不同的影响：放任型师生关系模式的特征是无序、随意和放纵；专制型师生关系模式的特征是命令、疏远；民主型师生关系模式的特征是开放、平等和互助。因此，新课程理念倡导的师生关系应当为民主型师生关系模式。①

良好的民主型师生关系是教育活动顺利进行和完成教育目标的基本保证，建立理想的师生关系是教育工作者的共同追求，又是教育规律的必然要求。新型师生关系是师生主体间关系的优化，从其发生发展的过程及其结果来看，具有以下四个基本特征。

1. 尊师爱生

尊师爱生就是学生应当尊重教师，教师应当关爱学生，师生之间彼此尊重，相互关

---

① 张乐天. 教育学（新编本）[M]. 北京：高等教育出版社. 2007.

爱。尊重教师，尊重教师的劳动和教师的人格尊严，对教师要有礼貌，了解和认识教师工作的意义，理解教师的意愿和心情，主动支持和协助教师工作，虚心接受教师的指导。尊师是学生对教师正确的认识、情感和行为的综合体现，是人类的美德。爱生就是爱护学生，是教师热爱教育事业的重要体现，是教师对学生进行教育的感情基础，是教师的基本道德要求，也是培养学生热爱他人、热爱集体的道德情感基础。爱生是尊重和信任学生，严格要求学生并公正地对待学生。

2. 民主平等

师生在教育教学中还要讲民主，这种民主不是表面上的"你问我答"，而是师生之间真正的对话关系。师生关系的民主平等体现了师生在教育过程中相互尊重人格和权利、相互开放、平等对话、相互理解、相互接纳等关系。民主平等不仅是现代社会民主化趋势的需要，而且是教学生活的人文性的直接要求和现代人格的具体体现。它要求教师能向学生学习、理解学生，发挥非权力性影响力，并一视同仁地与所有学生交往，善于倾听不同意见；也要求学生正确地表达自己的思想和行为，学会合作和共同学习。

3. 教学相长

教学相长是教师与学生在一种良好的教学环境下的相互促进关系，是在尊师爱生、民主平等的基础上两者良好关系的进一步延伸和升华。教师和学生共同体验和分享教育中的欢乐、成功、失望与不安，是师生情感交流深化的表现。教师和学生在相互适应的基础上，相互启发，使师生的认识不断深化，共同生活的质量不断跃进。教师和学生相互促进、共同发展，既能促使学生的道德、思想、智慧、兴趣、人格等全面成长，又能使教师自我成熟。

4. 心理相容

心理相容是指教师与学生之间心理上的相互包容，情感上的相互支持。师生心理相容是指教师和学生在心理上彼此协调一致，相互接纳。只有心理相容，才能使师生间的情感得到升华，才能形成师生真挚的情感关系。维持这种新型师生关系，能使学生与教师在相互尊重、合作、信任中全面发展，获得成就感与生命价值，完成个性和健康人格的确立。

三、新型师生关系的建立

1. 新型师生关系建立的基本步骤

良好的师生关系的建立是一项复杂而精细的工作，不是一朝一夕就能完成的，要经过三个相互联系的基本阶段。教师要按照顺序逐步展开，不可急于求成。

① 初步建立阶段。在这一阶段，首先，教师要给学生良好的第一印象。第一印象好，就能淡化强制色彩，使学生自愿地与之交往，从而有助于师生关系的建立。师生交往与一般人的交往不同，一般人交往是自由的，而师生交往具有一定的强制性。其次，师生间的交往应比较广泛。师生之间广泛的交往是形成良好师生关系的重要条件。这种关系的形

成，不仅是教育发生的背景，本身更是具有教育意义的活动，使教育从性质上真正成为师生共同相处的教育，使学生学会建立自己与他人及外界的关系，获得从学校进入社会的知识、精神、智慧。

②深化阶段。把第一阶段推到更有意义、更深入的阶段，教师应加强同学生的交往，既要有正式的交往，也要有非正式的交往，两者结合，相互补充，能起到加速、深化建立师生关系的作用。非正式的交往属于师生之间的私人交往，不具有强制性，是师生在思想、情感和情绪一致的情况下自然进行的。正常、健康、高尚的私人交往有利于师生感情的沟通，使他们相互了解，能起到师生正式关系所起不到的独特作用。另外，老师要注重与学生的心理交往，谈心交友，讨论问题。这样，师生才能互相沟通思想，了解真实情况。

③巩固发展阶段。事物无时无刻不在发展变化，良好的师生关系建立起来，并不意味着大功告成，这种关系既可能继续保持下去，也可能中断或走向反面。为此，教师应当做到：第一，继续加强与学生的交往，不可随意疏远学生；第二，恰如其分地客观评价每个学生的优缺点，切不可一开始为赢得学生的好感而给予较高评价，后来逐渐降低，甚至只看学生的缺点；第三，爱护关心学生，努力发现学生的长处，并及时给予表扬、鼓励；第四，不断更新自己，使自己具有新的技艺、新的知识、新的思想、新的成果、新的仪表，从而产生新的吸引力，使师生关系得以巩固和发展。

2. 新型师生关系的构建策略

师生关系总是建立在一定社会背景下，受多种因素制约。但就教育内部而言，建立良好的师生关系要靠双方共同努力。所以，要建立民主平等、和谐亲密、充满活力的师生关系，对教师来说，有以下几种策略。

①了解和研究学生。了解和研究学生是形成良好师生关系的基础，包括了解学生个体的思想意识、道德品质、兴趣、需要、知识水平、学习态度和方法、个性特点、身体状况和所在班集体的特点及其形成原因。了解和研究学生存在于教师教育生活的每一时段和空间场所。

②树立正确的学生观。学生观就是教师对学生的基本看法，它影响教师对学生的认识与态度，进而影响学生的发展。我国传统的学生观，将学生看作是被动的受体、教师塑造与控制的对象，学生在教育中处于边缘位置，对学生的教育是规范和预设的。正确的学生观应为：学生都有巨大的发展潜力；学生的不成熟具有成长价值；学生具有主体性特别是创造性；学生是责权主体，有正当的权利和利益；学生是一个整体的人，是"知、情、意、行"的统一体。正确的学生观来自教师对学生的观察和了解，以及向学生学习和对自我进行反思。

③热爱尊重学生，公平对待学生。教师应热爱学生包括热爱所有学生，对学生充满爱心，经常走到学生中间，与学生打成一片。教师应尊重学生，特别要尊重学生的人格，

保护学生的自尊心，维护学生的合法权益，避免师生对立。教师处理问题必须公正无私，使学生心悦诚服。

④主动与学生沟通，善于与学生交往。师生关系一般要经历生疏、接触、亲近、依赖、协调、默契的阶段。在师生交往的初期，往往出现不和谐因素，如因互不了解而不敢交往和因误解而造成冲突等，这就要求教师掌握沟通与交往的主动性，经常与学生接触、交心；同时，教师还要掌握与学生交往的策略和技巧，如寻找共同的兴趣和话题、一起参加活动、邀请学生到自家做客、加强通信联系等。

⑤努力提高自身修养，健全人格。教师的素质是影响师生关系的核心因素。教师的师德修养、知识能力、教育态度、个性心理品质无不对学生产生深刻的影响。教师要使师生关系和谐，就必须通过自己崇高的理想、科学的世界观和人生观、渊博的知识、严谨的治学态度、活泼开朗的性格、多方面的兴趣爱好等来吸引学生。为此，教师必须加强学习和研究，使自己更加智慧；经常进行自我反思，正确评价自己，克服个人的偏见和定式；培养自己多方面的兴趣和积极向上的人生观；学会自我控制，培养耐心、豁达、宽容、理解等个性品质。

数字化背景下，学生获取资源与信息的途径多样化、即时化，ChatGPT（Generative Pre- -trained Transformer）等人工智能对构建新型师生关系提出了新的要求。ChatGPT 的出现引发社会热议，更需要教师进行思考，什么内容是教师自己工作不能被替代的。无论是从教师职业工作、核心能力和素养，还是从教育教学方法等方面思考，教师最不能替代的是工作中的情感价值。在师生关系中教师能够给予学生真实的爱、有温度的心理和情感支持，这是教师不可替代性的底层逻辑，也正是师德修炼的核心内容。师德与师能的一体化发展，才能使教师成为无可替代的人，师德是最硬核的专业底气。

本章小结

本章主要围绕学生、教师与师生关系三个主要问题展开。学生的本质属性是具有发展潜能和发展需要的人，是教育的对象（学生学习的特殊性），也是自我教育的主体。学生作为接受教育的未成年的公民，具有人身权，包括身心健康权、人身自由权、人格尊严权、隐私权、名誉权和荣誉权；具有受教育权，包括受完法定教育年限权、学习权、公正评价权。在我国新课程改革的背景下，教师应该树立"以人为本"的学生观，"以人为本"实现的目标是全面发展。

教师是以教书育人为目的的职业，教师劳动具有示范性和感染性、复杂性、创造性、个体独立性和集体协同性、无私性、长期性与间接性、延续性和广延性。教师应该具备专业理想、专业知识、专业能力、职业道德。教师应该终生学习，利用参与课题研究、加强反思、积极参与观摩教学等途径，提高自己专业发展水平。教师具有一般公民的权利与义务,更有作为专业人员的权利与义务,应依法执教。

在师生关系方面,新型师生关系应该是尊师爱生、民主平等、教学相长与心理相容。新型师生关系的建立步骤包括初步建立阶段、深化阶段与巩固发展阶段。在构建新型师生关系方面,教师要遵循了解和研究学生、树立正确的学生观、热爱尊重学生、主动与学生沟通、努力提高自身修养等策略。

思考题

1. 简述教师的劳动特点。
2. 简述教师应该具备的基本素质。
3. 如何理解教师的角色?
4. 教师专业化的含义是什么?应如何实现教师的专业化?
5. 简述学生的权利和义务。
6. 新型师生关系的内涵是什么?如何建立新型的师生关系?
7. 材料分析题:

某知名网站帖子:《老师:请您尊重我们好吗?》公开指责某教师打骂、报复、刁难学生,引起轩然大波。事后该学校公布调查结果:"帖中所描述的情况有一定根据,但也有部分内容与事实有出入。"随后,该教师通过校园网发表道歉信,表示要反省自己的言行。

请结合相关知识回答以下问题。

(1)分析上述案例所反映的师生关系。
(2)良好师生关系具备哪些特征,应如何构建良好的师生关系?
(3)作为合格教师应具备哪些素质?

第六章 教育目的

学习目标

1. 解释教育目的概念、列举教育目的层次结构；认同教育目的、意义和作用，辨析教育方针、教育目的与培养目标之间的关系。

2. 阐释教育目的价值取向的理论及各个理论的基本主张，能够分析不同理论的利弊。

3. 理解我国现行的教育方针、教育目的，列举我国教育目的确立的依据与教育目的实质。

4. 阐释我国全面发展教育的组成部分，列举各组成部分的意义及"五育"之间的关系，能够在实际教学中正确处理"五育"关系。

学习导引

本章主要由三大部分构成，一是教育目的概述，二是教育目的价值取向，三是我国的教育方针及教育目的。教育目的概述部分，主要介绍教育目的的含义与层次结构、教育目的意义，以及确立教育目的的依据；教育目的的价值取向部分，主要介绍教育目的两种价值取向及其基本主张；我国的教育方针及教育目的部分，主要介绍我国教育目的的表述、实质与理论制定依据。

第一节 教育目的概述

一、教育目的的概念

教育目的是教育的核心问题，是国家对培养人的总的要求，规定着人才的质量和规格，对教育工作具有全程性的指导意义，教育的目的是整个教育工作的方向，是一切教育工作的出发点，教育目的的实现也是教育活动的归宿。

人的全部活动所表现出来的本质特征就是目的性。这是人的实践活动与动物本能活动的根本区别。正如马克思指出，蜘蛛的活动与织工相似，蜜蜂建筑蜂房的本领使人间的许多建筑师感到惭愧，但是，最蹩脚的建筑师从一开始就比最灵巧的蜜蜂高明的地方，是他在用蜂蜡建筑蜂房以前，已经在自己的头脑中把它建成了，劳动过程结束时所要得到的结果，在这个过程开始时就已经在劳动者的表象中存在着，即已经观念地存在着。这无疑说明，人在实践活动之前，头脑中就已经形成了一定的观念，人的一切行为都具有目的性。

教育作为人类的基本实践活动，也具有目的性。从教育的产生看，教育发端于劳动。在共同的生活和劳动过程中，人类必然会形成共同的伦理规范，必然会积累许多社会经验和生产经验。这些经验关系到人类的生存和发展，但这些经验又是不能通过种族的遗传保存下来的。所以，人类要生存繁衍下去，就必须找到一种保存经验的方法，这个方法就是有目的的教育活动。

广义的教育目的是指人们对受教育者的期望，即人们希望受教育者在接受教育后，身心诸方面发生什么样的变化，或者产生怎样的结果，国家和社会的教育机构、家长和亲友、教师等都对年轻一代寄予这样或那样的期望，这些期望都可以理解为广义的教育目的。

狭义的教育目的是指各级各类学校在国家对受教育者培养的总的要求指导下，对人才培养的质量和规格的具体要求。

教育目的主要回答教育要"培养什么样的人"和"为什么培养这样的人"的问题，培养什么样的人、所培养的人为谁服务，这是教育思想观念的核心问题之一。

二、教育目的的层次结构

教育目的的层次性包括国家的教育目的、各级各类学校的培养目标、教师的教学目标。

1. 国家的教育目的

国家的教育目的是国家对培养人的总的要求，它规定着各级各类教育培养人的总的质量规格和标准要求。

2. 各级各类学校的培养目标

（1）培养目标是教育目的的具体化

培养目标是结合教育目的、社会要求和受教育者的特点制定的各级各类教育的培养要求。基础教育的培养目标主要是为人的成长发展奠定德、智、体各方面的基础；高等教育的培养目标则是培养各种专门人才。

（2）教育目的与培养目标之间是普遍与特殊的关系

教育目的是针对所有受教育者提出的，而培养目标是针对特定的教育对象提出的，各级各类学校的教育对象有各自不同的特点，制定培养目标需要考虑各自学校学生的特点。

（3）教师的教学目标

教学目标是教育者在教育教学的过程中，在完成某一阶段（如完成一节课、一个单元或一个学期）的工作时，希望受教育者达到的要求或产生的预期变化。

教师的教学目标是微观层次的教育目的，是一切教育活动的基础，也是进一步具体化的培养目标，它具有很强的操作性。课程是为实现教育目标而选择的教育内容的总和。

教学目标与教育目的和培养目标之间的关系是具体与抽象的关系。它们彼此相关，但不能相互取代。目的与目标根本不同，目标能测量，但目的不能。我们可以把教育目的和培养目标理解为教育意志，它们落实在一系列实现教学目标的行动上。教学目标有次序地渐进和积累是向教育目的和培养目标的接近过程。

历年真题

辨析题：教育目的和培养目标是同一概念。

【答案】该说法错误。教育目的是国家对培养人的总的要求，它规定着各级各类教育培养人的总的质量规格和标准要求。教育目的分为三个层次性：国家的教育目的、各级各类学校的培养目标、教师的教学目标。其中，培养目标是教育目的的具体化，是结合教育目的、社会要求和受教育者的特点制定的各级各类教育的培养要求。因此，教育目的与培养目标之间是普遍与特殊的关系。教育目的是针对所有受教育者提出的，而培养目标是针对特定的教育对象提出的，各级各类学校的教育对象有各自不同的特点，制定培养目标需要考虑各自学校学生的特点。

三、教育目的的意义和作用

1. 教育目的的意义

教育目的贯穿于教育活动的始终。教育发展史表明，任何民族、任何国家，在致力于人才培养时，都把教育目的的确定放在教育问题的首要位置。

教育目的是教育活动的出发点和依据，也是教育活动的归宿。教育目的决定着教育活动的方向，是制定各级各类学校教育目标、确定教育内容、选择教育方法、评价教育效果的重要依据。对于明确教育方向、建立教育制度、确定教育内容、选择教育方法、组织教育活动、进行教育管理、评估教育质量等，教育目的起着决定性的指导作用。教育工作者正确地、深入地理解教育目的的实质，对于贯彻教育目的、做好教育工作具有重要意义。

2. 教育目的的作用

教育目的的意义和价值表现为它在教育实践中具有导向、激励和评价的作用。

（1）导向作用

教育政策的制定、教育制度的确立、教育内容的取舍、教育方法和手段的选择、教育效果的评价，都是以教育目的为依据和前提的。教育目的无论对教育者还是受育者都有目标导向作用。

（2）激励作用

目的是一种结果指向。人类的活动既然是有目的、有意识、有计划的，那么也就应该是有着明确的方向和目标。教育活动因为有可以达成的最终目标，最终目标就可反过来成为一种激励的力量。

（3）评价作用

教育目的是衡量和评价教育实施效果的根本依据和标准。评价学校的办学方向、办学水平和办学效益，检查教育教学工作的质量，评价教师的教学质量和工作效果，检查学生的学习质量和发展程度，都多以教育目的为根本标准和依据。

四、确定教育目的的依据

1. 确定教育目的的客观依据

教育目的的确定虽然有较明显的主观性，但是一个合理的教育目的总是要受客观条件的最终制约，接受社会发展的最终检验。所以教育目的的确定还应有它的客观依据。

确定教育目的的客观依据，首先是指教育目的的制定必须考虑到一定的社会历史条件。与价值取向相比，社会历史条件对教育目的的制约更具有基础性和决定性，主要是指受生产力、科技发展、社会政治经济制度和历史发展进程的制约。此外，教育对象的身心发展规律也是教育目的制定的重要制约因素。

（1）教育目的的确定首先要符合社会政治经济的需要

教育目的是统治阶级的人才利益和人才标准的集中体现，统治阶级的教育目的首先要符合统治阶级或政党的利益和需要。有什么样的社会政治经济制度，便有什么样的教育目的。不同社会、不同阶级、不同政党的人才标准不同，教育目的便会有所不同。因为经济上、政治上占统治地位的阶级，总要利用其在经济上和政治上的实力和权力，制定符合本阶级利益的教育目的，反映统治阶级培养人才的需要，所以，教育目的是受一定社会的经济、政治制度制约的，不同社会性质的教育必然有不同的教育目的。阶级社会的教育目的具有鲜明的阶级性。如在我国奴隶社会向封建社会过渡的时期，孔子把教育当作实行"德治""仁政"的工具，提出过培养"君子"和感化"小民"的教育目的。《孟子》中有言："设为庠序学校以教之……皆所以明人伦也。人伦明于上，小民亲于下。"也就是说要使受教育者修己治人。后来，历代封建王朝的统治者，都采用"明人伦"的教育目的，维护封建制度。17世纪英国资产阶级教育家洛克提出过培养绅士的教育目的。他理想的绅士是获得"德行、智慧、礼仪和学问"的人。在他看来，这样的绅士，将善于处理自己的事物，维护英国在世界上的地位，一旦绅士受到了教育，走上了正轨，其他的人自然很快就都走上正轨了。洛克所说的绅士教育，反映了当时英国贵族资产阶级的政治经济在人才培养上的需要。

（2）教育目的的确定要依据社会生产力发展水平和科学技术发展状况

社会生产力发展水平和科学技术发展程度是确定教育目的的物质基础和经济条件。一定的教育目的反映着生产力发展水平和科学技术进步的时代特点，体现着生产力和科学技术发展的不同水平，对受教育者的质量标准和规格要求有所不同。

不同社会、不同时代，生产力和科学技术发展水平不同，对人才规格和标准的需求不同，教育目的的具体内容便有所不同。随着生产力和科学技术的发展，各国对人才规格的要求都有所提高。诸如，古代社会，包括奴隶社会和封建社会的生产力发展水平是以手工工具生产为标志，生产力发展十分缓慢，科学技术水平十分低下，直接从事生产的劳动者和经济活动人员，不需要经过学校教育的培养和训练，学校教育不担负培养劳动者的任务。教育目的是将统治阶级的子弟培养成有文化的统治者，即政治、军事、宗教、法律等方面的统治人才；对广大劳动者进行的则是服从统治阶级意志的愚昧教育。随着社会生产力的发展和科学技术进步，到了资本主义社会，以机器大工业生产为标志的生产力，使教育目的发生了新的变化，对人才的培养提出了新的要求。

有人粗略统计过各个时期的教育目的，工业化初期，要求劳动者具备初等文化教育程度；电气化生产时期，要求劳动者具有中等文化教育程度；电子技术生产时代，则要求劳动者具有高中、大学文化教育程度。社会生产力和科学技术发展到今天，教育目的不仅要求受教育者有知识，有文化，有能力，还必须具备新时代要求的开拓精神和创造能力，适应新的科学技术发展的需要。

（3）教育目的确定要依据受教育者身心发展规律

从教育的基本规律来说，一个国家教育目的的确定一要符合社会发展的需要，二要符合个体身心发展的特点与规律。教育目的的确定应是上述两种需要的有机统一。教育目的必须符合人的身心发展的需要和可能，因为教育目的直接指向的对象是受教育者，教育首先是通过培养人进而服务社会的。

受教育者作为教育对象在教育活动中的主体地位，是教育活动对象区别于其他活动对象的显著特点。教育目的的提出不能不考虑这个特点。虽然受教育者的身心发展规律和特点，并不能对教育目的的社会性质和方向起决定作用，但它对教育目的的制定有一定的影响。如果完全不考虑受教育者的身心发展规律，那么教育目的的实施和完成就会落空。人的身心发展具有一定的顺序性、阶段性、不平衡性、稳定性、可变性、个体差异性、整体性。教育目的的确定必须符合人的身心发展的规律和需要。

① 教育目的的确定要符合教育对象的身心发展程度。人们既然希望教育目的转化为受教育者的个性，就不能不考虑受教育者的认识发展、心理发展和生理发展的规律和过程。教育目的要求受教育者形成的素质结构，是社会规定性在受教育者个体身上的体现，不仅表明社会规定性，而且也包含着个体的生理、心理特征，是这两个方面的统一。

② 教育目的的确定还要符合教育对象的身心发展变化。科学技术发展不同时期给予学生不同的信息量和发展程度，今天的学生与20多年前的学生相比，其发展潜能就有着很大的区别。

③ 教育目的的确定，尤其是具体培养目标的确定，也要符合教育对象在不同阶段的身心发展需要。教育目的主要是通过各级各类学校的教育活动实现的。在把教育目的具体

化为各级各类学校的培养目标时,也不能不注意受教育者的身心发展水平和经验储备。小学生、初中生、高中生、大学生与职业技术教育的学生的发展需要不同,具体化的教育目的便应有所区别。

2. 确定教育目的的理论依据

马克思主义关于人的全面发展学说,是制定我国社会主义教育目的的理论依据。

(1)关于人的全面发展的含义

人的全面发展是相对于人的片面发展而提出的。马克思认为,人的全面发展是人的劳动能力的发展。人的劳动能力是指在劳动中运用的体力和智力的总和。因而,人的全面发展是指人的体力和智力全面和谐发展。根据马克思关于人的全面发展学说,人的全面发展的本质特征可集中概括为以下三个方面。

① 个人智力和体力的尽可能多方面发展,是发展的"量"的特征。所谓个人全面发展,首先要达到的第一个标准是智力与体力尽可能多方面发展。"多方面"就是要求广泛和全面;"尽可能"就是在考虑社会条件、自身实际及与他人的差异等情况下,充分发挥个人的主观努力,尽其所能地达到多方面的发展,才有可能以此为基础去实现不同生产部门之间的流动和转换,满足个人的兴趣和需要。

② 个人智力和体力充分、自由的发展,表现为发展的"质"的特征。质的特征之一是智力与体力的"充分"发展。充分发展是指个人智力、体力两个方面在各自的领域内得到最大限度的发展。充分发展表明了马克思、恩格斯对个人智力与体力发展的深度和程度的设想和要求,个人智力与体力的发展必须是量与质的统一,是广度与深度的结合。如果仅有发展范围上的要求,没有发展程度上的规定,还不足以说明是否达到了全面发展的境界。因此,全面发展的智力和体力不仅要求范围上是广泛的,还要求发展程度上是充分的。

质的特征之二是智力与体力的"自由"发展。所谓自由发展,一是每个人的发展是不屈从于任何其他的活动和条件,二是个人的发展能为个人所驾驭。自由发展既是充分发展的前提,又是它的必然结果。因为只有自由得到保证,摆脱了种种条件的干扰和限制,人才有可能达到充分发展的程度。只有达到了充分发展的程度,个体才能最终摆脱自我贫困的羁绊与束缚,使自己的"必然王国"走向"自由王国",在最大的自由度里全面发展自己的才能。

质的特征之三是在全面发展基础上的个性发展。"充分自由的发展"主张本身就内在地包含着倡导个性发展的思想。这是因为既然强调要使每个人都获得充分的自由的发展,就必然包含着每个人依照个人的意愿和实际,在自己感兴趣、有特长的方面获得突出的发展,这无疑是个性发展的范畴。

③ 个人智力与体力的统一的发展,表现为发展的"度"的特征。统一的内容有二:一是统一于个体,二是统一于物质生产过程。实现智力和体力在个体身上的统一,以及其

二者与物质生产过程的统一,是区别全面发展与片面发展性质的根本分野和标志。因为个人片面发展的基本特征就是智力与体力的分离,因而,个人的全面发展从根本上说,就是智力与体力的统一。个人的全面发展实现与否,除了要看智力与体力的发展范围、程度,以及其二者与个体的结合与统一外,还要看其二者是否与物质生产过程也达到了结合与统一。如果二者的发展在个体身上是分离的,与物质生产过程也是分离的,那么,这都不是真正的全面发展。智力与体力作为统一的劳动能力,之所以会被排除在生产过程之外,皆是因为资本的作用。资本把智力作为特权,从劳动者身上分离出来。劳动者在生产过程中只剩体力劳动,智力则被资本所掌握。因此,个人的全面发展、智力与体力的统一发展,除上述量与质两个方面的要求外,还必须加上智力和体力与个体、与生产过程双重统一这一点,即智力和体力既要统一于一体,又要统一于物质生产过程中,这才全面揭示了全面发展的本质特征。

(2) 个人全面发展的社会历史进程

① 个人片面发展的社会根源——社会分工

人的全面发展是相对于片面发展而言的。人的发展是随社会的发展而发展的,是与生产力、社会分工状况、生产关系性质和受教育程度等相关联,并为它们所决定的。造成人片面发展及人与人发展不平衡的根本原因是随生产力发展而出现的社会分工,以及由此而产生的生产资料私有制和阶级剥削与对立。

在原始社会,生产力水平极低,人对自然的驾驭能力极其有限,人的智力还处于"自然的无知"的"体耕"状态,在劳动过程中主要是发挥简单的体力作用,智力劳动与体力劳动原始地"混合"在一起,因而还未造成人的片面发展。

由原始社会发展到古代奴隶社会和封建社会,随着生产力提高,有了剩余产品,产生了私有制和阶级,出现了城乡分离和脑力劳动与体力劳动分离和对立。"城市和乡村的分离,使农村人口陷入数千年的愚昧状况,使城市居民受到各自的专门手艺的奴役,破坏了农村居民的精神发展的基础和城市居民的体力发展的基础。"如果说,农民占有土地,城市居民占有手艺,那么,土地也就同样占有了农民,手艺同样占有了手工业者。同时,教育也从生产劳动中分离出来,作为专门教育机构的学校成为剥削阶级、统治阶级垄断的事业,劳动人民及其子女被排斥于学校大门之外。在"劳心者治人,劳力者治于人"的社会思想主导下,统治阶级子弟成为四体不勤、五谷不分的书呆子,片面发展了他们的精神世界;而普通劳动群众子弟则由于被剥夺了受教育权而成为文盲,片面发展了体力,这是社会生产关系导致的人的片面发展。学校的产生在人类文明史和教育发展史上是一大进步,但也由此开始了人的片面发展的历史。

在资本主义社会,人片面发展的资本主义初期的工场手工业分工的产物,就是物质生产过程中拥有智力的统治工人的力量同只拥有体力的工人产生的对立。工人不仅智力得不到发展,机体的发展也日益畸形化。这是因为,工场手工业把一种工艺分成各种精细的工序，把每个工序又分给个别工人，作为他们终生的职业，使他们一生束缚在单一的操作之中。由于劳动被分成几部分，劳动者自身也就被分成几部分，为了训练某种单一的劳动，就必须牺牲其他方面能力的发展。劳动分工在工场手工业中的发展，使人的发展走向更片面、畸形的境地。

②个人全面发展是现代生产的客观要求

当手工工场发展到大工业时，人的全面发展就成了发展现代生产的客观要求。现代机器生产与终身不变的工场手工业生产是根本对立的。大工业的本性决定了劳动的变换、职能的更动和工人的全面流动性，从而承认工人尽可能多方面的发展是社会生产的普遍规律。因此，现代生产必然要求用那种把社会不同职能当作互相交替的活动方式的全面发展的个人，来代替只承担一种社会局部职能的局部个人。在机器生产的条件下，如果工人不能得到全面发展，不能成为"各种能力得到自由发展的个人"，不仅不能适应现代生产的"交替变换职能"和"极其不同的劳动需要"，而且整个现代生产就会中断。所以，马克思主义把人的全面发展看成是现代生产"生死攸关"的大事。

所谓大工业的本性，即大工业的机器生产是以现代科学技术的发展使资本主义的生产过程发生不断的变革，它从不把某一生产过程当成是生产的理想状态。追求工艺的不断改进、产品类型的推陈出新、产品质量的不断提高是现代生产竞争的客观规律。生产过程不断完善和更新，使得以往凭经验劳动或"一招鲜，吃遍天"的情况成为历史。从业者要想适应现代大工业的机器生产，就必须不断学习和掌握科学技术，通晓生产过程的基本原理，这就必然要求体力劳动和脑力劳动结合起来，促进人的智力和体力统一地和谐发展。而且随着生产现代化水平的提高，知识技术、智力在生产中的作用日益突出。

现代大工业的机器生产不仅提出了个人全面发展的必要性，而且提供了可能性。

第一，大工业生产依靠的是先进的科学技术。

为适应这种生产的顺利进行，涌现出一系列工艺操作等新兴学科。这些新学科的出现和综合技术教育的实现，使劳动者可以通过相关学科的学习掌握生产过程的基本原理和基本技能，了解整个生产系统，从而使人的全面发展成为可能。

第二，大工业生产的发展，促进了劳动生产率的提高。劳动生产率的提高可以缩短劳动时间，丰富物质生活条件，使劳动者有充分的闲暇时间去学技术、学文化，发展自己的兴趣、爱好和特长，以适应大工业生产发展的需要。

③资本主义对人的全面发展的限制和阻碍

现代大工业生产的发展以及由此引发的社会文明的不断进步，是实现人的全面发展的根本动力。换言之，社会生产现代化的程度和社会文明进步的程度越高，对人的全面发展的要求也越高。但是人的全面发展的实现却是一个渐进的历史过程，不仅受社会生产力发展水平的制约，也受到生产关系及由此决定的社会政治经济制度的制约。在资本主义社会里，虽然大工业从技术上改变了使人终生固定于某种操作的工场手工业分工，发达先进的资本主义社会化生产对人的全面发展提出了客观要求，为人的全面发展提供了强大的物质基础和实现人的全面发展的可能条件，但大工业的资本主义形式使旧的分工制度依然保存了下来，大工业生产之于人的全面发展的可能性无法变成现实性。正如马克思所说，劳动者"不能把劳动当作他自己体力和智力的活动来享受"。这是因为资本主义的物质再生产，同时也是资本主义生产关系的再生产。科学技术与生产资料，对工人来说，始终是一种受资本家控制的奴役工人的异己力量。工人实际上变成了活的劳动工具，变成机器有意识的附属品。过去是终身专门使用一种工具，现在是终身专门"服侍"一台局部的机器。过去工人是机器的"主人"，现在工人成了机器的奴隶。

本来，生产劳动是人类区别于动物的根本特征，可是，在所有制条件下，劳动发生了异化。异化表现为：机器生产本来能缩短劳动时间，但机器的资本主义应用却延长了工作时间；机器生产能减轻劳动强度，但机器的资本主义应用却提高了劳动强度；机器生产标志人对自然力的胜利，但机器的资本主义应用却使人受到自然力的奴役；机器生产能增加劳动者的财富，但机器的资本主义应用却使生产者变成贫民。所以，由资本主义制度衍生出来的异化劳动，人为造成了劳动智力的荒废、身体摧残和道德的堕落，使人成为片面的人、畸形的人。

历史总是向前发展的，不根除资本主义制度弊端，要实现人的全面发展是不可能的。

④个人全面发展实现的条件

第一，社会生产力的高度发展是人的全面发展的必要物质条件。人的发展受生产力的发展水平的制约。在生产力极为低下的原始社会，人的发展极为有限。因为低下的生产力既不可能向人提出全面发展的要求，也不可能提供充分发展智力和体力的条件。社会生产采用先进的机器生产以后，生产力和科学技术高度发达，人的物质需求和精神需要得到了极大丰富，使人的全面发展成为可能。

第二，社会主义生产关系促进人的全面发展。一方面，社会主义制度消灭了剥削阶级，人民成了国家的主人，在政治上、经济上、教育上都享有民主的权利，脑力劳动和体力劳动的对立不复存在，再加上有先进的以共产主义思想为主导的意识形态和道德标准，有正确的教育方针和目标的指导，为人的全面发展的实现指出了明确的方向和广阔的前景。但另一方面，人的全面发展必须有强大的物质基础、很高的文化素质和教育水平。处在社会主义初级阶段的我国，生产力水平不高，生产社会化、现代化的程度还不高，教育、科学、文化还比较落后，社会主义上层建筑也还有许多不完善的地方，有许多不利于人的发展的弊端正有待在改革中消除。因此，现阶段我们还不具备实现人的全面发展的充足条件。但是，我国社会主义教育必须以培养全面发展的人作为努力奋斗的目标。

人的真正的全面发展，即"对人的本质的真正占有"，只有到了共产主义社会，消灭了一切剥削阶级，消除了城乡之间、工农之间、脑力劳动和体力劳动之间的差异，生产力水平提高，物质财富极大丰富，人的思想道德觉悟提高，各类教育普及，教育方式空前先进之后,一切社会成员才可能满足自己的学习需要,全面发展自己的志趣,能够"根据社会的需要和他们自己的爱好,轮流从一个生产部门转移到另一个生产部门",成为智力和体力全面发展的人。

第三,教育与生产劳动相结合是造就全面发展的人的最好途径和方法。马克思非常重视教育与生产劳动相结合的意义和作用。他在《资本论》中指出,从工厂制度中萌发出了未来教育的幼芽,未来教育对所有已满一定年龄的儿童来说,就是生产劳动同智慧和体育相结合,它不仅是提高社会生产力的一种方法,而且是造就全面发展的人的唯一方法。只有教育和生产劳动相结合,体力劳动和脑力劳动才能结合起来,人的体力与智力才能协调地统一发展,所以马克思把它称为"造就全面发展的人的唯一方法"。随着现代生产和现代科学的发展,教育与生产劳动相结合更成了现代生产和现代教育相互制约、协调发展的一个普遍原理。列宁也曾指出,没有年轻一代的教育和生产劳动相结合,未来社会的理想是不能想象的:无论是脱离生产劳动的教学和教育,或是没有同时进行教学和教育的生产劳动,都不能达到现代技术水平和科学知识现状所要求的高度。毛泽东也非常重视教育与生产劳动相结合,一贯将其作为教育指导方针的基本内容之一。可见,教育与生产劳动相结合是培养全面发展的人的基本原则、必由之路。总之,人的全面发展是历史的必然,尽管在现阶段不可能完全实现,但它是我们必须为之奋斗的目标,我国教育必须以马克思主义关于人的全面发展学说为理论基础,结合社会主义初级阶段的实际情况,才可能制定出正确而又切实可行的教育目的。

> **历年真题**
>
> 1. 确立我国教育目的的理论基础是( )。
>   A. 素质教育理论　　　　　　　　B. 马克思关于人的全面发展理论
>   C. 创新教育理论　　　　　　　　D. 生活教育理论
>   【答案】B。
> 2. 马克思主义认为,实现人的全面发展的根本途径是( )。
>   A. 教育与生产劳动相结合　　　　B. 知识分子与工人农民相结合
>   C. 普通教育与职业教育相结合　　D. 学校教育与社会教育相结合
>   【答案】A。解析:我国教育方针规定,实现人的全面发展的根本途径是教育与生产劳动相结合。

第二节　教育目的价值取向

人们对教育活动的价值选择,历来有不同的见解和主张。就个人发展与社会的关系来说,有的人认为应当把促进个人个性发展作为教育目的,有的人认为应当把满足社会需要作为教育目的；就个人的发展来说，有的人强调知识的积累，有的人强调智能的增进，有的人强调品德的完美，有的人强调美感的陶冶，有的人强调个性的培养，有的人注重普通文化素质的提高，有的人注重实用性操作能力的训练；就社会需要来说，有的人注重政治效益，有的人注重文化效益，有的人急功近利，有的人注重长远效益，有的人向后看、谋求维护过时的社会秩序，有的人向前看、力图改变社会现状，等等。人们对教育目的的价值取向之所以不同，不仅是因为社会生活的复杂，教育功能的多方面，人的多向选择的可能，还因为人们处于不同的经济地位，有不同的文化背景、实践经验、认识水平、政治倾向、社会理想和不同的利益需要。因为教育的价值观念不同，对于教育活动目的势必会有不同的价值取向，从而提出了不同类型的教育目的。

在教育目的的价值取向上，教育史上曾有不同的观点和主张，其中争论最多、影响最大，也是最具根本性的问题，就是围绕个人发展与社会发展的关系，争论教育目的应是促进个性发展还是应当满足社会需要，主要包括"社会本位论""个人本位论"与"教育无目的论"几种价值取向。

一、社会本位论

社会本位教育论的观点为：因为个人生活在社会中，受制于社会环境，所以要从社会发展需要出发，注意教育的社会价值；主张教育的目的是培养合法公民和社会成员；教育是国家事业；评价教育要看其对社会发展的贡献的指标。其代表人物有柏拉图、涂尔干、凯兴斯泰纳、孔德、巴格莱等。

主张社会本位论的人，看到了社会政治经济文化对教育目的的制约作用，强调教育目的要根据社会需要来制定，国家要承担国民教育的主要责任。这对保证教育的地位，发挥教育的社会功能，促进社会的发展都有积极意义。但其否定个体的兴趣、心理规律和个性特征对制定教育目的的作用，是片面的、不科学的，也容易造成对学生个性发展的压抑。

社会本位论的基本主张有如下四点。

第一，教育目的应当根据社会需要来确定，人的发展依赖于社会，个人的发展必须服从社会需要。社会本位论者认为，个人只是教育加工的原料，个人的发展必须服从于社会。孔德认为，真正的个人是不存在的，只有人类才存在，因为不管从哪方面看，我们个人的一切发展，都有赖于社会。涂尔干也指出，正如我们的身体凭借外来食物而获得营养，我们的心理也凭从社会来的观念、情感和动作而营养，我们本身最重要的部分，都是从社会得来的。在他们看来，一个人赤身裸体来到世间，其身心发展的各个方面都有赖于社会，都受到社会的制约。

第二，教育目的在于把受教育者培养成符合社会准则的公民，使受教育者社会化，保证社会生活的稳定与延续。社会本位论者认为，教育除了社会目的以外，并无其他目的。

涂尔干指出教育在于使青年社会化……在我们每个人之中，造成一个社会的"我"，这便是教育的目的。凯兴斯泰纳提出：国家的教育制度只有一个目标，就是造就公民。

第三，社会价值高于个人价值，个人的存在与发展从属于社会。那托尔普认为，在教育目的的决定方面，个人不具有任何价值。个人不过是教育的原料，个人不可能成为教育目的。

第四，评价教育的价值只能以其对社会的效益来衡量。他们认为，教育的结果只能以其社会的功能来衡量。离开了社会，就无从对教育的结果做出衡量，为达到某种结果而提出的教育目的也必然成为一种没有意义的东西。如通常所说的"个人一切能力的和谐发展"是教育目的，但如果离开它对社会所发生的作用，也就不知道能力是什么，和谐又是什么。能力之所以为能力，就是它对社会发生作用；和谐之所以为和谐，就是它达到社会各方面的需要。

> **历年真题**
>
> 德国教育家凯兴斯泰纳曾提出过"造就合格公民"的教育目的，这种教育目的论属于（　　）。
> A. 个人本位论　　　　B. 社会本位论　　　　C. 集体本位论　　　　D. 阶层本位论
> 【答案】B。

二、个人本位论

个人本位论的观点认为：要从个人本能的需要出发，强调教育要遵从人的成长规律和满足人的需要；注重教育对个人的价值，主张教育的目的是培养"自然人"，发展人的个性，增进人的价值，促进个人自我实现，其代表人物有卢梭、罗杰斯、福禄贝尔、裴斯泰洛齐等。

个人本位论的积极意义在于：首先，它确立了儿童在学校教育中的地位，强调尊重儿童的发展需要，促使其个性发展，否定了传统教育对儿童的压抑和灌输等弊端，在文艺复兴时期有反对封建教育的进步意义；其次，提出了培养"自由的人""自我实现的人"和健全人格的理论体系，倡导民主的教育观，对现代学校教育具有积极意义。

其不足之处在于：首先，以"人性"代替对社会的理性分析，忽视社会发展对教育的要求，这是不现实和行不通的；其次，过于强调人性中的天生倾向对人的发展的作用，忽视了学习和社会影响的作用，导致自然主义和自由主义的倾向。

个人本位论的基本主张有如下四点。

第一，教育目的应根据个人的本性需要来确定。个人本位论者主张教育目的应从人的本性、本能的需要出发，而不是从社会需要出发。人生来就有健全的本能，教育的职能就在于使这种本能不受影响地得到发展。个人本位论者认为，如按社会的要求去要求人，就会阻碍这种本能的健全发展。卢梭认为，凡是在创造主手里出来的东西都是好的，一转移到人手里就变坏了，人是被腐败的社会影响而变得堕落的，因此，教育儿童要把他放在腐败的社会之外，远离文明，在自然怀抱里进行，必须把儿童从社会的影响中挽救出来。

第二，教育目的在于把受教育者培养成人，充分发展人的本性，增进个人价值。教育目的在于使人的本性得到最完善的发展，除此之外，教育没有其他目的。这也就是说，教育目的不是根据社会的需要而制定的。卢梭在其著作中提出：如果要在"造人"和"造公民"之间做出选择的话，应选择"造人"。裴斯泰洛齐提出，教育意味着完整的人的发展。教育的唯一目的就是要协调地发展天赋的人格的才能和素质。萨特提出：教育的最终目的就是实现人的自我完善。该派理论认为，如果按照一定社会的要求来培养人，来规定教育目的的话，就会使教育成为一个强迫的、外在的过程，就会抹杀人的本性。

第三，个人的价值高于社会的价值，社会只在它有助于个人的发展时才有价值。有人说：社会是铸模，个人是所铸造的金子，金子的价值必然高于铸模。因此，应当由个人来决定社会，而非由社会来决定个人。

第四，评价教育的价值应以其对个人发展所起的作用来衡量。这种把人的自身的需要作为制定教育目的的依据的做法，在一定的历史条件下具有进步意义。这种思潮兴起和盛行之时，正是欧洲的资产阶级进行反封建斗争的时期。新兴的资产阶级为维护自身的利益、发展资本主义，不仅要在经济上反对沉重的赋税和封建的义务，在政治上反对封建的特权，同时，在教育上也要反对宗教神学对于人的思想的禁锢，反对封建的蒙昧主义和奴隶主义，反对封建主义强加于人的一切教育要求，提出要让人的个性得到解放，要尊重人的要求，尊重人的价值，教育要从人自身出发。总之，他们以人反对神，其实质是要以资本主义来代替封建主义，就教育来说，其目的也就是要培养资产阶级所需要的人。

历年真题

1. 在教育目的价值取向上，存在的两种典型对立的理论主张是（　　）。
   A. 个人本位论与社会本位论　　　　B. 国家本位论与社会本位论
   C. 全面发展论与个性发展论　　　　D. 国家本位论与个人本位论
   【答案】A。解析：在教育目的价值取向上，存在的两种典型对立的理论：个人本位论与社会本位论。个人本位论注重个人价值，要培养"自然人"，社会本位论注重社会价值，要培养合格的公民和社会成员。

2. 在教育目的价值取向问题上，主张教育是为了使人增长智慧，发展才干，生活更加充实幸福的观点属于（　　）。
   A. 个人本位论　　B. 社会本位论　　C. 知识本位论　　D. 能力本位论
   【答案】A。解析：个人本位教育目的强调教育是为了促进人的发展，发展人的个性，增进人的价值，促使个人自我实现。

三、教育无目的论

教育无目的论是由美国实用主义哲学家杜威提出来的。他在《民主主义与教育》一书中明确指出：教育的过程，在它自身以外没有目的，它就是它自己的目的。杜威所否定的教育的一般的、抽象的目的，强调的是教育过程以内的目的，即每一次教育活动的具体目的，并非主张教育无目的。

杜威认为教育过程有两个方面，一是心理学的，二是社会学的，主张"使个人特性与社会目的和价值协调起来"。一方面，杜威倡导儿童中心主义。在他看来，教育就是生长，在它自身以外，没有别的目的。他反对脱离儿童的本能、需要、兴趣、经验对生长过程强加目的，认为这是对生长过程、教育过程的外部强制，是对儿童个性的粗暴干涉。另一方面，杜威又主张"社会中心"，强调把"教育的社会方面放在第一位"，要求教育应"成为民主观念的仆人"，充当所谓绝对主义、极权主义的工具。为了兼顾这两方面，杜威还提出"学校即社会"的主张，要使得每个学校都成为一种"雏形"的社会生活，企图通过这种"小社会"的活动保证大社会的和谐。杜威的主张有一定的积极因素，如重视儿童的活动在教育与发展中的作用，强调学校与社会生活的联系，试图把儿童发展的社会化与个性化统一起来。但他认为教育过程即是教育目的，把教育与社会生活、教育过程与教育目的混在一起，是实用主义教育理论的一种表现，是不科学的，也是不可取的。

教育目的的价值取向应坚持个人发展与社会需要相统一。一方面，社会是由个体的人组成的，个体的人的发展是社会发展的首要条件。另一方面，个人的生存与发展离不开社会，个体发展必须以社会发展为基础，服从社会发展的需要。

第三节　我国的教育方针及教育目的

教育方针是一个国家教育发展和人才培养的最高行动指针，是国家在一定历史阶段提出的有关教育工作的总的方向和指针，是教育基本政策的总的概括。它是确定教育事业发展方向，指导整个教育事业发展的战略原则和行动纲领。

国家为了发展教育事业，在一定阶段，根据社会和个人两方面发展的需要与可能制定的具有战略意义的总政策或总的指导思想，包括教育的性质、地位、目的和基本途径等。不同的历史时期有不同的教育方针，相同的历史时期因需要强调某个方面，教育方针的表述也会有所不同。教育方针都是国家或政党制定的，与教育目的有密不可分的联系。

教育方针的结构一般由三个部分组成：一是关于教育的性质和方向的规定；二是关于受教育者所要形成的身心素质的规定；三是关于实现教育目的的途径的规定。例如，《中华人民共和国教育法》(2021)中对教育方针表述如下:"教育必须为社会主义现代化建设服务、为人民服务,必须与生产劳动和社会实践相结合,培养德智体美劳等方面全面发展的社会主义事业建设者和接班人。"其中,"教育必须为社会主义现代化建设服务、为人民服务",培养"社会主义事业建设者和接班人"即关于教育的性质与方向的规定;"德智体美劳等全面发展"是关于受教育者所要形成的身心素质的规定;教育"必须与生产劳动和社会实践相结合"是关于实现教育目的的途径的规定。同教育目的结构相比,教育方针的组成部分比教育目的的组成部分多了一个关于实现教育目的的途径的规定。从两者关系的比对可以看出,教育目的包含在教育方针之中。

一、中华人民共和国成立后颁布的教育方针

新中国建立以来,在不同时期,党和国家根据历史条件,提出了不同的教育方针。

1957年,在生产资料所有制的社会主义改造基本完成以后,毛泽东在最高国务会议上提出:我们的教育方针,应该使受教育者在德育、智育、体育几方面都得到发展,成为有社会主义觉悟的有文化的劳动者。这是新中国成立后颁布的第一个教育方针。

1958年中共中央、国务院《关于教育工作的指示》规定:党的教育工作方针是教育为无产阶级的政治服务,教育与生产劳动相结合。

1985年《中共中央关于教育体制改革的决定》指出:教育要为我国的经济和社会发展培养各级各类合格人才,"所有这些人才,都应该有理想、有道德、有文化、有纪律,热爱社会主义祖国和社会主义事业,具有为国家富强和人民富裕而艰苦奋斗的献身精神,都应该不断追求新知,具有实事求是、独立思考、勇于创造的科学精神"。人们经常把这一表述简称为"四有、两爱、两精神"。

1995年,第八届全国人民代表大会第三次会议通过了《中华人民共和国教育法》,在这部法律中强调教育必须为社会主义现代化建设服务、为人民服务,必须与生产劳动和社会实践相结合,培养德、智、体、美等方面全面发展的社会主义建设者和接班人。

1999年中共中央、国务院《关于深化教育改革全面推进素质教育的决定》提出:实施素质教育,就是全面贯彻党的教育方针,以提高国民素质为根本宗旨,以培养学生的创新精神和实践能力为重点,造就"有理想、有道德、有文化、有纪律"的、德智体美等全面发展的社会主义事业建设者和接班人。新中国成立以来,党和国家制定的各种文件中有关教育方针的提法虽然不尽相同,但基本内涵或基本精神是一致的,主要表现在两个方面:其一,都确定了我国教育的社会主义性质,指明了教育培养人才、学校办学的方向;其二,都确定了教育培养的人所应具有的素质,即使受教育者在品德、智力、体力等方面得到全面发展,成为有理想、有道德、有文化、有纪律的社会主义新人。

二、我国当前的教育方针

2001年5月发布的《国务院关于基础教育改革与发展的决定》提出:"高举邓小平理论伟大旗帜,以邓小平同志'教育要面向现代化,面向世界,面向未来'和江泽民同志'三个代表'的重要思想为指导,坚持教育必须为社会主义现代化建设服务,为人民服务,必须与生产劳动和社会实践相结合,培养德智体美等全面发展的社会主义事业建设者和接班人。"

这一表述涵盖了教育方向、培养目标和实施途径,明确回答了我国教育在新的历史时期应当"为谁服务""培养什么样的人"以及"培养人的途径"等问题,从而构成了一个完整的教育方针内涵。它是中国共产党不断解放思想、实事求是、与时俱进的产物,符合实际,切实可行,将指引我国教育事业沿着正确的方向前进,有力推动各级各类学校教育教学的改革与发展,对新世纪我国的教育工作具有长期而深远的指导意义。

2021年4月30日新修订的《中华人民共和国教育法》正式施行,健全了"为谁培养人、培养什么人、怎样培养人"的法律规范和制度要求,为贯彻落实党的十九大精神、全国教育大会精神提供了保障,对构建德智体美劳全面培养人的教育体系、推动教育高质量发展具有重大意义;新修订的《教育法》第五条提出"教育必须为社会主义现代化建设服务、为人民服务,必须与生产劳动和社会实践相结合,培养德智体美劳全面发展的社会主义建设者和接班人"的教育方针。[《中华人民共和国教育法》(2021)]各级各类学校须按照教育方针的表述,以切实提高学校劳动教育水平和质量为切入点,努力构建德智体美劳全面育人的教育体系,完善学科体系、教学体系、教材体系和管理体系,推动中华优秀传统文化、革命文化、社会主义先进文化进教材进课堂进头脑,把立德树人融入思想道德教育、文化知识教育、社会实践教育各环节,贯穿基础教育、职业教育、高等教育各领域全过程。

三、我国当前的教育目的

1. 要坚持思想政治道德素质与科学文化知识能力的统一

我国教育目的关于培养"社会主义事业建设者与接班人"或"劳动者"这一规定,明确了我国社会主义的教育方向,也指出了我国教育培养出来的人的社会地位和社会价值。这些人不是不劳而获的剥削阶级,而是国家的主人,是社会主义的劳动者、建设人才。我国是社会主义国家,劳动是每一个有劳动能力的公民的光荣职责,人们不论分担何种社会角色,都要为社会劳动,这既是个人生存、自强的手段,也是为他人、为社会贡献的形式。只有诚实地劳动,个人才能成为经济发展的推动者,从而实现自己的人生理想。

在我国,体力劳动和脑力劳动的对立消失了,但劳动的分工和本质差别还存在。教育目的中所说的劳动者,既包括以脑力劳动为主的劳动者,也包括以体力劳动为主的劳动者。曾几何时,劳动者被曲解为专指体力劳动者,知识分子不是劳动者,是专政的对象,这种思想和实践,给我国教育事业带来了严重的危害。基于此,有人建议用"建设者"一类的提法代替"劳动者"。但不管用哪种提法,必须明确以下几个问题。

①坚持培养劳动者的观念。即使不用"劳动者"的表述方式,"劳动者"所包含的精神也不可丢。当下,在部分青少年中存在好逸恶劳的不良风气,他们在学习上害怕困难,对学习缺乏兴趣,只求混一张文凭。在职业选择上,他们缺乏艰苦创业精神,不愿做体力劳动等。显然,这不符合我国教育目的。这种不良思想的发展,必将导致严重的社会问题。因此,我们要使全体青少年学生懂得,用辛勤劳动建设一个富强民主文明的社会主义现代化国家,是自己肩负的历史使命,从而立志成为社会主义的自觉的劳动者。

②要坚持全面的人才观念。在科技飞速发展的今天,有人似乎认为,只有科学技术专家才是人才,我们的教育只培养这种人才,这是一种片面认识。我们要进行现代化建设,仅有科技人才是不够的,我们还需要政治、经济、文化、教育等各类人才;不仅需要高级人才,中、初级人才也不可少;不仅需要脑力劳动者,体力劳动者也不可或缺。所以,我们的教育目的所指的劳动者是上述的全部人才。国家的发展必须依靠各级各类人才形成的合力,教育目的要培养造就的就是能为社会主义建设做贡献的各级各类人才。

③坚持脑力劳动者和体力劳动者相结合的观念。教育培养出来的学生,将来会有一部分主要从事脑力劳动,另一部分主要从事体力劳动。这就要求我们,教育学生正确对待脑力劳动者和体力劳动者。选择脑力劳动作为发展方向的学生要尊重工农及其他体力劳动者,树立为他们服务的志向,防止受到"万般皆下品,唯有读书高"的观念的影响。选择体力劳动作为发展方向的学生,也要注意提高文化素质,拓宽文化视野,尊重知识和知识分子,克服"读书无用论"的影响。我们应当从两个方面努力,随着经济和社会的发展,向消灭脑力劳动和体力劳动本质差别的目标前进。

2. 要求坚持脑力劳动与体力劳动两方面的和谐发展

教育目的的另一个部分是培养规格问题,即教育目的中关于"培养什么样的人"之人才素质结构和质量标准问题,也是教育目的的核心问题。

社会主义的教育目的是培养全面发展的新型劳动者。受教育者的全面发展,包括生理和心理两个方面的发展。生理上的发展主要指受教育者身体的发育、机能的成熟和体质的增强;心理上的发展主要指受教育者智、德、美几方面的发展。智的发展,包括科学文化的掌握和智力的发展,主要是提高受教育者驾驭自然、驾驭社会的能力。前文教育目的中的"有文化",就是智的方面的发展。德的发展,除了伦理学上所说的道德品质外,还包括思想观点、政治态度,主要是使受教育者能够从广大人民的根本利益出发处理个人与自然、个人与社会的关系。教育目的中表述"有社会主义觉悟","有理想、有道德、有纪律""献身精神""科学精神"等都是德的发展要素。美的发展,包括欣赏美、评价美、创造美的能力和高尚情操的发展,主要培养受教育者美的追求。由此可见,人的发展是多层次因素的发展。

如果我们继续研究，还可以发现更多的层次和组成因素。目前，我国教育学研究教育目的，主要还是在较高层次上讨论受教育者的素质结构，即德、智、体、美的全面发展，这很必要，但不深入，稍显空泛、抽象。只有深入了解各个层次所包含的因素及其在整体中的地位、作用和相互关系，明确人的素质组合的规律和最佳结构，培养目标的设计才能具体化、系统化、科学化，这对于指导教育实践、提高教育质量、评价教育效率都是十分有益的。这里应指出的是，德、智、体、美几方面都是受教育者不可或缺的素质，既各有特点，又相互联系，统一组成受教育者的素质结构。

3. 强调学生个性的发展，培养学生的创新精神和实践能力

培养具有独立个性的创新人才、科教兴国是振兴民族的紧迫需要。我国社会主义教育目的既体现德、智、体、美全面发展思想，又融入了新的时代发展对人才培养规格的新要求，具有时代气息和国家强盛对人才要求的紧迫感。

培养受教育者的独立个性，也就是要使受教育者自由发展个性，增强受教育的主体意识，形成受教育者的开拓精神、创造才能，提高受教育者的个人价值。如有理想、自尊、自强、自立、自制，对自己言行负责；对人类社会有使命感，尊重他人的人格和意见，与他人平等相处；不满足于现状，不唯上，不唯书，面向未来；勇于进取，勇于改革；尊重他人的劳动、贡献；注重效率、效益；想象丰富，兴趣广泛，善于调整自己的知识结构、思想方式等。

在理解这一问题时应注意以下几点。

（1）"全面发展"与"独立个性"并不矛盾

"全面发展"指受教育这个体必须在德、智、体、美诸方面都得到发展，缺一不可，即个性的全面发展；"独立个性"说的是德、智、体、美等素质因素在受教育者个体身上的特殊组合，不可一律化，即全面发展的个性。二者是辩证统一的关系。事实上，在不同的受教育者个体身上，"全面发展"必然会有不同的组合，呈现出不同的个人特点，不会是千人一面。我们知道，受教育者是社会现实的人，不同的受教育者在社会生活中处于不同的境地，扮演不同的角色，有不同的经历经验和智慧品质，他们的兴趣爱好、价值观念、人生追求，对教育也会有不同的态度和选择。因此，全面发展是个人的全面发展；全面发展的过程，必然是个人个性形成的过程。

（2）自由发展是与社会发展同向的

独立个性是全面发展的独立个性，所说的个性化是与社会同向的个性化，所说的自由发展是与社会同向的自由发展。我们并不赞成与社会利益、社会秩序背道而驰，为所欲为的个性。现实中，在某些受教育者身上的确存在着与社会发展需要逆向或异轨的个性，如损害社会利益、破坏社会秩序的极端自私自利的个性，以及无组织无纪律的无政府主义思想个性，都是完全背离教育目的的。对于这种所谓的个性化或自由发展，必须加以教育、约束，使其回到教育目的所要求的轨道上来。但这毕竟是少数人的问题，我们不能因为少

数人的问题而忽视或排斥对广大受教育者独立个性的培养。

（3）将发展独立个性作为教育改革的重点

独立个性的发展，是受教育者高层次的需要，也是他们使命感、事业心、创造性的源泉。培养具有独立个性的人已成为世界各国普遍关注的问题。我国正处于改革中的前进时代，各项改革中的一个根本目的就是要解放、调动、发挥人的社会主义积极性。所以，随着我国社会主义现代化建设的发展，教育改革及其他各项改革的深化，培养独立个性的人必将占有应有的地位。

2019年2月中共中央、国务院印发的文件《中国教育现代化2035》提出了推进教育现代化的八大基本理念：更加注重以德为先，更加注重全面发展，更加注重"面向人人"，更加注重终身学习，更加注重因材施教，更加注重知行合一，更加注重融合发展，更加注重共建共享。这些理念充分体现了教育目的要求。

四、全面发展的教育的组成部分

随着义务教育全面普及，教育需求从"有学上"转向"上好学"，在进一步明确了"为谁培养人、培养什么人、怎样培养人"前提下，优化学校育人蓝图。进入新时代以来，我国颁布系列政策文件，深入推进德智体美劳全面发展的教育目的。

1. 德育

（1）德育的含义

德育是培养学生正确的人生观、世界观、价值观，使学生具有良好的道德品质和正确的政治观念，形成正确的思想方法的教育。

（2）德育的意义

①德育是进行社会主义精神文明建设和物质文明建设的重要条件；②德育在青少年思想品德的形成发展中起主导作用，是培养社会主义新人的条件；③德育是学校全面发展教育的基本组成部分，是实现教育目的的重要保证。

（3）普通中小学在德育方面的要求

①帮助学生初步了解马克思主义的基本观点和具有中国特色的社会主义理论；②热爱党，热爱人民，热爱祖国，热爱劳动，热爱科学；③建立民主和法制的意识，实事求是，追求真理，独立思考，勇于开拓的思维方法和科学精神；④形成社会主义的现代文明意识和道德观念；⑤养成不断适应改革开放形势的开放心态和应变能力。

当前，中国特色社会主义进入新时代，中华民族伟大复兴正处于关键时期。在新时代，加强爱国主义教育，对于振奋民族精神、凝聚全民族力量，决胜全面建成小康社会，夺取新时代中国特色社会主义伟大胜利，实现中华民族伟大复兴的中国梦，具有重大而深远的意义。

2. 智育

（1）智育的含义

智育是向学生传授知识训练技能、培养智能的教育。智育与教学是不同的概念，智育是全面发展教育的重要组成部分，而教学是实施教育的途径，教学不仅要完成智育的任务，也要完成其他任务。

（2）智育的意义

①智育在社会文明建设中起着不可缺少的作用；②智育在全面发展教育中居于基础地位。

（3）普通中小学在智育方面的要求

①帮助学生系统地学习科学文化基础知识，掌握相应的技能和技巧；②发展学生的思维能力、想象能力和创造能力，养成良好的学习习惯和自学能力；③培养学生良好的学习兴趣、情感、意志和积极的心理品质。

3. 体育

（1）体育的含义

体育是教授学生健康的知识、技能，发展他们的体力，增强他们的自我保健意识和体质，培养他们参加体育活动的需要和习惯，增强对其意志力的教育。体育课是学校体育的基本组织形式。普通中小学体育的主要内容有：田径、体操、球类、游戏、武术、游泳、军事体育、舞蹈等。

（2）学校体育任务

2020年中共中央办公厅、国务院办公厅印发了《关于全面加强和改进新时代学校体育工作的意见》，要求义务教育阶段和高中阶段学校严格按照国家课程方案和课程标准开齐开足上好体育课。鼓励基础教育阶段学校每天开设1节体育课。高等教育阶段学校要将体育纳入人才培养方案，学生体质健康达标、修满体育学分方可毕业。鼓励高校和科研院所将体育课程纳入研究生教育公共课程体系。推广中华传统体育项目。认真梳理武术、摔跤、棋类、射艺、龙舟、毽球、五禽操、舞龙舞狮等中华传统体育项目，因地制宜开展传统体育教学、训练、竞赛活动，并融入学校体育教学、训练、竞赛机制，形成中华传统体育项目竞赛体系。[中共中央办公厅、国务院办公厅《关于全面加强和改进新时代学校体育工作的意见》（2020）]

（3）体育的意义

《关于全面加强和改进新时代学校体育工作的意见》指出，学校体育是实现立德树人根本任务、提升学生综合素质的基础性工程，是加快推进教育现代化、建设教育强国和体育强国的重要工作，对于弘扬社会主义核心价值观，培养学生爱国主义、集体主义、社会主义精神和奋发向上、顽强拼搏的意志品质，实现以体育智、以体育心具有独特功能。具体表现在：①促进学生身体健康发展，增强学生的体质；②是促进学生全面发展的不可缺少的重要条件；③年轻一代的身心健康水平，关系到整个国家民族的强弱盛衰。

（4）不同学段体育课程目标

学前教育阶段开展适合幼儿身心特点的游戏活动，培养体育兴趣爱好，促进运动机能协调发展。义务教育阶段体育课程帮助学生掌握1至2项运动技能，引导学生树立正确健康观。高中阶段体育课程进一步发展学生运动专长，引导学生养成健康生活方式，形成积极向上的健全人格。职业教育体育课程与职业技能培养相结合，培养身心健康的技术人才。高等教育阶段体育课程与创新人才培养相结合，培养具有崇高精神追求、高尚人格修养的高素质人才。

为了更好发挥体育的育人功能，《义务教育课程方案》（2022）将中小学体育课统称为"体育与健康教育"。"体育与健康"课程以身体练习为主要手段，以体育与健康知识、技能和方法为主要学习内容，以发展学生核心素养和增进学生身心健康为主要目的，具有基础性、健身性、实践性和综合性等特点，是学校教育的重要组成部分，对促进学生德智体美劳全面发展具有非常重要的价值，是实现儿童青少年全面发展的重要途径，对于提升国民综合素质，推动社会文明进步，建设健康中国和体育强国，实现中华民族伟大复兴具有重要的现实和长远意义。

4. 美育

美育是国家教育方针的有机组成部分，艺术教育是学校实施美育的基本途径，是素质教育不可或缺的重要内容。随着我国基础教育水平的不断提高和素质教育的全面推进，中小学校艺术教育有了较快发展，艺术教师队伍严重不足的状况有所缓解，艺术教育教学质量逐步提高，课外艺术教育活动普遍开展，中小学生的审美素质得到提升。2008年《教育部关于进一步加强中小学艺术教育的意见》指出，中小学校艺术教育要以全面提高教育教学质量为中心……要坚持正确的育人导向，把社会主义核心价值体系融入生动丰富的艺术教育活动之中，使之内化为学生的自觉精神追求，帮助学生形成正确的价值观和审美观；要通过艺术教育让学生接受中华民族和世界各民族优秀文化艺术的滋养，培养深厚的民族情感，为建设中华民族共有精神家园奠定基础。

（1）美育的含义

美育是培养学生健康的审美观，发展他们鉴赏美、创造美的能力，培养他们的高尚情操与文明素养的教育。美育的任务是培养学生对自然、社会和艺术的正确的审美观，培养学生鉴赏美、创造美的能力，发展学生艺术创作的兴趣和爱好。美育能陶冶学生的情操，培养他们的观察力、想象力和创造力，促进学生智力的发展。

（2）美育的意义

2020年中共中央办公厅、国务院办公厅印发了《关于全面加强和改进新时代学校美育工作的意见》提出，以提高学生审美和人文素养为目标，弘扬中华美育精神，以美育人、以美化人、以美培元，把美育纳入各级各类学校人才培养全过程，贯穿学校教育各学段，培养德智体美劳全面发展的社会主义建设者和接班人。具体表现在：①促进学生智力发展，扩大和加深他们对客观世界的认识；②促进学生科学的世界观和良好的道德品质的形成；③促进体育，具有健身怡情的作用；④促进劳动教育，使学生能体验劳动创造带来的喜悦。

（3）普通中小学在美育方面的要求

① 提高学生感受美的能力，即对自然、社会中存在的现实美、对艺术作品的艺术美的感受能力。提高学生感受美的能力，从根本上说是提高人的整体性的精神素养。② 培养学生鉴赏美的能力，即具有美学的基础知识，具有分辨美与丑、文与野、优与劣的能力，具有区分美的程度和种类的能力，懂得各种类型美的特性与形态的丰富性，领悟美所表达的意蕴和意境，从而达到"物我同一"的审美境界，并使人格与性情得到陶冶。③ 形成学生创造美的能力，即能把自己独特的美感用各种不同的形式表达出来的能力，创造美的能力既包括艺术美的创造，也包括生活美的创造。形成学生创造美的能力是美育的最高层次的任务。

2020年中共中央办公厅、国务院办公厅印发了《关于全面加强和改进新时代学校美育工作的意见》提出了具体美育内容要求：要构建大中小幼相衔接的美育课程体系，明确各级各类学校美育课程目标。学前教育阶段培养幼儿拥有美好、善良心灵和懂得珍惜美好事物。义务教育阶段注重激发学生艺术兴趣和创新意识，培养学生健康向上的审美趣味、审美格调，帮助学生掌握1至2项艺术特长。高中阶段丰富审美体验，开阔人文视野，引导学生树立正确的审美观、文化观。

5. 劳动教育

2019年11月26日，中共中央召开了全面深化改革委员会第十一次会议，会议审议通过了中共中央、国务院《关于全面加强新时代大中小学劳动教育的意见》，明确了大中小学开设劳动教育，提出"五育"并举，将劳动教育列入义务教育阶段必修课。将劳动教育纳入全面培养的教育体系，大大强化劳动教育的地位，劳动教育成为"五育"之一，而不像在过去，只是一项简单的活动。

（1）劳动教育的含义与意义

劳动教育是发挥劳动的育人功能，对学生进行热爱劳动、热爱劳动人民的教育活动。当前实施劳动教育的重点是在系统的文化知识学习之外，有目的、有计划地组织学生参加日常生活劳动、生产劳动和服务性劳动，让学生动手实践、出力流汗，接受锻炼、磨炼意志，培养学生正确劳动价值观和良好劳动品质。

劳动教育是新时代党对教育的新要求，是中国特色社会主义教育制度的重要内容，是全面发展教育体系的重要组成部分，是大中小学必须开展的教育活动。它具有鲜明的思想性，以马克思主义劳动观贯彻始终；具有突出的社会性，必须加强学校教育与社会生活、生产实践的直接联系；具有显著的实践性，必须面向真实的生活世界和职业世界，在认识世界的基础上，获得有积极意义的价值体验，学会建设世界，塑造自己，实现树德、增智、强体、育美的目的。

（2）劳动教育目标

树立正确的劳动观念。正确理解劳动是人类发展和社会进步的根本力量，认识劳动创造人、劳动创造价值、创造财富、创造美好生活的道理，尊重劳动，尊重普通劳动者，牢固树立劳动最光荣、劳动最崇高、劳动最伟大、劳动最美丽的思想观念。

具有必备的劳动能力。掌握基本的劳动知识和技能，正确使用常见劳动工具，增强体力、智力和创造力，具备完成一定劳动任务所需要的设计、操作能力及团队合作能力。

培育积极的劳动精神。领会"幸福是奋斗出来的"内涵与意义，继承中华民族勤俭节约、敬业奉献的优良传统，弘扬开拓创新、砥砺奋进的时代精神。

养成良好的劳动习惯和品质。能够自觉自愿、认真负责、安全规范、坚持不懈地参与劳动，形成诚实守信、吃苦耐劳的品质。珍惜劳动成果，养成良好的消费习惯，杜绝浪费。

（3）中小学劳动教育主要内容

a. 小学

低年级：以个人生活起居为主要内容，开展劳动教育，注重培养劳动意识和劳动安全意识，使学生懂得人人都要劳动，感知劳动乐趣，爱惜劳动成果。指导学生：①完成个人物品整理、清洗，进行简单的家庭清扫和垃圾分类等，树立自己的事情自己做的意识，提高生活自理能力；②参与适当的班级集体劳动，主动维护教室内外环境卫生等，培养集体荣誉感；③进行简单手工制作，照顾身边的动植物，关爱生命，热爱自然。

中高年级：以校园劳动和家庭劳动为主要内容开展劳动教育，体会劳动光荣，尊重普通劳动者，初步养成热爱劳动、热爱生活的态度。指导学生：①参与家居清洁、收纳整理，制作简单的家常餐等，每年学会1—2项生活技能，增强生活自理能力和勤俭节约意识，培养家庭责任感；②参加校园卫生保洁、垃圾分类处理、绿化美化等，适当参加社区环保、公共卫生等力所能及的公益劳动，增强公共服务意识；③初步体验种植、养殖、手工制作等简单的生产劳动，初步学会与他人合作劳动，懂得生活用品、食品来之不易，珍惜劳动成果。

b. 初中

兼顾家政学习、校内外生产劳动、服务性劳动，安排劳动教育内容，开展职业启蒙教育，体会劳动创造美好生活，养成认真负责、吃苦耐劳的劳动品质和安全意识，增强公共服务意识和担当精神。让学生：①承担一定的家庭日常清洁、烹饪、家居美化等劳动，进一步培养生活自理能力和习惯，增强家庭责任意识；②定期开展校园包干区域保洁和美化，以及助残、敬老、扶弱等服务性劳动，初步形成对学校、社区负责任的态度和社会公德意识；③适当体验包括金工、木工、电工、陶艺、布艺等项目在内的劳动及传统工艺制作过程，尝试家用器具、家具、电器的简单修理，参与种植、养殖等生产活动，学习相关技术，获得初步的职业体验，形成初步的生涯规划意识。

c.普通高中

注重围绕丰富职业体验，开展服务性劳动和生产劳动，理解劳动创造价值，接受锻炼、磨炼意志，具有劳动自立意识和主动服务他人、服务社会的情怀。指导学生：①持续开展日常生活劳动，增强生活自理能力，固化良好劳动习惯；②选择服务性岗位，经历真实的岗位工作过程，获得真切的职业体验，培养职业兴趣；积极参加大型赛事、社区建设、环境保护等公益活动、志愿服务，强化社会责任意识和奉献精神；③统筹劳动教育与通用技术课程相关内容，从工业、农业、现代服务业以及中华优秀传统文化特色项目中，自主选择 1—2 项生产劳动，经历完整的实践过程，提高创意物化能力，养成吃苦耐劳、精益求精的品质，增强生涯规划的意识和能力。

（4）劳动教育途径

① 独立开设劳动教育必修课在大中小学设立劳动教育必修课程。中小学劳动教育课平均每周不少于 1 课时。

② 在学科专业中有机渗透劳动教育。中小学道德与法治（思想政治）、语文、历史、艺术等学科要有重点地纳入劳动创造人本身、劳动创造历史、劳动创造世界、劳动不分贵贱等马克思主义劳动观，纳入歌颂劳模、歌颂普通劳动者的选文选材，纳入阐释勤劳、节俭、艰苦奋斗等中华民族优良传统的内容，加强对学生辛勤劳动、诚实劳动、合法劳动等方面的教育。数学、科学、地理、技术、体育与健康等学科要注重培养学生劳动的科学态度、规范意识、效率观念和创新精神。

③ 在课外校外活动中安排劳动实践。将劳动教育与学生的个人生活、校园生活和社会生活有机结合起来，丰富劳动体验，提高劳动能力，深化对劳动价值的理解。中小学每周课外活动和家庭生活中劳动时间，小学 1 至 2 年级不少于 2 小时，其他年级不少于 3 小时。

④ 在校园文化建设中强化劳动文化。学校要将劳动习惯、劳动品质的养成教育融入校园文化建设之中。要通过制定劳动公约、每日劳动常规、学期劳动任务单，采取与劳动教育有关的兴趣小组、社团等组织形式，结合植树节、学雷锋纪念日、五一劳动节、农民丰收节、志愿者日等，开展丰富的劳动主题教育活动，营造劳动光荣、创造伟大的校园文化。

6.五育之间的关系

德育、智育、体育、美育、劳动教育之间关系密切，相互促进，相互制约，构成一个有机整体，共同促进人的全面发展。德育在全面发展教育中起着灵魂与统帅作用，为其他各"育"提供了方向性的保证；智育在全面发展教育中起着前提和支持作用，为其他各"育"提供了知识基础和能力基础；体育在全面发展教育中起着基础作用，为其他各"育"提供物质基础；美育在全面发展教育中起着动力作用；劳动教育可以综合德育、智育、体育和美育的作用。

> **历年真题**
>
> 1. 学校体育的基本组织形式是（ ）。
>   A. 体育课　　　　B. 课外体育锻炼　　　C. 体育竞赛　　　　D. 运动队训练
>   【答案】A。
> 2. 简答题：简述美育对促进学生德、智、体全面发展的意义。
>   【参考答案】答案应包含以下要点：
>   （1）促进学生智力发展，扩大和加深学生对客观世界的认识；
>   （2）促进学生科学的世界观和良好道德品质的形成；
>   （3）促进体育，具有健身怡情的作用；
>   （4）促进劳动教育，使学生能体验劳动创造带来的喜悦。
> 3. 简答题：中小学开展劳动教育的途径有哪些？
>   【参考答案】1. 独立开设劳动教育必修课在大中小学设立劳动教育必修课程。
>   2. 在学科专业中有机渗透劳动教育。
>   3. 在课外校外活动中安排劳动实践。
>   4. 在校园文化建设中强化劳动文化。
> 4. 辨析题：全面发展就是指学生德智体诸方面平均发展。
>   【参考答案】这句话是错误的。全面发展的教育由德育、智育、体育、美育和劳动技术教育构成。它们相互依存、相互促进、相互制约，构成一个有机整体，共同促进人的全面发展。但是全面发展不代表平均发展，全面发展的同时也要促进个性发展，针对不同学生因材施教。

本章小结

教育目的是对人才培养的质量和规格的具体要求。教育目的具有导向作用、激励作用、评价作用。要实现教育目的，就要把教育目的落实到学校培养目标与教学目标中。教育目的形式上是主观的，内容却是客观的，因为教育目的的制定不是凭空想象的，而是要依据社会政治经济的需要、社会生产力发展的需要与受教育者身心发展规律的特点制定。关于教育目的如何制定，在历史发展过程中有三种代表性观点：以柏拉图、涂尔干、凯兴斯泰纳、孔德、巴格莱等为代表的社会本位论；以卢梭、福禄贝尔、裴斯泰洛齐等为代表的个人本位论；以杜威为代表的教育无目的论。

马克思主义关于人的全面发展学说是我国制定教育目的的理论依据。我国教育目的是依据当前社会政治经济情况、生产力发展水平与儿童身心发展规律制定的，其实质是培养社会主义事业的建设者和接班人，要求学生在德、智、体、美、劳等方面全面发展，强调学生个性的发展，培养学生的创新精神和实践能力。

思考题

1. 简述教育方针、教育目的与培养目标之间的区别与联系。
2. 简述教育目的的功能。
3. 阐述我国教育目的及其精神实质。
4. 我国制定教育目的的主客观依据是什么？
5. 联系实际论述作为一名教师在教学中应如何贯彻教育目的。
6. 材料分析题

《学记》中关于教育目的与作用的论述中强调"古之王者，建国君民，教学为先"；瑞士教育家裴斯泰洛齐认为："为人在世，可贵者在于发展，在于发展个人天赋的内在力量，使其经过锻炼，使人尽其才，能在社会上达到他应有的地位，这就是教育的最终目的。"

分析以上材料所体现的教育目的不同价值取向，阐明各取向含义，并联系实际论述不同价值取向的特点及缺陷。

第七章 教育制度

学习目标

1. 解释教育制度的概念及其特点，辨析教育制度与学校教育制度、教育结构和教育体制的区别。
2. 熟悉学校教育制度在形式上的发展，识记各阶段的特点。
3. 列举政治、经济、文化以及人的身心发展规律对教育制度的影响，分析目前我国学制的影响因素。
4. 熟悉教育制度的历史发展，能够分析教育制度的结构及单轨制、双轨制、分支制的区别；了解我国现代学制的沿革，列举我国现行的学制改革发展趋势。
5. 解释我国义务教育制度，列举义务教育的概念及特点，认同义务教育的重要意义。

学习导引

本章主要有三大部分构成，一是教育制度的概述，二是教育制度的历史发展，三是义务教育制度。教育制度的概述部分主要沿着教育制度的含义、特点、学校教育制度、教育结构、教育体制以及教育制度的影响因素进行讲解；教育制度的历史发展部分，讲解教育制度发展阶段、教育制度的结构、我国现代学制的沿革及我国当前的学制改革；义务教育制度部分主要介绍义务教育的概念、特点以及我国的义务教育制度。

第一节 教育制度的概述

一、教育制度的含义

1. 教育制度

汉语中，"制度"一词有两种意思：一是要求成员共同遵守的、按一定规程办事的规则，如工作制度、学习制度等；二是在一定条件下形成的政治、经济、文化等的体系，如资本主义制度、社会主义制度等。英语中，表示"制度"的词有两个：一个是 system，有"系统""体系""制度""体制"等含义；另一个是 institution，有"建立""制定""设立""制度""惯例""风俗""公共机构"等含义。因此，无论是从汉语还是从英语来看，"制度"一词都包括两方面的内容：一是机构或组织的系统，二是机构或组织系统运行的规则。这两个方面是不可分的，一个机构或组织系统之所以能够成为一个系统，就是因为它具有一套明确的、具有约束力的运行和协调规则。这套规则为系统中的每个要素所理解和遵守。反过来说，一定的制度或规则总是以一定的机构或组织系统为对象的，起到制约和协调机构或组织之间及其内部各种关系的作用。

教育制度是指一个国家各级各类教育机构与组织的体系及其管理规则，包括相互联系的两个基本方面：一是各级各类教育机构与组织的体系，即教育体系；二是教育机构与组织体系赖以存在和运行的一整套规则，如各种各样的教育法律、规则、条例等。

教育制度既有与其他类型的社会制度相类似的特点，又有自身独有的特点。

第一，客观性。教育规律是根据社会发展需要而制定的。教育制度虽然反映着人们的主观愿望和特殊的价值需求，但是，人们并不是随心所欲地制定或废止教育制度，教育制度的制定或废止，有其客观基础，有规律可循。这个客观基础和规律性主要是由社会生产力发展水平所决定的。

第二，取向性。教育制度体现一定阶级的价值取向。任何教育制度的变革都是重新对教育的价值取向选择的结果。在阶级社会中，教育制度的取向性主要表现为其阶级性，即教育制度总是体现着某一阶级的价值取向，总是为某一阶级的利益服务，社会主义的教育制度应该为广大人民的利益服务，应该最大限度地保障和满足广大人民日益增长的文化教育需要，从而体现社会主义教育的取向性。

第三，历史性。教育制度是随着时代和文化背景的变化而不断创新的。教育制度的客观性和取向性的具体内容是随着社会的变化而变化的，在不同的社会历史时期和不同的文化背景下，会产生不同的教育制度。教育制度的创新是教育改革的一个重要内容，也是教育实践得以深化的一个重要条件。

第四，强制性。教育制度具有法律效应，如有违背就要受到惩罚。教育制度具有强制作用，只要是制度，在没有被废除之前，不管个人的好恶，要求个体无条件地遵守，违反制度就要受到不同形式的惩罚。例如违背国家义务教育制度、学校学籍管理制度、学校考试制度等，就会受到惩罚。

2. 学校教育制度

学校教育制度简称学制，是指一个国家各级各类学校的系统及其管理规则，规定着各级各类学校的性质、任务、入学条件、修业年限，以及它们之间的关系。

各级学校，指按教育程度划分的学前教育、初等教育、中等教育、高等教育等机构。

各类学校，按教育类型划分，分为普通教育、职业教育、高等教育、成人教育、特殊教育等机构；按学校组织形式划分，分为全日制、半日制、业余教育等机构；按教育手段划分，分为函授、广播电视、网校等教育机构；按教育对象划分，分为学龄期教育、成人教育等教育机构；按主办单位划分，分为国家办、地方办、企事业办和国内外私人等社会力量办等教育机构。

3. 教育结构

教育结构是指构成一个国家或区域教育体系的各个部分及其结合方式。一般来说，教育结构主要包括纵向（层次）结构和横向（类别）结构两大部分。各级各类教育系统构成教育结构，受社会政治、经济、文化传统、教育已有发展水平的制约。

教育系统的结构具有多层次性和多方面性：①教育层次结构，由学前教育、初等教育、中等教育和高等教育组成；②教育类型结构，由普通教育、职业教育、高等教育、成人教育、特殊教育等组成；③办学形式结构，由全日制、半工（农）半读学校、业余学校，函授、刊授、广播、电视等学校组成；④教育管理体制结构。

4. 教育体制

体制和制度是密不可分的两个概念。制度是社会为人们规定的共同的和根本的行为准则，具有稳定性、普遍的权威性。体制是制度的具体的外在表现形式和实施方式，是有关制度，如政治组织、社会团体，以及个人的行为规范的总和。

教育体制是教育行政机构设置、隶属关系、权限划分等方面的体系和制度的总称，亦即教育体系及其管理制度的总称，是一个国家配合政治、经济、科技体制而确定下来的办学形式、层次结构、组织管理等相对稳定的运行模式和规定。

教育体制是教育机构与教育规范的结合体、统一体，是由教育的机构体系与教育的规范体系组成的。

教育体制包括办学体制、投资体制、教育行政管理体制、招生和就业体制、学校内部管理体制等，为办哪些学校、谁来办学、谁来投资、谁来管理、怎么管理等问题提供规范，其中最主要的是规定权限划分和隶属关系。教育体制对全社会的教育活动都有着非常重大的影响作用，是所有教育活动存在、延续、发展的基础和条件，是决定教育发展的重要因素。教育体制的内涵包括：教育总系统的行政管理机构设置；各级教育行政管理机构职能的规定，包括责任和权利等；各级教育行政管理机构的相互关系及其活动的规范；各级教育行政管理的基本方式和方法，包括教育决策、教育行政、教育督导、教育评估的制度等。

由于各国的政治、经济、文化等发展水平的差异，各国的教育行政管理体制也有区别。根据中央与地方之间的教育行政管理权力分配上的不同，大体可分成三种类型，即中央集权制、地方分权制、中央和地方共同合作制。随着办学形式多样化和教育投资主体多元化，教育体制亦呈现出复杂的局面。

> **历年真题**
>
> 通常把一个国家各级各类学校的总体系称为（ ）。
> A. 国民教育制度　　　　　　　　B. 学校教育制度
> C. 教育管理体制　　　　　　　　D. 学校教育结构

【答案】B。解析：狭义的教育制度指学校教育制度，简称学制，是一个国家各级各类学校的总体系，具体规定各级各类学校的性质、任务、入学条件、修业年限及它们之间的关系。

二、学校教育制度在形式上的发展

1. 前制度化教育

前制度化教育始于人类早期的原始社会教育，也是一种实体化教育。教育实体的出现，意味着教育形态已趋于定型。教育实体的产生是人类文明的一大进步，它属于形式化的教育形态。它的形成具有以下特点：①教育主体确定；②教育的对象相对稳定；③形成系列的文化传播活动；④有相对稳定的活动场所和设施等。

前制度化的教育是人类教育史上的一个重要阶段，它为制度化的教育提供了必不可少的发展基础，并对教育的发展产生了难以估量的影响。

2. 制度化教育

近代学校系统的出现，开启了制度化教育的新阶段。制度化教育主要指的是正规教育，也就是指具有层次结构的、按年龄分级的教育制度，它从初等学校延伸到大学，并且除了普通的学术性学习以外，还包括适合于全日制职业技术训练的许许多多专业课程和机构。从这一定义，我们可以发现，制度化的教育指向形成系统的各级各类的学校。

随着学历社会的出现，制度化教育趋于成熟，其发展越来越成为社会发展的重要因素。

3. 非制度化教育

非制度化教育是相对于制度化教育而言的，它指出了制度化教育的弊端，但又不是对制度化教育的全盘否定。非制度化教育所推崇的理想是：教育不应再限于学校的围墙之内。非制度化教育相对于制度化教育而言，改变的不仅是教育形式，更重要的是教育理念。库斯等人陈述的非正规教育的概念、伊里奇所主张的非学校化观念都是非制度化教育思想的代表。我国提出的构建学习型社会的理想正是非制度化教育的重要体现。

三、教育制度的影响因素（建立学制的依据）

作为教育制度核心的学校教育制度是社会发展到一定历史阶段的产物，当今世界各国都建立了现代学制，但是各国学制之间存在着很大的差异。因为学制的确定受到各种因素的影响，各个国家的具体情况决定了这些国家学制的差异。

学校教育制度的建立受到社会各种相关条件的制约。总的来说，一方面受社会因素的制约，另一方面受人的身心发展因素的制约。具体来说，体现在以下方面。

1. 学校教育制度的建立要依据社会政治制度

社会政治制度决定教育制度的性质、教育权和受教育权、教育类型和方式。

教育是人类的一种社会活动，有什么样的政治制度，就有什么性质的教育制度。阶级社会具有鲜明的阶级性。掌握着政权的统治阶级必然要掌握教育权，决定着谁能享受教育，谁不能享受教育，决定着不同社会背景的学生享受教育的类型、程序和方式。统治阶级的这些要求既体现在他们的教育观念上，又体现在他们的教育制度上，而且必须借助教育制度加以保障和实现。因此，政治制度对教育制度的影响是直接的。例如，在古代社会里，由于社会政治的阶级性和等级性，古代教育制度也具有阶级性和等级性，能够享受学校教育的只能是一部分有特权（出身、军功或宗教信仰）的人，其余的人都被排斥在学校体系之外，接受一些粗浅的生活教育或学徒式的教育。在现代社会里，由于义务教育的普及，把一部分社会处境不利的人排斥在学校教育系统之外的做法行不通了，但是在资本主义国家，教育制度的阶级性还是有所体现，只不过更为隐蔽罢了。

2. 学校教育制度的建立要依据社会生产力和科学技术发展水平

经济发展水平决定着学制、教育结构。经济的发展为学校教育制度提供一定的物质基础和相应的客观条件。

在古代的农业社会时期，社会生产力和科学技术不甚发达，不需要通过学校来传递社会生产相关的知识和技能，劳动力不需要通过学校培养。学校教育被统治阶级垄断，教育对象限于少数统治阶级的子女，劳动人民的子女没有受教育的权利和机会，学校类型单一，教育目的在于培养政治伦理人才，学校没有培养劳动力的任务。

到了工业社会，随着社会生产力和科学技术的发展，社会需要各种专门人才，于是学校类型日益增多。资本主义大工业生产的兴起，科学技术在生产中的广泛应用，对学校教育提出两方面的新要求：一是要求工人普遍接受一定的学校教育，掌握适应大工业生产所必需的文化科学知识和技能，反映在学制上，则要求实行义务教育制度；二是要求为大工业生产培养所需要的不同层次的专业技术人才，必须建立适应生产与科技发展的职业技术教育系统。

在人类当前生活的后工业社会，随着现代生产的发展对劳动者的素质要求越来越高，义务教育的年限也就越来越长，不少国家已经达到了12年，高中教育普及在一些发达国家已经成为现实，职业技术教育迅速发展、比重增大，高等教育大众化的时代也已经到来，学校类型进一步多样化，各种教育制度处于不断发展和完善之中，终身教育制度逐渐被纳入学校教育制度中，所有这些都是社会生产力和科学技术发展需要在学校教育制度上的体现。当前，人类社会正进入一个知识经济时代。这个时代出现的许多高新科技产业必将对教育的种类、科类以及人才培养的目标产生深刻的影响，从而影响到教育制度的发展和变革。

3. 学校教育制度的建立要依据文化发展水平和文化传统

文化发展水平和文化传统制约着学校教育制度的制定、学制传统和管理体制。

教育活动既是在一定的文化背景下进行的，又承担着一定的文化功能，如文化选择、文化传承、文化整合与文化创造等。不同的文化类型必然会影响教育的类型，影响教育制度。例如，同为资本主义国家，法国在教育行政上实施集权制，而美国在教育行政上实施分权制；同样是实施分权制，美国的分权制又与英国的分权制不同，各自有自己的传统和特色。素有崇尚教育传统的朝鲜，尽管经济发展水平不甚高，但较早地推行了10年义务教育制度。这些都是因为文化差异和文化传统所致的制度差异。在文化因素中，科学技术对教育制度的影响非常明显，而且其影响力还在逐渐增大。当代科学技术知识的激增已经极大地冲击了传统的以掌握和再现知识为主的学校教育制度，人们纷纷研究适应这种知识状况的新的教学制度、考试制度、奖励制度、教师培训制度等。

4. 学校教育制度的建立要依据人的身心发展规律

学生的身心发展规律制约学校教育结构和学制。人的身心发展经历着不同的阶段，从童年到少年，从少年到青年，从青年到壮年，各阶段的身心发展各有其特点和规律。确定入学年龄、修业年限、各级各类学校的分段与衔接，升级升学制度中某些弹性限度的规定，设立特殊学校、特殊班级，调整教育结构，设定职业技术教育的起始年龄段，等等，都必须考虑学生的身心发展特点。心理学与脑科学的研究证明：一般人在6岁时大脑重量达到成人的90%，具备初步的学习能力，余下的10%是在其后10～12年中长成的，6岁到十六七岁的儿童是能接受系统科学知识、身心迅速发展的重要时期。因此，大多数国家都把儿童的入学年龄由8岁左右提前到6岁左右；把基础教育阶段年限规定为10～12年，很多国家都规定为12年；同时，根据青少年儿童身心发展的阶段性的年龄特征，把基础教育划分为小学、初中、高中三个阶段，修业年限分别为小学（儿童期）6年、初中（少年期）3年、高中（青春期）3年。这说明学生的身心发展规律是调整教育结构和建立学制的重要依据之一。

新的学校教育制度的建立，还要吸收本国原有学制中的有用部分，参照外国学制的有益经验。每个国家的学校教育制度都有其产生和发展的过程，既不能脱离本国学制发展的历史沿革，又不能忽视吸收外国学制改革的有益经验。不同性质的社会制度决定不同性质的学制，这是学制的本质方面。不同国家的学制之间、新旧学制之间既有不同的一面，又有继承和相互借鉴的一面。

> **历年真题**
>
> 简答题：一个国家学制建立的主要依据有哪些？
> 【参考答案】答案应包含以下要点：
> （1）社会政治制度；
> （2）社会生产力发展和科学技术发展状况；
> （3）文化发展水平和文化传统；
> （4）青少年儿童身心发展规律。

第二节 教育制度的历史发展

由于教育制度受到各种社会因素的制约，所以它必然会随着社会的发展变化而变化，在不同的社会历史发展阶段表现出不同的发展状况。

在原始时代，社会还处于混沌未分化状态，教育还没有从社会生产和社会生活中分离出来，还没有产生学校，因此，那时不可能有教育制度。

在古代阶级社会之初，由于社会的分化，以及教育从社会生产和社会生活中的第一次分离，古代学校诞生了，后来甚至还有了简单的学校系统，古代教育制度也因此产生。古代教育没有严格的程度划分，没有严格的年限规定，学校类型很少，层次简单，只有蒙学和大学，甚至连中学都没有。

现代学校是人类进入现代社会之后的产物，是社会的进一步大分化，是教育从社会生产和社会生活中第二次分离的结果。现代学校不但培养政治统治人才和管理人才，更重要的是培养大量科学技术人才、文化教育人才、经济管理人才和众多的有文化的生产工作者。培养对象决定了现代学校教育内容的科学性及其与生产劳动密切联系的性质，决定了学校规模的群众性和普及性，决定了学校结构的多种类型和多种层次的特点，从而决定了现代教育制度的系统性和完善性。

教育制度在当代还随社会的发展变化而不断地发展变化着，已由过去的现代学校教育机构与组织系统发展为当代的以现代学校教育机构与组织系统为主体的，包括幼儿教育机构与组织系统、校外儿童教育机构与组织系统和成人教育机构与组织系统的一个庞大的教育体系。当代教育制度的发展方向是终身教育制度。

终身教育是人一生各阶段当中所受各种教育的总和，是人所受不同类型教育的统一综合。前者是就纵向而言，说明终身教育不仅仅是青少年的教育，而且涵盖了人的一生。后者是就横向而言，说明终身教育既包括正规教育，也包括非正规教育。终身教育的概念也在不断发展。终身教育固然要使人适应工作和职业需要，然而，除此之外，终身教育还应该重视铸造人格、发展个性，使每个人潜在的才干和能力得到充分的发展。

自20世纪60年代以来，终身教育作为一种最有影响的教育思潮引起世界各国的注意。从东方到西方，从发达国家到发展中国家，终身教育已被不同社会制度的国家普遍接受。不同学派的教育学家都把它作为"现代教育学的重要主题"进行探讨。联合国教科文组织更是把它作为教育领域活动的指导原则，并组织了一系列国际会议和地区会议，发表了一系列重要的研究报告；很多国家已把它作为教育改革的总政策，并在教育结构、教育内容和方法、教育管理、师资培训等方面进行了一系列革新和实验。有的国家已在国家一级设立"终身教育委员会"，不少国家制定了保证终身教育实施的法律；很多国家正结合各自的国情把终身教育从原则和政策转向实际的应用。联合国教科文组织"国际21世纪教育委员会"在《教育——财富蕴藏其中》的报告中指出，在迅速变革的时代，终身教育应该处于社会的中心位置上；终身教育是打开21世纪之门的一把钥匙。终身教育对当代世界教育实践的影响正越来越清楚地显示出来，教育制度正在不断向终身教育的方向迈进。

一、西方发达国家现代学制的发展历程

现代学制最早出现在欧洲，欧洲资本主义工业革命后，现代学校迅猛发展。学校系统的形成有两条途径：一条是自上而下的发展，是以最早的中世纪大学为顶端，向下延伸，产生了古典文科中学，经过长期发展形成了大学和中学系统；另一条是自下而上的发展，是由最初面向广大劳动人民的国民小学到中学（包括初级中学、高级中学和职业学校等）再到高等职业学校。19世纪末，西方现代学制逐步形成。各国在发展过程中形成了三种典型的学制类型。

现代学制主要由两种结构构成：一是纵向划分的学校系统，二是横向划分的学校阶段。不同类型的学制只不过是学校的系统性和阶段性的不同组合。由纵向划分的学校系统占绝对优势的学制结构就是双轨学制，由横向划分的学校阶段占绝对优势的学制结构就是单轨学制。西欧原来的学制属前者，美国的学制属后者。介于这二者之间的学制结构，为分支型学制。苏联的学制是最早出现的分支型学制。（如图7-1所示）

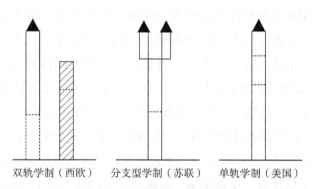

图7-1 三种类型学制示意图

1. 双轨学制

19世纪，欧洲学校教育分为两个互不相通的轨道：一轨是为资产阶级子女设立的，自上而下的，从大学到中学，具有较强的学术性；另一轨是为劳动人民子女设立的，从小学到中等职业学校，是为培养劳动者的。两轨互不相通，互不衔接。英国是典型的双轨制代表。

18、19世纪的西欧，在社会政治、经济发展及特定历史文化条件的影响下，由古代学校演变来的带有等级特权痕迹的学术性现代学校和新产生的供劳动人民子女入学的群众性现代学校（国民教育学校），都同时得到了比较充分的发展，于是就形成了欧洲现代教育的双轨学制：一轨自上而下的，其结构是——大学（后来也包括其他高等学校）、中学（包括中学预备班）；另一轨自下而上，其结构是——小学（后来是小学和初中）及其后的职业学校（先是与小学相连的初等职业教育，后发展为和初中连接的中等职业教育）。双轨学制有两个平行的"轨道"，既不相通，也不相接，这样的方式剥夺了在国民教育学校上学的劳动人民子女升入中学和大学的权利。后来，国民教育学校从小学发展到了中学时，才有了初中这个相对应的部分：一轨是文法中学（英国）、国立中学（法国）和文科中学（德国）的第一阶段，另一轨相应的是现代中学（英国）、市立中等学校（法国）和初级中学（德国）。欧洲国家的学制都曾采用双轨学制。

由于19世纪末20世纪初在欧洲形成的这种双轨学制和第二次工业技术革命，特别是和第三次工业技术革命时代大生产性质的矛盾越来越尖锐，并且与这些工业技术革命所推动的普及教育由初等教育向初中教育甚至高中教育的发展相矛盾，引起了双轨学制的变革。

2. 单轨学制

单轨学制是19世纪末20世纪初在美国形成的一种学制，由于美国没有像英国皇室那样的特权阶层，因此形成了典型的单轨学制。其特点是所有的学生在同样的学校系统中学习，从小学、中学到大学，各级各类学校相互衔接。相对于双轨学制来说，这种学制是历史的一个进步，有利于普及教育，提高国民素质。

北美多数地区最初都曾沿用欧洲的双轨学制。哈佛大学、耶鲁大学等大学只不过是牛津大学、剑桥大学的缩影，拉丁语学校则是文法学校的翻版。后来，拉丁语学校又演变为兼重文、实的文实学校。18世纪末，美国北部各州都有了在城镇设立初等学校的法令。1830年以后，小学得到了蓬勃的发展。由于产业革命和电气化的推动，美国由农业社会向工业社会急剧转变，于是继小学的大发展之后，自1870年起，中学也得到了极大发展。在上述这种急剧发展的经济条件和没有特权传统的文化历史背景下，美国原来的双轨学制中的学术性一轨没有得到充分的发育，却被在短期内迅速发展起来的群众性小学和群众性中学所淹没，因此美国建立了单轨学制。美国单轨学制自下而上的结构是：小学、中学、大学。其特点是一个系列、多种分段，即六三三、五三四、四四四、六二四、六六等多种分段①。单轨学制最早产生于美国，后被世界许多国家先后采纳。

美国单轨学制数十年来之所以没有重大变化，并为许多国家所采用，是因为它有利于教育的逐级普及。不但有利于过去初等教育的普及，而且有利于后来初中教育的普及，以及20世纪以来对高中教育的普及。实践证明，它更能适应现代生产和现代科技的发展。

3. 分支型学制

分支型学制是20世纪上半叶苏联建立的一种学制。这是一种在初等教育阶段强调共

---

① 六三三（小学6年、初中3年、高中3年），五三四（小学5年、初中3年、高中4年），四四四（小学、初中、高中各4年），六二四（小学6年、初中2年、高中4年），六六（小学6年、中学6年）。

同的基础性教育，到中等教育阶段分职业教育和普通教育两个分支的学制。既有上下级学校间的相互衔接，又有职业技术学校横向的相互联系，形成了立体式的学制。其特点是"上通（高等学校）下达（初等学校），左（中等专业学校）右（中等职业学校）畅通"。这种学制既有利于教育的普及，又能使学术性保持较高水平，但由于课时多、课程复杂，教学计划、大纲和教科书必须统一，导致教学不够灵活。

沙皇俄国时代的学制属欧洲双轨学制。十月革命后，苏联制定了单轨的社会主义统一劳动学校系统。后来在发展过程中，又恢复了原文科中学的某些传统和职业学校单设的做法，于是就形成了既有单轨学制特点又有双轨学制某些因素的分支型学制。分支型学制不属于欧洲双轨学制。因为它一开始并不分轨，而且职业学校少数优秀的毕业生也有权进入对口的高等学校学习，其余学生工作三年后也可升学。但分支型学制和美国的单轨学制也有区别，因为它进入中学阶段时又开始分叉，该学制前段（小学、初中阶段）是单轨，后段分叉，是介于双轨学制和单轨学制之间的学制。

> **历年真题**
>
> 英国政府1870年颁布的《初等教育法》中，一方面，保持原有的专为资产阶级子女服务的学校系统；另一方面，为劳动人民的子女设立国民小学、职业学校。这种学制属于（　　）。
>
> A. 双轨学制　　　　B. 单轨学制　　　　C. 中间型学制　　　　D. 分支型学制
>
> 【答案】A。解析：双轨学制是学校教育分为两条互不相通的轨道，一轨是自上而下的，从大学到中学，具有较强的学术性；另一轨是从小学到中等职业学校，是为培养劳动者服务的。英国的学制是典型的双轨学制。

二、中国现代学制的沿革

学制是学校教育发展到一定历史阶段的产物，具有完整体系的学制以现代学制的出现为标志。中国现代学制比欧美现代学制建立得晚，到清末才出现。清政府采取"废科举、兴学堂"的措施，开始了中国现代学制改革。

1. 1949年以前中国的学制

中国现代学制的建立是从清末开始的。1840年鸦片战争后，帝国主义列强的疯狂侵略和国内资本主义势力的兴起，迫使清朝政府不得不对延续了几千年的封建教育制度进行改革。于是"废科举，兴学校"，改革教育，制定现代学制。

1902年，清政府颁布了《钦定学堂章程》，亦称"壬寅学制"，这是我国正式颁布的第一个现代学制。这个学制未及实施，1904年又颁布了《奏定学堂章程》，亦称"癸卯学制"，这是我国正式实施的第一个现代学制。这个学制的指导思想是"中学为体，西学为用"，其宗旨是"忠君、尊孔、尚公、尚武、尚实"，以当时的日本学制为蓝本，保留了尊孔读经等旧传统。其突出特点是教育年限长，总共 26 年。如果 6 岁入学，中学毕业为 20 岁，读完通儒院则是 32 岁。（如图 7-2 所示）

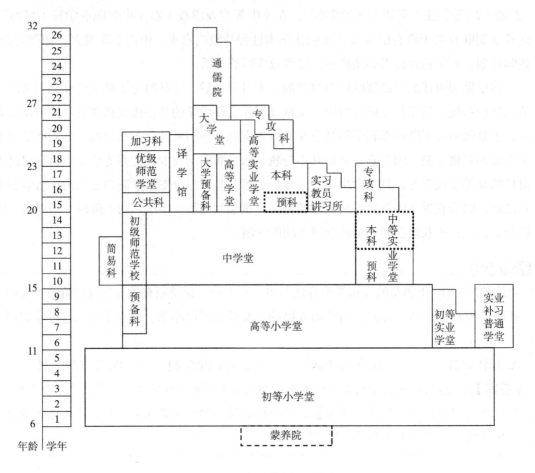

图 7-2 "癸卯学制"系统图

中华民国北京政府在 1912 年 9 月颁布了"壬子癸丑学制"，这是我国第一个具有资本主义性质的学制，第一次规定男女同校，废除读经，充实了自然科学的内容，并将学堂改为学校。第一次世界大战以后，留美派主持的全国教育联合会，以美国的学制为蓝本，又提出了改革学制的方案，于 1922 年颁布了"壬戌学制"，即通称的"六三三制"。这个学制受美国实用主义教育的影响，强调适应社会进化的需要，发扬平民教育精神，谋求个性的发展，注重生活教育。在学校系统上，该学制将全部学校教育分为三段 5 级：初等教育段为 2 级共 6 年，分为初级小学（4 年）、高级小学（2 年）；中等教育段为 2 级共 6 年，分为初级中学（3 年）、高级中学（3 年）；高等教育段为 4～6 年，不分级。（如图 7-3 所示）在国民党统治时期，这个学制虽几经修改，但基本没有变动，影响深远。

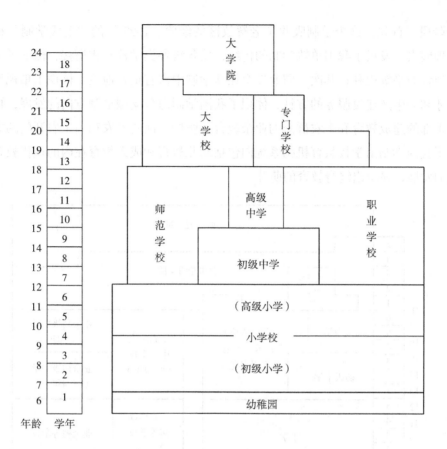

图 7-3 "壬戌学制"系统图

历年真题

1. 在我国近现代学制改革中,明确规定将学堂改为学校,实行男女教育平等,允许初等小学男女同校的学制是( )。

   A. 壬寅学制　　　B. 癸卯学制　　　C. 壬子癸丑学制　　　D. 壬戌学制

   【答案】C。解析:1912 年,中华民国北京政府布了"壬子癸丑学制",这是我国第一个具有资本主义性质的学制,第一次规定男女同校,废除读经,充实了自然科学的内容,并将学堂改为学校。

2. 在"中学为体,西学为用"的思想指导下,我国从清末开始试图建立现代学制。在颁布的诸多学制中,第一次正式实施的是( )。

   A. 壬寅学制　　　B. 癸卯学制　　　C. 壬子癸丑学制　　　D. 壬戌学制

   【答案】B。

2. 1949 年以后中国的学制

1949 年中华人民共和国成立,中央人民政府政务院于 1951 年颁布了《关于改革学制的决定》,明确规定了中华人民共和国的新学制(如图 7-4 所示)。这是我国学制发展的一个新阶段。首先，这个学制吸收了老解放区的经验、1922年的"壬戌学制"和苏联学制的合理因素，发扬了我国单轨学制的传统，使各级各类学校互相衔接，保证了劳动人民子女受教育的平等权利；其次，职业教育在新学制中占有重要地位，体现了重视培养各种建设人才和为生产建设服务的方针，体现了我国学制向分支型学制方向的发展；再次，重视工农干部的速成教育和工农群众的业余教育，坚持了面向工农和向工农开门的方向，初步表现了我国学制由学校教育机构系统向包括幼儿教育和成人教育在内的现代教育施教机构系统的发展，显示出终身教育的萌芽。

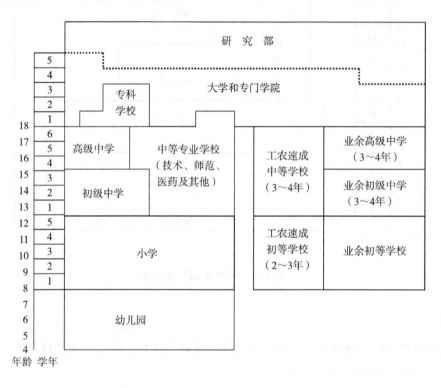

图 7-4 中国学制系统图（1951）

1958年，中共中央、国务院《关于教育工作的指示》明确指出："现行的学制是需要积极地和妥当地加以改革的，各省、市、自治区的党委和政府有权对新的学制积极进行典型试验，并报告中央教育部。经过典型试验取得充分的经验之后，应当规定全国通行的新学制。"随后，许多地区开展了学制改革的试验，如将入学年龄提前，进行了6岁入学的试验；为了缩短年限，进行了中小学"十年一贯制"的试验；为了贯彻"两条腿走路"的方针，采取多种形式办学，创办了农业中学、半工半读学校，进一步发展了业余学校。但是由于急躁冒进和盲目发展，学制改革的试验不仅不能在正常的教学秩序下进行，而且由于师资、设备跟不上，难以维持。

在中央的及时觉察下，1961年开始贯彻"调整、巩固、充实、提高"的方针，特别是制定了大、中、小学工作条例，肯定了一些积极成果。"文化大革命"期间提出的"学制要缩短""教育要革命"等口号,对我国的学制和教育事业造成了严重破坏:第一,和当代中学学制延长的发展趋势相反,毫无根据地把中学学制大大缩短,把初、高中都缩短为2年;第二,和当代中等教育结构多样化的发展趋势相反,对中专和技校大加砍杀,盲目发展普通高中,使普通教育和职业教育的比例失调;第三,和当代高等教育多层次和多类型的发展趋势相反,把高等教育缩短为三年和一个层次,把很多院校、科系、专业取消,使人才培养比例完全失调;第四,和当代成人教育、业余教育大发展以及发展终身教育的趋势相反,把这类教育形式完全取消,扼杀了职工提高文化科学水平和知识更新的机会,等等。

在中共中央十一届三中全会后,我国着手重建和发展被破坏的学制系统:延长中学的学习年限;恢复和重建中专和技校,创办职业高中;恢复高等学校专科和本科的两个层次;扩大高等专科学校;恢复和重建很多院校、科系和专业;建立学位制度和完善研究生教育制度;恢复和重建各级各类成人教育机构,等等。这些措施使我国学制逐步向合理和完善的方向发展,使各级各类学校形成了一个完整的系统。(如图7-5所示)

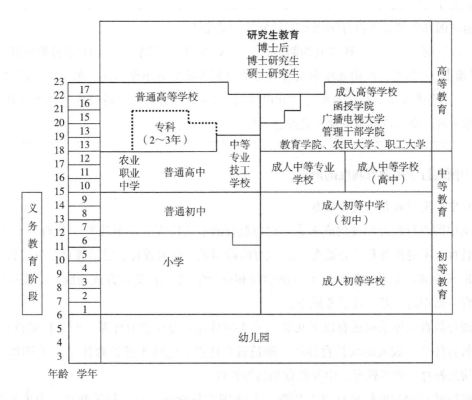

图7-5 中国现行学制图

1985年,《中共中央关于教育体制改革的决定》中有关学制的内容有:①实行九年制义务教育;②调整中等教育结构,大力发展职业技术教育;③改革高等教育招生与分配制度,扩大高等学校办学自主权;④基础教育权属于地方,学校逐步实行校长负责制。

1993年，中共中央、国务院印发的《中国教育改革和发展纲要》中关于教育制度的内容有以下几点：①到本世纪末教育发展的目标是：基本普及九年制义务教育，基本扫除青壮年文盲；要全面贯彻党的教育方针，全面提高教育质量；要建设好一批重点学校和一批重点学科。简称"两基""两全""两重"。②关于教育的结构，确定了基础教育、职业教育、成人教育、高等教育四种类型。③在办学体制上，改变政府包揽办学的传统格局，逐步建立以地方办学为主体，社会各界共同办学的体制……基础教育以政府办学为主；高等教育要逐步形成以中央、省（自治区、直辖市）两级政府办学为主、社会各界参与办学的新格局；职业技术教育和成人教育主要依靠行业、企业、事业单位办学和社会各方面联合办学。④改革高等学校的招生和毕业生就业制度。⑤改革和完善教育投资体制等。

1999年国务院批准的《面向21世纪教育振兴行动计划》和中共中央、国务院《关于深化教育改革全面推进素质教育的决定》中，提出到2010年高等教育入学率应接近15%，基本建立起终身学习体系。

> **历年真题**
>
> 当前我国九年制义务教育学制年限划分采用的是（　　）。
> A."六三制"　　　　B."五四制"　　　　C.九年一贯制　　　　D.多种形式并存
> 【答案】D。解析：我国九年制义务教育的学制年限实行小学六年、初中三年的"六三制"，或小学五年、初中四年的"五四制"，以及不划分为两个阶段的"九年一贯制"。总体来看，学制年限是多种形式并存。

三、中国现行学校教育制度的形态

1. 中国现行教育制度的形态

从中国现行教育制度构成来看，现行教育的形式构成有以下几类。①教育形态构成：学校教育、家庭教育和社会教育。②教育阶段构成：学前教育、学龄教育、继续教育。③教育形式构成：全日制学校、半日制学校和业余学校。④受教方式构成：面授教育、函授教育、远距离教育、自学考试等。

现行教育的体系构成有以下几类。①类别体系：基础教育体系、职业技术教育体系、高等教育体系、成人继续教育体系、师范教育体系、党政干部教育体系。②四级学历体系：幼儿教育、初等教育、中等教育和高等教育。

现行教育的制度构成有以下几类。①我国实行学前教育、初等教育、中等教育、高等教育的学校教育制度；②我国实行九年制义务教育制度；③国家实行职业教育和成人教育制度；④国家实行国家教育考试制度；⑤国家实行学业证书制度和学位制度；⑥国家实行教育督导制度和学校及其他教育机构评估制度等。

2. 中国现行学校教育制度的形态

经过一个世纪的发展，中国已建立了比较完整的学制，在《中华人民共和国教育法》里，它包括以下几个层次的教育。

学前教育（幼儿园）：招收三至六岁的幼儿。

初等教育：主要指全日制小学教育，招收六七岁儿童入学，学制为 5～6 年。在成人教育方面，是成人初等业余教育。

中等教育：指全日制普通中学、各类中等职业学校和业余中学。全日制中学修业年限为 6 年，初中 3 年，高中 3 年，职业高中 2～3 年，中等专业学校 3～4 年，技工学校 2～3 年。属成人教育的各类业余中学，修业年限适当延长。

高等教育：指全日制大学、专门学院、专科学校、研究生院和各种形式的业余大学。高等学校招收高中毕业生和同等学力者。专科学校修业为 2～3 年。大学和专门学院为 4～5 年，毕业考试合格者，授予学士学位。业余大学修业年限适当延长，学完规定课程经考核达到全日制高等学校同类专业水平者，承认学历，享受同等待遇。条件较好的大学、专门学院和科学研究机关设立研究生教育机构。硕士研究生修业年限为 2～3 年，招收获学士学位和同等学力者，完成学业授予硕士学位。博士研究生修业年限为 3 年，招收获硕士学位者和同等学力者，完成学业授予博士学位。在职研究生修业年限适当延长，完成学业者也可获相应学位。

从形态上看，中国现行学制是从单轨学制发展而来的分支型学制。

中国 20 世纪初从西方引入的现代学制，从总体上看是单轨学制。当时，中国的现代生产、现代科技和商品经济还很不发达，学校的主要任务还是培养政治人才、管理人才，以及提高部分人口的科学文化水平，而不是培养大批为生产和经济服务的各级各类人才。因此，这种单轨学制不像美国单轨学制，是由于现代生产的急剧发展，一轨淹没了另一轨发展而来。换句话说，这种单轨学制是因为现代生产和现代社会生活还未充分发展而产生的，不是在现代生产和现代社会生活充分发展条件下形成的，从这种单轨学制中的中学阶段的职业教育极其薄弱这一点就可以看出。

随着生产和社会的发展，对有文化的劳动者的需求越来越大、越来越迫切，中国的单轨学制必然要走向分支型学制。因此，1951 年参考苏联分支型学制确立了中国的新学制，在总体上是正确的和进步的措施。"文化大革命"对这一学制的破坏，违背了教育发展的历史趋势。

近二十多年来，中国学制改革和发展的基本方向就是重建和完善分支型学制。我们现在正在走的道路是通过发展基础教育后的职业教育走向分支型学制，下一步要走的道路将是通过高中综合化走向单轨学制。这是现代学制发展的大趋势。

四、中国学制改革发展趋势

学制由纵向划分的学校系统与横向划分的学校阶段所构成。纵向划分可分为幼儿教育、初等教育、中等教育、高等教育等阶段；横向则分可分为普通教育、专业教育、成人教育等类型。从形态上看，我国现行的学制是从单轨学制发展而来的分支型学制。

2010年，中共中央审议并通过了《国家中长期教育改革和发展规划纲要（2010—2020年）》（以下简称《纲要》），是21世纪以来我国第一个教育规划纲要，是指导教育改革和发展的纲领性文件。

根据这一规划，今后一个时期中国教育事业改革发展的工作方针是：优先发展、育人为本、改革创新、促进公平、提高质量。《纲要》指出：坚持把教育摆在优先发展的战略地位，把育人作为教育工作的根本要求，把改革创新作为教育发展的强大动力，把促进公平作为国家基本教育政策，把提高质量作为教育改革发展的核心任务。到2020年，中国教育事业改革发展的战略目标是"两基本、一进入"，即基本实现教育现代化，基本形成学习型社会，进入人力资源强国行列。

在学制方面，《纲要》按照完善现代国民教育体系、形成终身教育体系的要求，明确了今后一个时期中国学制方面的发展任务为以下几点。

1. 基本普及学前教育

近年来，全世界学前教育发展迅速。发达国家学前教育有结束期提前、由高班到低班逐步普及和使学前教育与小学低年级联系与结合起来的趋势。近年来中国学前教育发展较快，也显露出上述趋势。《纲要》提出，到2020年，中国基本普及两年学前教育，有条件地区普及三年。但应注意中国国情，中国学前教育学制不宜急于改动，发展也要量力而行。因为在世界范围内，都是在普及小学、初中甚至高中后，学前教育才由高班至低班分段逐级普及。当然更不宜急于把学前教育都缩短至6岁，因为这一切都涉及社会经济文化等一系列复杂的问题。

2. 巩固提高义务教育

义务教育是依据法律规定，适龄儿童和青少年必须接受，家庭、学校和社会必须予以保证的国民教育。它对于人的发展、教育发展和社会发展都具有重大意义。《中华人民共和国义务教育法》规定我国的义务教育年限为九年。该法第十一条规定："凡年满六周岁的儿童，其父母或者其他法定监护人应当送其入学接受并完成义务教育。"第十五条规定："县级以上地方人民政府根据本行政区域内居住的适龄儿童、少年的数量和分布状况等因素，按照国家有关规定，制定、调整学校设置规划。新建居民区需要设置学校的，应当与居民区的建设同步进行。"第四十二条规定："国家将义务教育全面纳入财政保障范围，义务教育经费由国务院和地方各级人民政府依照本法规定予以保障。"

经过各方面的努力，到2000年，中国已基本完成普及九年义务教育的任务，这是十分了不起的成绩。但是，中国普及义务教育的工作也存在不少问题：有关法规贯彻不力，法规体系不完备；教育投入总量不足，义务教育资金严重短缺；义务教育在不同地区的发展不平衡；义务教育阶段的学生（尤其是女生）辍学率较高；义务教育师资队伍质量不高，待遇较低，队伍不稳定，等等。要切实普及义务教育，就必须认真解决这些问题。

为巩固义务教育基本均衡发展成果，引导各地将义务教育均衡发展向着更高水平推进，全面提高义务教育质量，教育部印发《县域义务教育优质均衡发展督导评估办法》，从资源配置、政府保障程度、教育质量、社会认可度四个方面促进县域义务教育优质均衡发展。

3. 继续调整中等教育结构

如果学生7岁入学，完成九年义务教育后，就已达到就业年龄。为了适应青年的方向选择和满足社会的需要，义务教育后的学制应该多样化，即应有普通高中、职业高中、中等专业学校和技工学校等不同类型的学校，供学生选择。另外，应当扩大普通高中在高中阶段所占的比例，以满足近年来高等学校不断扩大招生的需要。而对没有考取高等学校的学生，则应给予或长或短的职业培训，以使他们能顺利地走向社会。中等教育的多样化和普通教育后的职业教育，保证了不继续升学的学生可以接受就业前的职业培训，弥补了过去学制在这个方面的缺陷，从而使中国学制在这样一个重要环节上更加完善。

高中阶段学校类型的多样化是解决青年选择未来方向的办法之一，即分支型学制的办法。但目前还存在另一种办法，即综合中学，是单轨学制的办法。特别是当普及教育达到高中阶段时，高中综合化就更成了一个要优先选择的办法。虽然，当前中国高中阶段学制的主流还是分支型学制结构，但不能不考虑世界中等教育发展的趋势——由双轨学制转向分支型学制，而后通过综合高中达到单轨学制，以及大城市和发达地区不久即将普及高中的前景。这就是说，目前在普通高中里进行综合中学的试验，已提上日程。

经过多年努力，我国基础教育实现全面普及，完成历史性的收官任务，人民群众"有学上"问题基本解决，"上好学"的需求日益强烈，提升质量成为基础教育面临的最紧迫最核心的任务。为进一步探索推进基础教育高质量发展的路径，构建更加公平、普惠和高质量的基础教育体制机制，教育部于2021年、2022年，每年确定建立12个基础教育综合改革实验区，以深化基础教育综合改革。实验区兼顾到了东中西部和大中小城市，每个改革示范区的改革举措与内容各有不同，但都涉及学制的改革探索。如，成都提出，到2025年，高品质幼儿园数量将在2020年基础上翻番，义务教育和普通高中优质教育覆盖率达70%以上，要使新校、弱校、农村学校"强起来"；浙江金华市提出加快普通高中特色多元发展；河北廊坊推动学前教育优质普惠发展，推进城乡义务教育一体化，实现普通高中多元特色发展；各地还实施了智慧教育，探索名师、名校长交流轮岗，突破公民办之间、学段之间的管理壁垒等举措。

4. 大力发展高等教育

不久前的大学还多是高科学和高文化的"金字塔"，是只有少数人才能进入的场所。

近几十年来，由于高等学校和生产、科学技术、社会生活各方面的联系日益密切，高中的逐步普及使越来越多的人要求接受高等教育，于是大学日益走向开放。中国高等教育在近年来的发展也出现了这种趋势。据统计，到 2000 年，中国高等教育在校生达到 909 万人，其中普通高校在校生达到 556 万人；成人高校在校生达到 353 万人；在学研究生数达到 30 万人，其中博士研究生 6.7 万人。当然，高等教育开放的重要条件是新成立的和社会生产及社会生活密切联系的高等学校越来越多，特别是短期大学、社区学院和开放大学的出现。高等教育走向开放主要表现在三个方面：一是高等教育的多层次，如果说过去的大学主要是本科一个层次的话，那么现在则有大专、本科、硕士研究生和博士研究生多个层次；二是高等教育的多类型，如果过去的高等教育就是综合性大学少数科系的话，那么现在则是理、工、农、林、医、师、文法、财经、军事、管理等多种院校、科系和专业；三是高等教育向在职人员开放，为他们提供学习方便，主要表现是大办函授大学、夜大学、广播电视大学、网络大学等，使在职人员有机会进修高等学校的课程和学位。

《中国教育现代化 2035》对各级各类教育发展做出了规划，2035 年主要发展目标是：建成服务全民终身学习的现代教育体系，普及有质量的学前教育，实现优质均衡的义务教育，全面普及高中阶段教育，职业教育服务能力显著提升，高等教育竞争力明显提升，残疾儿童少年享有适合的教育，形成全社会共同参与的教育治理新格局。

第三节　义务教育制度

一、义务教育的发展

义务教育起源于德国，宗教领袖马丁·路德是最早提出义务教育概念的人。改革胜利后，为使人们都有学习《圣经》的能力，路德颁布了义务教育法。起源于德国 16 世纪的宗教改革运动，推行新教的国家把教育作为争取青年、弘扬新教派、对抗旧教势力的重要手段，强迫儿童入学学习读、写、算和宗教知识，于是义务教育兴起。早在 1619 年的德意志魏玛公国，就率先公布了"义务教育规定"，明确规定父母必须送 6～12 岁的儿童入学，否则政府将强迫其履行义务。1717 年，普鲁士帝国颁布了《义务教育规定》：所有未成年人，不分男女、贵贱，都必须接受教育。普鲁士公国于 1763 年做出了普及义务教育的规定，1885 年，开始实施免费义务教育。

根据联合国教育、科学及文化组织的有关统计资料，到 20 世纪 70 年代末 80 年代初，已有近 60 个国家实施义务教育。各国实施义务教育的年限长短，大体是由该国的经济发展水平和文化教育程度决定的。欧美国家的义务教育绝大多数为十三年，在美国，公立学校提供的基础教育统称为 K-12 教育，是从幼儿园到高中 12 年级一共十三年义务教育的总称。

在清朝末年，欧美各国以及亚洲的日本都普遍实行了义务教育，清政府了解到这一情况后,便在 20 世纪初,草拟有关文件时使用了"义务教育""强迫教育"这样的词语。旧中国正式提出试办义务教育是 1911 年,该年 7、8 月,清政府学部派人在北京主持召开中央教育会议,会议议决了《试办义务教育章程案》等文件,明确规定以四年为义务教育期,并提出了试办义务教育的办法。在 1912 年 9 月,中华民国政府教育部颁布了《学校系统令》,即《壬子学制》,也规定了"初等小学四年为义务教育"。1940 年 4 月,国民政府教育部制定《国民教育实施纲要》,规定国民教育分为义务教育和失学民众补习两部分,两者同时实施。

二、义务教育的含义与特点

1. 义务教育的含义

义务教育,是依据法律规定,适龄儿童和青少年都必须接受,国家社会家庭必须予以保证的国民教育,其实质是国家依照法律的规定对适龄儿童和青少年实施的一定年限的强迫教育的制度。

目前,中国义务教育包括小学和初中阶段的教育;而基础教育则包括幼儿园、小学、初中和高中阶段的教育。

2. 义务教育的特点

义务教育是强迫教育,具有强制性、基础性、免费性与公共性等特点。

① 强制性,又称义务性。强制性包含两层含义。一是适龄儿童必须接受教育。义务教育覆盖我国所有适龄儿童、少年,包括具有接受教育能力的盲、聋、哑、智障者和肢残的儿童、少年。二是国家必须予以保障,国家强制性是义务教育最本质的特征。义务教育依照法律的规定,由国家强制力保证推行和实施。义务教育不仅是受教育者的权利,而且是国家应尽的义务。国家要依法保障适龄儿童接受义务教育的权利,这是国家意志的体现。为了保证义务教育的实施,必须伴之以系统、完善的立法、执法和监督体系,依靠国家法律的强制力予以保证。义务教育的国家强制性还表现在任何违反义务教育法律规定、阻碍或破坏义务教育实施的行为,都依法承担法律责任,受到强制性处罚或制裁。

② 基础性。义务教育的基础性意味着,根据法律规定,所有适龄儿童、少年都必须完成规定年限的教育,并接受基础知识、基本技能、基本方法和基本态度等方面的教育,这不仅是社会生产力发展的客观要求,而且是现代社会对每一个公民所拥有的素质的最基本要求。世界上大多数国家都以法律的形式规定适龄儿童、少年接受一定年限的义务教育。义务教育的基础性表现在义务教育是一种全民性的教育,而不是英才教育。普及教育是人人有书读,义务教育是人人必须要读书。面向少数人的英才教育不是义务教育。人只有受到一定年限的基础教育,才有可能成为一个合格的公民。

义务教育的基础性还表现在,其是素质教育,不是应试教育。《中华人民共和国义务教育法》第三条规定:"义务教育必须贯彻国家的教育方针,实施素质教育,提高教育质量，使适龄儿童、少年在品德、智力、体质等方面全面发展，为培养有理想、有道德、有文化、有纪律的社会主义建设者和接班人奠定基础。"这一规定体现了义务教育的根本宗旨。以升学考试为目的的应试教育显然与之背道而驰。

③免费性，即公益性。义务教育是国家、社会、学校和家庭必须予以保证的教育，国家对接受义务教育的学生免收学费、杂费，动员社会力量捐资助学，学校应积极改善办学条件，为接受义务教育的学生提供良好的学习条件，父母和监护人负有保证子女接受义务教育的责任。义务教育的免费性还表现在，对那些贫困的学生不仅免收学费，而且《中华人民共和国义务教育法》还规定："设立专项资金，扶持农村地区、民族地区实施义务教育。"

④公共性。义务教育是一种社会公共事业，属于国民教育的范畴，是面向本地区、本民族全体国民的教育，不应成为某一阶级、政党或宗教派别的工具而被垄断。这就是义务教育的公共性，具体体现在四个方面：一是教育与宗教分离，使学校教育成为世俗性的公共事业；二是义务教育由国家设立或批准的学校来实施，体现了国民的意志；三是实施义务教育的学校和教师具有公共和公务性质，其工作对国家负责，对国民负责；四是国家对实施义务教育进行有效的监督和管理，而不是放任自流。我们强调全社会尊师重教，维护中小学教师的合法权益，其根本原因就在于义务教育的公共性。

三、中国的义务教育制度

1986年4月12日第六届全国人民代表大会第四次会议通过《中华人民共和国义务教育法》，规定国家实行九年制义务教育，要求省、自治区、直辖市根据本地区经济、文化发展状况，确定推行义务教育的步骤。该法于同年7月1日起施行，并在2006年、2015年和2018年进行了3次修正。《中华人民共和国义务教育法》是中华人民共和国成立以来一项重要的教育法，标志着中国已确立了义务教育制度，"国家实行九年制义务教育"，"实施义务教育，不收学费、杂费"。义务教育实行国务院领导，省、自治区、直辖市人民政府统筹规划实施，县级人民政府为主管理的体制等一系列制度。国务院和县级以上地方人民政府应当合理配置教育资源，促进义务教育均衡发展，改善薄弱学校的办学条件，并采取措施，保障农村地区、民族地区实施义务教育，保障家庭经济困难的和残疾的适龄儿童、少年接受义务教育。国家组织和鼓励经济发达地区支援经济欠发达地区实施义务教育，加快了中国义务教育向着均衡、公平方向快速发展。因此，此法的制定也标志着中国基础教育发展到一个新阶段。2018年修订后的《中华人民共和国义务教育法》对义务教育制度进行重新思考和定位，指明了义务教育均衡发展这个根本的方向，将均衡教育思想作为新《中华人民共和国义务教育法》的根本指导思想，明确了义务教育承担实施素质教育的重大使命，把注重培养学生的独立思考能力、实践能力和创新能力作为促进学生全面发展的重点。

2012—2021年，我国义务教育在实现全面普及的基础上，仅用10年左右时间实现了县域基本均衡发展，成为我国义务教育发展史上又一个新的里程碑。党的十八大以来，我国义务教育认真践行为党育人、为国育才崇高使命，以均衡发展为战略任务，以促进公平和提高质量为工作重点，围绕服务国家战略需要，聚焦人民群众所急所需所盼，不断完善政策保障体系，改革创新、攻坚克难，努力满足人民群众从"有学上"到"上好学"的美好期盼。

我国义务教育发展已经站在新的历史起点上，按照党中央国务院关于构建高质量教育体系的部署，一手抓持续巩固基本均衡发展成果，一手抓大力推进优质均衡发展，更加注重落实全面发展的教育理念，更加注重提升学校建设标准化水平，更加注重建设高素质教师队伍，更加注重提高人民群众满意度。坚持政府主责、强化统筹，持续缩小区域、城乡、校际、群体教育差距，为到2035年全面实现义务教育优质均衡发展奠定坚实基础。

历年真题

1. 辨析题：目前，我国普通高中不属于基础教育。

   【参考答案】这一观点是错误的。普通高中是在九年义务教育基础上进一步提高国民素质，也就是为学生终生发展奠定基础的。基础教育包括幼儿教育、义务教育和普通高中教育，故普通高中也属于基础教育。

2. 在学校教育制度的发展变革历程中，义务教育制度产生于（　　）。
   A. 原始社会　　　　B. 奴隶社会　　　　C. 封建社会　　　　D. 资本主义社会

   【答案】D。解析：资本主义社会为培养合格工人发展资本主义，开创了义务教育制度。普鲁士公国于1763年做出了普及义务教育的规定，德国是世界上最早普及义务教育的国家。

本章小结

要实现教育目的，必须有一定的制度保障。学校教育制度简称学制，是指一个国家各级各类学校的系统及其管理规则，规定着各级各类学校的性质、任务、入学条件、修业年限以及它们之间的关系。制定教育制度要依据社会政治制度、社会生产力和科学技术发展水平、文化发展水平和文化传统、人的身心发展规律。

在学制历史发展进程中，西方国家存在过双轨学制、单轨学制、分支型学制；中国学制沿革中有"壬寅学制""癸卯学制""壬戌学制"等。中国现行学制的形态是从单轨学制发展而来的分支型学制。中国当代学制改革趋势：基本普及学前教育，巩固提高义务教育，继续调整中等教育结构，大力发展高等教育。义务教育是依据法律规定，适龄儿童和青少年都必须接受，国家社会家庭必须予以保证的国民教育。中国目前实施九年义务教育，而美国等经济发达国家实施十三年义务教育。义务教育具有强制性、基础性、免费性、公共性等特点。

思考题

1. 简述在教育发展进程中存在过的学制，说明其类别和主要内容。
2. 简述学校教育制度形成的依据。
3. 简述我国各级各类学制系统。
4. 当代中国学校教育制度改革趋势有哪些？
5. 简述义务教育的含义及特点。

第八章 课 程

学习目标

1. 列举课程的概念与课程的表现形式，熟悉课程论的几种流派及其观点。
2. 列举课程的类型及其含义，并能够分析基础教育的课程类型。
3. 解释课程资源含义与特点，以及课程开发原则与开发模式。
4. 阐释我国基础教育课程改革的理念、目标与具体内容，能够分析评判课程改革现状。
5. 阐释基础教育课程改革发展趋势，认知教师责任与使命。

学习导引

本章主要由两大部分构成，一是课程基本理论，二是中国基础教育课程改革。课程基本理论部分主要介绍课程含义与表现形式、几种典型的课程流派以及不同的课程类型；中国基础教育课程改革部分主要讲解基础教育课程改革产生的背景与发展历程、基础教育课程改革的理念与目标，然后介绍在理念与目标指导下形成的课程改革的主要内容，最后介绍在国际化背景下基础教育课程改革的发展趋势。

第一节 课程与课程流派

一、课程概念

1. 课程的词源分析

"课程"一词含义十分宽泛，远远超出学校教育的范围。宋朝朱熹在《朱子全书·论学》中频频提及"课程"，如："宽着期限，紧着课程""小立课程，大作功夫"等；朱熹的"课程"主要指"功课及其进程"，这与今天日常语言中"课程"的意义已极为相近。在我国，"课程"的指称有四个层面：一是"为实现学校教育目标而选择的教育内容的总和"；二是泛指"课业的进程"；三是学科的同义词，如语文课程、数学课程等；四是以一定时间为单位的"一节课"。

在西方，1859 年，英国著名教育家斯宾塞在《什么知识最有价值》中最早提出"课程"一词，意指"教学内容的系统组织"。该词源于拉丁语，意为"跑""跑道"。根据这个词源，西方最常见的课程定义是"学习的进程"，简称"学程"。自中世纪起，这一术语便一直指学校时间表上科目内容的安排。在西方国家，课程作为一个术语概念，有三个层面的指称：一是指一套课程；二是指"课程系统"，包括课程规划、课程实施和课程评价等部分，又称为课程工程；三是指"课程研究领域"（即中文的"课程论"）。所以，古今中外对"课程"一词含义的理解是基本一致的，即课程是指"学校教学的科目及其进程"。

2. 课程定义的基本类型

一谈到课程研究，首先涉及的就是对课程概念的界定问题。然而，要为课程下一个精确的定义是一件十分困难的事情，因为"课程"一词，跟我们语言中大多数语词一样，常常被以许多不同的方式使用着。每个人都可以根据自己对社会、教育、学校，乃至对学生的不同观点，给课程以不同的解释。对各种课程定义使用方式和实际含义的辨析、考察，正是深化课程研究的一条重要途径。随着课程理论与实践的发展，人们对课程的理解已不再仅仅满足于字义上的追根溯源，而是以更为广阔的教育实践为背景，从多方面、多视角进行探究，因此，课程定义的种类非常多。为了更好地把握课程定义的类型特点，我们可以从对国内外大量课程文献的总结中概括出以下几种典型观点。[①]

（1）课程即教学科目

把课程等同于教学科目，在历史上由来已久。我国古代的课程有"六艺"：礼、乐、射、御、书、数；欧洲中世纪初的课程有"七艺"：文法、修辞、辩证法、算术、几何、音乐、天文学。事实上，西方学校是在"七艺"的基础上增加其他学科，而逐渐形成现代学校课程体系的。斯宾塞最初把知识的系统组织定义为课程的内涵，实质上是确立了课程即知识或系统化的知识的观点；把有价值的知识系统化，形成一定的科目或学科，将这些学科的知识传授给学生，以实现教育目标。

这种课程观，强调学科知识的系统化及教育进程安排，课程内容主要来源于人类长期积累的知识，教育的任务就是把经过选择并系统化的知识传递给学生，其实质是从知识本身出发，强调学校教育向学生传授的学科知识体系，突出体现掌握在学生手中"教程"的规定内容。然而，这种课程观的弊病在于只关注教学科目，忽视了学生心智发展、情感陶冶、创造思维培养、个性发展等有重要影响的其他课程资源，甚至忽视对学生身心发展具有重要意义的潜在课程。

（2）课程即学习结果或目标

一些学者认为，课程应该直接关注预期的学习结果或目标，即要把重点从手段转向目的，因而教育、教学目标的选择和制定成为核心任务。这就要求课程应事先制定一套有结构、有序列的学习目标，然后，围绕预定的目标选择、组织学习经验，实施教育、教学活动，并进行教育、教学评价。持这种课程观的主要有博比特、泰勒、加涅等人。

这种课程观强调教育的目的性，可操作性强，对课程理论具有较大影响。然而，该课程观过分强调教育的预先计划性而缺乏灵活性，不易照顾到变化了的教育环境及客观要求，同时也容易忽视非预期的学习结果。

---

① 瞿葆奎. 教育学文集：课程与教材（上册）[G]. 北京：人民教育出版社，1988.

（3）课程即"计划"

课程即"教育计划"或"学习计划"。这一计划包含了教育、教学的目标、内容、活动和评价等，甚至把教学方法和教学设计等都组合到一起。这种观点是20世纪50年代以来较为流行的观点，其主要代表人物有麦克唐纳、比彻姆、斯坦豪斯等人。我国也有学者认为，课程是指一定学科有目的的、有计划的教学进程。这个进程有量、质方面的要求，它也泛指各级各类学校某级学生所应学习的学科总和及其进程和安排。

这种定义强调了课程的计划性、目的性，而且也把所有有计划的教学活动组合到一起，力图对课程本身进行一个全面的说明，但是，其在对课程的计划性与目的性的理解上，会出现异义与偏差。

（4）课程即"经验"

20世纪20年代，进步主义教育思潮盛行。美国实用主义教育家杜威的教育思想强调尊重儿童的兴趣与需要，发展儿童的个性，主张以儿童的生活经验为课程。持这种课程观的人把课程看作学生在教育环境中与教师、材料等相互作用的所有经验；这种"经验"实质上包含了"活动""学习经验""学习活动"等内涵。而"经验"又分为两种情况：一是强调教育者有意识（有目的、有计划）提供的经验；二是泛指儿童习得的教育性经验，如"课程即儿童在学校之经验"等。

这种课程观认为课程即"经验"，是针对学生所学的东西而言的。"经验"是学生在对所从事的学习活动的思考中形成的，是其真正体验到的意义。这种观点强调了学习者的兴趣、爱好、需求和个性，重视学习者与环境的相互作用，重视教育环境的设计与组织，兼顾课程过程与结果、预期的与未预期的经验。

（5）课程即"活动"

这种观点认为：课程最大弊端是与儿童生活不相沟通，学科科目相互联系的中心点不是科学，而是儿童本身的社会活动。研究成人的活动，识别各种社会需要，把它们转化成课程目标，再进一步把这些目标转化成学生的学习活动。这种观点将重点放在让学生做什么，而不是放在由教材体现出的学科体系上。以活动为取向的课程，注意课程与社会生活的联系，强调学生在学习中的主动性，是一种探究性的教学。

总之，我们可以从广义和狭义两个方面理解课程。广义的课程指学生在校期间所学内容的总和及其进程安排，即指学生在学校获得的全部经验，如中学课程。广义的课程主要包括三个方面的内容：首先，学校全部的教育、教学内容；其次，各门学科、课内教学和课外活动、家庭作业和社会实践活动；最后，课程具体规定了各门学科的目的、内容及要求，学科设置的顺序和课时分配，学年和每周学时计划安排等。狭义的课程特指某一门学科。我们所研究的通常是广义的课程。

3. 课程的表现形式

课程内容是构成课程的基本要素，是课程内在结构的核心部分。课程内容按照不同的层次主要表现为课程计划、课程标准、教科书。

（1）课程计划

课程计划是课程内容的具体表现形式之一，是根据教育目的和不同类型学校的教育任务，由国家教育主管部门或学校所制定的有关课程和教育工作的指导性文件。它规定不同课程类型相互结构的方式（如学科课程、活动课程及综合课程在课程计划中的地位及所占的比例等），也规定了不同课程在管理及学习方式方面的要求，及其所占比例（如必修课与选修课的比例），同时，对学校的教学、生产劳动、课外活动等都做出全面安排，具体规定了学校应设置的学科、学科开设的顺序及课时分配，并对学期、学年、假期进行划分。课程计划作为教育主管部门制定的有关学校教育教学工作的指导性文件，体现了国家对学校的统一要求，是学校办学的基本依据。我国新课程改革实施以来，已将"课程计划"取代过去的"教学计划"。

课程计划的基本内容由培养目标、课程设置、考试考查、实施要求4个部分组成，具体包括以下7个方面：①培养目标，即预期的课程学习结果；②课程设置，即某一级或某一类学校应开设哪些学科；③学科开设顺序和各学科的主要任务；④课时分配，即根据学科的性质、作用、任务、内容的分量和难易程度，恰当地分配各门学科的授课时数；⑤学年和学周安排，包括学年阶段的划分、各个学期的教学周数、学生参加生产劳动的时间等；⑥考试考查的科目、要求、方法；⑦执行计划的若干实施要求。

各科目安排及占九年总课时比例

	年级									九年总课时（比例）
	一	二	三	四	五	六	七	八	九	
国家课程	道德与法治									6%～8%
	语文									20%～22%
	数学									13%～15%
				外语						6%～8%
							历史、地理			3%～4%
	科学						物理、化学、生物学（或科学）			8%～10%
			信息科技							1%～3%
	体育与健康									10%～11%
	艺术									9%～11%
	劳动									14%～18%
	综合实践活动									
地方课程	由省级教育行政部门规划设置									
校本课程	由学校按规定设置									
周课时	26	26	30	30	30	30	34	34	34	
新授课总课时	910	910	1050	1050	1050	1050	1190	1190	1122	9522

说明：本表按"六三"学制安排，"五四"学制可参考确定。

省级教育行政部门在保证九年总时长不增加的情况下，明确各科目在各学段的周课时上下限，体现学段差异。学校在保证周总时长不变的情况下，确定各科目周课时数，自主确定每节课的具体时长。

《义务教育课程方案》（2022版）中的课程计划

（2）课程标准

课程标准是国家课程标准的简称，是根据课程计划以纲要的形式规定的各科教学内容和教学基本要求的指导性文件。我国自新课程改革实施以来，已将"课程标准"取代过去的"教学大纲"。国家课程标准是教材编写、教学、评估和考试命题的依据，是国家管理和评价课程的基础。课程标准体现着国家对不同阶段的学生在知识与技能、过程与方法、情感态度与价值观等方面的基本要求，规定各门课程的性质、目标、内容框架，提出教学建议和评价建议。

课程标准的指导作用主要体现在它规定了各科教材、教学所要实现的课程目标和各科教材中所要学习的课程内容，规定了对哪些基本素质予以评价，以及评价的基本标准；但对教材编制、教学设计和评价过程中的具体问题（如教材编写体系、教学顺序安排及课时分配、评价的具体方法等），则不做硬性的规定。

2022年颁布实施的《义务教育国家课程标准》，共16个门类，总体框架基本相同，由课程性质、课程理念、课程目标、课程内容、学业质量、课程实施与附录等七个方面构成。

第一部分"课程性质" 根据本课程门类的特点和要求，阐述课程的性质、基本理念、总体设计思路。课程性质是制定课程标准的思维起点，也是制定课程标准的核心依据，各学科课程标准都力图从本学科在基础教育课程中所具有的独特的教育价值和不可替代性来描述本学科课程性质。

第二部分"课程理念" 结合教育性质及课程定位，坚持目标导向，从有理想、有本领、有担当三个方面，培养担当民族复兴大任的时代新人；坚持问题导向，遵循学生身心发展规律，加强一体化设置，进一步精选对学生终身发展有价值的课程内容，减负提质；坚持创新导向，关注学生个性化、多样化的学习和发展需求，增强课程事宜性。坚持与时俱进，反映经济社会发展新变化、科学技术进步新成果，更新课程内容，体现课程时代性。

第三部分"课程目标" 各学科课程标准围绕核心素养制定，核心素养是课程育人价值的集中体现，是学生通过课程学习逐步形成的适应个人终身发展和社会发展需要的正确价值观、必备品格和关键能力。各学科的课程目标部分，一般分为总目标与学段目标。

第四部分"课程内容" 基于核心素养发展要求，遴选重要观念、主题内容和基础知识，设计课程内容，增强内容与育人目标的联系，优化内容组织形式。设立跨学科主题学习活动，加强学科间相互联系，带动课程综合化实施，强化实践性要求。在大致划定本课程门类的内容范围和框架的基础上，用明确的行为动词表述学习目标和学习结果。

第五部分"学业质量" 各课程标准根据核心素养发展水平，结合课程内容，整体画出不同学段学生学业成就的具体表现特征，形成学业质量标准，引导和帮助教师把握教学深度和广度，为教材编写、教学实施和考试评价等提供依据。各课程标准针对"内容要求"提出"学业要求""教学提示"，细化了评价与考试命题建议，注重实现"教-学-评"

一致性。

第六部分"课程实施" 为确保达到课程目标和内容标准而提出的课程实施建议,包括教与学的建议、评价建议、课程资源开发与利用、教材编写建议、教师培训与教学研究等。有关教学活动案例、行为动词用法一览表等,是课程标准构成的重要组成部分,对进一步理解和掌握课程标准具有重要的意义。

第七部分"附录" 一般是关于课程实施的补充和说明。如案例、补充资料与关键概念等。如《语文课程标准》的附录有五部分内容:一是关于优秀诗文背诵推荐篇目的建议;二是关于课外读物的建议;三是语法修辞知识要点;四是识字、写字教学基本字表;五是语文课程常用字表。

(3)教科书

教科书简称课本,是根据课程标准系统阐述学科内容的教学用书,是课程标准的具体化。凡在课程计划中规定的课程,一般都有相应的教科书。

教科书是教学内容选择和组织的物化形态,教科书规定的内容限定了教学的范围,成为师生双方进行教学的最重要的资源。教科书是一项重要的教材,但不等同于教材,教材概念的范围大于教科书的范围,它包括文字教材,如教科书、教学参考书、学生的自学指导书等;也包括音像教材,如录像带、磁带、电影片、幻灯片、光盘、磁盘等。

【历年真题】

1. 课程一般表现为( )。
   A.课程计划、课程标准、教科书　　B.课程计划、课程目标、课程实施
   C.课程目标、课程实施、课程评价　　D.课程主题、课程任务、课程标准
   【答案】A。解析:课程的文本有三种形式:课程计划是教育行政部门制定的有关学校教育和教学工作的指导性文件;课程标准是每门学科以纲要的形式编订的有关学科教学内容的指导性文件;教科书是课程标准的进一步展开和具体化。

2. 教师进行教学的直接依据是( )。
   A.课程计划　　　　　　　　B.课程目标
   C.课程标准　　　　　　　　D.教科书
   【答案】C。

3. 编写教材(教科书)的直接依据是( )。
   A.课程计划　　B.课程目标　　C.课程标准　　D.课程说明
   【答案】C。

4. 简答课程内容的三种文本表现形式。
   【参考答案】答案应包含以下几点。
   (1)课程计划:课程设置的整体规划,它对学校的教学、生产劳动、课外活动等

做出全面安排，具体规定学校应设置的学科、学科开设的顺序及课时分配，并对学期、学年、假期进行划分。

（2）课程标准：课程计划中每门学科以纲要的形式编定的、有关学科教学内容的指导性文件，也是教材编写、教学、评价和考试命题的依据，是国家管理和评价课程的基础。它规定了学科的教学目的和任务，知识的范围、深度和结构，教学进度以及有关教学法的基本要求。

（3）教科书：教师和学生教学活动的材料，限定了教学的范围，成为师生双方进行教学的最重要的资源。

二、课程理论主要流派

1. 人本主义课程论

人本主义课程论的主要代表人物有杜威、马斯洛、罗杰斯。卢梭的自然主义教育思想对人文主义的课程论有重大贡献。19世纪末20世纪初对教育、课程改革产生巨大影响的是杜威。20世纪70年代以后，以马斯洛、罗杰斯为代表的人文主义课程论掀起一个新的高潮。马斯洛、罗杰斯强调教育应培养"自我实现的人格"，这种人格是情绪、感情、态度、价值等的"情意发展"与理智、知识、理解等"认知发展"的统一。

人本主义课程论以追求人的和谐发展为目标，希望人的本性、人的尊严、人的潜能在教育过程中得到实现和发展，强调不能以成人的标准判断儿童，应该研究和尊重儿童的心理发展特征，满足儿童心理发展的要求，为儿童的价值实现创造条件。

人本主义课程论是以人本主义心理学为基础，其主要观点为以下几点。

（1）教育的根本价值是实现人的潜能和满足人的需要

人本主义课程论敏锐地指出，结构主义课程对培养社会和科技精英目的的追求，导致了人的畸形化，遗失了人的价值。因此，课程必须走出英才教育思想的笼罩，建立新的教育价值。人是具有心理潜能的，潜能的实现具有内在的倾向性；人的需要是潜能的自然表现，潜能是价值的基础，人的需要表现着价值。所以，课程的教育价值不是别的，就是实现人的潜能和满足人的需要。

（2）教育的根本目的是培养"完人"

人本主义课程论指出，结构主义课程培养出来的是人格不健全的人，教育的目的是培养人格健全、和谐发展和获得自由的"完人"。这样的"完人"，首先是能够发挥多种多样的潜能，表现为和谐实现各个层次的需要；其次是情意发展与认识发展的和谐统一，包括情感、感情和情绪的发展，认知、理智和行为的发展，以及情意与认知、感情与理智、情绪与行为发展的统一。

（3）主张平行课程与并行课程

为了实现人本主义的教育价值和目的，需要建立和实施平行课程体系，包括学术性课程、社会体验课程和自我实现课程。进而，一种人本主义的并行课程整合模式也应运而生，它由知识课程、情意课程和体验整合课程有机结合而成。

（4）组织意义学习

罗杰斯指出人类学习有两种类型，一是无意义学习，比如无意义音节的学习，这类学习只涉及心智，不涉及感情或个人意义，与"完人"无关；二是意义学习，是指一种使个体的行为、态度、个性以及在未来选择行动方针时发生重大变化的学习。这不仅仅是一种增长知识的学习，而且是一种与每个人的各部分经验都融合在一起的学习。

意义学习理论的基本观点包括以下几点。①人类有一种天然的学习倾向。②意义学习通常是在学生认识到学习材料与自己的目的有关的情况下出现的。当学生看出自己所学习的东西能够保持和发展自我时，他就会进行意义学习。对学习的意义理解不同，会影响实际活动的进行。③学生的整个人（包括他的认知活动和情意活动）灌注其中的自发学习，往往是最持久和最深入的学习。自发学习的关键是获得学习的自由。④凡是引起自我概念变化的学习往往对个体是一种精神威胁，因而容易遭到拒绝。自我概念是指一个人的价值观、信念和基本态度。⑤意义学习在当代多变的世界中应是对学习过程的学习。

2. 学科中心课程论

学科中心课程论的主要代表人物为布鲁纳。赫尔巴特、斯宾塞的教育思想对学科中心课程理论有重要影响。布鲁纳认为，一门学科的概念、关键概念、原理，及其相互关系是一门学科的基本结构，是组成一门学科的核心，正式知识结构应成为教育的重点。进而他提出结构主义的课程设计思想，强调教学主要是讲清学科的概念、原理和结构；主张将教材的逻辑组织（学科结构）与心理组织（不同年龄阶段智力的内部结构）相结合。

学科中心课程论主张学校课程应以学科的分类为基础，以学科教学为核心，以掌握学科的基本知识、基本规律和相应的技能为目标。该课程流派的主要观点包括：第一，知识是课程的核心；第二，学校课程应以学科分类为基础；第三，学校教学以分科教学为核心；第四，以学科基本结构的掌握为目标；第五，学科专家在课程开发中起重要作用。

3. 社会再造主义课程论

社会再造主义课程论的主要代表为迪尔凯姆、布拉梅尔德、弗莱雷等。柏拉图、洛克的教育思想对社会再造主义课程理论有重要影响。迪尔凯姆认为，人生活在社会群体中，群体的作用得到发挥，个体才能得益；个体都形成社会成员共享的观念、情操、价值观，社会才能维持和发展。所以，他提出教育的目的在于使年轻一代系统地社会化，使出生时不适应社会生活的"个体我"成为崭新的"社会我"。这就要求把社会的集体意识灌输给个体，以使他们适应社会生活。相应地，学校课程就应该为实现这种适应过程而努力，学校课程应该成为维护社会结构、保持社会平衡的手段。

社会再造主义课程论关心的是课程与社会政治、经济发展的关系。该课程流派的主要观点包括：第一，社会改造是课程的核心；第二，学校课程应以建造新的社会秩序为方向，应该把学生看作社会的成员；第三，课程知识应该有助于学生的社会反思，课程的价值既不能根据学科知识本身的逻辑来判断，也不能根据学生的兴趣、需要来判断，而应该有助于学生的社会反思，唤醒学生的社会意识、社会责任和社会使命；第四，社会问题而非知识问题才是课程的核心问题；第五，吸收不同社会群体参与到课程开发中来。

社会再造主义课程论强调社会对教育的制约作用，主张根据社会的需要确定教育目的和课程活动，重视道德教育和社会权威的作用。社会再造主义树立了一种新的课程观念，开辟了课程研究的新方向，但其弊端在于取消了课程问题的独特性。

4. 存在主义课程论

存在主义课程论是以存在主义教育哲学为基础的课程观念，主要代表人物是奈勒、莫里斯。该课程流派的主要观点包括以下几点。

（1）课程最终要依据学生的需要决定

存在主义者认为，教育的主要目的是为每一具体的个人服务。教育应该指导人意识到自己的环境条件，促进其顺利地投入到有重要意义的生存中去。因此，学校课程的全部重点必须从事物世界转移到人格世界，以即时的需要为出发点，主张理想的课程应承认个人在经验上的差异，以学生的兴趣作为学习计划与活动的依据。

（2）教材是学生自我实现和自我发展的手段

奈勒认为，不能把教材看作是为学生谋求职业做准备的手段，也不能把它们看作是进行心智训练的材料，而应当看作自我发展和自我实现的手段；不能使学生受教材的支配，而应该使学生成为教材的主宰。知识和有效的学习必须具有个人意义，必须与人的真正目的和生活相联系，只有这样，个人才能在时间和环境都适宜的条件下按照自己选择的知识和对于知识的理解来行动。

（3）人文学科应该成为课程的重点

人文科学比其他学科更深刻、更直接地表现了人的本性及人与世界的关系，更能洞察和发展人存在的意义，所以应以其作为课程的重点。需要指出的是，存在主义之所以反对固定的课程，主要是因为它没有考虑到学生对这种课程的态度，而不是反对课程本身和体现各门学科知识的教材。存在主义者认为，知识离不开人的主观性，它是作为人的意识和感情才存在的。如果知识不能引起学习者的感情，那么对于学习者来说，就不可能是明确的知识。

5. 后现代主义课程论

后现代主义课程论的代表人物是美国学者多尔，多尔在批判泰勒课程模式是现代主义封闭课程体系的产物和典型的基础上，揭出了后现代课程的标准（4R）。

（1）丰富性（Richness）

丰富性这个术语与课程的深度、课程作为意义的载体有关，还与课程的多种可能性或解释有关。多尔认为，学校传授的主要学术性学科都有其自身的历史背景、基本词汇和最终词汇，因此每门学科都会以自身的方式解释丰富性。如社会学科包括人类学、经济学、心理学以及社会学等，主要通过对话和协商的方式。这种丰富性能使各种领域进行合作的、对话性质的探索，因而它与现代主义的观点是不一样的，它体现了一种开放性。

（2）循环性（Recursion）

循环性这种特征是很重要的，因为一种内容丰富而复杂的课程，往往需要再回头思考，往往需要再提供各种机会才能掌握。循环性与现代主义观念下的重复迥然不同。重复是为了提高固定僵化的业绩，其框架是封闭式的；而循环性是旨在发展能力，其框架是开放式的。

（3）关联性（Relation）

关联性对于一个在后现代时期中起改造作用的课程有重要意义，主要表现在两个方面：一是教育方面，它是教育中的关联，强调在构建课程时要考虑一整套的关系，在课程结构上也要强调其中的关系；二是文化方面，有关文化的和宇宙论的关系，虽然在课程之外，但会形成一个更大的网络，课程就在其中形成。

（4）严密性（Rigor）

严密性是"4R"中最重要的。它的作用在于使改革后的课程避免滑入"不能控制的相对主义"以及情感上的唯我主义的怪圈。严密性与通常理解的意思有别，实际上是指概念的重新界定。严密性在此意味着一种有意识的企图，去查找自己或别人重视的假设，并且协调讨论这些假设中的有关细节，这样进行对话才会有意义，才会有改造价值。

上述课程论的划分其实是从不同思想家、教育家的观念中抽取出来的，在这些课程论的代表人物中，除了少数有极端倾向性的人以外，多数人的观点是丰富而复杂的，比如赫尔巴特的思想也有重视儿童兴趣的特点，另外，杜威的思想也很重视与社会的协调。

第二节 课程类型与课程开发

一、分科课程、活动课程与综合课程

分科课程、活动课程和综合课程是课程内容编制的不同方式，产生于不同的历史时期，都是根据学科结构体系划分科目的，也有着各自存在的理论与实践依据。

1. 分科课程

分科课程就是由各自具有独立体系、彼此缺乏联系的学科或科目所组成的课程，也称作"科目本位课程"。传统的学科课程就是分科课程，如我国古代的"六艺"和欧洲中世纪的"七艺"。特点是强调不同学科门类之间的相对独立性、学科逻辑体系的完整性、学生获得知识体系的严密性与逻辑性。

分科课程自产生至今已有几百年的历史，而依然占有支配地位，有着自身的优势，主要表现在以下几点。①强调知识的类别性和安排学科的计划性，便于学生掌握系统的间接经验，便于教师的教学。②注重学科内部的逻辑性。各学科内容具有内在的逻辑联系，同一学科在不同的教育阶段既有程度的差别，又有前后的衔接。③强调不同学科的不同价值。主张以具有不同价值的学科去满足学生发展的不同要求。④便于教学测量。分科课程的考评标准划一，内容稳定。但分科课程不断受到质疑或抨击，缺点也比较明显，包括以下几点：由于重视各科内部的逻辑联系，割裂了不同学科之间的联系；以知识为中心，教师势必会偏重知识，相应地就会忽视学生的直接经验和个体知识的特点，不利于学生发挥主动性；学生很难将学习的成果进行综合和统一，不利于解决实际问题能力的提高；不利于教师之间的合作。

2. 活动课程

活动课程又称为"经验课程""生活课程"或"学生中心课程"，是以学生的主体性活动经验为中心组织的课程，特点是强调学生在课程中的地位，强调经验的价值，强调生活的重要性，强调学生通过系列活动去学习、去体验生活，从而获得直接经验和锻炼能力。

18世纪末到19世纪，法国启蒙主义教育家卢梭的"自然教育"思想，瑞士教育家裴斯泰洛齐的教育适应自然原则，以及德国学前教育家福禄贝尔的儿童自动发展思想对活动课程理论的建立产生了重大的影响。美国的实用主义教育家杜威为之奠定了系统的理论基础，杜威从实用主义哲学出发，针对学科课程的弊端，提出"教育即生活""学校即社会""做中学"的主张，反对教学以学科为中心，强调课程要以学生的活动和经验为中心，使儿童从生活活动和经验出发，"做中学"，以体验生活，获得经验。20世纪70年代后，受"人本主义心理学"的影响，经验课程更加强调其体验性，称为"体验课程"。

活动课程与学科课程相比具有主体性、开放性、活动性、过程性的特点，具有如下优点：有利于激发学生的兴趣，有利于开阔学生的视野，有助于提高学生的实践能力。但活动课程在具体的实施过程中，也表现出不可避免的弊端：活动课程在强调儿童的经验、强调活动的同时，容易忽略对系统知识的学习，往往从知识为中心滑向另一极端——儿童中心，致使知识的系统传授大大减弱；活动课程强调"活动"的价值，强调在"活动"中培养儿童的思维能力、创造性，但在实践过程中，"活动"往往容易成为一些简单的、随心所欲的机械操作，儿童的思维、想象和品质得不到应有的发展；活动课程对教师的要求比较高，所以在实际操作中对教师的素质提出了很大的挑战。

3. 综合课程

综合课程是打破分科课程的界限，采用各种有机整合的形式，把有关联的学科及教学系统中的各要素及各成分整合成为有机整体的新型课程。目前，综合课程的主要种类有：相关课程——让两个或两个以上的科目建立共同关系，但各科目仍保持原来的独立状态；融合课程——将有关科目合并成为一个新的学科，合并后原来的科目不再单独存在。综合课程特点是知识内容以一定的方式、主题、问题与源于真实世界的情境相联系，其宗旨在于使学生掌握综合性知识并形成解决问题的能力。

综合课程的优点主要体现在以下几个方面。①目标的整体性。目标通常指向学生知识的增广与统整、能力的培养和提高、知情意行的协调发展等。②内容的跨学科性。有助于融合知识的分化，使学生形成完整的世界图景，在未知世界面前能举一反三、触类旁通。③实施方式的灵活性。综合课程结构体系相对灵活，可以容纳较多的新内容，及时反映科技的新动态。④学科门类的简约性。

综合课程可以克服学科门类繁多，学生学业负担过重的弊端。目前综合课程的实施也有诸多制约因素，主要体现在以下几点。①师资素质的制约。综合课程由于打破了学科知识的局限，相应地对教师的知识和能力结构也提出了更高的要求。②教材的制约。几门学科合并后各科原本的体系被破除，需要一种新的线索统率，以什么为线索、怎样组织，这是一个非常复杂的问题。③综合课程不可能像分科课程那样让学生深入到各学科进行系统学习，明显不如分科课程有助于系统知识的掌握。

历年真题

1. 在中学阶段开设语文、数学、物理、化学等课程属于（ ）。
   A. 分科课程　　　　B. 综合课程　　　　C. 活动课程　　　　D. 社会课程
   【答案】A。

2. 主张课程内容和组织应以儿童的兴趣或需要为基础，鼓励学生"做中学"，通过手脑并用以获得直接经验。这反映的课程类型是（ ）。
   A. 学科课程　　　　B. 活动课程　　　　C. 分科课程　　　　D. 综合课程
   【答案】B。

3. 简述活动课程的特点。
   【参考答案】活动课程又称"学生中心课程""经验课程"或"生活课程"，是为打破学科逻辑组织的界限，从儿童的兴趣和需要出发，以活动为中心组织的课程。活动课程代表人物为杜威。课程特点：从儿童需要、兴趣和个性出发设计课程；以儿童的心理发展顺序为中心编制课程；主张儿童在活动中探索、尝试错误、学到方法。

二、国家课程、地方课程与校本课程

根据课程管理、设计、开发的主体不同，可以将学校课程分为国家课程、地方课程和校本课程。

1. 国家课程

国家课程是国家规定的课程，集中体现一个国家的意志，专门为培养未来的公民而设计，是依据未来公民接受教育之后所要达到的共同素质而开发的课程。它根据不同教育阶段的性质与培养目标，制定各个领域或学科的课程标准或教学大纲，以及编写教科书。它是一个国家基础教育课程计划框架中的主体部分，也是衡量一个国家基础教育质量的重要标志，特点是体现了国家的意志，是决定一个国家基础教育质量的主要因素，因此，国家课程具有统一规定性和强制性。严格说，国家课程有广义和狭义之分。从广义上来说，国家课程是指国家有关部门制定和颁布的各种课程政策，比如教育部制定、颁布的课程管理与开发政策、课程方案、各类课程的比例和范围，以及教材编写、审查和选用制度。从狭义上来说，国家课程是指国家委托有关部门或机构制定的基础教育的必修课程或称核心课程的课程标准或大纲。

国家课程是一个国家基础教育课程方案的主体部分，对于基础教育的发展，特别是人才培养的质量和规格具有决定性作用。国家课程明确规定学生在接受学校教育期间应达到的标准，它为学校和社会各界提供了清楚、具体的教育质量标准。从总体上规定了各学段的教育目标，这种目标具有强制性和统一性，有助于在国家层次上形成一个连续的课程框架，从而使各学段之间具有较强的连贯性。但国家课程由于标准、规划过于统一，因而也具有缺乏普遍适应性、课程内容容易脱离学校和学生实际、难以发挥教师的积极性等问题。

2. 地方课程

地方课程又称地方本位课，或地方取向课，是地方教育主管部门以国家课程标准为基础，在一定的教育思想和课程观念指导下，根据地方社会发展及其对学生发展的特殊需要，充分利用地方课程资源所设计的课程。地方课程也有广义和狭义之分。广义的地方课程是指在某一地方实施和管理的课程，既包括地方对本国课程的管理和实施，也包括地方自主开发的只在本地实施的课程；狭义的地方课程专指地方自主开发、实施的课程。地方课程的特点在于其在国家课程的基本精神指导下而进行，满足学生多样化的发展需要，能更好地达到或实现国家课程所确定的目标，促进国家课程的有效实施，弥补国家课程的空缺，加强教育与地方的联系，调动地方参与课程的积极性。

长期以来，我国中小学课程实行统一的管理，从培养目标、课程目标、课程设置、课程内容、教学进度到教学评价考核都强调整齐划一，课程管理权基本集中在国家，而地方几乎无权。近年来，在世界课程改革潮流的推动下，我国也进行了一系列课程改革，逐渐加强了课程的地方管理权。1992年我国颁布了《九年义务教育全日制小学、初级中学课程计划（试行）》，该计划自新中国成立以来第一次规定了地方管理课程的时间，其占总课时的7%～9%。2002年，我国教育部颁发的《全日制普通高级中学课程计划》把地方和学校选修课程的时数提高到每周11～19小时。

3. 校本课程

校本课程是学校自己开发和实施的课程，是通过对本校学生进行科学评估，充分利用当地社区和学校的课程资源而开发的课程，具有选择性。校本课程的目的是尽量满足各社区、学校和学生之间客观存在的差异性。自 20 世纪 90 年代以来，我国开始试行国家、地方、学校三级课程管理制度，课程决策权部分下放到学校。2000 年教育部基础教育司制定的《全日制普通高级中学课程计划（试验修订版）》规定地方和学校安排的选修课占每周课时累计数的 10.8% ～ 18.6%，改变了以前学校、教师在课程开发中完全被动的角色，在原则上肯定了学校和教师在课程开发中的权利和地位。

校本课程与国家课程和地方课程相比，在开发和管理上主要表现为：自发、自愿，自我控制和地方控制，回应内部需要，利用自身资源，内部评价等特点。与此特点相对应，校本课程具有如下意义：①课程弹性更大，更容易整合与现实生活相关的新内容；②有助于提高教师的专业动机、工作兴趣和职业满意度；③可以体现及发挥学校办学特色；④有利于满足学生的不同兴趣和需要等。由于校本课程开发是以学校为基地并基于学校而进行的突出师生特点和学校特色的课程开发，对教师提出了较为全面的课程开发专业技能，这也在一定程度上加重了学校和教师的工作压力和时间负担。

> **历年真题**
>
> 目前，我国在基础教育课程管理制度方面，推行的是（ ）。
> A. 国家统一管理制度　　　　　　　　B. 学校校本管理制度
> C. 国家和地方二级管理制度　　　　　D. 国家、地方、学校三级管理制度
> 【答案】D。解析：按照课程设计、开发与管理的主体，课程划分为国家、地方与学校三级课程管理。国家课程体现国家意志，依据未来公民接受教育之后所要达到的共同素质而设计；地方课程指地方教育主管部门以国家课程标准为基础，根据地方社会发展及其对学生发展的特殊需要而设计的，满足地方社会发展的现实需要；学校课程又称校本课程，以学校为基地进行课程开发与设计，开发主体是教师，主导价值在于通过课程展示学校的办学宗旨和特色。

三、显性课程与隐性课程

以课程的表现形态是否纳入教学计划为标准，学校课程又可分为显性课程与隐性课程。

1. 显性课程

显性课程又称"正规课程""公开课程"，是指为实现一定的教育目标而正式列入学校教学计划的各门学科以及有目的、有组织的活动，按照预先编制的课表实施，是教材编写、学校施教、学生学习的主要依据。前面所列及的课程类型，都属于显性课程。学生通过考核可以获得特定教育学历或资格证书的课程。

显性课程具有明确的目的性、组织性、计划性、管理、实施、评价比较规范，容易引

起学校、教师和学生的重视，易于保证课程实施质量。但由于要求明确而且划一，显性课程往往规范有余而灵活不足。随着显性课程门类的不断增加，容易加重师生的工作和学习压力。

2. 隐性课程

隐性课程也称"隐蔽课程""无形课程""自发课程""潜隐课程"等，与显性课程相对应，包括物质、文化和社会关系结构等方面，自觉和不自觉地对学生产生影响，是一种非计划的学习活动，是学生在学校情境中有意无意地获得的经验。国际著名教育家胡森将隐性课程解释为：那些在课程指导和学校政策方面不十分明确的部分，却又是学校教育过程中不可缺少而行之有效的组成部分。也就是说，那些课程内外间接的、隐蔽的，或者通过受教育者无意识发生作用的教育影响因素都可视为隐性课程。杜威曾经指出，学校建筑、上课时间表、年级组别的划分、考试与升级的规定以及校规等构成了学校的组织形态，而根据此组织的目的与需要而设计的学校活动就是课程。与显性课程相对，隐性可是以内隐的、间接的方式影响学生，不作为获得特定教育学历或资格证书的必备条件。

> **历年真题**
> 校风、教风和学风是学校文化的重要构成部分。就课程类型而言，它们属于（ ）。
> A. 学科课程　　　　B. 活动课程　　　　C. 显性课程　　　　D. 隐性课程
> 【答案】D。解析：隐性课程是非计划的学习活动，通过间接、潜移默化的形式对学生产生影响。

四、必修课程与选修课程

根据课程计划对课程实施的要求，课程可分为必修课程和选修课程。在高校中必修课程是指一个教育系统或教育机构法定性地要求全体学生或某一学科专业学生必须学习的课程种类。在基础教育领域，主要是指同年级的所有学生都必须学习的公共课程，是为保证所有学生的基本学历而开发的课程，可分为国家规定的必修课、地方规定的必修课与学校规定的必修课等。必修课程的根本特性是强制性，是社会权威在课程中的体现。必修课程所具有的功能是多方面的：选择传递主流文化；帮助儿童掌握系统化知识，形成特定的技能、能力和态度；促进社会政治、积极、科技的发展；帮助儿童获取某一教育程度的文凭和某种职业资格；促进儿童的体质、认知、情感和技能的发展。

选修课则是学生可以按照一定规则自由选择学习的课程种类。学生可以根据自己的特点与发展方向进行选择。选修课的功能在于满足学生的兴趣、爱好，培养和发展学生的个性。我国幅员辽阔、民族众多，选修课程的设置可以各自适应本地区经济文化的差异，适应各学校的不同特点、满足学生个性差异的发展。

> **历年真题**
> 根据课程内容的核心和组织方式,可将课程分为( )。
> A. 必修课程与选修课程 B. 国家课程、地方课程与校本课程
> C. 显性课程与隐性课程 D. 分科课程、综合课程与活动课程
> 【答案】D。

五、课程资源与开发

课程资源是新一轮国家基础教育课程改革所提出的一个重要概念。没有课程资源的广泛支持,再美好的课程改革设想也很难变成中小学的实际教育成果。无论是国家课程的创造性实施,还是地方课程和校本课程的建设,都应该充分发挥当地社区和学校的课程资源优势,为促进学生个性的健康和多样化发展服务。

1. 课程资源的含义、特点

课程资源与课程存在着十分密切的关系,没有课程资源也就没有课程可言,有课程就一定有课程资源作为前提。

(1)课程资源的含义

课程资源是指形成课程的要素来源以及实施课程的必要而直接的条件。例如,知识、技能、经验、活动方式与方法、情感态度与价值观以及培养目标等方面的因素,就是课程的要素来源。它们的特点是作用于课程,并且能够成为课程的要素。又如,直接决定课程实施范围和水平的人力、物力和财力,时间、场地、媒介、设备、设施,以及对于课程的认识状况等因素,就属于课程的实施条件。课程资源并不是形成课程本身的直接来源,但它在很大程度上决定着课程的实施范围和水平。现实中的许多课程资源往往既包含着课程的要素来源,也包含着课程实施的条件,如图书馆、博物馆、实验室、互联网络、人力和环境等课程资源就是如此。在教育教学活动中可以开发与利用的资源多种多样,但需要明确的是,并不是所有的资源都是课程资源,只有那些进入课程、与教学活动联系起来的资源才是现实的课程资源。

(2)课程资源的特点

要正确地理解课程资源,还必须对其特点有个比较清晰的认识。课程资源具有以下显著特点。

① 多样性

教材无疑是重要的课程资源,但课程资源绝不仅仅是教材,也绝不仅仅限于学校内部。课程资源涉及学生学习与生活环境中一切有利于达成课程目标的资源,弥散于学校内外的方方面面,因而课程资源具有广泛多样的特点。不同地域可供开发与利用的课程资源不同,其构成形式和表现形态各异;在不同的文化背景下,人们的价值观念、道德意识、风俗习惯、宗教信仰等具有独特性,相应的课程资源各具特色;学校性质、规模、位置、

传统以及教师素质和办学水平不同，学校和教师可以开发与利用的课程资源自然也有差异；学生个体的家庭背景、智力水平、生活经历不同，可供开发与利用的课程资源必然也有所区别。

②价值潜在性

多种多样的资源为学校和教师因地制宜地开发与利用资源提供了广阔的空间。尽管如此，我们应该注意的是，只有那些真正进入课程，与教育教学活动联系起来的资源，才是现实的课程资源。从这种意义上看，一切可能的课程资源都具有价值潜在性的特点。

③多质性

同一资源对于不同课程具有不同的用途和价值。例如，动植物资源，可以成为学生学习生物学知识的资源，也可以成为学习环境学、生态学知识的资源，还可以成为学生调查、统计的资源。如学校附近的山，既可以用于体育课程中的体育锻炼，也可以用于劳动技术教育中的植树绿化；既可以在艺术教育中陶冶学生的情操，也可以在生物课中用来调查动植物的种类。课程资源的这一特点，要求教师独具慧眼，善于挖掘课程资源的多种利用价值。

2. 课程开发模式

在课程开发的历史上，最著名的有泰勒提出的目标模式、施瓦布提出的实践模式、斯腾豪斯提出的过程模式。

（1）目标模式

目标模式（objective model）是20世纪初开始的课程开发科学化运动的产物，以实用主义哲学为指导思想，并受行为主义心理学的影响，将目标作为课程开发的基础和核心，强调先确定目的、目标，再以精确表述的目标为依据进行评价。它是课程开发研究领域最具权威性的理论形态，也是在教育实践中运用最为广泛的实践模式。其首创者是博比特和查特斯，代表性人物是"现代课程理论之父"拉尔夫·泰勒。很多课程研究者都在批判泰勒的目标模式基础上提出了自己的开发模式。

美国学者泰勒的《课程与教学的基本原理》一书提出了课程开发的基本程序和方法，在书中，泰勒提出了课程开发的4个基本问题：学校应该达到哪些教育目标；学校应该提供哪些教育经验才能达到这些目标；这些经验如何才能有效地加以组织；如何确定这些目标正在得到实现。这4个基本问题后来被人们广泛地称为"泰勒原理"（the Tyler Rationale）。泰勒主张，目标具有引导课程选择和组织以及评价的主要功能，目标一经决定，就要选择学习经验以达成所定目标。如何选择学习经验，泰勒提出学习经验的组织要素（organizing elements）和结构要素（structural elements）。组织要素指概念、技能和价值，结构要素可分为3个层次：最基本的层次由个别科目、广域课程、核心课程等组成；中间层次是指以学期、学年为单位的科目；最低层次的结构通常为课（lesson）、课题（topic）或单元（unit）。评价阶段，在于检查课程的实际效果与预期的教育目标之间的差距。评价至少要有两次，一次在课程方案实施前期，另一次则在较后时期。评价不等于笔试，除笔试外，还要通过观察、谈话、收集学生作品等方式来进行。对评价的结果须做出恰当的分析、解释。①

泰勒强调指出，课程开发是一种循环往复不断发展的历程，随着社会政治、经济的发展和新的教育研究成果的不断涌现，课程将永远处于一种变化的状态中。

（2）实践模式

美国著名的课程理论专家施瓦布提出的实践模式主要是针对目标模式为代表的传统课程理论而提出来的。施瓦布认为传统模式太强调课程理论的作用，根据学生的学习目标来衡量课程与教学的成败，只注重最终的学习结果，而没有把课程当作一个动态的实践过程，忽略了学生学习过程本身，忽略了对课程实践过程的评价。实践的课程模式把课程看作由教师、学生、学科内容和环境四要素组成的相互作用的、有机的"生态系统"，通过这个"生态系统"要素间相互理解、相互作用，满足学生兴趣需要、提高能力德性。②

实践模式认为，课程不能脱离教师和学生而制定，不应该将教师和学生孤立于课程之外，强调教师和学生是课程的合法主体和创造者。教师是课程的主要设计者，在课程编制中起主导作用，并且在课程的实践中完全有权根据特定的情境发挥自己的创造性，对课程内容予以合理地取舍、批判。同样，学生也是课程的重要主体和创造者。虽然，他们不能直接设计、开发课程，但他们有权对教师提供的课程进行选择，有权质疑学习内容的价值与学习方式。学生的全部生活经验参与到课程改造过程中，从而让"创造和接受课程"变为同一过程，实现学生行为、成长和成熟能力的提高。

施瓦布还提出课程审议，教师、学生、学科内容与环境四个基本要素之间相互作用、相互影响是课程审议的核心内容。教师是确定课程目的和解决问题过程中的一个基本要素，是课程审议的第一手信息来源。学生在课程审议中占有重要地位，课程审议必须以学生的实际水平、年龄特征以及个别差异为依据。学科内容是课程审议的来源、对象，是具体课程的"潜能"，通过课程审议成为最终的课程资源。环境包括课堂、学校、家庭、社区，以及特定的阶级、种族群体等，任何课程审议、决策都必须以对影响学生和学校的环境的理解为基础。

（3）过程模式

在批判、反思目标模式基础上，英国课程理论家斯坦豪斯提出了过程模式。在其代表作《课程研究与开发导论》一书中，斯坦豪斯认为，课程的研究和开发应该是一个动态的、持续发展的过程，课程的设计应是研究、编制、评价合而为一。过程模式肯定课程研

---

① 拉尔夫·泰勒.课程与教学的基本原理[M].罗康，译.北京：中国轻工业出版社，2014.
② 全国十二所重点师范大学.教育学基础[M].北京：教育科学出版社，2016.

究的重要性以及课程内容的内在价值，强调学习者的主动参与和探究学习，重视学生思考能力和创造性的培养，强调课程开发关注的应是过程，而不是目的。

课程内容是指那些能够反映学科领域内在价值的概念、原则和方法，应该通过分析公共文化价值，研究知识本质，来寻找有关课程内容的选择原则。斯坦豪斯认为知识不是一种现成的让学生接受的东西，而是思考的对象，因此赞同布鲁纳学科基本结构的思想，认为教学要传授学科结构特有的概念和过程。在课程内容组织和教学方面，斯坦豪斯强调既要使之清楚地反映各学科领域的基本概念、过程和方法，又要能被普通教师教给普通学生，因此，他选择了布鲁纳的螺旋式课程组织。这不仅有利于反映知识形式，而且有助于学科知识和能力的统一。在课堂教学中，斯坦豪斯提倡采用讨论法，因为这种方法有助于加深对课程的理解，能够促进知识的个别化，还可以提高学生的思考能力。

斯坦豪斯认为，课程评价不应以目标的实现情况为依据，而应以在多大程度上反映知识形式，实现程序原则为依据。在学生学习过程及结果评价中，教师应是一个诊断者、批评家，而不是一位判分者。成绩评定是通过批判地反映学生所做的工作来改进学生为达到这些标准工作的能力，在这个意义上，一方面，学习的评价应建立在学生的自我评价上，另一方面，学习评价应建立在教师的诊断与评析基础之上。斯坦豪斯甚至还明确提出了"教师即研究者"的口号。

> **历年真题**
>
> 1949年，美国学者泰勒出版的《课程与教学的基本原理》，提出了课程编制的四阶段，形成了著名的"泰勒原理"的课程开发模式，这一模式被称为（　　）。
> A.实践模式　　　　B.过程模式　　　　C.环境模式　　　　D.目标模式
> 【答案】D。解析：课程开发是指通过分析社会和学习者的需求，确定课程目标，根据目标选择教学内容和组织教学活动。实践模式把课程看作由教师、学生、学科内容和环境四要素组成的相互作用的、有机的"生态系统"，代表人物是施瓦布；目标模式是以目标为课程开发的基础和核心，代表人物是美国学者拉尔夫·泰勒；过程模式强调课程开发关注的应是过程，而不是目的，它不预先指定目标，代表人物是斯坦豪斯。

第三节　中国基础教育课程改革

一、基础教育课程改革的背景与历程

1.基础教育课程改革的背景

世纪之交，经济全球化的发展趋势日益明显，"知识经济"已经成长为一种新型的经济形态，直接影响着生产力的发展。以计算机科学为代表的信息产业迅速崛起，推动当今社会朝向信息化社会急速迈进。经济全球化和信息社会化成为新世纪的"主旋律"，对社

会政治、经济、文化等各个方面产生了强劲的冲击，也日益向教育领域全面渗透。社会迫切要求教育领域进行相应的革新以做出回应，培养具有创新能力的人才。另外，随着中国素质教育的不断深化，原有课程体系的弊端也日益显现。譬如内容陈旧、过时，培养目标局限于学生认知的成长而忽视了情意的发展；以学科为中心，忽视学生经验的增长和综合知识的学习；课程设施缺乏弹性，追求统一化和模式化，不能照顾到学生的个体差异，等等。为了适应国际与国内发展趋势，中国开始进行基础教育课程改革。

2. 基础教育课程改革的历程

（1）准备阶段

1999年，为贯彻中共中央、国务院《关于深化教育改革全面推进素质教育的决定》，教育部基础教育司成立了基础教育课程改革专家工作组，由师范大学、省教研室、教科院的课程、教育、心理方面的专家，以及中学的校长代表40多人组成，历时两年半，起草了《基础教育课程改革纲要（试行）》，并于2001年正式颁布。另外，从1999年开始，各科标准制定、教材编写、各项专题（如地方课程的管理和开发指南、综合实践活动指南、课程和教材评价、学业评价、高考改革等）的研究和政策制定工作，也都一一展开。2001年国务院颁发的《关于基础教育改革与发展的决定》，大力推进了基础教育课程改革。

（2）试点实验阶段

2001年秋季起，在政策性框架设计好之后，义务教育开始了实验、实施的过程：2001年，新一轮课程改革的18科课程标准、49册实验教材通过审查，开始在全国38个实验区进行实验；2002年，全国每个地级市都至少有一个实验区；2003年，对实验的课程标准和教材进行全面修订，并在2004年前后进行正式审定。

（3）全面推广阶段

从2004年开始，全国义务教育课程改革进入全面推广阶段。高中教育课程改革也开始实验、实施：2004年，海南、广东、宁夏、山东四省区进行高中课程改革实验；2005年，计划8～10个省区参加普通高中新课程实验，占起始年级学生总数的25%～30%；2006年，15～18个省区参加普通高中新课程实验，占起始年级学生总数的50%～60%；2007年，课程改革在全国全面推开。与高中课改相配合，2004年年中，高考改革草案公布；2007年，新的高考方案逐步推行。

二、基础教育课程改革的理念与目标

1. 基础教育课程改革的理念

"以人为本""以学生的发展为本"是新课改的基本理念，核心理念是为了每一个学生的发展。要体现"以学生发展为本"这一基本理念，应树立开放型的新课程观、构建民主化的新型师生关系、树立终身学习观和"评价促发展"的评价观、培养学生批判精神。

在教学目标方面，既要按照课程标准、教学内容的科学体系进行有序教学，完成知识、技能等基础性目标，同时还要强调在"知识与技能，过程与方法，以及情感、态度与价值观"方面学生发展性目标的形成。

在教学过程方面，教师要认真研究课堂教学策略，激发学生学习热情，体现学生主体，鼓励学生探究，高效实现目标。教师应是一个引导者、方法的建立者，而不是简单的知识传授者，应充分发挥学生在学习过程中的能动性。

教学评价要真正体现以学生为主体，以学生发展为本。改变评价过分强调甄别和选拔的功能，发挥评价促进学生发展、教师提高和改进教学实践的功能。评价主体强调要多元化和信息多源，重视自评、互评的作用。评价内容强调对评价对象的各个方面进行全面考察，应包括学生的情绪状态、注意状态、参与状态、交往状态、思维状态与生成状态等方面。

> **历年真题**
>
> 1. 2001年我国实施的新课程改革的核心理念是（　　）。
>   A. 实现教育现代化　　　　　　　B. 为了每一个学生的发展
>   C. 转变旧的学习方式　　　　　　D. 倡导建构的学习
>   【答案】B。解析：新课程改革核心理念是为了每一个学生的发展，以人为本，体现在关注每一个学生，关注学生的情绪生活和情感体验，关注学生的道德生活和人格养成。
>
> 2. 我国新一轮基础教育课程改革中，课程评价功能更加强调的是（　　）。
>   A. 甄别与鉴定　　　　　　　　　B. 选拔和淘汰
>   C. 促进学生分流　　　　　　　　D. 促进学生发展与改进教学实践
>   【答案】D。解析：新课改在评价观方面，重视学习过程评价，通过评价发挥促进学习的作用，重视过程性评价，而不是终结性评价，评价目的不是鉴定、选拔和淘汰。

2. 基础教育课程改革目标

教育部于2001年印发的《基础教育课程改革纲要（试行）》提出了以下六项具体目标。

①改变课程过于注重知识传授的倾向，强调形成积极主动的学习态度，使获得基础知识与基本技能的过程同时成为学会学习和形成正确价值观的过程。

②改变课程结构过于强调学科本位、科目过多和缺乏整合的现状，整体设置九年一贯的课程门类和课时比例，并设置综合课程，以适应不同地区和学生发展的需求，体现课程结构的均衡性、综合性和选择性。

③改变课程内容"难、繁、偏、旧"和过于注重书本知识的现状，加强课程内容与

学生生活以及现代社会和科技发展的联系，关注学生的学习兴趣和经验，精选终身学习必备的基础知识和技能。

④改变课程实施过于强调接受学习、死记硬背、机械训练的现状，倡导学生主动参与、乐于探究、勤于动手，培养学生搜集和处理信息的能力、获取新知识的能力、分析和解决问题的能力以及交流与合作的能力。

⑤改变课程评价过分强调甄别与选拔的功能，发挥评价促进学生发展、教师提高和改进教学实践的功能。

⑥改变课程管理过于集中的状况，实行国家、地方、学校三级课程管理，增强课程对地方、学校及学生的适应性。

三、基础教育课程改革主要内容

本次课程改革是以提高国民素质为宗旨，全面推进素质教育、培养学生创新精神和实践能力为根本指导思想。新课程的培养目标体现了时代的要求。新课程改革主要包括以下内容。

1. 课程结构

①整体设置九年一贯的义务教育课程。小学阶段以综合课程为主。小学低年级开设品德与生活、语文、数学、体育、艺术（或音乐、美术）等课程；小学中高年级开设品德与社会、语文、数学、科学、外语、综合实践活动、体育、艺术（或音乐、美术）等课程。初中阶段设置分科与综合相结合的课程，主要包括思想品德、语文、数学、外语、科学（或物理、化学、生物）、历史与社会（或历史、地理）、体育与健康、艺术（或音乐、美术）以及综合实践活动。积极倡导各地选择综合课程。高中以分科课程为主。为使学生在普遍达到基本要求的前提下实现有个性的发展，积极试行学分制管理。

②从小学至高中设置综合实践活动并作为必修课程，课时比例应为6%～8%，内容主要包括：信息技术教育、研究性学习、社区服务与社会实践，以及劳动与技术教育。强调学生通过实践，增强探究和创新意识，学习科学研究的方法，发展综合运用知识的能力。农村中学课程要为当地社会经济发展服务，城市普通中学也要逐步开设职业技术课程。

③课程的三级管理体制，即实行国家、地方和学校三级管理。教育部总体规划基础教育课程；省级教育行政部门制定本地实施国家课程的计划、规划、开发地方课程；学校在执行国家和地方课程的同时，结合当地社会、经济发展的具体情况和学校的实际，研制、开发或选用适合本校的课程。总的课时比例为：国家课程占80%～84%，地方和学校安排的课程占16%～20%。

④教材研究和编写采取开放的组织方式，任何个人、团体、机构经资格审查，皆可

组织教材的编写，教材通过审定后可供各学校选用。由教育部课程教材研究所编写、人民教育出版社出版的义务教育新教材，目前通过审查，根据教育部的部署，已在部分地区、部分学校施行。

2. 教学过程

教师在教学过程中应与学生积极互动、共同发展，要处理好传授知识与培养能力的关系，注重培养学生的独立性和自主性，引导学生质疑、调查、探究，在实践中学习，促进学生在教师指导下主动地、富有个性地学习。教师应尊重学生的人格，关注个体差异，满足不同学生的学习需要，创设能引导学生主动参与的教育环境，激发学生的学习积极性，培养学生掌握和运用知识的态度和能力，使每个学生都能得到充分的发展。

大力推进信息技术在教学过程中的普遍应用，促进信息技术与学科课程的整合，逐步实现教学内容的呈现方式、学生的学习方式、教师的教学方式、师生互动方式的变革，充分发挥信息技术的优势，为学生的学习和发展提供丰富多彩的环境和有力的学习工具。

3. 课程评价

① 建立促进学生全面发展的评价体系。评价不仅要关注学生的学业成绩，而且要发现和发展学生多方面的潜能，了解学生发展中的需求，帮助学生认识自我、建立自信。发挥评价的教育功能，促进学生在原有水平上的发展。

② 建立促进教师不断提高的评价体系。教师应对自己教学行为的分析与反思，建立以教师自评为主，校长、教师、学生、家长共同参与的评价制度，使教师从多种渠道获得信息，不断提高教学水平。

③ 建立促进课程不断发展的评价体系，周期性地对学校课程执行的情况、课程实施过程中的问题进行分析评估，调整课程内容、改进教学管理，形成课程不断革新的机制。

4. 考试制度

在九年义务教育已经普及的地区，实行小学毕业生免试就近升学的办法。完善初中升学考试的管理制度，考试内容应加强与社会实际和学生生活经验的联系，重视考查学生分析问题、解决问题的能力，部分学科可实行开卷考试。高中毕业会考改革方案由省级教育行政部门制定，继续实行会考的地方应突出水平考试的性质，减轻学生考试的负担。

四、《义务教育课程方案》（2022版）体现基础教育改革新内容

2001年颁布的《义务教育课程设置实验方案》和2011年颁布的义务教育各课程标准，坚持了正确的改革方向，体现了先进的教育理念，为基础教育质量提高做出了积极贡献。随着义务教育全面普及，教育需求从"有学上"转向"上好学"，必须进一步明确"培养什么人、怎么样培养人、为谁培养人"，优化学校育人蓝图。当今世界科技进步日新月异，网络新媒体迅速普及，人才培养面临新挑战，基础教育课程改革必须与时俱进。2022年，

国家新出台了《义务教育课程方案》。《义务教育课程方案》坚持以习近平新时代中国特色社会主义思想为指导，全面贯彻党的教育方针，落实立德树人根本任务，强化课程育人功能。

（一）在育人目标上坚持"素养导向"，体现育人为本。落实党的教育方针，体现课程独特育人价值和共通性育人要求。从有理想、有本领、有担当三个方面系统构建"五育"并举的目标体系。语文课程将"文化自信"作为要重点培养的学生核心素养之一，体现了语文工具性与人文性相统一的特点。历史课程强调培养学生的唯物史观，引导学生初步树立正确的历史观、民族观、国家观和文化观。

（二）课程一体化设计理念，优化课程设置。整合小学原品德与生活、品德与社会和初中原思想品德为"道德与法治"，进行九年一体化设计；改革艺术课程设置，一至七年级以音乐、美术为主线，融入舞蹈、戏剧、影视等内容，八至九年级分项选择开设；科学、综合实践活动开设起始年级提前至一年级；落实中央要求，将劳动、信息科技及其所占课时从综合实践活动课程中独立出来。

（三）创新性和实践性进一步凸显。以核心素养为纲呈现课程目标，以主题、项目或活动组织课程内容，强化学科实践和跨学科实践，驱动教学内容与方式的深层变革，要引导学生像科学家一样思考，经历问题发现、问题解决的过程。为此，方案和标准中规定每学科拿出10%的时间开展实践活动。劳动课程以劳动精神为引领，围绕正确的劳动价值观和良好的劳动品质，进一步强调让学生动手实践、出力流汗、接受锻炼、磨砺意志。数学课程提出"会用数学的眼光观察现实世界、会用数学的思维思考现实世界、会用数学的语言表达现实世界"，通过学科实践实现其独特育人价值。

（四）考试评价，强调命题的素养立意。在创设的情境、给出的任务当中去考察学生问题解决能力，在问题解决过程中去考察学生的价值观念、思维方式等。不是简单考查学生死记硬背，比如历史，改变过去死记硬背时间、人物、事件的考试要求，而是通过提供素材，让学生进行综合分析。素养立意的考试命题，考查学生唯物史观、时空观念、史料实证、历史解释、家国情怀等方面素养的综合表现。比如，《马关条约》签署以后，清政府被迫允许外国人在中国投资办厂。改革开放以后，中国也允许外国人来投资办厂，这两者有什么不同？这不仅仅考学生历史知识掌握情况，更主要考查学生的唯物史观、历史解释等方面的素养。"

（五）加强学段衔接。依据学生从小学到初中在认知、情感、社会性等方面的发展变化，把握课程深度、广度的变化，体现学习目标的连续性和进阶性。了解高中阶段学生特点和学科特点，为学生进一步学习做好准备。

历年真题

1. 在我国新一轮基础教育课程改革中，要求义务教育课程实行（　　）。
   A. 六三分段设置　　B. 五四分段设置　　C. 九年整体设置　　D. 多种形式设置

【答案】C。解析：随着义务教育年限延长趋势，在新课程改革中，我国整体设置九年一贯的义务教育课程。小学阶段以综合课程为主，初中阶段设置分科与综合相结合的课程，高中以分科课程为主。

2. 按 2001 年基础教育课程改革要求，我国中小学开设综合实践活动课程的课时比例应为（ ）。

   A. 6%～8%　　　　B. 8%～10%　　　　C. 10%～12%　　　　D. 12%～14%

   【答案】A。解析：我国基础教育阶段九年一贯制义务教育课程设计及比例规定了各门课程所占的课时比例，其中综合实践活动课程的课时比例应为 6%～8%。

3. 根据《基础教育课程改革纲要（试行）》的规定，我国初中阶段课程设置主要是（ ）。

   A. 分科课程　　　　　　　　　　　　B. 分科课程和综合课程相结合
   C. 综合课程　　　　　　　　　　　　D. 活动课程和综合课程结合

   【答案】B。解析：《基础教育课程改革纲要（试行）》规定，我国初中阶段课程设置分科课程和综合相结合的课程。

4. 从课程形态上看，当前我国中学实施的"研究性学习"属于（ ）。

   A. 学科课程　　　　　　　　　　　　B. 拓展性学科课程
   C. 辅助性学科课程　　　　　　　　　D. 综合实践活动课程

   【答案】D。解析：我国《基础教育课程改革纲要（试行）》指出，从小学至高中设置的综合实践活动课程，内容主要包括：信息技术教育、研究性学习、社区服务与社会实践以及劳动与技术教育。

5. 《义务教育课程方案》（2022）规定，科学、综合实践活动开设起始年级为（ ）。

   A. 小学一年级　　　B. 小学二年级　　　C. 小学三年级　　　D. 小学四年级

   【答案】A。解析：我国《义务教育课程方案》（2022）版规定，科学、综合实践活动开设起始年级提起至小学一年级。

6. 书法在三至六年级语文中每周安排（ ）课时；

   A. 1 课时　　　　B. 2 课时　　　　C. 3 课时　　　　D. 4 课时

   【答案】A。解析：我国《义务教育课程方案》（2022）版规定，书法在三至六年级语文中每周安排 1 课时。

7. 劳动、综合实践活动每周均不少于（ ）课时；

   A. 1 课时　　　　B. 2 课时　　　　C. 3 课时　　　　D. 4 课时

   【答案】A。解析：我国《义务教育课程方案》（2022）版规定，劳动、综合实践活动每周均不少于 1 课时。

8. 各门课程用不少于（ ）的课时设计跨学科主题学习。

   A. 3%　　　　　B. 5%　　　　　C. 10%　　　　　D. 15%

   【答案】C。解析：我国《义务教育课程方案》（2022）版规定，各门课程用不少于

10%的课时设计跨学科主题学习。

9. 简答中小学综合实践活动课的内容。

【参考答案】答案应包含以下要点。

综合实践活动课是从小学至高中设置的必修课程，其主要内容包括：(1)研究性学习；(2)社区服务与社会实践；(3)劳动与技术教育；(4)信息技术教育。

五、课程改革的发展趋势

1. 课程决策权力分配走向"均权化"

课程政策变革的核心是课程决策权力分配的变化。课程行政管理体制与一个国家的政治体制有着内在关联。从世界范围看，各国在政治体制上都存在两种倾向：集权化与分权化。相应地，课程行政管理体制也存在这两种倾向。在课程行政上的集权化和分权化这两种课程行政体制各有利弊。当今的发展趋势是：集权化的课程行政体制开始重视地方和学校课程开发的自主权，分权化的课程行政体制则开始加强国家对课程开发的干预力度，课程决策的权力分配逐渐呈现"均权化"。

课程决策的"均权化"本质是教育民主化进程深入的产物。就课程变革的三类权力主体——国家、地方和学校的关系而言，三者既不是彼此对立的，也不是彼此孤立的。课程变革的过程不是国家对地方和学校施加控制，也不是国家、地方和学校各自为政，而是三方面达成共识，每一方面都是课程改革的主体，诸方面在交往过程中通过相互理解而实现课程变革。"均权化"一方面强调国家在课程改革中的主导作用，推出有力的国家课程；另一方面又非常强调地方、学校对课程改革的主体参与，倡导因地制宜、丰富多彩的地方课程和校本课程。国家课程是政府为保障国民的基础学力、基本素质而开发的课程。国家课程的水平是政府参与课程改革的主体性发挥程度的基本标志。目前，许多国家都把推出强有力的国家课程视为迎接21世纪挑战的重要举措。

2. 课程内容的发展趋势

21世纪，人类全面进入信息时代、知识经济时代。这个时代要求学习者既具备基本的信息能力和素养，又充分地发展个性，因此，重视信息技术知识和个人知识成为课程内容发展的重要趋势。

（1）信息技术知识

综观世界各国在20世纪90年代以来课程内容的变化，以下两方面尤其值得关注。首先，信息技术成为一门独立的学科，这门学科是以学习者为中心的。其次，信息技术还带来了课程理念的变革，将逐步使整个课程体系走向信息化。当信息技术作为一种理念和手段向整个课程体系渗透的时候，将带来整个课程体系的信息化。课程的信息化是指将课程内容与以计算机多媒体和网络通信为基础的现代化信息技术结合起来。

（2）个人知识

真正适应信息时代要求的人是个性充分发展的人、善于"自我导向学习"的人、终身学习的人。因此，尊重并提升学习者的主体性，培养学习者的创新意识，把学习者的个人知识作为课程内容的有机构成，成为课程改革的重要趋势。这在课程内容上的集中表现是重视学习者的自我履历和生活史，重视经验课程与学科课程的内在整合。

信息时代课程内容的独特景观是一方面重视信息技术知识，另一方面重视个人知识。这两个方面存在内在统一性：信息技术知识是以学习者为中心的，它整合了个人知识；个人知识又处于网络化社会之中，离不开信息技术知识的支撑。

3. 课程结构发展趋势

（1）课程结构的调整

小学和初中阶段诸学科的连续性日益增强，吸纳新出现的学科领域。从内容本位转向内容本位与能力本位的多样化结合，以保证学生有效获取知识、培养技能和能力。

（2）课程种类的更新

各国设置的课程大致包括：工具类、社会研究、科学、技术、人文科学、创造和表演艺术、体育与健康教育和职业教育等。

（3）正确处理必修课程与选修课程的关系

分权制国家都有加强必修课程的趋势，以提高学生共同的基础学力，保障基础教育质量。集权制国家都有加强选修课程的趋势，以适应学生的个性差异，培养学生的创造力，促进学生的个性发展。但不论分权制国家还是集权制国家，在选修课程的设置上日益强化质量意识，加强质量监控，并注意恰当处理与必修课程的关系，避免随意设置。

（4）课程综合化

强调课程综合化是20世纪90年代以来各国课程改革的重要趋势。为什么课程会呈现综合化的趋势？原因主要有以下几点。第一，社会发展的要求。各种带有普遍性的问题，如环境问题、生态问题、医药伦理问题、科学危机、贫困问题、粮食问题、核弹威胁、文化冲突等，都不是依靠单一学科能解决的，而是要依赖多种学科的共同努力。第二，个性发展的要求。个性发展的标志不是知识的积累和技能的熟练，而是在复杂的情境中做出明智选择和解决问题能力的提高，这需要突破传统的以分科为特点的"学科主义"的局限。第三，知识论的变迁。受各种新的哲学思潮的影响，新的知识论认为，知识并非固定不变、放之四海而皆准的，而是情境关联、社会建构的，因此，不必固守传统的学科疆域。第四，脑科学研究的进展。脑科学研究指出，大脑是以整合的方式而非分散的方式对知识进行加工的，越是整合的知识，越容易被学习者习得。

4. 课程实施的发展趋势

在反思20世纪课程改革的历史进程时，大多数课程改革的共同失误是力图满足课程计划的制定，而不关注课程实施过程。许多国家的课程改革计划并未真正得到实施，原因是教师对课程改革的态度并不像人们想象的那样积极。因此，20世纪80年代以来，许多国家的课程改革都重视对于课程实施的研究，把课程实施视为课程改革过程的有机构成。教师不应再被视为国家制定的课程改革计划的忠实执行者，而要成为课程开发者，参与国家课程计划的制定，并且创造性地实施既定的课程计划。课程实施呈如下发展趋势。

① 课程实施的"忠实取向"（衡量教师在课程变革中成功与否的基本标志是教师是否忠实地实施了上级提供的课程，忠实程度越高的教师越成功）正在被"相互适应取向"（认为课程实施过程是国家、地方与学校彼此之间相互适应的过程）、"创生取向"（认为课程实施过程是师生在具体教学情境中共同合作、创造新的教育经验的过程）所超越。

② 教师的专业发展是其职业生涯的有机组成部分。通过为教师提供专业发展的机会帮助教师理解课程与教学的变化，是成功的课程变革的基本保证。

③ 小学和初中阶段的教科书一般是由政府资助提供的，而补充材料通常是由政府和私营机构开发和传播的。在课程信息的传播过程中，信息技术的应用日益增加，多种媒体的作用日益凸显。

④ 政府下达的课程要求的弹性日益增大，以使学校能够充分考虑地方的情况和需要，做出更多决策，用最好的方式实施课程政策。

⑤ 缺乏高质量的课程资源、充分的基础结构和设施、合格的教师等，依然是许多国家课程实施中存在的关键问题。

⑥ 许多国家优先强调增强教师和学校从事持续进行的"校本评定"的能力。这主要有三个目的：使学校能够更有效地修订教学计划，监控学生的进步，为公共考试提供内在基础。

5. 课程评价的发展趋势

"目标取向的评价"正在被"过程取向的评价"和"主体取向的评价"所超越。"评价即研究""评价即合作性意义建构"等理念已深入人心。

对课程体系本身的评价成为课程变革过程的有机组成部分，许多国家主张运用多种策略对所推行的课程体系进行评价。其中，把本国的课程推向世界、纳入国际组织、与其他国家或国际组织展开合作性评价被认为是有效的课程评价方法。

对学生的发展评价是课程评价的有机组成部分。教育部颁布实施的《中国教育现代化2035》，要求进一步加强课程教材体系建设、科学规划大中小学课程、分类制定课程标准、充分利用现代信息技术、丰富并创新课程形式。该文件的发布和实施进一步推进、保障了课程改革的深入。

本章小结

课程在学校教育中处于核心地位，教育的目标、价值主要通过课程来体现和实施。对于课程概念应在广义层面理解。由于哲学观的不同，很多学者从不同的哲学视角阐述对课程的理解，形成了不同的课程流派，如人本主义课程论、学科中心课程论、社会再造主义课程论、存在主义课程论、后现代主义课程论等。这些课程论的代表人物除了少数有极端的倾向性以外，都有可借鉴之处。知识经济的发展与世界一体化，要求学校课程类型全面、丰富，因而分科课程、活动课程、综合课程，以及国家课程、地方课程与校本课程，隐性课程与选修课程等日益受到重视。中国为了深入实施素质教育、适应知识经济与世界一体化发展，基础教育阶段确立了"以人为本""以学生的发展为本"的课程改革理念，在课程结构、教学过程、课程评价、考试制度等方面进行了改革。

思考题

1. 简述课程的类别。
2. 简述课程开发的三种基本模式。
3. 联系实际分析中国新课程改革的背景与基本历程，理念与目标，主要内容，以及发展趋势。
4. 材料分析题：

如果教育提供了工作之中和工作之外终身学习的基础和兴趣，那么就可以认为教育是成功的。反过来，如果我们的历史、地理课程不能激发学生对祖国语言、文化、山川河流的热爱；如果我们的物理生物学科课程不能让学生体验探究的无限乐趣，不能使学生利用所学的知识去解决实际问题，那么，无论学生能背诵多少名篇绝句，记住多少历史事件的前因后果，掌握多少公式定理，这种教育也是失败的，或者说是不成功的。因为这种教育，使学生失去了梦想和激情，失去了积极的心态和探究的兴趣，没有给学生在人生观、价值观上奠定良好的基础。

请结合以上资料，联系实际分析中国基础教育课程改革的背景与目标。

第九章 教 学

学习目标

1. 阐释教学概念与任务；认同教学的意义，认知教学是实现教育目的的主要途径。
2. 理解教学过程的本质和内涵，能够阐明教学过程与人类其他认识活动的本质区别。
3. 理解教学过程的规律及原则，能够运用教学规律与原则解决教学过程中的问题。
4. 熟悉教学的基本环节，能够分析教学过程流程。
5. 熟悉教学的基本方法，能够依据教学任务与内容选择适合的教学方法。
6. 列举教学组织形式的类型和内涵，能够依据教学任务与内容选择适合的教学组织形式。

学习导引

教学是学校教育过程的中心工作，是课程实施的主要方式，是实现教育目的的主要途径。在了解教学的含义、意义与基本任务基础上，进一步分析教学作为一个特殊的认知过程具有的独特特点，认知教学过程与人类其他认知活动的本质区别。教学是人类特殊的认知活动，具有一定的规律和原则，在教学过程中应该遵循教学相长、教学教育性等规律，以及理论联系实际、因材施教等原则。在掌握教学规律与原则之后，介绍教学过程的具体环节。教学过程具体环节包括备课、上课、布置课外作业和课外辅导、学业成绩的检查和评价等具体环节。在这些环节中，上课是中心环节，上课环节需要运用多种教学方法，因此，进一步学习教学方法的含义、特点与在实践中的具体运用。最后，为了保证教学过程顺利实施，实现教育教学目的，应采取一定的教学组织形式把学生组织起来，这样才能开展教学活动，实现教学目的。

第一节 教学的概念、意义和任务

教师首先要理解教学的概念、意义和任务，这有助于教师进一步把握教学过程的本质、教学规律、教学方法、教学组织形式等一系列教学基本概念和原理，有助于教师从整体上把握教学的基本特征和内涵。

一、教学的概念界定

英语里常用"teaching""instruction"等词来表述"教学",这些词的意思与汉语中"教""指导"基本相同。在《牛津现代高级词典》中这两个词的词义是互为解释的。

目前,我国对于"教学"概念的界定主要有以下几种观点。第一种观点强调教学的最基本方面,即教师的教和学生的学,例如,在《辞海》中,教学是指教师传授和学生学习的共同活动,这种观点揭示了教学活动中教师教与学生学的相互依存、相互制约的辩证关系。第二种观点认为教学的定义应该反映出它的本质属性,认为教学活动不仅要包括教师和学生两个方面的要素,还应该包括使教师的"教"和学生的"学"融为一体的中介因素,例如,"所谓教学,即在规定条件下,以传递知识为中介,教师教和教师指导下学生学的统一活动"。这种以中介因素来阐述教学的概念,给人一种新的启迪。第三种观点认为教学可以根据不同适应范围有多种含义。广义的教学泛指那种经验传授和经验获得的活动,不拘形式、场合、内容,如"师传徒"就是一种教学活动;狭义的教学指的是各级各类学校教育中进行的教学活动,是一种根据教育目的以传授和学习知识为基础的有计划、有指导的学习过程。

综上所述,虽然关于教学的概念表述不一,但是其内涵基本是一致的。《中国大百科全书·教育》中是这样界定教学概念的:教学,教师的教和学生的学的共同活动。学生在教师有目的有计划的指导下,积极、主动地掌握系统的文化科学基础知识和基本技能,发展能力,增强体质,并形成一定的思想道德。这里必须指出,这个界定中的"知识"是参照联合国教科文组织编定的《国际教育标准分类》,其中认为"知识"是指人的行为、见闻、学识、理解力、态度、技能及人的能力中任何一种可以长久保持(并不是先天或遗传产生)的东西。这个"教学"概念指出了教学活动的最基本特征。对于教学的概念,应该注意以下几点。

第一,教学有广义和狭义之分。广义的教学,包括人类在所有情况下教和学的共同活动,不论是有组织的还是无组织的。狭义的教学专指学校中教师和学生之间的有组织的教和学的活动,我们通常所说的教学都是指狭义的教学。

第二,教学是在教师引导下师生之间的共同活动,是教和学相统一的活动。在教学中,教师和学生各有自己的独立活动,教师的主要活动是教,学生的主要活动是学,两者不能相互取代。但是教和学又相互依存,只有教或只有学的片面活动不是我们所说的严格意义上的教学活动。

第三,任何教学都是为实现一定的教育目的而专门组织起来的培养人的活动。教学是学校的中心工作,是培养人的基本途径,教学是迄今为止最有效的传授系统的知识和技能、促进学生身心发展的活动。

第四,要明确教学与相关概念的关系。一是教学与教育的关系。教学与教育既相互联系,又相互区别。首先,教育包括教学,两者是整体与部分的关系。其次,教学是学校教育的一个基本途径,但除教学外,学校还通过课外活动、生产劳动、社会实践等途径对学生进行教育。再次,教学是学校教育的中心工作,而学校教育工作除教学外,还有其他工作,如德育工作、体育工作、后勤工作等。二是教学与智育的关系。智育是指向受教育者传授系统的文化科学知识和技能,发展受教育者智力的教育活动,它是教育的一个重要内容和方面。首先,教学是智育的主要途径,却不是唯一途径,智育还需要课外活动等途径才能全面实现。其次,教学要完成智育任务,但智育不是教学的唯一任务,教学还要完成德育、体育、美育、劳动技术教育的任务。将教学等同于智育,容易导致对智育的途径和教学的功能产生狭隘化甚至唯一化的片面认识。

二、教学的意义

1. 教学是人类社会实现知识传承和发展的根本保障

在社会历史发展长河中,人类创造了无数的经验和知识。社会发展历史表明,间接地获得这些前人所积累的经验和智慧成果是最省时省力的发展选择,是促进社会发展的最有效途径。因为人的生命是短暂的、有限的,人类永远无法摆脱知识的无限增长和生命的短暂有限之间的矛盾。教学很好地解决了这一矛盾。教学通过精选人类知识精华的课程,通过简洁有效的途径和方法,使人们在短时间内掌握人类所创造的知识经验成果,高效率地完成知识的传承和发展。

2. 教学是促进个人全面发展的最有效的途径

教学对个人发展的各个方面都有重大作用,学生德智体美劳诸方面的发展,都是在紧密结合科学知识的传授和学习这个统一的教学过程中实现的。第一,教学给德育提供了科学认识的基础。一个人的世界观和道德品质不能完全通过教学形成,但是,正确的世界观和道德品质必须建立在科学的道德认识基础之上。教学通过自然科学和社会科学知识的传授,为学生形成正确的世界观和良好的道德品质打下了基础。第二,教学给智育提供了知识基础。每个个体的智力发展都必须以掌握人类社会积累的知识经验为基础。通过教学,学生可以在较短的时间内用较少的精力,高效率地获得大量知识和技能,为自身的智力、能力发展提供知识基础,促进自身智力、能力的发展。第三,教学对体育也提供了科学的知识基础。通过系统的体育理论知识和方法的教学,可以指导学生保护身体健康和科学地锻炼身体。第四,教学对美育也提供了认识基础和审美环境。在显性的美育知识传授和隐性的潜移默化中,学生可以获得审美认知、审美享受、审美感化,进而陶冶审美情操,形成审美情趣和审美追求。相对来说,教学的美育功能是深层次的,需要教师超然的审美境界和高超的教学艺术。

三、教学的任务

教学是学校的中心工作，教学所应完成的任务也是学校教育所应完成的任务。教学的任务体现了时代和社会对教育的要求，关系到教和学的方向性。教师只有明确教学的任务，才能有目的、有计划地准备和安排教学活动。教学的任务是多方面的，但主要包括以下几方面。

1. 使学生学习和掌握系统的文化科学基础知识

教学应使学生学习和掌握系统的文化科学基础知识，形成基本技能和技巧。所谓基础知识是指构成各门学科的基本内容体系，主要包括基本概念、基本原理等，是学生认识客观世界、适应现实生活和继续学习所必备的文化科学知识。基本技能是指各学科中最主要的、最常用的技能。如语文学科的读写技能，数学学科的运算技能，物理化学学科的实验技能等。技能达到熟练的程度，就称为技巧。基础知识和技能、技巧是联系密切、相辅相成的。基础知识是技能、技巧形成的基础，而技能和技巧一旦形成，又会为学生进一步掌握新知和解决新的问题提供条件。传授基础知识，形成学生的基本技能和技巧是教学的首要任务，是实现其他任务的基础和前提。

2. 发展学生的智力和体力，培养学生的审美情趣和思想品德

教学不仅要传授知识，而且要在此基础上，全面开发人的智力（观察力、注意力、记忆力、思维力和想象力），锻炼和增强人的体力，提升人的审美情趣，塑造人的思想品德。教学要完成对人的素质的全面培养。

3. 培养学生优良的个性心理品质

个性心理品质主要包括气质、性格、爱好、情感、兴趣、意志等非智力因素，是人的素质结构的重要构成，是人的全面发展的基础。培养和塑造学生优良的个性心理品质是教学的基本任务之一。

值得一提的是，关于教学的任务，历史上曾有形式教育论和实质教育论。形式教育论形成于17世纪，代表人物有英国教育家洛克和瑞士教育家裴斯泰洛齐。形式教育论者认为，教学的主要任务在于通过开设希腊文、拉丁文、逻辑学、文法和数学等学科发展学生的智力，至于学科内容的实用意义则是无关紧要的，形式教育论主要以官能心理学为基础。实质教育论是在18世纪末和19世纪初出现的，德国教育家赫尔巴特和英国教育家斯宾塞是代表人物。实质教育论认为，教学的主要任务在于传授给学生对生活有用的知识，至于学生的智力则无须进行特别的培养和训练。实质教育论以联想主义心理学为基础。两者争论非常激烈，影响深远，但现在看来，两者都有偏颇。

我们认为，上述教学各方面的任务是互相联系的整体，是密不可分的，学校工作的各个方面都应该以教学任务为中心，贯彻德、智、体、美全面发展的方针，提高整个民族素质，促进人的社会化和可持续发展。在实际工作中，不能顾此失彼，应通过最优化的教学全面实现教学的任务。

> **历年真题**
>
> 1. 教师不能满足于"授人以鱼"，更要做到"授人以渔"。这里强调教学应该重视（　）。
>   A. 传授知识　　　　B. 发展能力　　　　C. 培养个性　　　　D. 形成品德
>   【答案】B。
>
> 2. 辨析题：教学任务就是向学生传授知识。
>   【参考答案】这种说法不正确。教学是由教师的教和学生的学共同组成的一种活动。其中，传授系统的科学基础知识和基本技能是教学的首要任务。此外，教学还在于发展学生的智力、体力和创造才能，培养社会主义品德和审美情趣，奠定学生的科学世界观基础，关注学生的个性发展。因此，教学活动的任务具有多样性，不仅仅是向学生传授知识。
>
> 3. 辨析题：教学的任务就是传授科学文化基础知识、培养基本技能技巧。
>   【参考答案】这种说法不正确。我国现阶段的教学任务包括四个方面：（1）传授系统的科学基础知识和基本技能；（2）发展学生的智力、体力和创造才能；（3）培养社会主义品德和审美情趣，奠定学生的科学世界观基础；（4）关注学生的个性发展。传授科学文化基础知识、培养基本技能技巧是教学的首要任务，其他任务的实现都是在完成这一任务的过程中和基础上进行的。因此题目中的表述是不正确的。
>
> 4. 辨析题：教学是实现学校教育目的的基本途径。
>   【参考答案】这一观点正确。教学是在国家教育目的的规范下，由教师的教和学生的学共同组成的一种活动。教学是学校教育工作的中心工作，学校教育工作必须坚持教学为主，教育目的的实现也要通过教学来进行，因此教学是实现教育目的的基本途径。

四、教学过程的本质和特征

明确教学过程的本质和特征，对教学理论研究的深入、教学改革的发展、教学质量的提高均有重要意义。应结合新时期教学理念和价值观变革，理解教学过程的本质和特征。

1. 教学过程是特殊的认知活动

教学是有目的、有组织、有计划进行的活动。在教学中，无论是由教师向学生进行知识的传授，还是引导学生去探究与发现新知，均离不开有目的地对人类文化知识的学习、运用与传承，离不开教师对学生认识与实践活动的组织与指导。教学过程是一种特殊的认识过程，即它是学生个体的认识过程，具有不同于人类总体认识的显著特点：①间接性，主要以掌握人类长期积累起来的科学文化知识为中介，间接地认识现实世界；②引导性，需要在老师引导下进行认识，而不能独立完成；③简捷性，走的是一条认识的捷径，是一种简捷高效的科学文化知识的再生产过程。正如马克思所说，再生产科学所必要的劳动时间，同最初生产科学所需要的劳动时间是无法相比的，例如学生在一小时内就能学会二项式定理。教学过程只有既遵循认识论的一般规律，又充分注意学生认识的特点，才能组织和进行得科学而有成效。

2. 教学过程是促进学生身心发展的活动

引导学生掌握知识、发展认识的活动是教学过程的基本活动，而促进学生的身心发展及其价值目标的实现则是在这个特殊认识活动中的高层次要求。赫尔巴特早在19世纪便提出了教育性教学的概念，之后教育性原则一直成为教学应遵循的主要原则。它要求教学内容应有丰富的价值内涵，教学过程应有价值追寻，让学生的思想情感深受启发、熏陶与教益，使学生自觉主动地追寻价值目标，成长为社会所期望的个性全面发展的人。

3. 教学过程是以交往为手段和纽带的互动过程

教学以交往为背景，并通过社会交往与联系社会生活来帮助和检验学生的学习效果，理解所学知识的实际意义与社会价值。教学过程的交往具有以下特点。

（1）更强的自觉性和更明确的目的性

一般的交往在促进人的发展方面带有一定的自发性、盲目性、自在性和无意识性，教学中的师生交往则具有了高度的自觉性。师生交往的意义不仅仅是完成教学任务、促进知识教学的工具性价值。师生交往的深层意义在于使置身于其中的每一个人，通过交往，发展智慧、情感、意志、精神等，作为完整的人的一切方面，使每一个人不断获得完善自身、自我超越的动力，不断使自己成为人。

（2）尊重相互主体性

在交往中，教师与学生作为有生命的、具有平等地位的人相遇，相互尊重彼此的独特个性，自由而持久地交换意见，共享不同的个人经历、人生体验。在交往中，教师与学生共同学习民主和平等的观念，学习尊重差异、尊重生命。在相互对比、评价中发展自我意识和主体意识，形成对世界及对世界与自己的关系的新的认识。教师的职责将越来越少地传递知识，而越来越多地激励思考。

（3）具有互动性和互惠性

教学中的交往对学生而言，意味着心态的开放、主体性的凸显、个性的张扬、创造性的解放。对教师而言，上课不意味着传授知识，而是一起分享理解，是专业成长和自我实现的过程。交往还意味着教师角色定位的转换：教师由教学中的主角转向"平等中的首席"，从传统的知识传授者转向现代的学生发展的促进者。

4. 教学过程是封闭与开放、预设与生成的对立统一过程

开放对应于封闭，生成对应于预设，教学是开放与封闭、生成与预设的矛盾统一体。预设是教学的基本要求，教学是有目标、有计划的活动，教学的运行也需要一定的程序，并因此表现出相对的封闭性。

开放从内容角度讲意味着科学世界（书本世界）向生活世界的回归，回归儿童的生活。教育是人的教育，是科学教育与生活教育的融合。只有植根于生活世界并为生活世界服务的教育，才具有深厚的生命力。从课程角度讲，开放要把学生的个人知识、直接经验、生活世界看成重要的课程资源，尊重"儿童文化"，发掘"童心""童趣"的课程价值。从教学角度讲，开放要鼓励学生对教科书的自我理解、自我解读，尊重学生的个人感受和独特见解，使学习过程成为一个富有个性化的过程。开放的精神正是陶行知先生提倡的所谓"六大解放"，即解放儿童的眼睛，儿童才能观察世界，观察社会，探索新领域，研究新事物；解放儿童的嘴巴，儿童才能大胆发表自己的见解，并乐于与教师进行心灵交流；解放儿童的头脑，儿童才能摆脱迷信、成见、曲解，破除唯书唯师唯上，才能独立思考，大胆想象，构筑新意；解放儿童的双手，儿童才能"手脑并用"，做到"教、学、做合一"，从事生产实践，从事科学实验，从事发明创造；解放儿童的时间，儿童才能接触大自然，接触大社会，获得更丰富的学问；解放儿童的空间，儿童才能摆脱课业的沉重负担，摆脱种种考试的束缚，才能学一点自己想学的东西，思考一些自己乐于思考的问题，干一点自己高兴干的事情。"六大解放"表面上看解放的是学生的身体，实质是解放学生的心灵，使学生能自由地想象，能大胆地思考，能充分挖掘自己的潜能，能全面展示自己的个性。

教学过程旨在促进学生发展的特殊的认识过程，是从教学目的与结果的角度提出来的；教学过程是以交往为手段和纽带的互动过程，是从深层师生关系的角度解释的；教学过程是封闭与开放、预设与生成的对立统一过程，是从教学过程内涵的角度阐释的。这三种教学过程观虽是从不同角度提出来的，但彼此间却是相互联系、相辅相成的。我们必须从整体的高度把握其精神实质，唯其如此，才能树立正确的教学观念，开展有效的教学活动。

> **历年真题**
>
> 1. 教学过程是一种特殊的认识过程，它区别于一般认识过程的显著特点是（　　）。
>   A. 直接性、引导性和简捷性　　　　B. 直接性、被动性和简捷性
>   C. 间接性、被动性和简捷性　　　　D. 间接性、引导性和简捷性
>   【答案】D。

2. 在学校教育中，学生对客观世界的认识主要借助的是（　　）。
   A. 生产经验　　　　B. 生活经验　　　　C. 直接经验　　　　D. 间接经验
   【答案】D。

第二节　教学的规律与原则

一、教学规律

教学规律是教学过程中客观存在的、必然的、本质的、稳定的联系。规律即两个或两个以上的要素之间的稳定的关系，教学过程基本要素便是构成教学过程基本规律的矛盾要素。教学过程基本要素即教师、学生和教学内容。教学过程中，教师是通过教学内容这一中介与学生发生相互作用的。若对教师、学生和教学内容这三个要素进行排列组合，可以形成下列三对矛盾关系：教师—教学内容、教师—学生、学生—教学内容。这三对矛盾关系中，我们可以抽象出两大矛盾系统，这就是教和学的矛盾。其根本指向实际上都在于"教什么""怎样教"和"学什么""怎样学"的问题。因此，可以认为教和学的矛盾是教学过程的主要矛盾，它规定和影响着其他各对基本矛盾的存在和发展，并始终贯穿在教学过程的各个阶段，构成了教学规律。

规律是不以人们的主观意志为转移的，是必然的，不是或然的，是既不能人为地制定和创造，也不能人为地废除和消灭的。因此，教学规律具有必然性、客观性、不变性，只要有教学现象和过程存在，就有教学规律存在。这里主要阐述教学过程中的三条基本规律，即教学相长性规律、教学发展性规律、教学教育性规律。之所以称其为基本规律，是因为它不但具有必然性和客观性，而且对教学过程的性质、方向和结果具有决定性作用。认识并能够驾驭教学的基本规律，是提高教学质量的根本保证。

1. 教学相长性规律

教与学、教师与学生，是贯穿整个教学过程的最基本的关系。教与学各以对方的存在为自身存在的前提，二者相互依存、相互作用，有着极其复杂的关系。但最本质的、最有决定意义的关系是"相长"，即相互促进，其含义就是通过教学，不但学生得到进步，教师自己也得到提高。"相长"是对教学双方关系的客观要求和必然规定，教学中的教与学双方一定是相长的，不相长的教学不是真正意义上的教学。在实际工作中要做到以下几点。

教育者必先受教育。正如第斯多惠所说：谁要是自己都还没有发展、培养和教育好，他就不能发展、培养和教育别人。为教学生，教师必先教自己，以促进学生的学为落脚点。教师闻道在先，术业有专攻，客观上也是能够做到这一点。教师自身的教与学在教学中也是同步发展的。一位语文教师对此是这样举例说明的：为教好鲁迅小说《药》，首先必须博览、研读与《药》有关的研究资料及鲁迅的其他作品，以增强对鲁迅作品的感悟；其次还得搜集研究名师处理本课的教学研究成果或方法，把它当作自己教学的借鉴。这样一课一课地教、一课一课地学，日积月累、天长日久，就能使自己成为语文教学所需要的"杂家"和"专家"。学高为师，身正为范，要想学生好学，必须教师好学。把学生培养成一种什么样的人，自己就应当先成为这样的人。

教育者必以学生为主体。教的出发点和归宿是学生的学，教的立足点是使学生学得更好、更多、更深、更有意义。教的根本目的是促进学生的学，学的存在规定了教的存在。没有学生，也就没有教师；没有学生的学，也就无须教师的教。学对教的这种内在规定性既是被动的，又是主动的；既是对教的限制，又是对教的促进。一位教师说得更具体："学习好的学生是提高我业务能力的老师，学习差的学生是提高我教学法的老师。"如果教师的教不是促进学生的学，而是阻碍学生的学，那么这种教也不能成为真正意义上的教。在实践中，教阻碍学常有两种表现：其一是显性的，教师不得要领、冷漠无情、枯燥乏味的教，使学生的学大倒胃口，从而失去学的兴趣和热情；其二是隐性的，教师照本宣科地讲授学生自己通过阅读便能看懂的课本知识，这种教剥夺了学生的学（独立学习）的机会，从而阻碍学生学习能力和学习积极性的发展。这样的教是所谓"糟糕透顶"、误人子弟的。

就"教长学"与"学长教"的关系而言，两者也是辩证统一的，教学中的教与学是同一事物（过程）的两个不同侧面。两者虽可从逻辑上严格区分，实质上却是一个统一体。"教长学"是基本的，也是第一位的，但就教学相长性规律本身而言，我们要特别强调"学长教"，这是因为，没有"学长教"，"教长学"不能持久，教的活动和水平就会停滞，最终必然影响"教长学"。所以，"教长学"和"学长教"都是教学相长的应有之义。

> **历年真题**
>
> 辨析题：强调学生的主体地位必然削弱教师的主导作用。
>
> 【参考答案】这种说法是错误的。教师的主导性和学生的主体性是教学活动的两个方面，是矛盾对立统一的两个方面。在教学中，教师的主导是为了更好地发挥学生的主体性。教师正确的"导"，学生主动的"学"是实现教学目标的主要途径。正确处理"主导"与"主体"的关系，不是因强调学生的主体作用而过分放纵学生，忽视教师的主导作用，而是要注意教学相长，使教师与学生在和谐的教学环境中密切配合，共同提高。

2. 教学发展性规律

教学发展性规律揭示的是知识与智力之间的内在联系，从获取知识的角度来看，这种联系表现在：无论是前人探索知识还是后人学习知识，都必须付出一定的智力劳动。知识是人的智力劳动的产物，任何知识都蕴含着一定的智力价值，都能给人的智力发展以一定的积极影响，这便是知识内容的智力属性。知识的智力价值是传授知识与发展智力相统一的理论基础。但正如人吃得多未必体质好一样，学得多未必智力发展好。在教育史上即有形式教育与实质教育之争。形式教育论者将知识与智力割裂开来，并夸大了由特殊知识所发展的特殊能力的迁移性；实质教育论者则走向另一个极端，将知识与能力混为一谈，从而使教育走向功利主义。随着社会的飞速发展，人类总体文化成果与个体认识能力的矛盾日益突出，尤其是素质教育改革的深入和新课程改革的推进，使二者的关系又重新成为教学领域关注的焦点。那么，究竟如何认识知识与能力的关系？在实践中我们应该怎么做？

一是要保证教学内容与方法的科学性。"教什么"和"怎么教"是同等重要的问题。首先，教师要熟悉教材，认真备课，在教学中不能出现知识性错误，错误的知识致人愚昧；其次，教师要坚持启发式教学，既要"授之以鱼"，更要"授之以渔"；最后，教师要深入细致地了解每一名学生的智力与人格发展特点，做到因材施教。

二是要帮助学生"乐学"并"善学"。首先，要帮助学生确立正确的学习目的，要有远大的志向与抱负，能为艰苦的学习活动提供长久的动力；其次，要培养学生浓厚的学习兴趣。孔子说"不愤不启，不悱不发"，要使学生经常处于"愤"和"悱"的状态，这是顺利进行启发式教学的前提；再次，要帮助学生掌握正确的学习方法，好的学习方法可以事半功倍，从而使学生的学习步入良性循环；最后，要加强教学实践环节，多给学生创设一些学以致用的条件与情境。

学习知识的过程，同样也是智力活动的过程。从知识内容本身的角度来说，它是知识的智力价值的展开过程；从知识学习者的角度来说，它是智力得到发展的过程；从两者结合来说，它就是把人类（科学家）的智慧转化为学生的智慧。这样，学习知识，一方面有助于充实和丰富学生的知识体系；另一方面也有助于促进学生智力的发展。正如布鲁纳所要求的那样：学生应该像历史学家那样学习研究历史，像数学家那样学习思考数学，才能既获得真知，又发展智力。

历年真题

1. 在教学过程中，强调知识传授而忽视能力培养的理论是（　　）。
   A. 形式教育论　　　B. 实质教育论　　　C. 传统教育论　　　D. 现代教育论
   【答案】B。解析：教学过程是重视知识还是重视能力，在教育史上有形式教育与实质教育之争。形式教育论者将知识与智力割裂开来，认为应学习一些特殊知识，夸大特殊知识对培养能力的重要性；实质教育论者则走向另一个极端，将知识与能力混为一谈，认为学习知识就会提高能力。

2. 辨析题：知识多少与能力高低成正比。
   【参考答案】这种说法是错误的。知识是个体通过与环境相互作用后获得的信息及其组织，其实质是人脑对客观事物的特征及联系的反映。能力是直接影响活动效率，使活动得以顺利完成的个性心理特征。从本质上讲，知识属于认识的范畴，而能力属于实践活动的领域。知识与能力是互动的，能力的形成和发展离不开知识的积累，知识的积累会更好地促进能力的形成和发展，但能力又不是简单的知识积累。知识是能力转化的基础和前提，没有知识的吸收和积累，能力也就成为无源之水，无本之木。因此，知识是能力形成的基础，并能促进能力的发展；能力对知识的获得又起着一定的制约作用，能力越强，获得知识越快、越多。机械地说知识与能力成正比是片面的。

3. 简述传授知识与发展智力之间的辩证关系。

【参考答案】答案应包含以下要点：
（1）传授知识是发展智力的基础；
（2）智力发展是传授知识的重要条件；
（3）传授知识与发展智力相互转化的内在机制。

3. 教学教育性规律

在西方有句名言："教学永远具有教育性。""永远具有"这四个字讲得非常深刻。它的含义是，教学具有教育性，这不是一种暂时的特殊的偶然现象，而是一条规律。正如赫尔巴特所说，他想不到有任何"无教学的教育"，不承认有任何"无教育的教学"。在我们看来，这条规律揭示的是教学过程中教书与育人两个侧面之间的内在的必然的联系。要求我们在实践中做到以下几点。

（1）努力发掘各门学科知识中的思想道德内容，在坚持科学性的同时注重思想性。书能育人，书是知识的象征，"知识就是道德"，知识是科学性和思想性的统一。知识本身就有教育性，有育人的作用。就知识（真理）的来源而论，没有人的情感，就不可能有对真理的追求。爱因斯坦说过："科学只能由那些全心全意追求真理和向往理解事物的人来创造……我不能设想一位真正的科学家会没有这种深挚的信仰。"书包含着科学家、思想家、文学家崇尚、尊重、热爱、追求真理和热爱生活、追求人生幸福美满的道德情感，有人称之为书魂，这是书能育人的根本依托。就知识（真理）的功能而论，正如卢梭在《爱弥儿》中所说：向头脑中灌输真理，只是为了保证不在心中装填谬误。一位作家也指出，阅读前贤睿智的作品，是清洗心中污垢的一种手段极好的方法，每读一本书就像按响了一次门铃，去访问那里卓越的思想和丰厚的人生体验。读书求知能够充实人生，克服无知和偏见，完善道德人格。而一个人的无知会造成精神的空虚、思想的偏见和人格的堕落。这是书能育人的落脚点。

（2）发挥教师的示范作用，教师要身先垂范。教师的劳动有其特殊性，教师在引导学生认识周围世界的同时，他自己也作为周围世界的一个重要成分（活的形象）出现在学生面前，参与到学生的认识过程之中。正如俄国教育家加里宁指出，教育者影响受教育者的不仅是所教的某些知识，而且还有他的行动、生活方式以及对日常现实的态度。教师在教学过程中所自然流露的思想、品德、风貌、学识、才能、作风、言谈举止、待人接物无不潜移默化地影响、感染和熏陶学生的心灵。从学生角度说，学生有向师性。许多研究都表明，从幼儿园儿童到大学生都有模仿教师的倾向。所以，无论教师是否意识到，事实上教师的言谈行为、为人处世的态度都被学生视为榜样，被学生竭力模仿。德国教育家第斯多惠认为，教师本人是学校里最重要的表率，是直观的最有教益的模范，是学生活生生的榜样。

（3）开展、利用好各种活动进行思想品德教育。朱小蔓教授有一个非常恰当的比喻：德育是盐，不能单独给人吃，必须溶解在各种食物中。除上述"食物"，还要充分开展各项活动。就形式而言，教学是以班集体的形式进行的，学生在教学活动中要与教师和同学发生各种关系。这种种关系中包含有道德的因素，如对师长的尊敬，对同学的友爱，遵守纪律和对集体的荣誉感等。这里要特别强调集体的作用，在共同的学习过程中，同学之间彼此交往、互相激励、互相鼓舞，形成集体主义的上进心与责任感，并培养出良好的班集体。一个良好的班集体一旦形成，就会像熔炉一样对每一个成员美好品质的形成，起着不可估量的陶冶和塑造的作用。就过程而言，教学过程中学生的学习是一种辛勤而严谨的脑力劳动，它对培养学生的科学态度、钻研精神、勤奋作风等良好品质具有重要意义。学生在上课、复习、作业、考试等方面的表现，不仅反映了他们的学习动机、态度，而且与他们的作风、品德也是分不开的。在教学过程中，教师不断对学生提出学习、守纪律的要求，并不断地督促、检查和管理他们，这既是完成教学任务的保证，又是对学生进行思想教育、培养学生良好行为的过程。总之，学生思想品德、理想信念在教学活动中形成或发展的客观实在性是不容置疑的。

> **历年真题**
>
> 教学过程有哪些基本规律可循？
> 【参考答案】答案应包含以下要点：
> （1）间接经验与直接经验相统一的规律；
> （2）掌握知识与发展能力相统一的规律；
> （3）教师的主导与学生的主体相统一的规律；
> （4）传授知识与思想教育相统一的规律。

二、教学原则

如前所述，教学规律在教学过程中是自然而然发生作用的，教学原则是教学过程中必须刻意遵循的基本要求。它意味着实施原则的有意性和自觉性，教学原则既是重要的教理论问题，也是重要的教学实践问题，对教学实践的各个方面都有重大的指导意义。掌握并贯彻教学原则是实现教学目标、提高教学质量的重要保证。

1. 教学原则的制定依据

人们对教学原则概念的认识基本上是一致的，即教学原则是人们根据一定的教学目的、遵循教学规律而制定的对教学工作的基本要求，是指导教学活动的一般原理。教师要顺利完成教学工作，必须研究和掌握教学活动中的一系列原则。教学原则的制定依据主要有四个方面。

（1）教学实践经验

这是制定原则的最原始依据。最早的教学原则就是从实践经验的总结中形成的，带有经验总结性和类推性，这从我们对古代中西方教学原则的历史溯源中可以窥见。如我国古代大教育家孔子提出的"学思行结合""启发诱导""因材施教"等教育教学主张；《学记》提出的"不陵节而施之谓孙"（循序渐进原则），"相观而善谓之摩"（直观性原则），"禁于未发之谓预"（预防性原则）等教学原则；西方苏格拉底以"产婆术"著称的启发性原则，柏拉图规定的"七艺"以及昆体良提出的巩固性、兴趣性等原则，反映了古代教育家和思想家对教育实践经验的高度概括和对教育教学规律的深刻领会，这些原则为教师的教提供了依据。

（2）教育教学目的

教学的一切活动包括教学原则的制定，最终都是为了实现教育目的，教育目的规定了教学活动的性质和方向，支配和指导教学活动的各个方面。任何教学目标的提出和教学原则体系的确定都要遵循教育目的。我国社会主义教育目的是使受教育者在德、智、体、美等几方面都得到发展，成为社会主义现代化的建设者和接班人，制定教学原则要依据这一目的。

（3）教学规律

教学原则应该是对教学规律的反映，但事实上，从历史上看，教学原则出现在前，教学规律研究在后，其实，对教学规律的真正研究和揭示是在20世纪50年代才开始的。这是因为，教学规律揭示的是现象之间本质的、必然的联系，而本质的东西隐藏在事物的深层，较难发现，只能逐渐逼近。但它又是客观存在的，是不以人们的意志为转移的，所以迟早会被揭示的，而且能达到基本一致的认识。对规律的认识有助于我们提出科学的原则，并对已有原则加以矫正。必须指出的是，我们强调原则的制定必须依据教学规律，但不能就此认为规律和原则是机械的一一对应关系，即一条原则必须对应一条规律。

（4）现代科学理论基础

教学原则是教学过程规律的反映和运用，而教学过程又是一个学生整个身心发展的过程，它必然包含诸多成分，需要借助多种手段方法予以揭示。现代科学技术的发展，为充分揭示教学过程的规律提供了诸多原理、手段和方法，因此，包括哲学认识论、心理学、生理学、系统论、信息论、控制论等在内的现代科学理论知识也成为制定教学原则的一个重要依据。

2. 中小学常用的教学原则

教学原则是有效进行教学必须遵循的基本要求和原理。它既指导教师的教，也指导学生的学，应贯彻于教学过程的各个方面和始终。我国中小学的教学原则主要有：科学性和思想性统一原则、理论联系实际原则、直观性原则、预防性原则、启发性原则、循序渐进原则、巩固性原则、兴趣性原则、量力性原则与因材施教原则等。

（1）科学性与思想性统一原则

这一原则是指教学要在科学的方法论的指导下进行，是为了将教学中科学知识的传授学习与思想品德教育统一起来而提出的。在教学活动中贯彻这一原则，对教师有以下要求。

① 坚持正确的方向。学生的认识水平和分辨能力都是有限的，教师要主动、适时、适当地加以引导，帮助他们形成和提高对是非、善恶、美丑的认识。

② 严格遵守职业道德。作为社会公民，教师享有思想和信仰自由，但是在教学中教师必须体现国家意志，按照国家制定的教育目的教学，坚持和维护社会基本的政治观点和价值观念，不能用带有个人色彩的思想观点随意地影响学生。这是由教师的职业道德决定的，在小学阶段更是如此。

③ 实事求是。在教学中贯彻这一原则，特别要防止形而上学，不能穿凿附会、生拉硬扯。那种"穿靴戴帽式"的思想性，本身就是违背这一原则的，从长远看其效果更是适得其反。

④ 讲究教学艺术。要善于根据小学生的年龄特征和教学任务的具体特点，自然地将思想性与科学性结合起来，使得学生在不知不觉中受到教育，达到"润物细无声"的效果。许多优秀教师在这方面创造了宝贵经验，广大教师应当善于从中学习。

历年真题

王老师在化学课上讲元素周期表中的镭元素时，向同学们介绍了"镭"的发现者居里夫人献身科学的事迹，同学们深受教育。这一教学原则体现的是（　　）。

A. 理论联系实际的原则　　　　　　B. 科学性和思想性相统一的原则
C. 启发性原则　　　　　　　　　　D. 发展性原则

【答案】B。解析：科学性与思想性统一原则是为了将教学中科学知识的传授学习与思想品德教育统一起来而提出的。题干中讲授知识的同时与居里夫人献身科学的事迹结合，对同学进行德育教育，体现了这一原则。

（2）理论联系实际原则

理论联系实际原则是指教学活动要把理论知识与生活和社会实践结合起来。这一原则是为了解决和防止理论脱离实际、书本脱离现实问题而提出的。在教学活动中贯彻这一原则，对教师有以下要求。

①重视理论知识的教学。这实际是相对理论而言的，没有理论，联系实际就降低到了儿童自然生活的水平，失去了学校教育的优势和意义。

②注重在联系实际的过程中发展学生的能力。与课堂学习相比，联系实际的实践过程提供了更加丰富多样的能力要求，教师要敢于放手，鼓励学生去尝试和探索，运用所学的知识解决问题，同时在解决问题的过程中获取新的知识，补充书本知识的不足，从而使各种能力得到锻炼、发展。

③联系实际应当从多方面入手。首先，应当尽可能广泛地让学生接触社会生活的各个方面；其次，应当尽可能结合本地区的特点；最后，应当注重学生发展的实际。

④帮助学生总结收获。学生的行为自觉水平和反思水平还比较欠缺，不善于分析、总结在联系实际过程中的收获，联系实际容易流于形式化。教师要加以引导，提供机会并提出要求，让学生及时交流体验，表达感受。特别应当提出的是，总结收获注重的是学生的真情实感，不能够人为地拔高学生的思想和认识。

（3）直观性原则

直观性原则是指根据教学活动的需要，让学生直接感知学习对象，通过各种形式的感知，丰富学生的直接经验和感性认识，使学生获得生动的表象，从而比较全面、深刻地掌握知识。这是根据直接经验与间接经验相统一的规律提出的。这一原则是针对教学中的词语、概念、原理等理论知识与其所代表的事物之间相互脱离的矛盾而提出的。

直观的具体手段有以下三种。

①实物直观。实物直观是通过实物进行的，直接将对象呈现在学生面前，在学习儿童生活中比较生疏的内容时，实物直观能够最为真实有效和充分地为学生提供理解、掌握所必需的感性经验。

②模像直观。模像直观是运用各种手段对实物的模拟，包括图片、图表、模型、幻灯、录音、录像、电影、电视等。实物直观虽然具有真实、有效的特点，但往往由于受到实际条件的限制而无法使用；模像直观则能够有效地弥补实物直观的缺憾，特别是现代技术在教育领域的应用，使得模像直观的范围更加广阔，大到宇宙天体，小到分子结构，都能够借助某种技术手段达到直观的效果。

③语言直观。语言直观是教师运用自己的语言、借助学生已有的知识经验进行比喻描述，引起学生的感性认识，达到直观的效果。与前两种直观相比，语言直观可以最大限度地摆脱时间、空间、物质条件的限制，是最为便利和经济的。语言直观的运用效果主要取决于教师本人的素质和修养。

在教学中贯彻直观性教学原则，对于教师有以下基本要求。

①恰当地选择直观手段。学科不同，教学任务不同，学生年龄特征不同，所需要的直观手段也不同。

②直观是手段而不是目的。一般地说，在教学内容对于学生比较生疏，学生在理解和掌握上遇到困难或障碍时，才需要教师运用直观手段。为直观而直观，只能导致教学效率的降低。

③在直观的基础上提高学生的认识。直观给予学生的是感性经验，而教学的根本任务在于让学生掌握理论知识，因此教师应当在运用直观时注意指导，比如通过提问和解释鼓励学生细致深入地观察，启发学生区分主次轻重，引导学生思考现象和本质及原因和结果等。

历年真题

1. 罗老师讲解《观潮》这篇课文时，通过播放视频，让学生真切感受到钱塘江大潮的雄伟壮观。他在教学中贯彻了（　　）。

    A. 直观性原则　　　　　　　　　B. 科学性和思想性相结合原则

    C. 循序渐进原则　　　　　　　　D. 巩固性原则

    【答案】A。解析：教师利用视频，帮助学生增加知识的直观感知，促进学生对知识的理解，体现了直观性原则。

2. 在教学过程中，张老师常常运用语言形象地描述，引导学生形成对所学事物、过程的清晰表象，丰富他们的感性知识，从而使他们正确理解知识和提高能力。张老师遵循的教学原则是（　　）。

    A. 循序渐进原则　　B. 直观性原则　　C. 因材施教原则　　D. 启发性原则

    【答案】B。

3. 辨析题：直观教学既是手段，也是目的。

    【参考答案】这种观点是错误的。直观性原则是指根据教学活动的需要，让学生直接感知学习对象。目的是克服学生由于缺乏直接经验而导致的知识理解方面的困难。直观教学是一种手段而不是目的，不能为了直观而直观，一般是在学生对教学内容比较生疏、理解方面存在困难时才需要教师运用直观教学。

（4）启发性原则

启发性原则指在教学中要充分调动学生学习的自觉积极性，使得学生能够主动地学习，以达到对所学知识的理解和掌握。这一原则是为了将教学活动中教师的主导作用和学生的主体地位统一起来而提出的。在教学活动中贯彻启发性原则，对教师有以下基本要求。

①激发学生的积极思维。教师的启发应当能够激起学生紧张、活泼的智力活动，从而使学生深刻地理解、掌握知识，获得多方面的体验和锻炼发展。因此，启发应当选择那些具有一定难度、需要学生进行比较复杂的思维活动，但又是他们通过自觉积极的思考能够得到基本正确结果的问题来进行。简单的事实和记忆性的知识，即使顺利地"启发"出结果，价值也是有限的。

②确立学生的主体地位。学生是学习的主人，教师的启发只有在切合学生实际时才可能避免盲目性，只有承认学生的主体地位，真正研究和了解学生的学习需要，教师才可能有针对性地、有效地启发他们。

③建立民主平等的师生关系。在权威式的师生关系中，教师是凌驾于学生之上的真理代言人和学术权威，学生很难真正做到自由地、充分地提问和思考。只有当学生真正感受到教师将自己当作人格上与之完全平等的人，他们的学习自觉性才可能真正地调动起来。

（5）循序渐进原则

循序渐进原则，又称系统性原则。这一原则是指教学活动应当持续、连贯、系统地进行。这一原则是为了处理好教学活动的顺序、学科课程的体系、科学理论的体系、学生发展规律之间错综复杂的关系而提出的。在教学中贯彻这一原则，对教师有以下要求。

①按照课程标准（教学大纲）的顺序教学。课程标准是各门课程的内在逻辑系统的反映，并且建立在小学生发展一般规律之上，各种教材是以此为依据编写的，教学活动从根本上是按照课程标准的顺序展开的。教师要认真学习和研究课程标准，充分了解和掌握课程的逻辑以及对学生的要求，这是教学系统性的根本保证。

②教学必须由近及远、由浅入深、由简到繁。课程标准虽然考虑了学生的认识发展，但主要是按照内容编排、制定的，因此教师要认真研究学生，针对他们在学习过程中的认识需要和特点，处理好近与远、浅与深、简与繁等问题。

③根据具体情况进行调整。系统性原则并非要求教师刻板、僵化地执行课程标准。课程标准是按照一般和普遍规律制定的，在实际教学中，不同地区、学校、学生的情况有很大差异。在基本服从课程标准要求的前提下，教师要善于从自己面对的实际出发，适当地调整教学进度，增删内容。

【历年真题】

我国古代教育文献《学记》中要求"不陵节而施"，提出"杂施而不孙，则坏乱而不修"，这体现了教学应遵循（　）。

A.启发性原则　　　　B.巩固性原则　　　　C.循序渐进原则　　　　D.因材施教原则

【答案】C。解析：这两句话的意思是学习不能超越等级、次第，要遵循一定的顺序，体现了循序渐进教学原则。

（6）巩固性原则

这一原则是指在教学中要不断地安排和进行专门的复习，使学生对所学的知识牢固地掌握和保存。这一原则是为了处理好教学中获取新知识与保持旧知识之间的矛盾而提出的。在教学中贯彻这一原则，对于教师有以下基本要求。

① 在理解的基础上巩固。对于所学知识的理解是巩固的前提，没有学会的东西，是不可能真正巩固的。教师首先应当保证学生学懂、学会，才有可能获得巩固的良好效果。

② 保证巩固的科学性。心理学研究揭示了关于记忆和遗忘的一些规律，按照这些规律组织安排巩固，可以提高巩固的效率。教师应当熟悉并且善于运用这些规律。

③ 巩固的具体方式要多样化。除了常见的各种书面作业外，教师应当善于利用各种不同的方式帮助学生巩固所学知识，比如调查、制作、实践等，都能够使学生通过将知识运用于实际有效地达到巩固的目的，并且能够促进学生多方面的发展。

④ 保证学生的身心健康。国内若干调查显示，小学生的学习负担过重、睡眠不足是相当普遍的现象，原因之一是作业量偏多。小学生的身心发展对他们的一生、对整个国家和社会都是至关重要的，教师应当本着对儿童和社会负责的精神，合理地安排巩固工作，将学生的作业量控制在适当的范围内（国家对小学生的作业时间和睡眠时间都有正式规定）。

（7）量力性原则

量力性原则，即可接受性原则。这一原则是指教学活动要适合学生的发展水平，是为了防止发生教学难度低于或高于学生实际程度而提出的。在教学中贯彻这一原则，对于教师有以下基本要求。

① 重视儿童的年龄特征。教师应当不断加强自身的心理学素养，及时掌握心理学的新进展。20世纪以来发展心理学的研究，对于教师正确理解和贯彻量力性原则具有重要的意义。

② 了解学生发展的具体特点。年龄特征和发展阶段主要是揭示个体发展的普遍规律，这些普遍规律体现在小学生的发展各个方面，而且是极为多样化的。教师要具体地研究学生的发展特点，例如，在学习某种新知识的时候，学生原有的知识准备情况如何？学生的思维或记忆水平是否能够完成这一学习任务？可能发生什么困难？能够达到什么样的理解和掌握程度？等等。在这样的研究基础上，才可能真正做到"量力"。

③ 恰当地把握教学难度。什么样的程度和水平最符合量力性的要求，很难有稳定、确切的具体标准，需要根据心理学揭示的普遍规律和对学生的具体研究，由教师自己来把握，这是教师劳动创造性的体现，是需要教师不断思考、不断解决的问题。维果斯基的"最近发展区理论"，认为学生的发展有两种水平：一种是学生的现有水平，指独立活动时所能达到的解决问题的水平；另一种是学生可能的发展水平，也就是通过教学所获得的潜力。两者之间的差异就是最近发展区。教学应着眼于学生的最近发展区，为学生提供带有

难度的内容，调动学生的积极性，发挥其潜能，超越其最近发展区而达到下一发展阶段的水平，然后在此基础上进行下一个发展区的发展。

（8）因材施教原则

这一原则是指教师在教学活动中应当照顾学生的个别差异，是为了处理好集体教学与个别教学、统一要求与尊重学生个别差异问题而提出的。在教学中贯彻这一原则，对于教师有以下要求。

① 充分了解学生。在共同的年龄特征基础上，学生存在差异。要做到因材施教，必须充分地了解每一个学生。除学习成绩以外，学生的个性特征的各个方面、家庭背景、生活经历等，都是教师因材施教所需要了解的。

② 尊重学生的差异。学生的差异不仅是客观存在的，而且是合理的，因材施教的含义不仅包括承认差异，而且包括尊重差异。中小学阶段的课程和教学以所有正常儿童可以达到的程度为标准，在达到标准的基础之上，教师应当允许学生存在不同方面、不同水平的差异，并且针对每一个学生的具体条件帮助其获得最适宜的个性发展，而不是去普遍地增加难度和深度。良好教育的结果是培养出大批个性充分发展的人，而不是千人一面的"标准件"。正如杜威所说：如果从个人身上舍去社会的因素，我们便只剩下一个抽象的东西；如果我们从社会方面舍去个人的因素，我们便只剩下一个死板的、没有生命力的集体。

③ 面向每一个学生。中小学教育是义务教育的组成部分，是学生必须接受的，是中国每一个适龄学生的基本权利。现代教育的一个重要理念是，每一个学生有权利得到适合于自己的教育。因此，现代教育强调，不能够要求学生适应教育，而是要使教育适应学生。

第三节 教学的基本环节

相对有序的教学有若干基本环节，可以分为准备阶段、实施阶段、课外作业与辅导、学生学业成绩的检查和评定四个基本阶段。

一、准备阶段

准备阶段主要是教师上课前的教学准备，即备课过程。教师要准备教材，收集相关的教学材料，确立明确的教学目的，选择恰当的教学方法和组织形式，考虑采用一定的教学手段；要提前了解学生已有的知识和心理准备状况，摸清学生间存在的个别差异状况；要调整好自己的心绪状态，时刻准备着以最佳的精神面貌出现在学生面前；要营造充满着合作向上氛围的集体。备课主要包括以下几点。

1. 钻研教材

教师在备课时要钻研课程标准、教科书和有关参考资料。通过钻研课程标准，了解本学科的教学目的、任务，掌握教材体系、重点、难点和关键，明确教学中应注意的问题。教师钻研教科书，首先要通读教科书，了解教材体系、基本思想、基本概念，弄清每一句话、每一个词；其次要根据教材各部分的不同属性和特点，确定重点、难点和关键点；最后还要使自己的思想感情和教材的内容融在一起，达到运用自如的境地。此外，教师还要广泛阅读有关参考资料，以便把科学研究、工农业生产中的新发现、新成果及时反映到教学中。

2. 了解学生

教师不仅要了解学生在本门学科的原有知识技能基础，而且要了解他们的学习兴趣、学习态度和学习习惯；既要了解他们的思维特点和自学能力的情况，也要了解学生的思想状况；既要了解学生的一般情况，又要了解个别差异，以便区别对待。只有了解学生，教学才能因材施教，激发学生学习的兴趣和求知欲，开展有效的教学活动。

3. 研究教法

教师要全面了解各种教学方法的适用时机和范围，要注意发展和提高自己的教学方法运用的技能技巧；要根据教学的任务要求及学生的需要，并结合自己的教学实践经验和素质条件，选择恰当的教学方法。

4. 摸索学法

教是为了不教。教师的教是为学生的学服务的。教师要尽可能了解学生学习的年龄特征和认知规律，通过细致的课前和课堂观察，了解学生学习方法上所存在的问题，有目的地进行学法的研究，以便更好地指导学生。

备课一般可分为学期（年）备课、单元备课和课时备课三种。备课的结果是编写出三种计划。①学期（年）教学进度计划，一般在学期开始前制定。它是以每门学科每个课题教学日程安排为主要内容的计划。内容包括：学生情况的简要分析，学期（年）教学总要求，教科书章节或课题的教学时数及起讫日期，各课题需要运用的教学方法手段等。②单元计划（课题），是对一单元教学工作全面安排的计划。其内容包括单元课题名称、教学目的、课时分配、课的类型、教学方法及教学手段的运用等。③课时计划（教案）。这是教师备课中以课时为单位设计的教学方案，其内容一般包括：班级、学科名称、课题、教学目的或目标、上课时间、课的类型、教学方法、课的进程和时间分配、教具利用和板书设计、教师课后的自我分析等项。设计详尽的教案称为详案，设计简要的教案称为简案。

> **历年真题**
>
> 教师备课的基本要求有哪些?
>
> 【参考答案】备课时教师根据课程标准的要求和本门课程的特点,结合学生的具体情况,选择最适合的表达方法和顺序,以保证学生有效地学习。一是备课要做好三方面的工作:钻研教材、了解学生、设计教法。钻研教材,要学习学科课程标准、钻研教科书和阅读有关参考资料。了解学生要全面,还要了解学生的个体情况。设计教法要考虑教学方法、学生的学法等方面。二是备课要摸索学法,写好三种计划:学期(年)教学进度计划、单元计划(课题)、课时计划(教案)。

二、实施阶段

准备阶段过后便进入了实施阶段,即教师的上课过程。这一阶段是准备阶段的继续,也是一切准备阶段活动的验证。实施阶段首先是组织一系列教学策略,使前一阶段的意图得以贯彻,其中重要的一个阶段是唤起学生学习的积极性,保证学生主体作用得到充分发挥。其次,安排以一定的顺序呈现教学内容,以一定的教学策略达到预定教学目标。在此环节中,教师要认真研究教学内容,选择恰当的方法使学生掌握内容,同时发展学生观察、思维及想象等能力,培养学生良好的情感、态度和价值观,达到教养与教育结合。学生要在教师指导下认真掌握所学内容、积极进行智力活动,把所学知识运用于实际。组织教学是一项复杂的活动,它一方面要求教师根据学生的反应随时调整课堂活动;另一方面要发挥教师的特点来组织教学。

实施阶段包括五个亚环节:感知教材,掌握教材必须以感性认识为基础,使学生通过感知使新事物在头脑中形成反映获得表象;理解教材,是掌握知识的中心环节,初步将事物的表象与本质联系起来,形成正确的概念,通过学生已有的认知水平,内化为内在的知识;巩固知识,即引导学生将所学知识牢固保持在记忆里;运用知识,有了知识还要学会灵活运用,理论与实际相结合;反馈,即对教学进行检查和评定教学结果,通过语言或非语言的一系列操作实践活动,以评价教学目标和教学策略的有效性和适切性。反馈得越完善,控制得就越有效,其间,师生的相互作用始终进行着。教师要对学生的成绩进行分析,其中包括情感、认知、技能等。学生也要对自己的进步状况自行检查,及时纠正问题,使自己在德、智、体、美诸方面获得最好发展。

这几个亚环节不是按时间顺序绝对固定的,而是相对有序的,各个环节可以根据不同的课型,不同的情况随时调整顺序,也可以略去某一或某几个阶段。此外,这些阶段的不断展开和相互结合构成动态的整体,使教学过程成为一个不断循环的非线性过程。

上课处于教学过程的实施阶段,是教学工作的中心环节,学校要提高教学质量,首先要提高上课质量。上课是一项细致的工作,一节好课,主要体现下列几个方面。

（1）目标明确。教学目标是根据教学大纲、教材内容和学生实际而制定的预期达到的教学结果。它往往用学生学会了什么来表示。教学目标是教学目的的具体化，它通常是策略性的，是可观察、可明确界定的，是可测量、可评价的，它常常还受时间、情景等条件的限制。一堂课的教学目标一般包括三个方面：认知方面的目标、情感方面的目标和动作技能方面的目标。师生的一切教学活动都是围绕教学目的进行的。教学目标实现与否是衡量教学工作成败的重要依据。

（2）内容正确。要保证教学内容的科学性和思想性，既要注意系统连贯性，又要突出重点、难点和关键，关注新旧知识的联系及理论与实际的结合。

（3）方法恰当。教学方法的选择和运用应恰当，以高效率地完成教学任务。教师要善于启发和调动学生学习的主动性和积极性。根据教学目的、教材内容和学生实际恰当地选择教学方法，使各种教学方法有机结合起来，并做到运用自如。课堂上既要有紧张的学习活动，又要有生动活泼的学习气氛，师生配合密切、感情融洽。

（4）结构合理。整个课的组织合理，有高度计划性，讲、练、演示、板书等安排妥当，结构紧凑，注意学生纪律，有效利用上课时间，提高教学效率和质量。

（5）教学语言艺术。教师讲课的语言要清楚、通俗、生动，富于感情，音量适中，高低相宜，语速适度，节奏抑扬顿挫、富于变化。组织教学除必要的语言外，还要充分运用非语言信息，如表情、动作及相应的时空环境等，最大限度地提高教学效率。

（6）教学板书漂亮有序。教师板书字体要美丽、规范、大方、清楚，内容要突出教学重点，并与教师的讲授、学生的练习等有机结合、互相衔接。

（7）教学态度从容自如。教师上课时应充满信心，讲究教学艺术，充分发挥教师主导作用，使教学引人入胜、轻松自如，调动学生的学习积极性，从而使学生学得津津有味。

> **历年真题**
>
> 教学过程中学生掌握知识的中心环节是（　　）。
> A．感知教材　　　　B．理解教材　　　　C．巩固知识　　　　D．运用知识
> 【答案】B。解析：上课是教学工作的中心环节，而理解教材是上课这一实施阶段掌握知识的中心环节。

三、布置课外作业和课外辅导

教学是有连续性的工作，教学实施以后要给学生布置课外作业。学生通过完成课外作业，巩固课堂所学的内容，增强记忆、加深理解、温故知新，使学生进一步巩固所学知识和技能，培养学生独立工作的能力。

布置作业有下面几方面要求。

（1）紧密结合课堂所学的内容布置作业，让学生增强记忆，加深理解。

（2）在理解的基础上有所创新，开阔视野，拓展思维、触类旁通。

（3）要明确提出作业的要求、完成的时限，对某些较难的作业可给予适当提示；可以要求学生预习下一堂课的内容，为进一步学习做准备。

（4）布置作业后，教师应经常检查和批改作业。检查的目的是了解学生对所学知识的理解巩固程度和实际运用知识的能力，以便发现教和学两个方面存在的问题，及时改进教学。

课外作业的形式有许多种，包括以下几项。

（1）阅读教科书和参考书，如复习、预习教科书等；

（2）各种口头作业和口头答案，如朗读、阅读、复述等；

（3）各种书面作业，如书面练习、习题演算、作文、绘图等；

（4）各种实际作业，如观察、实验、测量、社会调查等。

除布置课外作业外，教师还需要课外辅导。其目的在于，在学习目的、学习态度和学习方法等方面对学生进行个别指导和教育，因材施教。

课外辅导的要求如下：

（1）从辅导对象实际出发，确定辅导内容和措施；

（2）辅导只是对课堂教学的补充，不能将主要精力放在辅导上；

（3）辅导要目的明确，采用启发式，充分调动学生的主动性和积极性；

（4）教师要注意态度，师生平等相处，共同讨论，鼓励学生主动提出问题；

（5）加强思想教育和学习方法的指导，提高辅导效果。

布置作业和课外辅导是上课的必要补充，在教学工作中应该给以充分的重视。

四、学生学业成绩的检查和评价

学业成绩的检查和评价是教学过程的重要环节。检查和评价的目的主要在于了解学生掌握知识的情况，以便教师及时调整教学方法和策略，改进教学。检查的内容可根据学科性质、教学需要而定；在内容跨度上可以检查一节课、一个单元，也可以检查几个单元。

1. 根据实施功能分类的评价

（1）诊断性评价

诊断性评价是在教学开始时对学生现有知识水平、能力发展进行评价。通过检查评价，了解学生已有的知识和能力发展情况，学习上的特点、优点与不足。其目的是为了更好地组织教学内容，选择教学方法，以便对症下药、因材施教。

（2）形成性评价

形成性评价是在教学过程中对学生的知识掌握和能力发展情况的及时评价。包括在一节课或一个课题教学中对学生的口头提问和书面测验，使教师与学生都能及时获得反馈信息。其目的是更好地改进教学过程，提高质量。

（3）总结性评价

总结性评价是在一个学期或一门学科终结时对学生学业成绩的总评，其目的是给学生的学业成绩总的评价。

2. 根据运用标准分类的评价

（1）绝对性评价

绝对性评价又称为目标参照性评价，是运用目标参照性测验标准对学生的学习成绩进行的评价。它主要依据教学目标和教材编制试题来测量学生的学业成绩，判断学生是否达到了教学目标要求，而不以评定学生之间的差异为目的。该评价的具体做法是在被评价对象的集合以外确定一个客观标准，将评价对象与这一客观标准比较，以判断其达到程度。绝对性评价可以衡量学生的实际水平，了解学生对知识、技能的掌握情况，它关心的是学生掌握了什么、能做什么、不能做什么，适宜于毕业考试和合格考试。该评价的缺点是不适用于甄选人才。

（2）相对性评价

相对性评价又称为常模参照性评价，是运用常模参照性测验对学生的学习成绩进行的评价，主要依据学生个人的学习成绩在班级学生成绩序列或者常模中所处的位置来评价和决定他的成绩的优劣，而不考虑他是否达到教学目标的要求。该评价的具体做法以常模为参照点，把学生个体的学习成绩与常模相比较，根据学生在该班级中的相对位置和名次，确定他的学习成绩在该班中是属于"优""中"，还是"差"。相对性评价具有甄选性强的特点，因而可以作为选拔人才、分类排队的依据。该评价的缺点不能明确表示学生的真正水平，不能表明学生在学业上是否达到了特定的标准，对于个人的努力状况和进步程度不够重视。

（3）个体内差异评价

个体内差异评价是对被评价者的过去和现在进行比较，或将评价对象的不同方面进行比较。

3. 其他常用的评价方法

观察法是直接认知被评价者的最好方法。它适用于在教学中评价那些不易量化的行为表现（如兴趣、爱好、态度、习惯、性格）和技能性的成绩（如绘画、体育技巧、手工制品等）。

测验法主要以笔试进行，是考核、测定学生成绩的最基本的方法。常用的测验有论文式测验、客观性测验、问题情境测验和标准化测验。测验的质量指标主要有信度、效度、难度和区分度。

调查法是了解学生的学习情况，为进行学生成绩评定收集资料的一种方法。它一般通过问卷、交谈进行。问卷是通过预先设计好的调查题要求学生笔答以获取有关评价资料的方法。交谈是了解学生学习的兴趣、需要、态度和课后学习情况的一个重要方法。

自我评价法是自己对自己的评价，主要方法有：运用标准答案，运用核对表，运用录音机、摄像机拍摄教学场景，对自己做出评价。

学业成绩的检查与评价只是教学评价的主要内容之一。教学评价除了学业成绩评价以外，还包括对教师教学工作的评价，既包括对学生知识、技能和智力等认知领域评价，又包括对态度、习惯、兴趣、意志、品德等情感领域的评价。

以上探讨了教学过程的基本环节，教师只有认真抓好各个环节，并把它们有机结合起来，才能收到良好的教学效果。这要求教师在教学过程中进行科学的教学设计。

历年真题

1. 陈老师在教学中经常通过口头提问、课堂作业和书面测验等形式对学生的知识和能力进行及时测评与反馈。这种教学评价被称为（ ）。
   A. 诊断性评价　　B. 相对性评价　　C. 总结性评价　　D. 形成性评价
   【答案】D。解析：形成性评价是在教学过程中，对学生的知识掌握和能力发展情况的及时评价，包括在一节课或一个课题教学中对学生的口头提问和书面测验。诊断性评价一般在教学之前，总结性评价是在一个阶段的学习完成之后进行。

2. 依据学生个人的成绩在该班学生成绩序列中所处的位置来判定其成绩的优劣，而不考虑其是否达到了教学目标的要求。这种教学评价属于（ ）。
   A. 诊断性评价　　B. 绝对性评价　　C. 总结性评价　　D. 相对性评价
   【答案】D。解析：相对性评价又称常模参照性评价，是运用常模参照性测验对学生的学习成绩进行评价。它主要依据学生个人的学习成绩在该班学生成绩序列或常模中所处的位置来评价和决定成绩优劣，而不考虑他是否达到了学习目标要求。

3. 简述学校教学工作的基本环节。
   【参考答案】答案应包括以下要点：
   （1）备课，是上课前的准备工作，是教好课的前提；
   （2）上课，是教学工作的中心环节；
   （3）课外作业的布置与反馈；
   （4）课外辅导，主要有集体和个别辅导两种形式；
   （5）学业成绩的检查与评价。

第四节　教学方法

教学方法包括教法和学法，它不是教法和学法的简单相加，而是两者的有机统一，教法和学法具有一定的对应关系，总的来说是学法决定教法，教法制约、影响学法。

就其实质而言，教学方法就是实现教学任务、达到教学目的的桥梁。从个体认识的角度说，教学的任务是解决知识内化的问题，通俗地说，就是知识怎么由外在进入内在、由书本跑进学生头脑的问题，而内化的途径便是教学方法。巴班斯基指出，每种教学法按其本质来说都是相对辩证的，它们都既有优点又有缺点，每种方法都可能有效地解决某一些问题，而无法解决另一些，每种方法都可能有助于达到某种目的，却妨碍达到另一种目的。因此，我们常说"教学有法，却无定法"。教师的教要着重在引导上下功夫，要着重在提出问题上下功夫。"授人以鱼"不如"授人以渔"，"教是为了不需要教"，培养学生独立获取知识的能力和创新能力是教学的最高境界。这便是当前我们进行教学方法改革的基本思路。

一、讲授法

所谓讲授法，是指教师通过口头语言直接向学生系统连贯地传授知识的方法。从教师教的角度来说，讲授法是一种传授型教学方法；从学生学的角度来说，讲授法是一种接受型学习方式。语言是人类交流思想、传递经验、传播文化的主要工具，所以讲授法是教学的一种主要方法，即使运用其他教学方法，也都需要一定的讲授相配合。

1. 讲授法的功能

第一，讲授法有利于大幅度提高课堂教学的效果和效率。讲授法具有两个特殊的优点，即通俗化和直接性。教师的讲授能使深奥、抽象的课本知识变成具体形象、浅显通俗的东西，从而排除学生对知识的神秘感和畏难情绪，使学习真正成为可能和轻松的事情；讲授法采取定论的形式（而不是问题的形式或其他形式）直接向学生传递知识，避免了认识过程中的许多不必要的曲折和困难，这比让学生自己去摸索知识可少走不少弯路。在现行的班级授课制里采用讲授法，能有效地保证让绝大部分学生在短时间内学到人类漫长历史积累下来的知识和技能。

第二，讲授法有利于帮助学生全面、深刻、准确地掌握教材，促进学生学科能力的全面发展。教材作为学生学习的学科知识体系的一个蓝本，不仅汇集着系统的学科知识，还蕴藏着许多其他有价值的内容，如学科的思想观点、思维方法和情感因素。教师由于闻道在先，术业有专攻，能够比较全面、准确地领会教材编写意图，吃透教材，挖掘教材的深邃内涵。所以，正是借助教师的系统讲授和透辟分析，学生才得以比较深刻准确地掌握教材。这样，学生的学科能力也就得到了全面提高。

第三，讲授法有利于充分发挥教师自身的主导作用，使学生得到远比教材多得多的东西。任何真正有效的讲授都必定是融进了教师自身的学识、修养、情感，流露出教师内心的真、善、美。所以，讲授对教师来说，不仅是知识和方法的输出，也是内心世界的展现。它潜移默化地影响着、感染着、熏陶着学生的心灵。可以说，它是学生认识人生、认识世界的一面镜子，也是学生精神财富的重要源泉。

第四，讲授法是其他方法的基础。从教的角度来看，任何方法都离不开教师的"讲"，其他各种方法在运用时都必须与讲授相结合，只有这样，其他各种方法才能充分发挥其价值。从学的角度来看，接受法也是学生学习的一种最基本的方法，其他各种学习方法的掌握大多是建立在接受法的基础上。学生只有学会了"听讲"，才有可能潜移默化地或自觉系统地把教师的教法内化为自己的学法，从而真正地学会学习，掌握各种方法。

2. 讲授法的具体方式及其要求

讲授法具体又可分为讲述、讲解、讲读、讲演四种方式。讲述是教师运用具体生动的语言对教学内容做系统叙述和形象描绘的一种讲授方式，一般在语文、历史、政治等人文学科教学中用得比较多。讲解是教师运用通俗易懂、科学准确的语言对教材内容进行解释、说明、论证的一种讲授方式，一般用在数、理、化、生、计算机等自然学科教学中。它和讲述的主要区别在于，讲述偏重叙述与描绘，强调形象生动、妙趣横生；讲解则注重解释、说明和论证，主要用于说明解释推算概念、公式和原理。讲读是教师把讲述、讲解同阅读教材有机结合，将"讲、读、练、思"相结合的一种讲授方式。一般用于语文课、外语课的教学之中，但也可用于数、理、化等其他学科的教学中，讲读便于培养学生的语感和自学能力，培养学生的移情体验能力，强调"读书百遍，其义自现"。讲演是以教师的演说或报告的形式在较长时间里系统讲授教材内容，条分缕析，广征博引，科学论证，从而得出科学结论的一种讲授方式。由于讲演时间长，需要的知识面广，对教师的语言技能要求高，因此难度大，在中小学教学阶段用得相对较少。

讲授法的实际运用应注意以下几点。

第一，讲授要有科学性和思想性。一是教师要精通本门学科的主要教学内容，做到融会贯通。二是教师要认真钻研教材，抓住重点和难点。三是教师正确把握讲授体系，做到文以载道，观点和材料统一。

第二，讲授安排要合乎学生的认知规律，由简到繁，由易到难。在讲授学生不太熟悉的内容时，可以向学生呈现"先行组织者"，以明确新知识的内在结构和新旧知识之间的关系，可以运用比较和组合的技巧，以使讲授条理清楚，逻辑严密，重点突出，难点分散，详略得当，主次分明。例如，学生在刚开始接触到一个新的专业术语时，适当运用该术语的日常生活词汇和俗称来描述，有助于学生的学习和理解。但在学生已经掌握并能够运用专业术语解释新现象、学习新知识时，教师再使用非专业术语会失去学科知识的严谨性和严肃性，甚至引起学生的误解。

第三，讲授要有启发性和艺术性。在讲授过程中，教师要主动了解学生已有的知识基础和认知发展水平，既要善于激发学生的学习动机，设疑问难，启发学生积极思维，注意创新精神的培养，并提供必要的听课方法指导；同时又要注意讲授的艺术性，教师可以通过生活经历、直观教具、问题情境、文学作品、偶发事件、表情姿势、修辞技巧、音调音速等手段提高课堂讲授的生动性和形象性，从而达到艺术性讲授的水平。研究表明，讲普通话的教学效果优于讲地方方言，教师语流的流畅性与学生的学业成绩呈正相关，语速过快和过慢也会影响学生信息接收和加工的效果。

国内对讲授法有过不少批评。批评者的主要论点：讲授法是"知识灌输型""知识注入型""知识传递型"教学法，让学生被动地接受知识，抹杀了学生的能动性和主动性，给讲授法扣上"传统教学法"的帽子，不加思辨地完全否定。这是误解，也是不正确的做法。因为，第一，知识本身不是实体，书本也不是知识，书本只是知识的表征和载体，所以知识不是可以"传递的""注入的""灌输的"。第二，从符号学和信息论角度看，讲授法是通过符号操作，传递信息的活动，知识本就是学生接收信息自己建构的。教学的符号操作包括听觉符号操作和视觉符号操作。第三，在讲授法中，学生并不是被动地接受知识，而是积极主动地建构知识。教师抑扬顿挫、慷慨激昂的讲演，娓娓动听、感人肺腑的演说，激发学生求知欲和学习动机的解释，可以让学生全神贯注地听课学习，积极主动地建构知识，在座位上一动不动安静地听课的学生，在他们的头脑里是风起云涌、波涛汹涌的。所以不加理性、不加思辨地指责讲授法的做法是不对的，讲授法应该是最重要的教学方法。

二、谈话法

谈话法也称问答法，是教师按照一定的教学目标与教学内容向学生提出问题，学生回答的教学方法。谈话法具体可分为：以复习、巩固知识为目的的谈话法；以引起新知与旧知的认知冲突，唤起学生思考，获取新知识的谈话法。谈话法是实施启发式教学的有效方法。运用谈话法应做好以下方面的工作。

（1）准备好问题和问答计划

教师要对谈话的中心和提问的内容做好充分准备。在上课之前，教师要根据教学内容和学生已有的经验、知识，准备好谈话的问题，问题应该是学生通过新旧认知冲突能够解决的，问题应体现启发式教学原则。

（2）提出的问题要具体、明确

问题要能引起思维兴奋，具有挑战性，是需要学生思考才能回答的。提出问题的难易程度要因人而异，符合学生已有认知程度和经验。

（3）教师要善于启发诱导

当问题提出后，教师要帮助学生建立新旧知识的链接，或者通过提供直观教具，引导学生观察获得感性认识。教师应通过问答的方式与过程，引导学生进行分析、思考，研究问题和认知冲突，因势利导学生逐步获取新知识。

（4）教师要掌握提问的技巧

教师的提问要面向全体，应根据问题难易程度给学生留有足够的思考或者讨论时间；学生回答问题时，教师要认真倾听；学生回答问题后，教师要及时进行评价。

（5）教师要做好归纳总结工作

教师的归纳、总结可以使学生的知识系统化、科学化，并通过总结纠正一些不正确的知识，帮助学生准确掌握知识。

三、演示法

在实际教学中，演示法常配合讲授法、谈话法一起使用。

1. 演示法的含义

演示法是指教师运用教具或实物向学生展示，使学生在观察中获取知识的方法。教师通过简单明了的演示，把一些抽象的知识、原理简明化、形象化，帮助学生加深对知识、原理的认识和理解。演示法直观、鲜明、生动、真实，能够集中学生的注意力，提高学生的学习兴趣，活跃学生的思维，提高知识传授和思维训练的效果，提高教学质量。随着自然科学和现代技术的发展，教师的演示手段和种类日益繁多。根据材料的不同，演示可分为用实物、标本、模型；用图片、照片、图画、图表、地图；用幻灯、录像、录音、教学电影等。演示教学是为了解决具体的教学问题，不应为了演示而演示。

2. 采用演示方法应注意的问题

（1）根据学生的具体情况运用演示教学法

根据美国心理学家加德纳教授1983年提出的多元智力理论，人类的知识表征与学习方式有许多形态，个别差异在教学中不可忽视，要根据学生特点选择适合的教具进行演示。

（2）控制演示时间，难度不宜太大

演示不宜过于复杂，难度也不宜太大，如果学生无法理解，也就不会产生学习的积极性，自然也就达不到预期的教学目的。

（3）演示内容要贴近生活

演示内容一定要贴近生活，这样，教师的演示才能引起学生的共鸣。如果教师演示的内容让学生感到陌生、遥远，那就不能激发起他们的学习兴趣。

3. 演示教学法操作步骤

演示教学法操作步骤，大体可按以下几个环节进行。

（1）提出主题

任何一门学科都可采用演示法。在演示时，教师要提出演示的主题，向学生介绍所演示主题的重要性，营造一定的演示氛围，引发学生的学习动机，帮助学生进入参与演示教学的状态。比如在进行关于圆柱的教学时，演示侧面展开图为矩形等。

（2）说明目标

在这个环节，教师要说明演示要达到的目标，讲解演示中涉及的相关知识，布置在观察时要注意的事项，让学生在观察演示前对演示目标有基本认识，这样观察时才能把握重点。如果不向学生说明演示目标，学生不带目的观察演示，就会没有效果。

（3）进行演示

在提出演示主题与目标的基础上，进行操作演示，完成演示的整个程序。如果必要，可以进行第二次或第三次演示，或者分环节进行演示，帮助学生理解知识的重要特点。

（4）练习强化

在这个环节，教师提出问题，让学生围绕演示主题思考回答，对演示中看到的现象进行归纳总结，理清知识点。也可以让学生自己动手操作，按照教师演示的步骤进行练习，强化演示教学的效果。

4. 演示法优缺点

优点：为学生提供观察学习的机会。缩短理论与实践的距离。教师和学生可同时进行言语交流和视觉呈现。

缺点：费时费力。学生的注意力容易分散，较难控制教室气氛，从而影响预期教学目标；演示效果受到教师个性特点与教室环境的影响。

四、讨论法

讨论法是在教师的指导下，学生以全班或小组为单位，围绕教材的中心问题，各抒己见，通过讨论或辩论活动，获得知识或巩固知识的一种教学方法。优点在于，由于全体学生都参加活动，可以培养合作精神，激发学生的学习兴趣，提高学生学习的独立性。

1. 实施讨论法的原则

讨论的问题要具有吸引力。讨论前教师应提出讨论题和讨论的具体要求，指导学生收集阅读有关资料或进行调查研究，认真写好发言提纲。

讨论时，教师要善于启发引导学生自由发表意见，讨论要围绕中心，联系实际，让每个学生都有发言机会。

讨论结束时，教师应进行小结，概括讨论的情况，使学生获得正确的观点和系统的知识。

随着新课程的实施，课堂讨论被越来越多的教师所重视并在教学中使用。讨论体现了现代学习方式的主动性、独立性、体验性、问题性等特征，能有效提高课堂教学质量。

2. 运用讨论法要注意的几个问题

在教学实践中，为使课堂讨论更有效，应注意以下几个问题。

第一，选择好讨论的主题。讨论主题的选择要注意四个方面。①效度：即安排的讨论要切合课堂教学内容，直接为教学服务。②难度：即讨论的主题要难易适中，既不要设置得太难使学生无话可说，也不要设置得太易使学生不屑于说。③新颖度：即讨论的主题要新颖不落俗套，让学生跃跃欲试。对于一个司空见惯的主题，教师在备课时要精心准备。④热度：要求讨论的主题或是社会热点问题，或是学生普遍关注的问题。

第二，把握讨论的时机。一般说来，讨论的时机有这样几种状况。① 教师在教案中预先设计的必经程序，前阶段教学已为讨论做了充分的铺垫，学生经过讨论能对教学内容有更深刻的认识。② 教学过程中有学生提出问题，教师认为让学生讨论比自己直接讲出更好。③ 学生在教学过程中进入一种"愤悱"状态，教师认为讨论可使学生思考问题更全面，乐于通过恍然大悟得出结论。

第三，分配讨论的角色。教师可采取分成讨论小组的方式。一方面，做好分组，小组一般为4~6人。有研究表明，按人际关系分组最好。但在课桌秧田型排布的教室中，无法使秩序发生太大的改变时，可采取就近原则。另一个问题是组内分配，教师要根据经验选好讨论主持人、中心发言人、讨论记录人，要使人人积极参与，也要让讨论小组处于一种有组织的状态。

第四，安排讨论的程序。学生讨论可以分为三步。① 观点交流：小组内各人对这个问题有什么看法，分别说出来。② 观点改进：小组成员表示对其他人观点是否接受，提出改进、完善彼此观点的看法。③ 观点总结：小组内部达成比较一致的看法，总结小组观点并应教师的要求向全班学生陈述本组观点。在讨论的过程中，教师要巡回指导、参与讨论、鼓励表扬。

第五，使用讨论的结果。一般有这样几种做法。① 让讨论结果返回到教学流程，成为下一步展开的资源要素。② 将讨论题布置成书面作业，学生写出来之后更能使思维缜密化，培养学生思维能力。③ 允许学生进一步发挥，鼓励学生课外探究，也是进行研究性学习的好资源。

第六，训练讨论的技能。讨论可以培养学生以下三种主要能力。① 思维能力：初步培养学生思维具有深刻性、灵活性、创造性、批判性、敏捷性。初步培养学生的聚敛性思维与发散性思维。② 口头表达能力：初步培养学生用口语表达自己观点的能力，清晰、准确、有逻辑性。③ 交际能力：培养学生乐于与人交往、善于与人交往的能力，试图改变部分学生封闭自我的倾向。

五、读书指导法

1. 读书指导法的含义

读书指导法是教师指导学生通过阅读教科书、参考书和课外读物获取知识、培养独立阅读能力的教学方法，亦称阅读法。作为一种教学方法，读书指导法主要适用于学生已能相对独立地学习的阶段，其特点和标志就是学生基本能够自己阅读教材，大略明白所要学习的内容，但不一定能够理解得确切、全面、透彻，也不一定能够抓住要领，并且常常会感到学习上有许多困难。同时，他们还没有掌握一套自学的方法和养成自学的习惯。因此，他们还不能独立地进行阅读和学习，需要教师一课一课地指导和帮助。可以说，读书

指导法是学生读书 + 教师指导,其中,学生读书是基础和核心,教师指导是关键和前提。近几年在流行的"翻转课堂"就其实质而言,就是读书指导法。

2. 读书指导法的实际应用

应用读书指导法进行教学的方式是:首先让学生预习(读书),然后根据学生预习中提出的和存在的问题进行教学,要抓住几个重要环节。

第一,教师在布置预习时,一定要对学生提出明确具体的要求。读书预习的主要目的是获得知识、解决问题。获得什么知识、解决什么问题,这是读书时首先必须明确的问题。只有目的明确,加强读书的针对性,读书才能收到事半功倍的功效。

第二,要教学生学会阅读。要有思考地读,要防止学生以读代思。真正的读书是一种出于内心需求的读书,而不是为应付考试而读书(实际上只是背书)。教师要教会学生选用适宜的读书笔记形式,或索引式、抄录式、引语式,或批注式、补白式、摘要式,或剪报式、札记式、日记式等,还要教会学生在书上做记号,画重点,提问题,谈见解,写眉批、旁批、尾批等。读书一定要养成眼到、心到、手到的"三到"结合的习惯。

第三,一定要针对学生预习中提出的和存在的问题进行教学。这既是一个展示学生独立学习能力和肯定他们独立学习成果的过程,也是一个发现和集中学生预习中存在的问题的过程。在解决问题的过程中,一定要继续发挥学生的学习能力,凡是他们自己能够解决的问题,就要让他们自己解决。

以上环节也可以说就是这种教学方式的"规定性"要求,但这些规定性的要求本身又有很大的灵活性和伸缩性。这种灵活性和伸缩性既能发挥教师的创造性,又能不断发展学生独立学习的能力。

六、发现法

发现法,即发现教学法,包括教师教学指导和学生发现学习两个方面,其中教师教学指导是关键,学生发现学习是核心。发现教学法的主要特点是不把学习的主要内容提供给学生,而是由学生独立发现,然后内化。换言之,在发现学习中,学生的优先任务是有所发现。

1. 发现学习的形式和实质

从形式上说,发现学习中的"发现"指的是再发现,它不是"科学家致力于日趋尖端的研究领域所做出的发现",而是"在校学生凭自己的力量所做出的发现",它不是原原本本地沿着科学家的发现过程进行的,而是将原发现过程从课程角度加以再编制的。①缩短:将原发现的冗长过程予以剪辑,变成短途径;②平坡:原发现的过程,其坡度(难度)较大,所以加以平易化,使其变为对学生稍有难度,而仍有学习的可能;③精简:削减的作用,使学生能运用有选择的思考,此种思考,是发现教学法最注重的根本作用。经过这样的再编制,发现学习过程就不是沿着"原发现的文化史的路线"进行的,而是学生以"小科学家"的身份在教师帮助下迅速有效地主动探索未知的过程。至于发现法的具体形式，正如布鲁纳指出，发现包括用自己的头脑亲自获得知识的一切形式。一般来说，只要是教材中尚未讲到的、学生自己探索和发现的、对学生来说是前所未有的有价值的新东西（包括新知识、新方法和新经验），都可以看作是发现。当然，也不能把发现的外延随意扩大化，发现一定是要有新的成分（包括过程和结论），它能对学生智力，尤其是创造力的发展，起到积极的促进作用。

就实质来说，按照布鲁纳的观点，发现学习中的再发现与科学家的原发现是一致的，都不过是把现象重新组织或转换，使人能超越现象再进行组织，从而获得新的领悟而已。发现学习中的发现常常是以"领悟""顿悟"的形式表现出来的。所谓领悟，布鲁纳也称之为"直觉"，直觉是指没有明显地依靠个人技巧的分析器官而掌握问题或情境的意义、重要性或结构性的行为。这也就是说，在发现学习中，学习采用的是直觉思维，而这种思维在其实际运行过程中又总是与发散思维和创造思维结合在一起的。

2. 发现法的实际应用

发现法是按照发现事物的"姿态"与方式来组织学生学习的，它的一般步骤如下。

（1）提出让学生感兴趣的问题。教师根据教学需要和学生想看、想知道、想做的心理状态来提出问题，或把学生置于一定情境中使之产生问题，再由学生自己去发现。

（2）提出解决问题的各种可能的假设和答案。教师帮助学生把问题分解为若干需要回答的疑点，激起学生的探究要求，明确发现的目标。但问题既要适合其已有的知识，又要经过学生的努力才能解决。

（3）树立假说。根据所要发现的目标，提出解决问题的各种可能假设或答案，引导学生的思考方向，推测各种答案。

（4）协助学生收集和整理有助于下断语的资料。根据假说，尽可能提供可以发现的依据。

（5）组织审查资料。根据活动过程中的发现而得出结论，提取原理或概念。

（6）引导学生用分析、思考去证明结论，对假设和答案从理论上和实践上加以检验、补充，甚至修改，最后解决问题。

3. 发现学习的主要类型

（1）归纳发现

所谓归纳发现，即选取并考察某研究对象的若干特例，研究诸特例的共性，从而对该研究对象做出一般性的判断。归纳发现亦可称之为"由特殊到一般的发现"。教学对某些内容如能恰到好处地应用归纳发现法展开教学，有利于学生沿着问题形成的轨迹把握问题的内在本质。

（2）类比发现

所谓类比发现，即由研究对象 A 联想到与它类似的某个对象 B，根据 B 具有（或不具有）某种性质的事实，推断研究对象 A 也具有（或不具有）某种相同或类似的性质。类比发现亦称为"由此及彼的发现"。运用类比发现法组织教学，诱导学生发现各种概念之间、新旧知识之间的区别与联系，有助于缩短思维结构和认知结构之间的差距，加速认知结构发展的进程。

（3）试错发现

所谓试错发现，即通过尝试发现错误，不断地吸取教训、检索、修正，最终获得新的发现。大量事实表明，"错误"中往往孕育着与"正确"同样丰富的发现和创造性因素，不成功的尝试对于取得进一步的成就来说，与成功的尝试一样重要，科学研究总是在崎岖之途上不断纠正错误的过程中进行的。因此，在教学中，教师企图完全避免错误是没有必要的，相反，在某些情况下，甚至需要有意识地组织让学生专门"尝试错误"的教学活动。这样一方面可能充分暴露学生思维的薄弱环节，有利于教育者对症下药；另一方面可以使学生发现某些方法、技巧引入的必要性和新知识产生的必然性。

（4）直觉发现

所谓直觉发现，即对一个问题，仅依据感知做出猜想、判断。教学实践表明，对于已经达到一定认知水平的中小学生来说，直觉是可以产生也是可以培养的，为了培养学生的直觉发现能力，教师应着力培养其敏锐的观察能力和机智的判断能力，以丰富他们的经验，提高他们的想象能力，为直觉提供充实的能源。教师在教学中应注意捕捉偶然，把握直觉的触发时机。此外，教师还必须要宽容、有耐心，不要总是苛求学生言必有据，对学生的朦胧直觉要给予赞扬，并帮助学生补上逻辑推理过程。

历年真题

1. 学生在教师指导下进行数学的实地测算、地理的地形测绘、生物的植物栽培和动物饲养，属于下列哪一教学方法（　　）。

   A. 实验法　　　　　B. 参观法　　　　　C. 演示法　　　　　D. 实习作业法

   【答案】D。解析：实习作业法是教师根据学科课程标准要求，指导学生运用所学知识在课上或课外实际操作，将知识运用于实践的教学方法，这种方法在自然科学教学中占有重要地位，如数学课的测量练习、生物课的植物栽培等。

2. 在一堂化学课上，张老师运用分子模型和挂图，帮助学生认识乙醛的分子结构。张老师采用的教学方法是（　　）。

   A. 实验法　　　　　B. 练习法　　　　　C. 作业法　　　　　D. 演示法

   【答案】D。

3. 陈老师在讲"二氧化碳性质"时，讲台上放着两瓶没有标签的无色气体，其中一瓶是二氧化碳，一瓶是空气。怎么区分它们呢？陈老师边说边将燃烧的木条分别伸入两个集气瓶中，告诉学生使木条熄灭的是二氧化碳，使木条继续燃烧的是空气。这种教学方法是（　　）。

A. 实验法　　　　　B. 讲授法　　　　　C. 演示法　　　　　D. 谈话法

【答案】C。解析：演示法是指教师运用教具或实物向学生展示，而使学生在观察中获取知识的方法。示范性的实验属于演示法。

第五节　教学组织形式

一、教学组织形式的概念和功能

现代学校教学工作是通过一定的教学组织形式进行的。教学组织形式是指教学活动中教师和学生为实现教学目标，按照一定的制度和程序所组织的教学群体组合方式，它具有社会制约性。科学地确定教学组织形式具有如下作用。

（1）科学地确定教学的组织形式，有助于大面积提高学生的学习质量。合理地确定教学中教师与学生的人员组合，科学地安排教学活动的组织程序，可以充分利用国家对基础教育投入的有限的人力、物力、财力，最大限度地发挥教学系统的功能，多快好省地培养国家建设所需要的合格人才，大面积地提高学生的学习质量。

（2）科学地确定教学组织形式，有助于学生的个性充分、自由和全面地发展。探索教学组织的种种新形式，将促进教育社会化和个性化的结合，使教学活动适应每个学生的需要、兴趣、爱好、能力和潜力，使学生个性实现充分和谐的发展。

（3）科学地确定教学组织形式，有助于对教学论本身的理论探索。教学论的各种研究对象，尤其是教学模式和教学方法同教学组织形式是紧密地联系在一起的。要落实、检验和发展一种教学模式，必须同时研究如何科学地确定新的教学组织形式。对教学方法的研究也是如此，只有科学地确定教学组织形式，才能确定各种教学方法使用的具体条件、时间，以及它们的最佳组合方式。

二、教学的基本组织形式——班级授课制

历史上，最早出现的教学组织形式是个别教学制。古代中国、埃及和希腊的学校大都采用个别教学形式。在这种教学组织形式中，教师向学生传授知识，布置作业和检查作业都是个别地进行的，教师对学生一个个地轮流指教，教师教一个学生时，其他学生复习和做作业。这种形式的最大缺点是一个教师所能教的学生人数相当有限，教学工作效率太低。随着资本主义工商业的发展，教学内容迅速增加，教育对象也逐步扩展，个别教学已不能满足社会需要。16世纪欧洲有些学校逐渐采用了班级授课形式。17世纪捷克教育家夸美纽斯在《大教学论》中，最先对班级授课制做了论述，奠定了理论基础。

18世纪德国的赫尔巴特提出了教学过程的阶段性理论，进一步设计和完善了班级授课制的理论。而此后苏联的教学论专家提出了课的类型和结构的理论，使班级授课制成为课堂教学的基本组织形式。现在大多数国家仍以班级授课制为基本的教学组织形式。我国在1862年京师同文馆最早采用了班级授课制，后经癸卯学制在全国加以推广，沿用至今。

1. 班级授课制的含义及特点

班级授课制又叫班级教学或课堂教学，是把学生按年龄和智力发展程度编成固定人数的班级，教师按教学计划统一规定教学内容和教学时数，依学校课程表进行教学的教学组织形式。

班级授课制有很多优点：一是组织性、计划性强，较以往的教学组织形式提高了教学效率，扩大了教学效果；二是以教师的系统讲述为主，有利于发挥教师主导作用；三是以课时为单元，保证了学生学习的循序渐进与系统完整；四是班级人数固定，时间统一，有利于学校组织管理教学；五是师生在集体中共同学习交流，有利于扩大信息来源，并有助于学生形成良好的个性。

班级授课制也有很多缺点：一是它面向全体学生，步调一致，因而难以照顾个别差异；二是以教师讲授为主，难以发挥学生的主体性与探索精神；三是教学组织程序化、固定化，缺乏灵活性，使教师难以在教学中穿插更多的内容，难以调动学生的积极性。由于班级授课制自身的不足，各国都尝试以其他的教学组织形式作为班级授课制的辅助和补充。

2. 班级授课制的具体形式

班级授课制可分为全班上课、班内小组教学与班内个别教学三种形式。

班内小组教学是指由教师把一个班暂时分为若干小组，规定共同的学习任务并由学生分组学习的形式。班内个别教学是指教师因人而异地给学生布置学习任务，并花一定时间以一对一的形式给学生辅导。班级授课制除了上述三种形式以外，还有若干变式，其中复式教学和现场教学是较为重要的两种形式。

（1）复式教学

复式教学是指一名教师在同一教室给两个以上不同年级的学生上课的教学组织形式。这种教学组织形式适应教学条件差、教师少、学生少、校舍及设备不足的地区。在我国农村，尤其是偏僻的地区，教学常采用这种形式。这种教学组织形式的优点在于能充分利用资源，弥补师资的不足，其缺点也是明显的，学生获得教师直接教学的时间少，年级间相互干扰。采用复式教学应注意合理编班，合理安排课表，建立良好的课堂规则等。

复式教学对我国当前的基础教育，尤其是义务教育的发展具有重要意义。从我国的人口布局，区域经济发展现状等国情出发，推行复式教学，不失为提高我国农村教育质量，促进义务教育均衡发展的一条有效途径，从国外的经验来看，这也是可行的。

（2）现场教学

现场教学是在事物发生发展的现场进行的，是在有关人员的协同下通过现场的实际过程来展开的一种教学组织形式，现场教学可以以班级为单位，也可以分小组进行，时间可长可短。现场教学突破了课堂教学的局限，使教学更富有意义，是对课堂教学的补充和完善，但现场教学受环境限制，只能作为一种辅助形式。

三、当代国内外教学组织形式的改革

众所周知，从 20 世纪中叶起，世界进入了第三次工业技术革命的时代，引起了生产和劳动的性质，以及整个社会生活的革命性变化，因此对现代生产劳动者的智力发展、能力培养和人格完善提出了全新要求。为此，各个发达的工业国家都先后多次进行教育改革，而关于教学组织形式的改革则是其中一项重要内容。

当代国内外教学组织形式改革的总趋势是：以班级授课制为基本形式，向多样化、综合化和个别化发展。

1. 西方改革教学组织形式的尝试

（1）分组教学

分组教学是一种按智力或学习成绩分班（组）的教学组织形式，即班级间的分组（打破年龄界限）或班级内的分组。这种方式的优点是可照顾学生差异，适应学生不同的学习潜能和学习要求；缺点是造成了学生的心理压力，使不同发展水平的学生无法交流，不利于学生的健康成长。

（2）小队教学

小队教学的基本特点是由两名以上的教师合作，共同负责一个班或几个平行班的教学工作，目前的做法是：教学组包括一名精通业务的教师，一名经验较少的教师，一名实习教师和一名教师助手，一般是由同年级各科教师组成或按学科组成。学生三分之一的时间用于听课，三分之二的时间用于讨论、学习和做实验。主要教师负责教学组的工作和上大班课，其他教师负责小班教学、讨论或个别辅导，分取不同的报酬，学生升级考核采用学科升级制。

（3）开放教学

这是英美等国幼儿园及小学所采用的一种非传统的教育方式和教学组织形式。在英国一般叫"开放计划"，在美国叫"开放课堂"。开放教学的特点是：教室内分成几个"兴趣区"；教学活动没有固定结构；以儿童的兴趣为中心；在活动中学习；不分年级，也不按能力分组；教师的职责是引导、建议、鼓励和帮助；创造一种令儿童喜爱的环境。

（4）选择教学

选择教学是一种重视学生对教学活动自由选择的、非常规的、有助于学生"步入成人

世界"的教学组织形式。该教学法的特点是：①有教学大纲，但其中规定不少可供学生自由选择的课程与活动；②家长参与管理，学校教育渗透家庭教育；③学校和班级的规模较小，充分利用社会条件设立办学场所；④课程安排和教学进度比较灵活，有的学校内部不分班，升级考核采用学科升级制。

2. 我国目前对改进教学组织形式的一些探索

为了使教学组织形式能充分促进学生"加强基础，培养能力，提高素质，发展个性"，目前我国各地都在积极地探索对中小学的教学组织形式进行改革。这种探索主要从两个方面进行，一是在班级集体教学中增加个别化教学的因素，二是在班级教学中加强教师与学生以及学生与学生之间的互助与合作。以下着重介绍"分层递进教学"和"师生合作教学"这两种探索。

（1）分层递进教学

上海学者胡兴宏等在20世纪90年代初提出了"分层递进教学"的设想。胡兴宏认为，首先，根据学生学习可能性的特点与水平，可以将不同的学生区分为若干层次或类型。这是因为个体之间不但存在着差异性，也具有某些共性。课堂教学是一种以群体教学为主的教学形式，不可能完全顺应每一个学生的特点与水平，但是要预防与克服学业不良，大面积提高教学质量，又需要去适应每一个学生，做到因材施教。将某些重要特征相似的学生归为一类或一层，有助于针对这一层学生的共同特点和基础开展教学活动，既能提高教学效率，又可在群体中增加个别化施教的因素。其次，要强调学生层次的可变性。根据某些重要特征将学生区分为若干层次，是为了便于开展有针对性的教学，而不是为了给学生贴上标签，束缚他们的思想，因此层次变化有助于避免分层带来的负效应。更主要的是鼓励学生由较低层次向较高层次"递进"，而这正是教学的基本目标，同时也是激发学生学习动机的重要手段。此外，分层的标准是多方面的。从某一个维度分层，并不一定能客观地反映出学生学习可能性的整体水平。在必要时变换分层的标准有助于更全面地把握学生的特点，提高教学质量。目前，上海、江苏、广东、浙江等地的部分中小学已按照上述"分层递进教学"的理性构想，通过实验来构建分层递进教学的操作模式。

（2）师生合作教学

加强课堂教学中的教师与学生，以及学生与学生间的合作，是我国中小学目前改革教学组织形式的另一种探索。上海学者杜殿坤、吴立岗、朱佩荣等从20世纪80年代末起就积极倡导师生合作教学。他们认为我国大部分中小学目前仍然以"教师一言堂"作为主要教学形式，而这种教学形式是造成学生学习"少""慢""差""费"的重要原因。产生"教师一言堂"现象的原因，在于把"学习活动"理解成学生个人掌握知识和培养能力的活动，即强调学习活动的"个体性"和"认识性"。这种理解无疑是片面的。对"学习活动"的科学理解应该是：第一，学习过程是学生和教师，以及学生和学生的共同活动；第二,学习活动的目的不仅在于掌握知识和培养能力,而且在于发展积极的社会主义的个性,包括掌握人们合作与交往的经验;第三,在中小学教学的各个阶段,合作和交往都是学生学习的主要推动因素。简言之,应该强调"学习活动"的"群体性"和"人文性"。

本章小结

教学是实现教育目的的基本途径,是课程实施的根本保证,是学校教育的中心工作。教学是人类社会实现知识传承和发展的根本保障,而且是促进个人全面发展的最有效途径。教学的任务是使学生学习和掌握系统的文化科学基础知识,形成基本技能和技巧,发展学生的智力和体力,培养学生的审美情趣和思想品德,培养学生优良的个性心理品质。教学过程旨在促进学生发展的特殊的认识过程,促进学生身心发展,是以交往为手段和纽带的互动过程,是封闭与开放、预设与生成的对立统一过程。教学是有规律的,包括:教学相长性规律、教学发展性规律、教学教育性规律。根据教育教学目的、教学实践经验、教学规律和现代科学理论基础,能够制定出科学性与思想性统一、理论联系实际等教学原则。相对有序的教学的基本环节可以分为准备阶段、实施阶段、布置课外作业与辅导、学生学业成绩的检查和评定四个基本阶段。教学方法就是实现教学任务、达到教学目的的桥梁。至于教学组织形式,现代教学一般都采用班级授课制,或者在此基础上进行改革和优化。

思考题

1. 理论联系实际,论述教学教育性规律在实际教学中的运用。
2. 举例说明某一教学原则在实际教学中的运用。
3. 教学过程有哪几个基本环节?
4. 简述在教学过程准备阶段应该做好哪些方面的工作。
5. 举例说明"上好一堂课"有哪些标准。
6. 简述讲授法的含义及其优缺点。
7. 简述班级授课制的含义及其优缺点。
8. 材料分析题:

德国哲学家、心理学家,科学教育学的奠基人赫尔巴特提出:"教学永远具有教育性,我想不到有任何'无教学的教育',正如相反方面,我不承认有任何'无教育的教学'。"

以上资料,体现了教学过程中的哪条基本规律?请联系实际,说明怎样在教学工作中运用、贯彻这一规律。

第十章 德 育

学习目标

1. 列举品德结构，理解中学生品德发展的特点。
2. 理解皮亚杰和柯尔伯格的道德发展理论，理解影响品德发展的因素，掌握促进中小学生形成良好品德的方法。
3. 阐释中小学德育的主要内容。
4. 能够运用德育过程的基本规律，分析和解决中学德育的实际问题。
5. 阐释德育原则，列举德育方法，熟悉德育途径，能够依据德育内容与任务选择适合的德育方法与德育途径。

学习导引

学校是培养人的社会机构，养成学生良好的思想品德是学校教育的重要任务。德育是教育的重要组成部分，对受教育者整体素质的提高起着促进和导向作用。本章主要讲解学生品德心理与发展，在学习品德心理与发展的理论与特点基础上，介绍中小学德育的主要内容，以及实现这些德育内容的规律、原则、方法与途径等。

第一节 学生品德心理与发展

一位纳粹集中营的幸存者，当上了美国一所中学的校长，每当一位新教师来到学校，他就会交给那位老师一封信，信中这样说：

亲爱的老师，我是集中营的生还者。我亲眼看到人类不应当见到的情景：毒气室由学有专长的工程师建造，儿童被学识渊博的医生毒死，幼儿被训练有素的护士杀害，妇女和婴儿被受过高中或大学教育的人枪杀。看到这一切，我怀疑了，教育究竟是为了什么？我的请求是：请你帮助学生成为具有人性的人。你们的努力绝不应当被用于制造学识渊博的怪物、多才多艺的变态狂、受过教育的屠夫。只有在能使我们的孩子具有人性的情况下，读写算的能力才有其价值。

这位校长的信，强调的是"育人第一"，要求教师承担起德育的责任，培养德才兼备的学生。作为一名教师，要落实以上要求，就必须了解学生道德发展的阶段与规律，明确德育的目标与内容，恪守德育原则，并掌握德育的方法。

一、品德的概念及其结构

1. 品德的概念

品德是道德品质的简称,是社会道德在个体身上的体现,是个体依据一定的社会道德行为规范行动时表现出来的比较稳定的心理特征和倾向。品德是学生的内在品质,品德与道德是不同的,道德是社会的规范和准则,是学生外在的社会要求。

2. 品德的心理结构

品德的心理结构包括"知、情、意、行"四种基本心理成分,即道德认识、道德情感、道德意志和道德行为。

"知"即道德认识,是学生品德形成的基础,是人们对是非善恶的认识和评价,以及在此基础上形成的道德观念,包括道德知识和道德判断两个方面。在掌握道德知识的基础上,可以对某些道德行为的善恶进行分析、评价,形成道德判断。

"情"即道德情感,是产生道德行为的内部动力,是人们对客观事物做是非、善恶判断时引起的内心体验,表现为人们对客观事物的爱憎、好恶的态度。

"意"即道德意志,是调节道德行为的精神力量,是人们为实现一定的道德行为所做出的自觉而顽强的努力,表现为在确定道德动机时,能用理智战胜欲望;在实践道德行为时,能排除各种干扰,坚持到底。

"行"即道德行为,是衡量一个人道德修养水平的重要标志。它是通过实践或练习形成的,是实现道德认识、情感以及由道德需要产生的道德动机的行为定向及外部表现。

3. 品德诸要素的相互关系

品德的诸因素是统一完整的结构,各自独立但又互相联系,彼此共同构成品德的整体。"知"是"行"的基础,"情"是调节"行"的动力,"意"是"行"的杠杆,"行"是"知"的源泉,又是"知"的归宿。

总之,品德是以"知"为基础,"行"为目标,"情""意"为内驱力的集合体。德育过程只有通过培养学生的"知、情、意、行"才能形成学生相应的品德。

历年真题

1. 王军写了保证书,决心遵守《中学生守则》,上课不再迟到。可是一到冬天一冷,王军迟迟不肯钻出被窝,以至于再次迟到。对王军进行思想品德教育的重点在于提高其( )。

   A. 道德认识水平　　B. 道德情感水平　　C. 道德意志水平　　D. 道德行为水平

   【答案】C。解析:道德意志就是人们自觉地确定道德行为的目的,积极调节自己的活动,克服内外困难,以实现既定目的的心理过程。它使自觉抗拒来自内外部的各种诱惑,排除各种内外部的困难,执行决定,实现已经确定的道德目标。王军决心上课不再迟到表明已有道德认识,因此教育的重点在于提高其道德意志水平。

2. 辨析题：有什么样的道德认识，就一定有什么样的道德行为。

【参考答案】这一观点是错误的。道德认识是指对道德行为准则及其执行意义的认识，是个体品德中的核心部分，是学生品德形成的基础。道德认识的结果是获得相关的道德观念、形成道德信念。道德行为是实现道德动机的行为意向及外部表现，是道德观念和道德情感的外在表现。道德行为的形成受到主观和客观等各方面的影响，有了好的道德认识，不一定能形成正确的道德行为，所以二者并不完全一致。

3. 简答题：简述品德的结构。

【参考答案】品德的心理结构包括四种成分，分别是：（1）道德认识，是人们对道德规范及其执行意义的认识，是个体品德的核心部分；（2）道德情感，是伴随着道德认识而出现的一种内心体验；（3）道德意志，是一个人自觉地调节行为，克服困难，以实现一定道德目的的心理过程，通常表现为一个人的信心、决心和恒心；（4）道德行为，是在道德认识和道德情感的推动下，表现出来的对他人或社会具有一定道德意义的实际行为。道德行为是衡量品德的重要标志。

二、品德形成的一般过程

一般认为，品德的形成过程经历依从、认同与内化三个阶段。

1. 依从

依从包括从众和服从两种。从众是指人们对于某种行为要求的依据或必要性缺乏认识与体验，而跟随他人行动的现象。服从是指在权威命令、社会舆论或群体气氛的压力下，放弃自己的意见而采取与大多数人一致的行为。

依从阶段的行为具有盲目性、被动性、不稳定性，随情境的变化而变化。人的行为受外界压力，而不是内在需要的影响。

2. 认同

认同是在思想、情感、态度和行为上主动接受他人的影响，使自己的态度和行为与他人相接近。认同实质上就是对榜样的模仿，其出发点就是试图与榜样一致。这一阶段的学生行为具有一定的自觉性、主动性和稳定性等特点。

3. 内化

内化指在思想观点上与他人一致，将自己所认同的思想和自己原有的观点、信念融为一体，构成一个完整的价值体系。在内化阶段，个体的行为具有高度的自觉性和主动性，并具有坚定性，此时，稳定的品德形成了。

三、中学生品德发展的特点

在中学阶段，学生品德发展呈现出以下特点。

1. 伦理道德发展具有自律性，品德心理中自我意识成分明显

在整个中学阶段，学生的品德迅速发展，处于伦理形成时期。伦理是人与人之间的关系以及必须遵守的行为准则，是道德关系的概括，伦理道德是道德发展的最高阶段。同时，中学生的自我意识发展迅速，从仿效他人的评价发展到独立进行道德评价，品德心理中自我意识成分明显。

（1）形成道德信念与道德理想

从品德心理形成的过程来看，中学生对于道德知识的理解水平逐步深化，道德观念也向着稳定发展，逐步形成比较明确的道德信念与道德理想。

（2）道德行为习惯逐步巩固

中学阶段是人一生中道德行为习惯形成的关键时期。中学生已经基本形成了与道德伦理相一致、较稳定的道德习惯。

（3）品德结构更加完善

中学生的道德认识、道德情感、道德意志与道德行为之间相互协调，形成了一个较为完善的动态结构，使他们不仅按照自己的道德准则去行动，而且也使道德准则逐渐成为他们稳定的个性心理结构的一部分。

2. 品德发展由动荡向成熟过渡

（1）初中阶段品德发展具有动荡性

初中生在活动中，容易被"诱因"引起的欲望所驱使，道德动机简单，情境性动机、情绪性动机、兴奋性动机突出，动机容易发生变化。品德不良、违法犯罪多发生在这个时期。根据研究，初二年级是品德发展的关键期。

（2）高中阶段品德发展趋向成熟

高中阶段品德发展进入了以自律为主要形式、应用道德信念来调节道德行为的成熟时期，表现在能自觉地应用一定的道德观点、信念来调节行为，并初步形成人生观和世界观。

四、影响品德发展的因素

1. 外部因素

（1）家庭

家庭教育至关重要。家庭环境对儿童的品德形成和发展的影响是奠基的、直接的、重要的，主要表现在家庭的气氛、家长的人格修养、家庭的教养方式三方面。

（2）学校教育

学校教育是一种有目的、有计划、有系统地对学生品德发展施加影响的过程，在学生品德发展中起着主导作用。这主要体现在校风和班风、教师的楷模作用、学校的德育课程和各科教学对学生品德的影响方面。

（3）社会因素

社会主流和非主流价值观念、社会风气和人与人的关系对青少年品德的形成具有潜移默化的影响作用；电视、网络等大众传媒对学生具有导向作用；青少年具有较强的模仿能力，榜样的作用不容忽视。

（4）同伴群体

学生的态度与道德行为在很大程度上受到他们所归属的同伴群体的行为准则和风气影响。

2. 内部因素

（1）认知失调

认知失调是态度改变的先决条件。人类具有一种维持平衡和一致性的需要，即力求维持自己的观点、信念的一致，以保持心理平衡。当认知不平衡或不协调时，比如，新出现的事物与自己原有的经验不一致，或者自己的观点与他人的、社会的观点或风气不一致时，个体内心就会有不愉快或紧张的感受，就试图通过改变自己的观点或信念，以达到新的平衡。可以说，认知失调是态度改变的先决条件。

（2）态度定式

态度定式是指个体由于过去的经验，对所面临的人或事可能会有某种肯定或否定、趋向或回避、喜好或厌恶等内心倾向性。

（3）道德认知

态度、品德的形成与改变取决于个体头脑中已有的道德准则和规范的理解水平及掌握程度，取决于已有的道德判断水平。

（4）智力因素

研究表明，智力程度与品德的发展呈正相关。

（5）受教育程度

随着受教育程度的提高，道德认知能力和判断能力都有所提高。

此外，个体的年龄、情绪等因素也对他们态度与品德的形成与改变有不同程度的影响。

第二节 皮亚杰和柯尔伯格的道德发展理论

开展道德教育，首先要了解学生道德发展的过程，在这方面，皮亚杰和柯尔伯格进行了影响深远的研究。

一、皮亚杰的道德发展理论

1. 基本观点

皮亚杰依据精神分析学派的投射原理，采用对偶故事研究儿童的道德认知发展。他设计了一些包含道德价值内容的对偶故事，要求儿童判断是非对错，从儿童对行为责任的道德判断中探明他们所依据的道德规则，以及由此产生的公正观念的发展水平。

对偶故事 1

A. 一个名叫约翰的小男孩在他的房间时，家里人叫他去吃饭，他走进餐厅。在门背后有一把椅子，椅子上有一个放着15个杯子的托盘。约翰并不知道门背后有这些东西。他推门进去，门撞倒了托盘，结果15个杯子都撞碎了。

B. 从前有一个名叫亨利的小男孩。一天，他母亲外出了，他想从碗橱里拿出一些果酱。他爬到一把椅子上，并伸手去拿。由于放果酱的地方太高，他的手臂够不着。在试图取果酱时，他碰倒了一个杯子，结果杯子倒下来打碎了。

对偶故事 2

A. 有一个小男孩叫朱利安。他的父亲出去了，朱利安觉得玩他爸爸的墨水瓶很有意思。开始时他拿着钢笔玩。后来，他在桌布上弄上了一小块墨水渍。

B. 一次，一个叫奥古斯塔斯的小男孩发现他父亲的墨水瓶空了。在他父亲外出的那一天，他想把墨水瓶灌满以帮助他父亲。这样，在他父亲回家的时候，父亲将发现墨水瓶灌满了。但在打开墨水瓶时，他在桌布上弄上了一大块墨水渍。[①]

皮亚杰对每一个对偶故事都提出了问题：这两个孩子的过失是否相同？这两个孩子中，哪一个更坏一些？为什么？通过大量的实证研究，皮亚杰发现儿童道德判断能力的发展与其认识能力的发展存在着互相对应、平衡发展的关系，这种认识能力是在与他人和社会的关系之中得到发展的。皮亚杰揭示了儿童道德判断的发展进程，认为儿童的道德发展大致分为两级道德认识水平。

第一，他律性道德认识水平，也称为他律道德，在这一阶段，儿童对道德行为的思维判断主要是依据他人设定的外在标准。他们把规则看作由权威人士（神、父母和教师）传下来的，是不可改变的，需要去严格遵守的。

第二，自律性道德认识水平，也称为自律道德，在这个阶段，儿童对道德行为的思维判断则多半能依据自己的内在标准。随着儿童的年龄增长和认知水平的提高，孩子的道德判断过渡到了自律性道德阶段，也就是能按自身内在的标准进行道德判断。

皮亚杰认为，儿童的道德发展是一个由他律逐步向自律、由客观责任感逐步向主观责任感的转化过程。他把儿童道德认识发展具体划分为四个阶段。

---

① 陈琦，刘儒德. 教育心理学[M]. 北京：高等教育出版社，2001.

（1）自我中心阶段

这一阶段（2～5岁）是从儿童能够接受外界的准则开始的。这阶段儿童还不能把自己同外在环境区别开来，而把外在环境看作是他自身的延伸。规则对他来说不具有约束力。皮亚杰认为儿童在5岁以前还是"无律期"，顾不得人我关系，而是以自我为中心来考虑问题。

（2）权威阶段

这一阶段（5～8岁）也称作"他律期"。该阶段的儿童服从外部规则，接受权威指定的规范，把人们规定的准则看作是固定的、不可变更的，而且只根据行为后果来判断对错。例如，妈妈不在家，一个小孩为了帮助妈妈做事，打碎了一打玻璃杯；另一个为了偷柜上的糖果吃，打碎了一个玻璃杯。让这时期的儿童做判断，他往往认为前者错误更大，因为他打碎了更多的玻璃杯，而不考虑两个小孩的动机。有人称该阶段的道德认识为道德现实主义或他律道德。

（3）可逆性阶段

这一阶段（8～10岁）的儿童已不把准则看成是不可改变的，而把它看作是同伴间共同约定的。儿童一般都形成了这样的概念：如果所有的人都同意的话，规则是可以改变的。儿童已经意识到一种同伴间的社会关系，应当相互尊重。准则对他们来说已具有一种保证他们相互行动、互惠的可逆特征。同伴间可逆关系的出现，标志着品德由他律开始进入自律阶段。这一时期也称作自律期，也就是自主期。道德发展到这个时期，儿童不再无条件地服从权威。当然这个时期的儿童判断还是不成熟的，要到十一二岁后才能独立判断。有人称该时期为道德相对主义时期或合作的道德时期。

（4）公正阶段

这一阶段（10～12岁）的公正观念是从可逆的道德认识中脱胎而来的。这一阶段的少年开始倾向于主持公正、公平等。公正的奖惩不能是千篇一律的，应根据各人的具体情况进行。

皮亚杰认为，品德发展的阶段不是绝对孤立的，而是连续发展的。儿童品德的发展是一个连续的统一体，应用时加以解说只是为了方便研究，并不表明发展的连续统一体的中断。

2. 教育价值

（1）重视提高学生的道德判断能力

在皮亚杰的道德发展理论中，道德判断能力的发展是一个重要的方面。学校德育应该改变重视道德知识传授、忽视能力培养的倾向，要把重点放在发展学生的道德判断能力上，选择符合学生年龄发展水平的健康的德育内容，同时给学生提供更多的实践机会，逐步提高学生的道德判断能力。

（2）针对不同年龄阶段的儿童需采取不同的德育方法

皮亚杰认为，年幼的儿童虽然在成人的道德要求下，能够按照成人的要求做事，但他们实际上并不明白为什么要这么做，而部分成人利用权威对儿童发号施令，随便对他们的行为加以强制和约束，这样不能达到促进儿童智慧和道德发展的目的，对儿童智慧道德的发展造成了严重不良影响。年长的儿童能够根据自己观念上的价值标准对道德问题做出判断，已能用"公道"这一新的道德标准去判断是非。对这一阶段的儿童施以强制和约束是没有用处的，应该晓之以理，以理服人才会取得良好的效果。

二、柯尔伯格的道德发展理论

1. 基本观点

柯尔伯格编制的"道德两难故事"——"海因茨偷药"，作为儿童道德判断的工具，对儿童的道德判断能力进行了研究。

欧洲有一位妇女患了癌症，生命危在旦夕。医生告诉她的丈夫海因茨，只有本城一个药剂师最近发明的一种药可以救他的妻子，但该药十分昂贵，要卖到成本价的十倍。海因茨四处求人，尽全力也只借到了购药所需钱数的一半。万般无奈之下，海因茨只得请求药剂师便宜一点儿卖给他，或允许他赊账。但药剂师坚决不答应他的请求，并说他发明这种药就是为了赚钱。海因茨在走投无路的情况下，为了挽救妻子的生命，在夜间闯入药店偷了药，治好了妻子的病。但海因茨因此被警察抓了起来。柯尔伯格围绕这个故事提出了一系列问题，让被试参加讨论，如：海因茨该不该偷药？为什么该？为什么不该？海因茨犯了法，从道义上看，这种行为好不好？为什么？

通过研究，柯尔伯格确定了道德发展的阶段特征，他将这些阶段划分成三种道德水平：前习俗水平、习俗水平和后习俗水平，每一水平又包括两个阶段。这就是道德发展阶段论的"三水平六阶段"。

（1）前习俗水平

处于该水平儿童的道德观念的特点是纯外在的。他们为了免受惩罚或获得奖励而顺从权威人物规定的行为准则，根据行为的直接后果和自身的利害关系判断好坏是非。

阶段1：惩罚与服从取向阶段。在这一阶段，儿童根据行为的后果来判断行为是好是坏，及后果的严重程度，他们还没有真正的道德概念，服从权威或规则只是为了避免惩罚，认为受赞扬的行为就是好的，受惩罚的行为就是坏的。

阶段2：相对功利取向阶段。这一阶段的儿童道德价值来自对自己需要的满足，他们不再把规则看成是绝对的、固定不变的，评定行为的好坏主要看是否符合自己的利益。

柯尔伯格认为，大多数9岁以下的儿童和许多犯罪的青少年在道德认识上都处于前习俗水平。

（2）习俗水平

处在这一水平的儿童，能够着眼于社会的希望与要求，并从社会成员的角度思考道德问题，已经开始意识到个体的行为必须符合社会的准则，能够了解社会规范，并遵守和执行社会规范。规则已被内化，按规则行动被认为是正确的。

阶段3：寻求认可取向阶段，也称"好孩子"取向阶段。处在该阶段的儿童，个体的道德价值以人际关系的和谐为导向，谋求大家的赞赏和认可，总是考虑到他人和社会对"好孩子"的要求，并尽量按这种要求去思考。他们认为好的行为是使人喜欢或被人赞赏的行为。

阶段4：遵守法规和秩序取向阶段。处于该阶段的儿童其道德价值以服从权威为导向，他们服从社会规范，遵守公共秩序，尊重法律的权威，以法制观念判断是非，知法懂法。他们认为准则和法律是维护社会秩序的，因此，应当遵循权威和有关规范去行动。

柯尔伯格认为大多数青少年和成人的道德认识处于习俗水平。

（3）后习俗水平

达到这一道德水平的人，其道德判断已超出世俗的法律与权威的标准，有了更普遍的认识，想到的是人类的正义和个人的尊严，并已将此内化为自己内部的道德命令。

阶段5：社会契约取向阶段。处于这一水平阶段的人认为法律和规范是大家商定的，是一种社会契约。他们看重法律的效力，认为法律可以帮助人维持公正；但同时认为契约和法律的规定并不是绝对的，可以应大多数人的要求而改变。在强调按契约和法律的规定享受权利的同时，他们认识到个人应尽义务和责任的重要性。

阶段6：原则或良心取向阶段。这是进行道德判断的最高阶段，此阶段的人表现为能以公正、平等、尊严这些最一般的原则为标准进行思考。在根据自己选择的原则进行某些活动时，处在这个阶段的人认为只要动机是好的，行为就是正确的，认为人类普遍的道义高于一切。

柯尔伯格认为后习俗水平一般要到20岁以后才能出现，而且只有少数人能达到。

2. 教育价值

（1）提倡民主化的道德教育

柯尔伯格的道德发展理论提倡的是一种公正、民主的原则。在进行道德教育时也应体现出一种民主化的教育氛围，教育者与教育对象之间、教育对象相互之间都应该充分地体现出民主，彼此之间平等互信、相互尊重，改变传统道德教育具有高低地位区别的道德教育方式。

（2）遵循学生的道德发展规律

柯尔伯格的"三水平六阶段"反映的是个体的道德从平从低级向高级发展的一般趋势。根据柯尔伯格的道德发展阶段论，每一阶段的发展都各具特点，在进行道德教育的实践活动中，应遵循学生的道德发展规律，只有抓住学生每一阶段的特点，才能有针对性地开展教育，促使学生向更高更好的水平发展。

（3）尊重学生的主体性地位

柯尔伯格的道德发展理论提倡民主化的师生关系，体现在道德教育过程中，很重要的一个方面是尊重学生的主体地位。改变传统的教育模式，尊重学生的主体地位，发挥学生的主观能动性，教育主体与教育客体之间平等地交流，注重学生的自我教育和自我管理，变被动地学习为主动地学习。

（4）采取多样化的教育方式

单一的教育方式不能吸引学生的兴趣，激发学生的学习积极性。在进行道德教育的实践活动中，倡导多样化的教育方式，应注重教育者的引导作用，发挥教育对象的主体作用，将多种教学方式灵活地融合在一起，同时结合学生道德发展的实际情况进行，启发学生的思想觉悟，提高学生的道德水平。

历年真题

1. 晓霞能根据他人的具体情况，以平等为标准，在同情、关心的基础上对学习和生活中的道德事件进行判断，根据皮亚杰的理论，晓霞的道德发展处于（　　）。
   A. 自我中心阶段　　B. 权威阶段　　C. 可逆阶段　　D. 公正阶段
   【答案】D。解析：公正阶段的表现主要是出现了利他主义，晓霞能以平等为标准，在同情、关心的基础上判断道德事件，说明她处于公正阶段。

2. 中学生小辉因害怕被教师批评而遵守上课纪律。根据柯尔伯格的道德认知发展阶段理论，小辉的道德发展处于哪个阶段？（　　）。
   A 相对功利取向　　B.惩罚服从取向　　C.寻求认可取向　　D.遵守法规取向
   【答案】B。解析：柯尔伯格将道德判断分为"三水平六阶段"，其中，处于惩罚与服从取向阶段的人表现为避免惩罚和服从权威，题干中小辉害怕教师的批评是典型的避免惩罚的表现。

3. 小青常在课堂上玩手机，小娜提醒小青学校规定课堂上不能玩手机，可小青不听，因此小娜认为小青不是好学生。根据柯尔伯格道德发展理论，小娜的道德发展处于哪一取向阶段？（　　）。
   A.惩罚服从　　B.相对功利　　C.遵守法规　　D.道德伦理
   【答案】C。解析：处于遵守法规阶段儿童其道德价值以服从权威为导向，他们服从社会规范，遵守公共秩序，尊重法律的权威。小娜的表现是严格遵守学校的纪律规定，符合遵守法规取向阶段特点。

4. 小华认为，法律或道德是一种社会契约，为维护社会公正，每个人都必须履行自己的权利和义务，但同时他又认为，契约可根据需要而改变，使之更符合大众权益。根据柯尔伯格的道德发展理论，小华的道德判断处于（　　）。
   A.前习俗水平　　B.习俗水平　　C.后习俗水平　　D.超习俗水平

【答案】C。解析：根据柯尔伯格道德发展理论，处于后习俗水平的社会契约取向阶段的人认为法律和规范是大家商定的，是一种社会契约。他们看重法律的效力，认为法律可以帮助人维持公正。但同时认为，契约和法律的规定不是绝对的，可以应大多数人的要求而改变，在强调按契约和法律的规定享受权利的同时，认识到个人应尽义务和责任的重要性。根据题干描述，该儿童处于社会契约取向阶段，属于后习俗水平。

第三节　德育目标与内容

一、德育含义

广义的德育泛指所有有目的、有计划地对社会成员在政治、思想与道德等方面施加影响的活动，包括社会德育、社区德育、学校德育和家庭德育等方面。

狭义的德育则指学校德育。学校德育是指教育者依据一定社会或阶级的要求和受教育者思想品德形成规律，有目的、有计划地对受教育者施加系统的影响，把一定社会的思想和道德转化为学生个体的思想意识和道德品质的教育。

学校德育由政治教育、思想教育、法制教育和道德品质教育四个部分构成。政治教育是方向，思想教育是基础，道德品质教育是核心，法制教育是保障，它们共同塑造完整、健全的新人。

二、德育目标

1. 德育目标

德育目标是指通过德育活动使受教育者在品德形成发展上所要达到的总体规格要求，即德育活动所要达到的预期目的或结果的质量标准。德育目标是德育工作的出发点和归宿，也是德育工作的评价依据。它不仅决定了德育的内容、形式和方法，也制约着德育工作的基本过程。

一般而言，德育目标的确立主要依据三方面的因素：首先，德育目标的确立是根据一定社会对其公民在政治、思想、道德等方面的基本要求以及受教育者品德健全发展的需要；其次，德育目标的确立是根据教育对象自身发展的需要和心理发展水平；最后，德育目标的确立还会受到一定教育思想、哲学观点的影响。

2. 中小学德育目标

为深入贯彻落实立德树人根本任务，加强中小学德育工作，构建方向正确、内容完善、学段衔接、载体丰富、常态开展的德育工作体系，教育部于2017年颁布实施《中小学德育工作指南》，引导并促进中小学德育工作专业化、规范化、实效化，努力形成全员育人、全程育人、全方位育人的德育工作格局。

（一）总体目标

培养学生爱党爱国爱人民，增强国家意识和社会责任意识，教育学生理解、认同和拥护国家政治制度，了解中华优秀传统文化和革命文化、社会主义先进文化，增强中国特色社会主义道路自信、理论自信、制度自信、文化自信，引导学生准确理解和把握社会主义核心价值观的深刻内涵和实践要求，养成良好政治素质、道德品质、法治意识和行为习惯，形成积极健康的人格和良好心理品质，促进学生核心素养提升和全面发展，为学生一生成长奠定坚实的思想基础。

（二）学段目标

（1）小学低年级

教育和引导学生热爱中国共产党、热爱祖国、热爱人民，爱亲敬长、爱集体、爱家乡，初步了解生活中的自然、社会常识和有关祖国的知识，保护环境，爱惜资源，养成基本的文明行为习惯，形成自信向上、诚实勇敢、有责任心等良好品质。

（2）小学中高年级

教育和引导学生热爱中国共产党、热爱祖国、热爱人民，了解家乡发展变化和国家历史常识，了解中华优秀传统文化和党的光荣革命传统，理解日常生活的道德规范和文明礼貌，初步形成规则意识和民主法治观念，养成良好生活和行为习惯，具备保护生态环境的意识，形成诚实守信、友爱宽容、自尊自律、乐观向上等良好品质。

（3）初中学段

教育和引导学生热爱中国共产党、热爱祖国、热爱人民，认同中华文化，继承革命传统，弘扬民族精神，理解基本的社会规范和道德规范，树立规则意识、法治观念，培养公民意识，掌握促进身心健康发展的途径和方法，养成热爱劳动、自主自立、意志坚强的生活态度，形成尊重他人、乐于助人、善于合作、勇于创新等良好品质。

（4）高中学段

教育和引导学生热爱中国共产党、热爱祖国、热爱人民，拥护中国特色社会主义道路，弘扬民族精神，增强民族自尊心、自信心和自豪感，增强公民意识、社会责任感和民主法治观念，学习运用马克思主义基本观点和方法观察问题、分析问题和解决问题，学会正确选择人生发展道路的相关知识，具备自主、自立、自强的态度和能力，初步形成正确的世界观、人生观和价值观。

三、德育内容

德育内容是德育目标的具体化，是完成德育任务、实现德育目的的重要保证。依据党和国家有关德育问题的政策、规定，德育内容主要包括以下五个部分。

（一）理想信念教育。开展马列主义、毛泽东思想学习教育，加强中国特色社会主义理论体系学习教育，引导学生深入学习习近平总书记系列重要讲话精神，领会党中央治国理政新理念新思想新战略。加强中国历史特别是近现代史教育、革命文化教育、中国特色社会主义宣传教育、中国梦主题宣传教育、时事政策教育，引导学生深入了解中国革命史、中国共产党史、改革开放史和社会主义发展史，继承革命传统，传承红色基因，深刻领会实现中华民族伟大复兴是中华民族近代以来最伟大的梦想，培养学生对党的政治认同、情感认同、价值认同，不断树立为共产主义远大理想和中国特色社会主义共同理想而奋斗的信念和信心。

（二）社会主义核心价值观教育。把社会主义核心价值观融入国民教育全过程，落实到中小学教育教学和管理服务各环节，深入开展爱国主义教育、国情教育、国家安全教育、民族团结教育、法治教育、诚信教育、文明礼仪教育等，引导学生牢牢把握富强、民主、文明、和谐作为国家层面的价值目标，深刻理解自由、平等、公正、法治作为社会层面的价值取向，自觉遵守爱国、敬业、诚信、友善作为公民层面的价值准则，将社会主义核心价值观内化于心、外化于行。

（三）中华优秀传统文化教育。开展家国情怀教育、社会关爱教育和人格修养教育，传承发展中华优秀传统文化，大力弘扬核心思想理念、中华传统美德、中华人文精神，引导学生了解中华优秀传统文化的历史渊源、发展脉络、精神内涵，增强文化自觉和文化自信。

（四）生态文明教育。加强节约教育和环境保护教育，开展大气、土地、水、粮食等资源的基本国情教育，帮助学生了解祖国的大好河山和地理地貌，开展节粮节水节电教育活动，推动实行垃圾分类，倡导绿色消费，引导学生树立尊重自然、顺应自然、保护自然的发展理念，养成勤俭节约、低碳环保、自觉劳动的生活习惯，形成健康文明的生活方式。

（五）心理健康教育。开展认识自我、尊重生命、学会学习、人际交往、情绪调适、升学择业、人生规划以及适应社会生活等方面教育，引导学生增强调控心理、自主自助、应对挫折、适应环境的能力，培养学生健全的人格、积极的心态和良好的个性心理品质。

随着社会的发展，有越来越多的内容进入德育之中，如廉洁教育、防止艾滋病教育、安全教育、禁毒教育等。这就需要德育工作者对德育内容进行梳理，依据德育目标，把各种教育内容整合成有序的体系，这样才能使德育工作真正收到实效。中共中央、国务院印发的《新时代爱国主义教育实施纲要》中强调爱国主义是中华民族的民族心、民族魂，是中华民族最重要的精神财富，是中国人民和中华民族维护民族独立和民族尊严的强大精神动力。

> **历年真题**
>
> 辨析题：德育就是培养学生道德品质的教育。
>
> 【参考答案】这种说法是错误的。学校德育是指教育者按照一定社会或阶级的要求，有目的、有计划、有系统地对受教育者施以影响，并通过受教育者积极的认识、体验与践行，使其形成一定社会与阶级所需要的品德的教育活动，包括理想信念教育、社会主义核心价值观教育、中华优秀传统文化教育、生态文明教育、心理健康教育等多方面。因此，德育不仅仅是道德品质教育，故题目中的观点是错误的。

第四节 德育过程与原则

一、德育过程

1. 德育过程的概念

德育过程是教育者按德育目标对学生在品德发展上所提出的要求，借助于相应的德育内容和方法，对学生的政治意识、思想观点和道德品质等方面施加影响，并引导其进行自我教育，从而促进学生品德发展的过程。中学德育过程从本质上说就是个体社会化与社会规范个体化的统一过程。

2. 德育过程的构成要素

（1）教育者

教育者是德育过程的组织者、领导者，是一定社会德育要求和思想道德的体现者，在德育过程中起主导作用。教育者包括直接和间接的个体教育者和群体教育者。

（2）受教育者

受教育者包括受教育者个体和群体。在德育过程中，受教育者既是德育的客体，又是德育的主体。当他们为德育对象时，是德育的客体；当他们接受德育影响，进行自我品德教育和对其他德育对象产生影响时，又成为德育主体。

（3）德育内容

德育内容是用以形成受教育者品德的社会思想、政治和道德规范，是受教育者学习、修养和内在化的客体。中小学德育的基本内容是根据学校德育目标和学生品德形成发展规律确定的，它具有一定范围和层次。

（4）德育方法

德育方法是教育者施教传道和受教育者受教修养的相互作用的活动方式的总和。它凭借一定的手段进行。教育者借助一定的德育方法将德育内容作用于受教育者，受教育者借助一定的德育方法来学习、修养、内化德育内容而将其转化为自己的品德。

3. 德育过程的基本规律

(1) 德育过程是具有多种开端的、对学生"知、情、意、行"的培养和提高过程

德育在培养学生"知、情、意、行"的过程中,具有统一性和多端性。"知、情、意、行"这四个因素之间相互渗透,相互促进。其中知是基础,行是关键,实践和活动是主要方法。从道德认识到道德行为,再到道德习惯,是学生思想品德形成的全过程。由于社会生活的复杂性,德育影响的多样性等因素,德育具体实施过程又具有多种开端,这可根据学生品德发展的具体情况,做到晓之以理,动之以情,导之以行,持之以恒;要以知引人,以情感人,以志树人,以行练人。一般来说,思想品德教育过程是从知开始,沿着"知、情、意、行"的发展顺序,最后以形成学生的道德行为习惯为终点。但由于这几个因素具有相对独立性,各个学生的情况又不尽相同,并非都沿着这个顺序进行,所以教育者在进行思想品德教育时可以采用多种开端,既可以从陶冶情感开始,从磨炼意志开始,也可以从训练行为开始,从提高学生的思想认识开始。

(2) 德育过程是促使学生思想内部矛盾运动的过程

德育过程的基本矛盾,是教育者提出的德育要求(社会所要求的道德规范)与受教育者现有的品德水平之间的矛盾,其实质是社会矛盾在德育过程中的反映。德育过程是促进学生思想矛盾发展的过程,具有矛盾性和转化性。学生接受教育不是消极被动的,而是主观能动的。一个观点,一个信念,一种行动,都必须通过学生自身的内部矛盾斗争,自觉地形成。学生的思想矛盾斗争主要表现在以下三方面。

① 反映外部客观世界的矛盾。学生思想中经常出现社会道德标准与周围人们的行为之间不相符合的矛盾。例如,社会主义道德要求人们具有集体主义精神和社会公德,但社会上总有一些成年人做一些损人利己、违背公德的事情。这种现象反映到学生的头脑中,就会产生矛盾,产生各种疑问:例如,什么是对的,什么是错的?这些成人(甚至是家长)的所作所为为什么与书本上写的和老师教的不一样?学生要求得到答案。通过教育,学生认识了是非,矛盾就解决了,思想觉悟就会提高。

② 道德要求与学生认识水平之间的矛盾。社会通过教育者向学生不断提出的较高要求与学生已有认识水平之间的矛盾是德育过程的基本矛盾。德育过程中还存在学生的愿望和能力之间的矛盾,例如想与同学搞好团结却总是处理不好人际关系。

③ 学生头脑中正确思想和错误思想之间的矛盾。例如,学校要求学生有礼貌、讲团结,但有的学生就是不执行,对教师不尊敬,总与同学打架。学生不守纪律就要受到教师的批评,这样就会在学生思想中产生矛盾,是坚持错误,还是改正错误?通过一系列的教育活动,学生认识到了错误,克服了缺点,学生的思想品德就会进一步提高。

因此,思想品德形成过程就是知与不知、正确思想与错误思想不断矛盾斗争的过程。克服困难,思想觉悟就提高一步,就获得新的品质。然后又产生新的困难,不断克服困难,新的道德品质就不断形成。思想品德教育过程要求教师在学生身上不断发现矛盾,不

断解决矛盾，实现几个转化，即将社会对学生思想品德的要求转化为学生的自觉需要，或者将社会需要转化为学生个体需要；将道德知识、道德认识转化为道德行为；将消极因素转化为积极因素；通过道德实践将道德行为转化为道德习惯等。学生思想中的内部矛盾过程和转化过程，是促进学生思想品德形成和发展的动力。

（3）德育过程是组织学生的活动和交往，对学生多方面教育影响的过程

社会实践活动和社会交往是学生思想品德形成的基础。学生的思想品德既在社会实践活动和交往中形成，又在社会实践活动和交往中表现出来，具有广泛的社会性和实践性。学生的思想品德是一切社会关系的总和。学生在活动与交往中形成的品质必然具有明显的社会性。因为学生思想品德教育要受到一定社会关系的影响，其活动的行为方式总是受到已有社会经验和道德规范标准的调节。学校思想品德教育过程中的活动和交往与一般的活动和交往不完全相同。

① 活动和交往是德育过程的基础

学生的思想品德是在活动和交往的过程中，接受外界教育影响，逐渐形成和发展，并通过活动和交往的过程表现出来的。教育性活动和交往是德育过程的基础。有目的地根据德育目标和思想品德的形成规律设计和开展活动，能加快个体品德的发展速度，对学生品德发展方向起规范和保证作用。这就要求教育者精心设计和组织教育活动和交往。

② 学生在活动和交往中，必定受到多方面的影响

品德形成是学生能动地接受多方面教育影响的过程。涉及面较广，既有校内的正式影响，又有校外的非正式影响，既有积极正面的影响，又有消极负面的影响。

学校德育应在多方面的影响中发挥主导作用，将多方面教育影响统一到教育目的上来，形成学校与家庭、社会教育的合力，促进学生良好品德的形成和发展。

（4）德育过程是一个长期的、反复的、不断提高的过程

① 德育过程是一个长期的过程

人类社会不断发展进步，要使德育适应社会不断变化的要求，就需要在德育内容、手段、方法等方面不断地加以调整、补充。在德育过程中，"知、情、意、行"的培养提高绝非一朝一夕之功，需要通过长期的训练、积累才能实现。在意识形态领域里，不同的思想斗争长期存在，必然会反映到学生的思想中来，这就决定了德育过程必然是一个长期的过程。

② 德育过程是一个反复的过程

青少年学生正处于成长时期，世界观尚未形成，思想很不稳定。学生品德过程中的反复是不断深化的过程。这就要求教师要正确认识和对待这种现象，耐心细致地教育学生，引导学生在反复中逐步前进。

③ 德育过程是一个不断提高的过程

长期、反复、渐进性特点要求教育者必须持之以恒、耐心细致地教育学生，要正确认识和对待学生思想行为的反复，善于反复抓、抓反复，引导学生在反复中不断前进。

> **历年真题**
>
> 1. 辨析题：德育过程即品德形成过程。
>
>   【参考答案】这种说法是错误的。思想品德形成过程是学生个体品德自我发展的过程，德育过程则是教育者对受教育者的教育过程，是双边活动过程。思想品德形成过程中，学生受各种因素影响，包括自发的环境因素影响；而在德育过程中，学生主要受有目的、有计划、有组织的教育影响。从学生思想品德形成过程的结果看，品德形成可能与社会要求相一致，也可能不一致；德育过程的结果是学生形成的思想品德与社会要求相一致。综上所述，德育过程并非品德形成过程。
>
> 2. 辨析题：德育过程是对学生"知、情、意、行"的培养提高过程，应以知为开端，知、情、意、行依次进行。
>
>   【参考答案】这种说法是错误的。德育过程是对学生"知、情、意、行"的培养提高过程，由于社会生活的复杂性，德育影响的多样性等因素，德育具体实施过程具有多种开端。教师可根据学生品德发展的具体情况，或从晓之以理开始，或从动之以情开始，或从锻炼品德意志开始，或从导之以行开始，最后使学生品德在"知、情、意、行"等方面达到和谐统一发展。

二、中小学德育原则

德育原则是根据教育目的、德育目标和德育过程规律提出的指导德育工作的基本要求，是教师对学生进行德育必须遵循的基本要求，反映了德育过程的规律性，是对德育实践经验的概括和总结。正确理解和贯彻德育原则，对于提高德育工作者自觉性，使德育工作科学化，取得最佳效果，具有重要意义。它是组织各项德育活动，选择运用德育途径和方法的依据。要使德育取得预期的效果，就要正确处理德育过程中普遍存在的教育者与受教育者、德育要求与受教育者之间的关系与矛盾，以及受教育者思想品德形成过程中存在的一些矛盾，都需要德育原则。教育者只有掌握了德育原则，才能真正成为主导者。

根据对德育实践经验的总结和对德育客观规律的认识，中小学进行德育工作主要遵循以下几条原则。

1. 导向性原则

导向性原则又可以称理想与现实相结合原则，是指进行德育时要有一定的理想性和方向性。学生正处于品德发展的关键时期，他们年轻，缺乏社会经验与识别能力，容易受外界社会的影响，学校德育要坚持理想与现实相结合的原则，才能使学生产生真情实感，从而更好地把社会的思想道德准则内化为个人的品德，才能使学生学会关心社会热点问题，并努力参与社会问题的讨论和解决，逐步形成时代感、责任感和社会使命感。

贯彻这一原则的具体要求有如下几条。

① 明确中小学德育的基本任务，在德育目标上解决好普遍性要求和先进性要求的关

系；在德育内容上解决好基础性内容和超前性内容的关系；在理想教育上解决好共同理想和远大理想的关系。要克服要求过高、部分层次过于理想化而和现实社会脱节的弊端。

②把学校德育置于社会大背景之中。面对改革开放大潮的冲击，不是"回避"、单纯"净化"，而是努力让学生了解一个真实的世界。要帮助学生从小学会全方位、多侧面、科学地观察社会，既能面向21世纪、具有世界意识、适应时代潮流，又能脚踏实地正确认识和处理发生在自己身边的事，承担个人的责任。

③认真研究在市场经济环境中，学生主体意识发展的特点和发展过程中的内在要求，坚持社会主义集体主义的价值导向。有调查表明：学生的主体意识随着市场经济的发展日益增强，学生对个人利益的关注也日益突出。学校德育如果完全无视学生合理的个人需要和个人利益，只是片面地灌输一些空洞的道理，会脱离现实生活，也是难以被学生接受的。因此，学校德育要认同市场经济下形成的重视个人利益的现实，同时又必须以"先国家、集体，后个人"的观念来引导学生，逐步提高学生的道德境界。

2. 疏导原则

疏导原则是指进行德育要循循善诱、以理服人，从提高学生认识入手，调动学生的主动性，使他们积极向上。贯彻疏导原则的基本要求是：讲明道理，疏导思想；因势利导，循循善诱；以表扬激励为主，坚持正面教育。

3. 严格要求与尊重学生相结合原则

严格要求与尊重学生相结合原则是指进行德育要把对学生个人的尊重和信赖与对他们的思想和行为的严格要求结合起来，使教育者对学生的影响与要求易于转化为学生的品德。

贯彻这一原则的基本要求是：爱护、尊重和信赖学生；教育者对学生提出的要求要做到合理正确、明确具体和严宽适度；教育者对学生提出的要求要认真执行，坚定不移地贯彻到底，督促学生切实做到。

4. 集体教育和个别教育相结合原则

集体教育和个别教育相结合原则是指在德育过程中，教师既要教育集体、培养集体，并通过集体的活动、舆论、优良风气和传统教育个人，又要通过教育个人影响集体的形成和发展，把教育集体和教育个人辩证统一起来。贯彻这一原则的基本要求是：努力培养和形成良好的学生集体；充分发挥学生集体的教育作用；加强个别教育，把集体教育和个别教育结合起来。

5. 教育影响一致性与连贯性原则

教育影响一致性与连贯性原则是指进行德育应当有目的、有计划地把来自各方面对学生的教育影响加以组织、调节，使其相互配合，协调一致，前后连贯地进行，以保障学生的品德能按教育目的的要求发展。贯彻这一原则的基本要求为以下几点。①要统一学校内部的多种教育力量。校长、班主任、各科教师和全体职工要形成教育的合力。②统一社会各方面的教育影响。学校应与家庭和社会有关机构建立和保持联系，形成一定的制度，及时或定期交流情况，研究学生的教育状况，制定相互配合的方案，分工负责，共同努力，控制和消除环境中的不利影响。③对学生进行德育要有计划、系统地进行，做好衔接工作，使对学生的教育前后连贯一致。要防止时紧时松，时宽时严，断断续续。

6.因材施教原则

因材施教原则是指德育要从学生的思想认识和品德发展的实际出发，根据他们的年龄特征和个性差异进行不同的教育，使每个学生的品德都能得到最好的发展。孔子提出了"视其所以，观其所由，察其所安"的了解学生的有效方法，并根据学生特点进行有区别的教育。贯彻这一原则的基本要求是：深入了解学生的个性特点和内心世界；根据学生个人特点有的放矢地进行教育，努力做到"一把钥匙开一把锁"；根据学生的年龄特征有计划地进行教育。

7.知行统一原则（理论与实践相结合原则）

既要重视思想道德的理论教育，又要重视组织学生参加实践锻炼，把提高认识和行为养成结合起来，使学生做到言行一致、表里如一。贯彻这一原则的基本要求是：加强思想道德的理论教育，提高学生的思想道德认识；组织和引导学生参加各种社会实践活动，促使他们在接触社会的实践活动中加深情感体验，养成良好的行为习惯；教育者要以身作则，严于律己。

8.发扬积极因素与克服消极因素相结合原则

在德育工作中，教育者要善于依靠、发扬学生自身的积极因素，调动学生自我教育的积极性，克服消极因素，即遵循长善救失原则。

贯彻这一原则的基本要求是：教育者要用一分为二的观点，全面分析，客观地评价学生的优点和不足；教育者要有意识地创造条件，将学生思想中的消极因素转化为积极因素；教育者要提高学生自我认识、自我评价能力，启发他们自觉思考，克服缺点，发扬优点。

9.正面教育与纪律约束相结合原则

德育工作既要正面引导、说服教育、启发自觉，调动学生接受教育的内在动力，又要辅之以必要的纪律约束，并使两者有机结合起来。

贯彻这一原则的基本要求是：坚持正面教育原则；坚持摆事实、讲道理，以理服人；树立先进典型，用正面榜样教育引导学生前进；建立健全学校规章制度和集体组织的公约、守则等，并且严格管理，认真执行。

历年真题

1. 德育工作中应坚持平行教育原则，既注重集体教育又注重个体教育。

【参考答案】这种说法是正确的。平行教育原则又称集体教育和个别教育相结合原则，在德育过程中，教师既要教育集体、培养集体，并通过集体的活动、舆论、优良风气和传统教育个人,又要通过教育个人影响集体的形成和发展,把教育集体和教育个人辩证统一起来。

2. 针对我国目前家庭教育与学校教育中对学生品德要求出现的差异甚至对立的现象,应强调贯彻的德育原则是( )。
   A. 发扬积极因素,克服消极因素　　　B. 理论联系实际
   C. 教育影响一致性和连贯性　　　　　D. 正面启发,积极引导

   【答案】C。解析:所谓教育影响的一致性和连贯性原则,是指在德育工作中,教育者应主动协调多方面教育力量,统一认识和步调,有计划、有系统、前后连贯地教育学生,发挥教育的整体功能,培养学生正确的思想品德。

3. 简答题:简述贯彻长善救失德育原则的基本要求。

   【参考答案】答案应包含以下三个要点:
   (1)教育者要用一分为二的观点,全面分析,客观地评价学生的优点和不足;
   (2)教育者要有意识地创造条件,将学生思想中的消极因素转化为积极因素;
   (3)教育者要提高学生自我认识、自我评价能力,启发他们自觉思考,克服缺点,发扬优点。

4. 材料分析题:

   大学毕业不久,我就担任了初二一班的班主任,一天中午,一个学生急匆匆跑来说:"老师,小杨不知为什么事正和二班老师争吵,还骂老师了。"我赶紧过去问缘由。得知二班的卫生区有几片废纸,被学校的值日生扣了分,据说二班有学生看见他正好走过,就告诉王老师,认为是他扔的。于是王老师就找到小杨,并训斥了他。小杨不服气,就骂老师"瞎了眼",结果惹恼了老师。我当时也很生气:"小杨,就算你没扔,也要好好和王老师说明,怎么可以骂老师?""他根本不听我说,劈头盖脸训斥我……"见他如此冲动,我知道说什么都没用,要等待时机。

   机会终于来了,在学校举办的秋季运动会上,我充分发挥了小杨体育特长,引导他为班级参加的体育项目出谋划策,协助体育委员组织,我鼓励他报名大家都未参加的3000米长跑,对此,我对他提出表扬,并号召全班同学向他学习。

   运动会那天,小杨的3000米长跑得了冠军,成了班级最亮的一颗星,很多同学和他拥抱,给他送水、送毛巾,为他热烈鼓掌,使他感到了集体的力量和温暖。会后我找他谈心:"小杨,运动会证明了你的实力,说明你是一个不甘落后的好学生,我相信你也会在其他方面严格要求自己,取得好成绩。"

   "老师你真的相信我吗?""我当然相信你。"他的眼中闪烁出激动的亮光,突然说:"那么老师,你也相信那天的废纸不是我扔的吗?我敢对天发誓,真不是我扔的。"看到他委屈又可笑的样子,我笑了:"我相信你,当时我就相信不是你干的!""真的吗?"他很惊讶也很高兴。"可你也有错,知道错在哪里吗?"他有

些不好意思地低下头："知道，我会跟王老师道歉的，老师您放心！"

此后，小杨同学在各方面有了长足的进步。

问题：（1）案例中的"我"主要贯彻了哪些德育原则？（2）请结合案例加以分析论述。

【参考答案】

（1）发扬积极因素与克服消极因素相结合原则，是指德育工作中，教育者要善于依靠、发扬学生自身的积极因素，调动学生自我教育的积极性，克服消极因素。

材料中的"我"面对情绪冲动的小杨，没有强制他去给王老师道歉，而是寻找机会，充分发挥了小杨的体育特长，帮助班里取得运动会的好成绩，使他在老师的表扬下，认识到自己对王老师的失态，自己主动提出去道歉。

（2）严格要求与尊重学生相结合原则。该原则是指进行德育要把对学生个人的尊重和信赖与对他们的思想和行为的严格要求结合起来，使教育者对学生的影响与要求易于转化为学生的品德。贯彻这一原则的基本要求是：①爱护、尊重和信赖学生；②教育者对学生提出的要求要做到合理正确、明确具体和严宽适度；③教育者对学生提出的要求要认真执行，坚定不移地贯彻到底，督促学生切实做到。

材料中的"我"十分信赖学生，相信垃圾不是他扔的；十分尊重学生，没有强迫学生去接受"我"的主张，而是静待机会，加以教育，使学生主动认识到自己的错误。

第五节　德育途径与方法

一、德育的途径

德育途径是指学校教育者对学生实施德育时可供选择和利用的渠道，又称为德育组织形式。我国中小学德育的基本途径是思想政治课与其他学科教学，但是，"我们不能如此僵硬地把道德教育范围局限于教室中的课时：它不是某时某刻的事情，而是每时每刻的事情。我们必须把道德教育融合在整个学校生活之中，就像道德本身卷入集体生活的整张网中一样"。[①] 中共中央、国务院印发的《新时代爱国主义教育实施纲要》（2019）提出充分发挥课堂教学的主渠道作用，有办好学校思想政治理论课、广泛组织开展实践活动等途径。

（一）课程育人

充分发挥课堂教学的主渠道作用，将中小学德育内容细化落实到各学科课程的教学目

---

① 爱弥尔·涂尔干.道德教育[M].陈光金，沈杰，朱谐汉，译.上海：上海人民出版社，2006.

标之中，融入渗透到教育教学全过程。

严格落实德育课程。按照义务教育、普通高中课程方案和标准，上好道德与法治、思想政治课，落实课时，不得减少课时或挪作它用。

发挥其他课程德育功能。要根据不同年级和不同课程特点，充分挖掘各门课程蕴含的德育资源，将德育内容有机融入各门课程教学中。

语文、历史、地理等课要利用课程中语言文字、传统文化、历史地理常识等丰富的思想道德教育因素，潜移默化地对学生进行世界观、人生观和价值观的引导。

数学、科学、物理、化学、生物等课要加强对学生科学精神、科学方法、科学态度、科学探究能力和逻辑思维能力的培养，促进学生树立勇于创新、求真求实的思想品质。

音乐、体育、美术、艺术等课要加强对学生审美情趣、健康体魄、意志品质、人文素养和生活方式的培养。

外语课要加强对学生国际视野、国际理解和综合人文素养的培养。

综合实践活动课要加强对学生生活技能、劳动习惯、动手实践和合作交流能力的培养。

用好地方和学校课程。要结合地方自然地理特点、民族特色、传统文化以及重大历史事件、历史名人等，因地制宜开发地方和学校德育课程，引导学生了解家乡的历史文化、自然环境、人口状况和发展成就，培养学生爱家乡、爱祖国的感情，树立维护祖国统一、加强民族团结的意识。

（二）文化育人

要依据学校办学理念，结合文明校园创建活动，因地制宜开展校园文化建设，使校园秩序良好、环境优美，校园文化积极向上、格调高雅，提高校园文明水平，让校园处处成为育人场所。

优化校园环境。学校校园建筑、设施、布置、景色要安全健康、温馨舒适，使校园内一草一木、一砖一石都体现教育的引导和熏陶。

学校要有升国旗的旗台和旗杆。建好共青团、少先队活动室。积极建设校史陈列室、图书馆（室）、广播室、学校标志性景观。

学校、教室要在明显位置张贴社会主义核心价值观24字、《中小学生守则（2015年修订）》。教室正前上方有国旗标识。

要充分利用板报、橱窗、走廊、墙壁、地面等进行文化建设，可悬挂革命领袖、科学家、英雄模范等杰出人物的画像和格言，展示学生自己创作的作品或进行主题创作。

营造文化氛围。凝练学校办学理念，加强校风教风学风建设，形成引导全校师生共同进步的精神力量。

鼓励设计符合教育规律、体现学校特点和办学理念的校徽、校训、校规、校歌、校旗等并进行教育展示。

创建校报、校刊进行宣传教育。可设计体现学校文化特色的校服。

建设班级文化，鼓励学生自主设计班名、班训、班歌、班徽、班级口号等，增强班级凝聚力。

推进书香班级、书香校园建设，向学生推荐阅读书目，调动学生阅读积极性。提倡小学生每天课外阅读至少半小时、中学生每天课外阅读至少 1 小时。

建设网络文化。积极建设校园绿色网络，开发网络德育资源，搭建校园网站、论坛、信箱、博客、微信群、QQ群等网上宣传交流平台，通过网络开展主题班（队）会、冬（夏）令营、家校互动等活动，引导学生合理使用网络，避免沉溺网络游戏，远离有害信息，防止网络沉迷和伤害，提升网络素养，打造清朗的校园网络文化。

（三）活动育人

要精心设计、组织开展主题明确、内容丰富、形式多样、吸引力强的教育活动，以鲜明正确的价值导向引导学生，以积极向上的力量激励学生，促进学生形成良好的思想品德和行为习惯。

开展节日纪念日活动。利用春节、元宵、清明、端午、中秋、重阳等中华传统节日以及二十四节气，开展介绍节日历史渊源、精神内涵、文化习俗等校园文化活动，增强传统节日的体验感和文化感。

利用植树节、劳动节、青年节、儿童节、教师节、国庆节等重大节庆日集中开展爱党爱国、民族团结、热爱劳动、尊师重教、爱护环境等主题教育活动。

利用学雷锋纪念日、中国共产党建党纪念日、中国人民解放军建军纪念日、七七抗战纪念日、九三抗战胜利纪念日、九一八纪念日、烈士纪念日、国家公祭日等重要纪念日，以及地球日、环境日、健康日、国家安全教育日、禁毒日、航天日、航海日等主题日，设计开展相关主题教育活动。

开展仪式教育活动。仪式教育活动要体现庄严神圣，发挥思想政治引领和道德价值引领作用，创新方式方法，与学校特色和学生个性展示相结合。

严格中小学升挂国旗制度。除寒暑假和双休日外，应当每日升挂国旗。除假期外，每周一及重大节会活动要举行升旗仪式，奏唱国歌，开展向国旗敬礼、国旗下宣誓、国旗下讲话等活动。

入团、入队要举行仪式活动。

举办入学仪式、毕业仪式、成人仪式等有特殊意义的仪式活动。

开展校园节（会）活动。举办丰富多彩、寓教于乐的校园节（会）活动，培养学生兴趣爱好，充实学生校园生活，磨练学生意志品质，促进学生身心健康发展。

学校每学年至少举办 次科技节、艺术节、运动会、读书会。可结合学校办学特色和学生实际，自主开发校园节（会）活动，做好活动方案和应急预案。

开展团、队活动。加强学校团委对学生会组织、学生社团的指导管理。明确中学团委对初中少先队工作的领导职责，健全初中团队衔接机制。确保少先队活动时间，小学1年级至初中2年级每周安排1课时。

发挥学生会作用，完善学生社团工作管理制度，建立体育、艺术、科普、环保、志愿服务等各类学生社团。学校要创造条件为学生社团提供经费、场地、活动时间等方面保障。

要结合各学科课程教学内容及办学特色，充分利用课后时间组织学生开展丰富多彩的科技、文娱、体育等社团活动，创新学生课后服务途径。

（四）实践育人

要与综合实践活动课紧密结合，广泛开展社会实践，每学年至少安排一周时间，开展有益于学生身心发展的实践活动，不断增强学生的社会责任感、创新精神和实践能力。

开展各类主题实践。利用爱国主义教育基地、公益性文化设施、公共机构、企事业单位、各类校外活动场所、专题教育社会实践基地等资源，开展不同主题的实践活动。

利用历史博物馆、文物展览馆、物质和非物质文化遗产地等开展中华优秀传统文化教育。

利用革命纪念地、烈士陵园（墓）等开展革命传统教育。

利用法院、检察院、公安机关等开展法治教育。

利用展览馆、美术馆、音乐厅等开展文化艺术教育。

利用科技类馆室、科研机构、高新技术企业设施等开展科普教育。

利用军事博物馆、国防设施等开展国防教育。

利用环境保护和节约能源展览馆、污水处理企业等开展环境保护教育。

利用交通队、消防队、地震台等开展安全教育。

利用养老院、儿童福利机构、残疾人康复机构等社区机构等开展关爱老人、孤儿、残疾人教育。

利用体育科研院所、心理服务机构、儿童保健机构等开展健康教育。

加强劳动实践。在学校日常运行中渗透劳动教育，积极组织学生参与校园卫生保洁、绿化美化，普及校园种植。

将校外劳动纳入学校的教育教学计划，小学、初中、高中每个学段都要安排一定时间的农业生产、工业体验、商业和服务业实习等劳动实践。

教育引导学生参与洗衣服、倒垃圾、做饭、洗碗、拖地、整理房间等力所能及的家务劳动。

组织研学旅行。把研学旅行纳入学校教育教学计划，促进研学旅行与学校课程、德育体验、实践锻炼有机融合，利用好研学实践基地，有针对性地开展自然类、历史类、地理类、科技类、人文类、体验类等多种类型的研学旅行活动。

要考虑小学、初中、高中不同学段学生的身心发展特点和能力，安排适合学生年龄特征的研学旅行。

要规范研学旅行组织管理，制定研学旅行工作规程，做到"活动有方案，行前有备案，应急有预案"，明确学校、家长、学生的责任和权利。

开展学雷锋志愿服务。要广泛开展与学生年龄、智力相适应的志愿服务活动。

发挥本校团组织、少先队组织的作用，抓好学生志愿服务的具体组织、实施、考核评估等工作。

做好学生志愿服务认定记录，建立学生志愿服务记录档案，加强学生志愿服务先进典型宣传。

（五）管理育人

要积极推进学校治理现代化，提高学校管理水平，将中小学德育工作的要求贯穿于学校管理制度的每一个细节之中。

完善管理制度。制定校规校纪，健全学校管理制度，规范学校治理行为，形成全体师生广泛认同和自觉遵守的制度规范。

制定班级民主管理制度，形成学生自我教育、民主管理的班级管理模式。

制定防治学生欺凌和暴力工作制度，健全应急处置预案，建立早期预警、事中处理及事后干预等机制。

会同相关部门建立学校周边综合治理机制，对社会上损害学生身心健康的不法行为依法严肃惩处。

明确岗位责任。建立实现全员育人的具体制度，明确学校各个岗位教职员工的育人责任，规范教职工言行，提高全员育人的自觉性。

班主任要全面了解学生，加强班集体管理，强化集体教育，建设良好班风，通过多种形式加强与学生家长的沟通联系。各学科教师要主动配合班主任，共同做好班级德育工作。

加强师德师风建设。培育、宣传师德标兵、教学骨干和优秀班主任、德育工作者等先进典型，引导教师争做"四有"好教师。

实行师德"一票否决制"，把师德表现作为教师资格注册、年度考核、职务（职称）评审、岗位聘用、评优奖励的首要标准。

细化学生行为规范。落实《中小学生守则（2015年修订）》，鼓励结合实际制定小学生日常行为规范、中学生日常行为规范，教育引导学生熟知学习生活中的基本行为规范，践行每一项要求。

关爱特殊群体。要加强对经济困难家庭子女、单亲家庭子女、学习困难学生、进城务工人员随迁子女、农村留守儿童等群体的教育关爱，完善学校联系关爱机制，及时关注其心理健康状况，积极开展心理辅导，提供情感关怀，引导学生心理、人格积极健康发展。

（六）协同育人

要积极争取家庭、社会共同参与和支持学校德育工作，引导家长注重家庭、注重家教、注重家风，营造积极向上的良好社会氛围。

加强家庭教育指导。要建立健全家庭教育工作机制，统筹家长委员会、家长学校、家长会、家访、家长开放日、家长接待日等各种家校沟通渠道，丰富学校指导服务内容，及时了解、沟通和反馈学生思想状况和行为表现，认真听取家长对学校的意见和建议，促进家长了解学校办学理念、教育教学改进措施，帮助家长提高家教水平。

构建社会共育机制。要主动联系本地宣传、综治、公安、司法、民政、文化、共青团、妇联、关工委、卫计委等部门、组织，注重发挥党政机关和企事业单位领导干部、专家学者以及老干部、老战士、老专家、老教师、老模范的作用，建立多方联动机制，搭建社会育人平台，实现社会资源共享共建，净化学生成长环境，助力广大中小学生健康成长。

二、中小学德育方法

德育方法是为达到德育目的，在德育过程中采用的教育者和受教育者相互作用的活动方式的总和。它包括教育者的施教传道方式和受教育者的受教育方式。德育方法的选择应依据德育目标、德育内容以及中小学生的年龄特点和个性差异。常用的德育方法包括以下几点。

1. 说服教育法

说服教育法是通过摆事实、讲道理，使学生提高认识、形成正确观点的方法。说服教育是德育工作的基本方法。说服教育的方式主要有语言说服和事实说服。

说服教育的方式多种多样，但是无论采用哪种方式，都必须遵循以下基本要求。

① 说服教育要有针对性

说服教育有针对性是提高说服教育实效性的前提和条件，即从中学生的思想实际、年龄特点、个性差异及心理状态的实际出发，有的放矢地进行说服教育。为此要事先了解中学生情况，根据对象特点确定说理的具体内容、组织结构、时机、场合和方式。

② 说服教育要有感染性

要使说服教育具有感染性，首先，要从爱护和关心中学生出发，抱着尊重和信任的态度，设身处地地为中学生着想、循循善诱、推心置腹、坦诚相见，而不能以惩罚等手段强迫对方接受自己的观点。其次，要使说服教育富有知识性和趣味性。说服教育要注意给中学生以知识、理论和观点，使他们受到启迪、获得提高；同时选用的内容、表述的方式要生动有趣，使他们喜闻乐见，留下深刻的印象。最后，要使说服教育真诚自然，不能言不由衷或装腔作势，矫揉造作只能引起中学生的怀疑和反感。

③ 说服教育要讲究科学性和艺术性

所谓科学性，即教师所阐述的道理必须符合客观真理、符合实际，要对中学生讲实话。所谓艺术性，是要灵活运用说理的方法和方式。这就要求教师讲的道理符合客观实际，所举事例是真实的，而不是杜撰或歪曲的；注意营造相宜的环境和气氛，注意选择合适的方式方法；加强语言修养，讲究言词和方式。

2. 榜样示范法

榜样示范法是用榜样人物的高尚思想、模范行为、优异成就来影响学生的思想、情感和行为的方法。用来示范的榜样主要有家长和教师、同学、英雄人物、革命领袖、历史伟人和文艺形象等。

运用榜样示范法应注意以下几点要求。

① 选好学习的榜样

选好榜样是学习榜样的前提。我们应根据时代需要和学生实际，指导他们选择好学习的榜样，获得明确前进的方向与巨大动力。

② 激起学生对榜样的敬慕之情

要使榜样能对学生产生力量，推动他们前进，就需要学生了解榜样。榜样人格具体、生动、形象，对学生就会具有巨大的感染力和说服力，易于为学生所领会和模仿。

③ 引导学生用榜样来调节行为，提高修养

引导学生向榜样人物学习，绝不能仅仅停留在对故事情节的介绍或学生一时的情感冲动上。要及时地把学生的情感、冲动引导到行动上来，把敬慕之情转化为道德行动和习惯，并逐步巩固，加深这种情感。

3. 陶冶教育法

陶冶教育法又称情感陶冶法，它是教师利用环境和自身的教育因素，对学生进行潜移默化的熏陶和感染，使其在耳濡目染中受到感化的方法。陶冶教育法包括：人格感化，即教育者通过对受教育者真诚的、无微不至的关心爱护及高尚的人格来触动、感化、熏陶学生，促进其思想转变，积极进取；环境陶冶，即通过创设良好的学习和生活环境，使学生的身心长期受到熏陶，逐渐养成良好品德；艺术陶冶，即借助于音乐、美术、诗歌、小说、影视等艺术手段创造的生动形象感染学生，在欣赏、评论、创作及演出过程中使学生受到陶冶。

运用陶冶教育法要注意以下几点要求。

① 创设良好的情境

良好的情境包括美观、朴实、整洁的学习和生活环境；团结、紧张、严肃、活泼、尊师爱生、民主而有纪律的班风和校风。

② 创设情境与启发说服相结合

创设情境陶冶学生，不仅与教师对学生的说服教育不矛盾，而且为了更有效地发挥情境的陶冶作用，不能只让创设的情境自发地影响学生，还需要教师配合以启发、说服。

③ 引导学生参与情境的创设

良好的情境不是固有的、自然存在的，需要人为地创设。但这绝不能只靠教师去做，应当组织学生为自己创设良好的学习与生活的情境。

4. 实践锻炼法

实践锻炼法是让学生参加各种实际活动,在活动中锻炼思想,增长才干,培养优良思想和行为习惯的方法。锻炼的方式主要是学习活动、社会活动、生产劳动和课外文体科技活动。

运用实践锻炼法要注意以下几点要求。

① 坚持严格要求

有效地锻炼有赖于严格要求,进行任何一种锻炼,如不严格遵守一定的规范和要求,不可能使学生得到锻炼和提高。

② 调动学生的主动性

只有激发学生的主动性、积极性,使他们内心感到锻炼是必要的、有益的、有价值的,他们才能获得最大的锻炼效果。

③ 注意检查和坚持

良好的习惯与品德的形成必须经历一个长期的、反复的锻炼过程。所以对学生的锻炼,要强调他们的自觉性但又不能放松对他们的督促、检查,还要引导他们长期坚持下去。

5. 学生自我修养法

这种方法是指在教师引导下,学生自己教育自己,进行自觉的思想转化和行为控制的方法。学生品德能否提高与其能否自觉主动地进行道德修养紧密相关。教育家苏霍姆林斯基指出,真正的教育是自我教育。指导学生自我修养要注意遵循以下要求。

① 培养学生自我修养的兴趣

引导学生自我修养,首先要培养学生对自我修养的兴趣。如向学生介绍一些杰出人物如何从青少年时代起就注意修养的范例,让学生向往,产生修养的需要。

② 指导学生掌握修养的标准

以什么作为修养的标准,决定着修养的方向性质,因此应当指导学生掌握正确的修养标准。教师应当指导学生学习社会主义道德准则要求并用于检查、对照自己的言行,使他们懂得什么是对的,什么是错的,提高分辨是非的能力,从而坚持正确的修养标准,克服错误的思想。

③ 指导学生参加社会实践

我国古人所谓的修养,大多是脱离社会实践的。我们指导学生培养自身修养绝不可脱离社会实践,让他们闭门思过,而要让学生接触社会主义现代化建设实际,联系群众,从中吸收思想营养,提高个人修养,培养良好习惯。

6. 品德评价法

品德评价法又称奖惩法,是通过对学生品德进行肯定或否定的评价对他们予以激励或抑制,促使其品德健康形成和发展,包括奖励、惩罚、评比和操行评定。

运用品德评价法要注意做到目的明确、公正合理，以表扬、奖励为主，批评、惩罚为辅。评比要发扬民主，条件要明确具体，评比过程中要让大家发表意见，使学生受到教育，要定期检查和总结，及时宣传、表彰好人好事。

德育的方法多种多样，从发展趋势上看，未来的学校德育将更多地诉诸学生生活体验和主动参与，即"从以教师的教导、说服、劝诫为主转向以学生的小组讨论、角色扮演、创作、社会调查、社会实践、社区服务为主，从方法上保证学生主动参与学校德育"①。

历年真题

1. "桃李不言，下自成蹊"所体现的德育方法是（　　）。
   A. 榜样示范法　　　B. 说服教育法　　　C. 品德评价法　　　D. 情感陶冶法
   【答案】A。解析："桃李不言，下自成蹊"说的是桃树和李树有芬芳的花香和甜美的果实，虽然不会说话，但仍然吸引行人到树下赏花尝果，以至于人们在树下走出一条小路。比喻为人诚挚，自然会有强烈的号召力而深得人心。这体现的是榜样示范法。

2. 班主任李老师接手一个新班后，针对该班纪律散漫、学风懈怠的情况，首先运用板报、墙报等媒介做好舆论宣传，建立良好的班风，同时以真诚的爱感化学生，促使学生积极进取。一个学期下来，该班班风、学风焕然一新。李老师运用的主要德育方法是（　　）。
   A. 个人修养法　　　B. 榜样示范法　　　C. 实践锻炼法　　　D. 情感陶冶法
   【答案】D。解析：情感陶冶法是教师利用环境和自身的教育因素，对学生进行潜移默化的熏陶和感染，使其在耳濡目染中受到感化的方法。因此，该教师运用班风和舆论，以及自身真诚的爱来促使学生积极进取，体现的是情感陶冶法。

3. "君子博学而日参省乎己，则知明而行无过矣。"荀子这句话体现的德育方法是（　　）。
   A. 说服教育法　　　B. 榜样示范法　　　C. 实际锻炼法　　　D. 个人修养法
   【答案】D。解析：这句话意思是："君子们广泛地读书并且每天都要多次反省自己的言行，那么他的智慧就会显明而且品行方面也没有什么过错了。"体现了个人修养法。

4. 简答题：在学校德育工作中，运用说服教育法有哪些要求？
   【参考答案】说服教育法是通过摆事实、讲道理，使学生提高认识、形成正确观点的方法。说服教育的方式多种多样，一般都相互配合、综合运用。但是无论采用哪种方式都必须遵循以下基本要求：（1）说服教育要有针对性；（2）说服教育要有感染性；（3）说服教育要讲究科学性和艺术性。

---

① 黄向阳. 德育原理[M]. 上海：华东师范大学出版社，2000.

5. 材料分析题：

　　张林是一个对上网非常痴迷的孩子。他爸爸由于工作需要，买了一台电脑在家中上网。起初他同爸爸一起玩，父母也没有表示反对。到后来，他发展到每天早上一起床，就去上网；连中午、晚上的休息时间也不放过，俨然成了一个名副其实的"网虫"，沉迷于互联网上紧张激烈的游戏、精美的图片和无拘无束的网上聊天而无法自拔。

　　老师了解这一情况后并没有全盘否定张林的上网行为，而是与他聊起了互联网，聊了比尔·盖茨，充分肯定了他通过上网学习电脑技术的积极性，并通过交流进一步了解了张林上网的内心世界。针对他的情况，老师采取了一系列措施。第一，鼓励他多参加集体活动，加强与同学们的交流。例如，让他担任小组长，在每天的收发、检查作业、劳动值日的协调合作中，建立与同学的互帮互助关系。第二，针对他喜欢电脑的特点，成立了计算机兴趣小组，并让他担任组长，有计划、有落实，定期给其他同学讲解网络知识。第三，利用各种机会表扬他，与他沟通，缩短师生间的距离。张林对自己有了信心，在各方面都有了明显的进步，学习上认真听讲，积极思考，大胆发言，提出自己的独到见解，在班级工作中为老师出谋划策，有活抢着干。任课老师都反映张林像变了个人似的，精神面貌焕然一新。

　　问题：试以德育原则和方法的相关理论评析这位教师的做法。

【参考答案】总体而言，材料中老师的做法是值得肯定的。答案中应包含以下几点。

　　（1）材料中的老师"没有全盘否定张林的上网行为，而是与他聊起了互联网，聊了比尔·盖茨，充分肯定了他通过上网学习电脑技术的积极性"，这说明该老师有意识地创造条件，将学生思想中的消极因素转化为积极因素，体现了发扬积极因素克服消极因素的德育原则；同时，也体现了该老师对说服教育法的运用。

　　（2）"鼓励他多参加集体活动"，说明该老师重视实际锻炼，体现了实际锻炼法。

　　（3）"针对他喜欢电脑的特点，成立了计算机兴趣小组，并让他担任组长"，体现了因材施教的德育原则。

　　（4）"利用各种机会表扬他，与他沟通，缩短师生间的距离"，这说明该老师坚持正面教育，以表扬激励为主，体现了疏导原则；同时体现了该老师对品德评价法的运用。

本章小结

使学生养成良好的思想品德是学校教育的重要任务。品德的结构包括道德认识、道德情感、道德意志和道德行为四个部分，品德的形成要经历依从、认同与内化三个阶段。中学生品德发展受多种内外部因素的影响，呈现出自我意识成分明显、由动荡向成熟过渡等特征。关于学生道德发展的过程与规律，皮亚杰和柯尔伯格的经典研究能给予教育者多种启示。开展中学德育工作，需要了解中学德育的目标与内容，理解德育过程的基本规律。中学德育的基本途径是思想政治课与其他学科教学。此外，社会实践活动、课外活动、校会和班会等也是德育的重要途径。中学教师开展德育工作，要遵循多项德育原则，如导向性原则、疏导原则、严格要求与尊重学生相结合原则、集体教育和个别教育相结合原则、教育影响一致性与连贯性原则、因材施教原则、知行统一原则、发扬积极因素与克服消极因素相结合原则、正面教育与纪律约束相结合原则等。中学教师开展德育工作，还要掌握各种德育方法，如说服教育法、榜样示范法、陶冶教育法、实践锻炼法、学生自我修养法、品德评价法等。

思考题

1. 简述皮亚杰与柯尔伯格道德发展理论。
2. 中学生的品德构成要素有哪些？
3. 理论联系实际，论述德育过程基本规律、德育途径、德育方法在实践中的运用。
4. 举例说明德育原则在实际教育教学中的运用。
5. 材料分析题：

有一个班的学生习惯乱扔纸屑，班主任屡次教育都无效。有一次，班主任走进教室，见地上有几团纸屑。当时还有三位同学未进教室，班主任突然想到这是进行教育的好时机，于是，指着地对大家说："这里有几团纸屑，进来的同学却没有捡起来，现在，还有三位同学未进来，我们看看他们会不会发现。"经班主任一说，全班同学都瞪大眼睛等着瞧。第一位同学看也不看就冲进了教室；第二位看了一下地面却无动于衷，上座位去了；第三位，一看地上有纸屑，就弯腰捡了起来，全班同学报以热烈的掌声。班主任脸上也掠过一丝微笑，他郑重宣布班会开始了，在班会上强调了学生良好品德与行为习惯的重要性与日常表现。第一个受到表扬的是这位捡纸屑的同学。从此，教室的地上再也看不到纸屑了。

（1）说明案例中教师运用的相关德育方法及每种方法的含义。

（2）结合案例，理论联系实际，论述教育过程如何运用这些德育方法。

北京大学出版社
教育出版中心 精品图书

21世纪高校广播电视专业系列教材

电视节目策划教程（第二版）	项仲平
电视导播教程（第二版）	程晋
电视文艺创作教程	王建辉
广播剧创作教程	王国臣
电视导论	李欣
电视纪录片教程	卢炜
电视导演教程	袁立本
电视摄像教程	刘荃
电视节目制作教程	张晓锋
视听语言	宋杰
影视剪辑实务教程	李琳
影视摄制导论	朱怡
新媒体短视频创作教程	姜荣文
电影视听语言——视听元素与场面调度案例分析	李骏
影视照明技术	张兴
影视音乐	陈斌
影视剪辑创作与技巧	张拓
纪录片创作教程	潘志琪
影视拍摄实务	翟臣

21世纪信息传播实验系列教材（徐福荫 黄慕雄 主编）

网络新闻实务	罗昕
多媒体软件设计与开发	张新华
播音与主持艺术（第三版）	黄碧云 睢凌
摄影基础（第二版）	张红 钟日辉 王首农

21世纪数字媒体专业系列教材

视听语言	赵慧英
数字影视剪辑艺术	曾祥民
数字摄像与表现	王以宁
数字摄影基础	王朋娇
数字媒体设计与创意	陈卫东
数字视频创意设计与实现（第二版）	王靖
大学摄影实用教程（第二版）	朱小阳
大学摄影实用教程	朱小阳

21世纪教育技术学精品教材（张景中 主编）

教育技术学导论（第二版）	李芒 金林
远程教育原理与技术	王继新 张屹
教学系统设计理论与实践	杨九民 梁林梅
信息技术教学论	雷体南 叶良明
信息技术与课程整合（第二版）	赵呈领 杨琳 刘清堂
教育技术学研究方法（第三版）	张屹 黄磊

21世纪高校网络与新媒体专业系列教材

文化产业概论	尹章池
网络文化教程	李文明
网络与新媒体评论	杨娟
新媒体概论	尹章池
新媒体视听节目制作（第二版）	周建青
融合新闻学导论（第二版）	石长顺
新媒体网页设计与制作（第二版）	惠悲荷
网络新媒体实务	张合斌
突发新闻教程	李军
视听新媒体节目制作	邓秀军
视听评论	何志武
出镜记者案例分析	刘静 邓秀军
视听新媒体导论	郭小平
网络与新媒体广告（第二版）	尚恒志 张合斌
网络与新媒体文学	唐东堰 雷奕
全媒体新闻采访写作教程	李军
网络直播基础	周建青
大数据新闻传媒概论	尹章池

21世纪特殊教育创新教材·理论与基础系列

特殊教育的哲学基础	方俊明
特殊教育的医学基础	张婷
融合教育导论（第二版）	雷江华
特殊教育学（第二版）	雷江华 方俊明
特殊儿童心理学（第二版）	方俊明 雷江华
特殊教育史	朱宗顺
特殊教育研究方法（第二版）	杜晓新 宋永宁 等
特殊教育发展模式	任颂羔

21世纪特殊教育创新教材·发展与教育系列

视觉障碍儿童的发展与教育	邓猛
听觉障碍儿童的发展与教育（第二版）	贺荟中
智力障碍儿童的发展与教育（第二版）	刘春玲 马红英
学习困难儿童的发展与教育（第二版）	赵微
自闭症谱系障碍儿童的发展与教育	周念丽
情绪与行为障碍儿童的发展与教育	李闻戈
超常儿童的发展与教育（第二版）	苏雪云 张旭

21世纪特殊教育创新教材·康复与训练系列

特殊儿童应用行为分析（第二版）	李 芳 李 丹
特殊儿童的游戏治疗	周念丽
特殊儿童的美术治疗	孙 霞
特殊儿童的音乐治疗	胡世红
特殊儿童的心理治疗（第三版）	杨广学
特殊教育的辅具与康复	蒋建荣
特殊儿童的感觉统合训练（第二版）	王和平
孤独症儿童课程与教学设计	王 梅

21世纪特殊教育创新教材·融合教育系列

融合教育本土化实践与发展	邓 猛 等
融合教育理论反思与本土化探索	邓 猛
融合教育实践指南	邓 猛
融合教育理论指南	邓 猛
融合教育导论（第二版）	雷江华
学前融合教育（第二版）	雷江华 刘慧丽

21世纪特殊教育创新教材（第二辑）

特殊儿童心理与教育（第二版）	杨广学 张巧明 王 芳
教育康复学导论	杜晓新 黄昭明
特殊儿童病理学	王和平 陈长江
特殊学校教师教育技能	昝 飞 马红英

自闭谱系障碍儿童早期干预丛书

如何发展自闭谱系障碍儿童的沟通能力	朱晓晨 苏雪云
如何理解自闭谱系障碍和早期干预	苏雪云
如何发展自闭谱系障碍儿童的社会交往能力	吕 梦 杨广学
如何发展自闭谱系障碍儿童的自我照料能力	倪萍萍 周 波
如何在游戏中干预自闭谱系障碍儿童	朱 瑞 周念丽
如何发展自闭谱系障碍儿童的感知和运动能力	韩文娟 徐 芳 王和平
如何发展自闭谱系障碍儿童的认知能力	潘前前 杨福义
自闭症谱系障碍儿童的发展与教育	周念丽
如何通过音乐干预自闭谱系障碍儿童	张正琴
如何通过画画干预自闭谱系障碍儿童	张正琴
如何运用ACC促进自闭谱系障碍儿童的发展	苏雪云
孤独症儿童的关键性技能训练法	李 丹
自闭症儿童家长辅导手册	雷江华
孤独症儿童课程与教学设计	王 梅
融合教育理论反思与本土化探索	邓 猛
自闭症谱系障碍儿童家庭支持系统	孙玉梅
自闭症谱系障碍儿童团体社交游戏干预	李 芳
孤独症儿童的教育与发展	王 梅 梁松梅

特殊学校教育·康复·职业训练丛书（黄建行 雷江华 主编）

信息技术在特殊教育中的应用	
智障学生职业教育模式	
特殊教育学校学生康复与训练	
特殊教育学校校本课程开发	
特殊教育学校特奥运动项目建设	

21世纪学前教育专业规划教材

学前教育概论	李生兰
学前教育管理学（第二版）	王 雯
幼儿园课程新论	李生兰
幼儿园歌曲钢琴伴奏教程	果旭伟
幼儿园舞蹈教学活动设计与指导（第二版）	董 丽
实用乐理与视唱（第二版）	代 苗
学前儿童美术教育	冯婉贞
学前儿童科学教育	洪秀敏
学前儿童游戏	范明丽
学前教育研究方法	郑福明
学前教育史	郭法奇
学前教育政策与法规	魏 真
学前心理学	涂艳国 蔡 艳
学前教育理论与实践教程	王 维 王维娅 孙 岩
学前儿童数学教育与活动设计	赵振国
学前融合教育（第二版）	雷江华 刘慧丽
幼儿园教育质量评价导论	吴 钢
幼儿学习与教育心理学	张 莉
学前教育管理	虞永平

大学之道丛书精装版

美国高等教育通史	[美]亚瑟·科恩
知识社会中的大学	[英]杰勒德·德兰迪
大学之用（第五版）	[美]克拉克·克尔
营利性大学的崛起	[美]理查德·鲁克
学术部落与学术领地：知识探索与学科文化	[英]托尼·比彻 保罗·特罗勒尔
美国现代大学的崛起	[美]劳伦斯·维赛
教育的终结——大学何以放弃了对人生意义的追求	[美]安东尼·T.克龙曼
世界一流大学的管理之道——大学管理研究导论	程 星
后现代大学来临？	[英]安东尼·史密斯 弗兰克·韦伯斯特

大学之道丛书

市场化的底限	[美]大卫·科伯
大学的理念	[英]亨利·纽曼
哈佛：谁说了算	[美]理查德·布瑞德利

麻省理工学院如何追求卓越	[美]查尔斯·维斯特
大学与市场的悖论	[美]罗杰·盖格
高等教育公司：营利性大学的崛起	[美]理查德·鲁克
公司文化中的大学：大学如何应对市场化压力	
	[美]埃里克·古尔德
美国高等教育质量认证与评估	
	[美]美国中部州高等教育委员会
现代大学及其图新	[美]谢尔顿·罗斯布莱特
美国文理学院的兴衰——凯尼恩学院纪实	[美]P.F.克鲁格
教育的终结：大学何以放弃了对人生意义的追求	
	[美]安东尼·T.克龙曼
大学的逻辑（第三版）	张维迎
我的科大十年（续集）	孔宪铎
高等教育理念	[英]罗纳德·巴尼特
美国现代大学的崛起	[美]劳伦斯·维赛
美国大学时代的学术自由	[美]沃特·梅兹格
美国高等教育通史	[美]亚瑟·科恩
美国高等教育史	[美]约翰·塞林
哈佛通识教育红皮书	哈佛委员会
高等教育何以为"高"——牛津导师制教学反思	
	[英]大卫·帕尔菲曼
印度理工学院的精英们	[印度]桑迪潘·德布
知识社会中的大学	[美]杰勒德·德兰迪
高等教育的未来：浮言、现实与市场风险	
	[美]弗兰克·纽曼等
后现代大学来临？	[英]安东尼·史密斯等
美国大学之魂	[美]乔治·M.马斯登
大学理念重审：与纽曼对话	[美]雅罗斯拉夫·帕利坎
学术部落及其领地——当代学术界生态揭秘（第二版）	
	[英]托尼·比彻 保罗·特罗勒尔
德国古典大学观及其对中国大学的影响（第二版）	陈洪捷
转变中的大学：传统、议题与前景	郭为藩
学术资本主义：政治、政策和创业型大学	
	[美]希拉·斯劳特 拉里·莱斯利
21世纪的大学	[美]詹姆斯·杜德斯达
美国公立大学的未来	
	[美]詹姆斯·杜德斯达 弗瑞斯·沃马克
东西象牙塔	孔宪铎
理性捍卫大学	眭依凡

学术规范与研究方法系列

如何为学术刊物撰稿（第三版）	[英]罗薇娜·莫瑞
如何查找文献（第二版）	[英]萨莉·拉姆齐
给研究生的学术建议（第二版）	[英]玛丽安·彼得 等
社会科学研究的基本规则（第四版）	[英]朱迪斯·贝尔
做好社会研究的10个关键	[英]马丁·丹斯考姆
如何写好科研项目申请书	[美]安德鲁·弗里德兰德 等

教育研究方法（第六版）	[美]梅瑞迪斯·高尔 等
高等教育研究：进展与方法	[英]马尔科姆·泰特
如何成为学术论文写作高手	[美]华乐丝
参加国际学术会议必须要做的那些事	[美]华乐丝
如何成为优秀的研究生	[美]布卢姆
结构方程模型及其应用	易丹辉 李静萍
学位论文写作与学术规范（第二版）	李武 毛远逸 肖东发
生命科学论文写作指南	[加]白青云
法律实证研究方法（第二版）	白建军
传播学定性研究方法（第二版）	李琨

21世纪高校教师职业发展读本

如何成为卓越的大学教师	[美]肯·贝恩
给大学新教员的建议	[美]罗伯特·博伊斯
如何提高学生学习质量	[英]迈克尔·普洛瑟 等
学术界的生存智慧	[美]约翰·达利 等
给研究生导师的建议（第2版）	[英]萨拉·德拉蒙特 等

21世纪教师教育系列教材·物理教育系列

中学物理教学设计	王霞
中学物理微格教学教程（第三版）	张军朋 詹伟琴 王恬
中学物理科学探究学习评价与案例	张军朋 许桂清
物理教学论	邢红军
中学物理教学法	邢红军
中学物理教学评价与案例分析	王建中 孟红娟
中学物理课程与教学论	张军朋 许桂清
物理学习心理学	张军朋
中学物理课程与教学设计	王霞

21世纪教育科学系列教材·学科学习心理学系列

数学学习心理学（第三版）	孔凡哲
语文学习心理学	董蓓菲

21世纪教师教育系列教材

教育心理学（第二版）	李晓东
教育学基础	庞守兴
教育学	余文森 王晞
教育研究方法	刘淑杰
教育心理学	王晓明
心理学导论	杨凤云
教育心理学概论	连榕 罗丽芳
课程与教学论	李允
教师专业发展导论	于胜刚
学校教育概论	李清雁
现代教育评价教程（第二版）	吴钢
教师礼仪实务	刘霄

家庭教育新论	闫旭蕾 杨萍	中外母语教学策略	周小蓬
中学班级管理	张宝书	中学各类作文评价指引	周小蓬
教育职业道德	刘亭亭	中学语文名篇新讲	杨朴 杨旸
教师心理健康	张怀春	语文教师职业技能训练教程	韩世姣
现代教育技术	冯玲玉		
青少年发展与教育心理学	张清	**21世纪教师教育系列教材·学科教学技能训练系列**	
课程与教学论	李允	新理念生物教学技能训练（第二版）	崔鸿
课堂与教学艺术（第二版）	孙菊如 陈春荣	新理念思想政治（品德）教学技能训练（第三版）	
教育学原理	靳淑梅 许红花		胡田庚 赵海山
教育心理学	徐凯	新理念地理教学技能训练（第二版）	李家清
		新理念化学教学技能训练（第二版）	王后雄
21世纪教师教育系列教材·初等教育系列		新理念数学教学技能训练	王光明
小学教育学	田友谊		
小学教育学基础	张永明 曾碧	**王后雄教师教育系列教材**	
小学班级管理	张永明 宋彩琴	教育考试的理论与方法	王后雄
初等教育课程与教学论	罗祖兵	化学教育测量与评价	王后雄
小学教育研究方法	王红艳	中学化学实验教学研究	王后雄
新理念小学数学教学论	刘京莉	新理念化学教学诊断学	王后雄
新理念小学音乐教学论（第二版）	吴跃跃		
		西方心理学名著译丛	
教师资格认定及师范类毕业生上岗考试辅导教材		儿童的人格形成及其培养	［奥地利］阿德勒
教育学	余文森 王晞	活出生命的意义	［奥地利］阿德勒
教育心理学概论	连榕 罗丽芳	生活的科学	［奥地利］阿德勒
		理解人生	［奥地利］阿德勒
21世纪教师教育系列教材·学科教育心理学系列		荣格心理学七讲	［美］卡尔文·霍尔
语文教育心理学	董蓓菲	系统心理学：绪论	［美］爱德华·铁钦纳
生物教育心理学	胡继飞	社会心理学导论	［美］威廉·麦独孤
		思维与语言	［俄］列夫·维果茨基
		人类的学习	［美］爱德华·桑代克
21世纪教师教育系列教材·学科教学论系列		基础与应用心理学	［德］雨果·闵斯特伯格
新理念化学教学论（第二版）	王后雄	记忆	［德］赫尔曼·艾宾浩斯
新理念科学教学论（第二版）	崔鸿 张海珠	实验心理学（上下册）	［美］伍德沃斯 施洛斯贝格
新理念生物教学论（第二版）	崔鸿 郑晓慧	格式塔心理学原理	［美］库尔特·考夫卡
新理念地理教学论（第三版）	李家清		
新理念历史教学论（第二版）	杜芳	**21世纪教师教育系列教材·专业养成系列**（赵国栋 主编）	
新理念思想政治（品德）教学论（第三版）	胡田庚	微课与慕课设计初级教程	
新理念信息技术教学论（第二版）	吴军其	微课与慕课设计高级教程	
新理念数学教学论	冯虹	微课、翻转课堂和慕课设计实操教程	
新理念小学音乐教学论（第二版）	吴跃跃	网络调查研究方法概论（第二版）	
		PPT云课堂教学法	
21世纪教师教育系列教材·语文教育系列		快课教学法	
语文文本解读实用教程	荣维东		
语文课程教师专业技能训练	张学凯 刘丽丽	**其他**	
语文课程与教学发展简史	武玉鹏 王从华 黄修志		
语文课程学与教的心理学基础	韩雪屏 王朝霞	三笔字楷书书法教程（第二版）	刘慧龙
语文课程名师名课案例分析	武玉鹏 郭治锋	植物科学绘画——从入门到精通	孙英宝
语用性质的语文课程与教学论	王元华	艺术批评原理与写作（第二版）	王洪义
语文课堂教学技能训练教程（第二版）	周小蓬	学习科学导论	尚俊杰